한국 성경 300년

: 번역과 해석의 역사

한국 성경 300년: 번역과 해석의 역사

초판 1쇄 발행　2022년 2월 15일
초판 2쇄 발행　2022년 10월 7일

지 은 이　정중호
펴 낸 이　신일희
펴 낸 곳　계명대학교 출판부
출판등록　제347-1998-1호(1970. 9. 1)
주　　소　대구광역시 달서구 달구벌대로 1095
대표전화　053-580-6233
팩　　스　053-580-6235
홈페이지　www.kmupress.com

ISBN 979-11-6516-127-9　93230　정가 35,000원

이 저서는 2017년 정부(교육부)의 재원으로 한국연구재단의 지원을 받아 수행된 연구임
(NRF-2017S1A6A4A01018851)

한국 성경 300년

: 번역과 해석의 역사

정중호

계명대학교 출판부

차례

제2부 17-18세기 성경 번역과 해석

제3부 19세기 성경 번역과 해석

그림 목록

머리말

기독교 선교 역사 가운데 한국의 경우는 독특하다. 선교사가 성경을 전해준 것이 아니라 선교사가 한국 땅을 밟기 이전에 한국인들이 이미 성경을 먼저 입수하여 읽고 있었다는 사실이다. 이러한 현상은 개신교와 천주교 공히 동일하였으며 천주교는 선교사(신부)가 오기 전에 공동체를 조직하고 세례까지 베푼 역사가 있었다. 특히 천주교의 경우 개신교보다 300년 먼저 성경을 교리서의 형태로 수용하였고 번역하는 역사가 있었다.

한국 천주교인들은 1790년대에 이미 4복음서의 30.68%를 번역한 『셩경직히광익』을 한글로 읽고 해석하였다. 그리고 구약성경의 경우도 창세기의 내용은 널리 전파되어 있었으며, 시편의 경우 150편 가운데 8편이나 한글로 번역되었다. 1865년에 상·하 2책의 목판본으로 간행된 『텬쥬셩교례규(天主聖教禮規)』에 이 시편 8편이 연도기도문으로 수록되어 있는데, 이 시편은 1801년 신유박해 이전부터 한글로 번역되어 기도문으로 사용되었을 것으로 짐작된다.

본 저서의 목적은 한국 기독교인들이 성경을 번역하고 읽고 필사하고 외우고 해석하면서 큰 힘을 얻었던 이면에 숨어있는 300여년의 역사와 그 이전의 여명기를 추적하여 밝히려는 것이다. 본 저서는 3부에 걸쳐 저술되었는데, 제1부 성경 수용의 여명기, 제2부 17-18세기 성경 번역과 해석, 제3부 19세기 성경 번역과 해석 등으로 나누어 진행하였다.

한국 성경의 번역과 해석의 역사를 추적하는 가운데 특별히 관심을 기울인 부분이 있다. 첫째, 한국에는 한문을 읽을 수 있는 선비들이 있었기에 중국에서 한문으로 번역된 천주교 서적들을 1600년경부터 입수하여 한글로 번역하지 않고 읽을 수 있었다는 사실을 주목하였다. 갑오경장(1894년)까지 통용된 한국의 공식적인 글은 한글이 아니라 한문이었다는 사실을 염두에 둘 필요가 있다. 이처럼 한국에는 한문성경기(漢文聖經期)가 있었음을 밝히면서 한문성경이 한국에 미친 영향에 대해 연구하였다. 동시에 배우기 쉽고 읽기 쉬운 한글이 있었기에 성경이 널리 전파될 수 있었다는 사실과 한글 활용과 발전에 성경 번역이 기여한 면도 주목하였다.

둘째, 성경읽기와 번역에는 필히 해석이 수반된다는 사실을 주목하면서 성경 해석의 역사를 밝히기 위해 노력하였다. 번역을 하더라도 한국 사정을 감안해서 축소하거나 첨가하기도 하고 내용을 알기 쉽게 수정하는 경우도 있었으며 한국적인 해석을 시도하여 독특한 해석을 하기도 하였다. 특히 불교와 무교와 유교의 토양이 이미 있었던 한국 땅에서 살고 있었던 한국인들이 성경을 어떻게 수용하고 해석했는지에 대해 주목하면서 그 해석의 발자취들을 점검하였다.

셋째, 본 저서는 한국과 한국인을 중심으로 하는 '한국인 기독교 네트워크'라는 개념을 활용하여 한국 성경 번역과 해석의 역사를 재조명하였다. 이 경우 인위적인 국경의 개념을 넘어 디아스포라로 흩어져 있는 한국인을 연결시킬 수 있다. 이리하여 조선 후기 만주에 살고 있었던 한국인이나 임진왜란으로 일본에 잡혀간 한국인들의 이야기도 포함시킬 수 있게 된 것이다. 개신교의 경우 만주에서, 그리고 일본에서 제일 먼저 복음서가 한글로 번역된 것이 우연한 일이 아니었던 것이다.

개신교 선교사들이 한국 기독교를 가리켜서 '성경 기독교(Bible Christianity)'라고 불렀을 정도로 한국인은 성경을 열심히 읽었고 깊이 있게 공부하였으며 성경을 사랑하고 외우면서 박해 시대를 견뎌왔다. 이러한 성경 사랑의 역사는 개신교 역사만으로 설명될 수 없고 그 이전 300년의 역사가 서린 천주교의 경우를 살펴보아야 이해를 할 수 있는 것이다. 이에 더하여 본 저서는 한걸음 더 나아가 성경의 간접적인 영향을 받았던 시대인 경교시대와 고려시대도 살피면서 성경 사랑의 뿌리를 점검하였다.

이 머리말을 작성하고 있는 지금은 코로나19가 2년 동안이나 기승을 부리며 괴롭히고 있고 경제·사회적으로 양극화가 심화되고 있는 시대다. 동시에 4차 산업혁명이 빠르게 다가오고 있고 한국의 기독교는 힘을 잃고 내리막길을 걷고 있는 상황이다. 이러한 시대적 상황 속에서 한국 기독교가 어디서 어떻게 새로운 희망과 비전을 발견할 수 있을 것인가?

우리가 사랑해왔던 성경의 역사를 다시 살필 필요가 있다. 그리고 박해 속에서도 성경을 읽고 해석하면서 걸어왔던 그 발걸음을 다시 내디디는 방법을 창안해 낼 필요가 있다. 그리하여 설교 강단이 새로워지고 성경을 읽는 한 사람 한 사람이 힘을 얻는 광경이 펼쳐지기를 기대한다.

한국인의 성경 사랑이 하나님 사랑에서 출발했음을 깨닫게 해주시고 연구를 계속하게 하신 하나님께 먼저 감사를 드리며, 이 주제와 관련해서 함께 세미나에서 토론했던 계명대학교 대학원 학생들과 본 저서 출판을 후원해준 한국연구재단에 감사를 드린다. 그리고 본 저서를 출판하기 위해 정성을 기울여 주신 계명대학교 출판부와 편집을 담당해 주신 분들에게 깊이 감사의 마음을 전한다.

개인적으로는 계명대학교 교수직을 은퇴하는 시기에 걸쳐 저술이 진행되었으니 인생의 중요한 한 마디를 결산하는 저서가 된 셈이다. 마지막으로 평생 성경 사랑의 길목에서 길동무가 되어주며 사랑으로 격려해준 아내와 아이들에게 기쁨과 고마운 마음을 전한다.

2022년 1월

정 중 호

서론

본 저서의 목적은 존 로스(John Ross)가 번역한 1882년의 『예수셩교누가복음젼셔』, 그리고 1898년 구약의 『시편촬요』가 나타나기 이전에도 이미 성경이 한국 땅에 들어왔으며 번역되고 해석되어 왔다는 역사를 추적하여, 1900년 이전 한국 성경 번역과 해석의 역사를 재구성하려는 것이다. 한국 기독교인들이 성경을 번역하고 읽고 필사하고 외우고 해석하면서 큰 힘을 얻은 이면에는 적어도 300여년의 숨은 성경의 번역과 해석의 역사가 있음을 추적하여 밝히려는 것이다.

주목할 점은 천주교의 신부나 개신교의 선교사가 성경을 가져다 준 것이 아니라 한국인 스스로 성경을 외국에서 들여와 읽었다는 사실이다. 천주교의 경우 신부가 한국에 오기 전에 성경을 읽고 독자적으로 해석하여 1779년에 이미 신자가 되어 있었고 신앙공동체를 형성하였다. 당시 천진암에서 이벽을 비롯한 선비들이 기도를 드렸고 안식일을 지켰으며 천주공경가와 십계명가를 지어 기독교를 전파하였다.[01] 이때 읽은 성경은 발췌성경과 교리서에 포함된 부분적인 성경으로 짐작된다. 또한 개신교의 경우 선교사가 1884년 제물포항(인천)에 입국하기 전 이미 한글로 번

---

01 윤민구, 『한국 천주교회의 기원』 (국학자료원, 2002), 95-338.

역된 성경이 한국에 들어와 읽혀지고 있었다. 따라서 한국의 경우 성경이 선교사나 외국인에 의해 전파되었다거나 전래되었다는 표현을 사용하기보다 성경을 수용하였다는 표현이 적절할 것이며 이 경우 해석이 수반될 수밖에 없다.[02]

성경이 한국 땅에 언제 들어왔고 어떻게 해석되었는가라는 주제는 지대한 관심을 불러일으키고 있다. 왜냐하면 19세기 말엽 개신교 선교사들이 한국에 왔을 때 한국인들은 이미 성경을 읽고 있었고 성경을 읽고 이해하려는 특별한 열정이 있는 기독교인들이라는 사실을 발견하면서 한국 기독교를 가리켜서 '성경 기독교(Bible Christianity)'라고 불렀을 정도였기 때문이다.[03] 선교사가 들어오기 전에 이미 성경을 읽고 있었기에 1885년에 제물포항에 발을 디딘 언더우드(Horace Grant Underwood, 1859-1916)도 "그 무렵은 씨를 널리 뿌릴 시기였음에도 동시에 우리는 첫 열매들을 거둘 수가 있었습니다."라고 고백할 수 있었던 것이다.[04]

그런데 한국 성경 해석사를 작성한 대부분의 학자들은 한국 성경 해석사의 기점을 1900년대로 간주하고 해석사 작성을 시작한다.[05] 이것은 한국에 성경이 소개된 것을 개신교에서 한글로 성경이 번역된 사건을 기점으로 보았기 때문이다. 즉 존 로스 목사가 만주 심양에서 1882년 3월

---

02 이만열, "한국의 기독교 수용과 그 특징," 『亞細亞硏究』 Vol.44 No.2 (2001), 3-22.

03 이만열, "한국기독교의 '성경기독교적' 성격," 『한국기독교역사연구소 소식』 3 (1993, 3), 3.

04 H. G. Underwood, *Call of Korea* (New York: Fleming H. Revell Company, 1908), 136.

05 문희석, 『한국교회 구약성서해석사: 1900-1977』 (대한기독교출판사, 1978); 문희석 편, 『구약성서해석학』 (대한기독교서회, 1975), 307-339; Tai Il Wang, "Retrospect and Prospect of Old Testament Studies in Korea," 『구약논단』 37집 (2010), 12-26.

24일에 번역 출간한 『예수성교 누가복음전서』를 들면서 성경 해석사를 집필한 것이다.[06]

그러나 한국 역사상 삼국시대부터 조선시대까지 공식적인 언어는 한문이었고 관리와 선비들이 한문을 사용했다는 점을 감안한다면 한문으로 번역된 성경도 주목해야 한다. 한문성경은 이미 1816년(순조 16년) 영국인 홀(Basil Hall)에 의해 황해도 백령도 주민들에게 배포된 적이 있었으며, 1832년에는 귀츨라프(Karl F. A. Gützlaff, 1803-1851) 목사가 황해도 장산곶에서 완전한 한문성경을 조선사람들에게 전했다는 기록이 있다.[07] 이때 귀츨라프 목사는 충청도 홍주만 앞 고대도에서 몇 달 동안 머물면서 주기도문을 한글로 번역하였다고 전한다.[08] 그리고 실제로 한문성경은 1816년 이전에도 조선 땅에 들어왔을 가능성이 있다.

한국인의 성경에 대한 특별한 열정의 뿌리와 배경이 어디에 있었는가? 한국 성경이라면 일반적으로 한글로 번역된 성경을 가리키며 한국 성경의 효시로는 1882년부터 존 로스와 이수정에 의해 한글로 번역된 성경으로 많이 알려져 있다. 그러나 짧은 개신교 성경 번역의 역사로 성경이 이처럼 널리 알려져 있었다는 설명은 납득하기 어렵다. 오히려 개신교 이전에 천주교의 활동을 살펴볼 필요가 있다. 예를 들어 허균(許筠, 1569-

---

06 김중은, "한국어성경 번역의 역사," 『기독교사상』 410호(1993, 2), 25.

07 이영헌, 『한국기독교사』 (서울: 컨콜디아사, 1983), 60; 이응호, "성서연구: 한국 성경 번역사 6", 『교회와 한국문제』 Vol.7 (1990), 52; 박용규, "한국 최초 성경전래의 역사적 고찰," 『신학지남』 277호 (2003. 12), 76-82, 113-119. 귀츨라프 목사가 전달한 한문성경은 아마도 신구약 전체가 번역된 마쉬만 역본(1822년)이나 모리슨 역본(1823년)이었을 것으로 짐작된다. 장산곶은 현재 황해도 용연군 장산리를 가리킨다.

08 김양선, 『성서한국』 제6권 제2호, 제5항. 재인용, 박창환, "한글성서 번역사," 『교회와 신학』 제4집 (1971), 150.

1618)에 의해서 들여온 『七克』(1614)에는 성경 구절이 145회나 번역되어 있었다.[09] 그리고 신약성경의 일부를 번역한 『셩경직히』는 1790년대에 이미 한글로 번역되어 있었는데 4복음서의 30.68%가 번역되어 있었다.[10] 따라서 한국 성경의 역사를 적어도 300년 정도 앞당겨 살펴보아야 할 필요가 있다.

이 기간에는 천주교에 대한 박해가 극심하였다. 그리고 신자들을 지도할 수 있는 신부들은 조선에 들어오기가 힘들었고, 들어와서 활동했어도 많은 제약 속에 움직일 수밖에 없었다. 이러한 상황에서 수많은 순교자를 배출하고 신자들이 더 증가했다는 사실은 특별한 일이었다. 이러한 일이 일어날 수 있게 한 원동력을 어디서 찾아볼 수 있는가? 바로 성경을 읽고 필사하며 외우며 기도생활을 지속했기 때문이다. 감시의 눈을 피해 필사된 성경과 교리서들을 보물처럼 간직했으며, 개인적으로 혹은 몇 명이 모이는 교회모임을 통해 읽혀졌고 해석되었으며 암기되었다. 신부나 선교사가 없었어도 신자들이 신앙을 지킬 수 있었던 것은 이러한 성경 덕분이었던 것이다. 참으로 "성경은 신앙을 지켜주는 방패였고, 냉담을 풀어주는 근원이었으며, 신앙의 보화가 담긴 창고였던 것이다"[11]

본 연구의 필요성을 이야기하기 위해서는 1900년 이전 한국 성경 번역과 해석에 대한 선행연구를 살펴볼 필요가 있다. 우선 신약분야에 대한 연구가 먼저 진행되었다. 1961년 최석우는 개신교 이전에 이미 천주교

---

09 정중호, "17-18세기 한국 선교와 지혜문학: 『칠극』, 『기인십편』, 『셩경직히』를 중심으로," 『선교와 신학』 39집 (2016), 305.

10 조화선, "'셩경직해'의 연구," 『최석우신부회갑기념 한국교회사논총 3집』 (서울: 한국교회사연구소, 1982), 256-261.

11 조한건, "『셩경직해광익』 硏究," 서강대학교 박사학위논문 (2012), 85.

가 한국에서 한글로 성경을 번역했다는 점을 지적하면서 신약의 복음서를 일부 번역한 『셩경직히』의 경우를 강조하였다.[12] 조화선은 1982년 『셩경직히』를 본격적으로 연구하여 논문으로 발표하였다.[13] 천주교 한글 번역을 연구한 하성래는 2000년에 연구결과를 발표하였는데, 주로 어떤 번역물들이 있는지를 소개하면서 시대적으로 분류하였다.[14] 따라서 이러한 번역물들에 대한 깊이 있는 분석이 필요한데 그 가운데에도 성경이 어느 정도 어떤 형태로 포함되어 있는지에 대한 후속 연구가 필요하다. 또한 이용결도 2000년에 한국 천주교 성도들의 성경 활용에 대한 연구를 발표하였다.[15] 2012년 작성한 조한건의 박사학위논문은 『셩경직해광익』에 대한 연구인데 이 또한 『셩경직히』 계열의 연구였다.[16]

신약 번역의 역사를 살펴보면 주로 『셩경직히』를 중심으로 연구된 편향적인 면이 있다. 그러나 천주교의 교리서와 신앙서적, 심지어 과학기술 서적에도 부분적으로 신약성경이 소개되어 있었는데 이러한 부분에 대한 연구는 미개척 분야이며 연구가 절실히 필요한 상태라 할 수 있다. 그리고 해석사에 대한 관심이 부족한 것을 발견할 수 있다.

더구나 구약성경의 번역과 해석에 대한 연구는 거의 전무하였다. 왜

---

12 최석우, "성경 한글번역에 있어 한국 천주교회의 선구적 역할," 『가톨릭청년』, 15권 5호 (1961), 62-70.

13 조화선, "'셩경직해'의 연구," 256-261.

14 하성래, "한국 천주교회의 한글 번역 활동," 최석우 신부 수품 50주년 기념사업위원회 편, 『최석우 신부 수품 50주년 기념 논총 제2집 한국 천주교회사의 성찰』 (한국교회사연구소, 2000), 469-530.

15 李鎔結, "한국 천주교회의 성서 운동," 최석우 신부 수품 50주년 기념사업위원회 편, 최석우 신부 수품 50주년 기념 논총 제2집 『한국 천주교회사의 성찰』 (한국교회사연구소, 2000), 373-416.

16 조한건, "『셩경직해광익』 硏究."

냐하면 『셩경직히』처럼 많은 내용들이 한꺼번에 번역된 구약성경의 예가 없었기 때문이다. 그러나 구약은 교리서와 신앙서적, 그리고 과학 기술 서적에도 부분적으로 번역되어 있었다. 그동안 필자가 이러한 면을 주목하고 구약의 번역과 해석의 역사에 대한 연구를 발표하여 왔지만 아직도 연구되지 않은 부분이 많고 여전히 깊이 있는 연구가 필요한 실정이다. 현재까지 연구한 것 가운데는, 장례식 때 드리는 기도인 연도기도문에 시편이 8편이나 번역되어 있었다는 사실이 주목을 받고 있다. 연도기도문이 포함된 『텬쥬셩교례규(天主聖教禮規)』는 1865년에 상·하 2책의 목판본으로 간행되었는데 여기에 시편이 기도문으로 번역되어 있었다.[17] 또한 창조주 하나님을 소개하면서 천지창조에 대한 이야기를 소개하는 대목에서 창세기가 번역된 예가 있다. 심지어 세계 지리를 논하는 서적에도 이스라엘을 소개하면서 구약의 내용을 소개한 부분이 있다.

또한 1839년에 순교한 정하상은 상재상서(上宰相書)를 작성하여 올렸는데, '구약성경과 신약성경(古經新經)'을 언급하면서 신도들이 성경을 외우면서 신앙을 지키고 있다고 하였다.[18] 이처럼 성경이 17-19세기 기간에도 이미 한국에 들어왔음에도 불구하고 이제까지 그 역사를 충분히 발굴하지 못하고 묻혀있었다. 따라서 필자는 그동안 구약 번역과 해석사를 연구한 경험을 살려 1900년 이전 성경 전체의 번역과 역사에 대한 연구를 종합적으로 깊이 있게 진행 시키려는 것이다.

300여 년의 숨겨진 성경 번역과 해석사를 발굴하려는 본 연구가 필

17 하성래, "한국 천주교회의 한글 번역 활동," 525.
18 정하상, 윤민구 역, 『상재상서』 (서울: 성.황석두루가서원, 1999), 15.

요하고, 또한 가능하다는 사실은 다음과 같은 새로운 시각을 통해서도 확인할 수 있다.

(1) 한문 번역 성경의 특별한 의미

갑오경장(1894년)까지 지식층에서 통용된 한국의 공식적인 글은 한글이 아니라 한문이었다. 그리고 한문은 삼국시대부터 이두나 향찰, 그리고 구결활동 등으로 한국식으로 한문을 발전시켜 한국화한 점을 감안해야 한다. 예를 들어 광개토대왕비에 이미 중국식 한문의 어순인 '주어+동사+목적어'가 아닌 '주어+목적어+동사'의 어순으로 한국화한 한문을 발견할 수 있다.[19]

한문이 한국에서 통용되었기에 중국에서 혹은 일본에서 한문으로 된 교리서나 한문성경이 들어왔을 때 한문을 읽을 수 있는 식자층에서는 굳이 한글로 번역할 필요성을 느끼지 않았다. 그리고 한글로 성경이 번역되기 이전 수백 년 동안 이미 조선의 지식인들은 한문성경과 한문교리서를 읽어왔으며 해석을 하고 있었다. 따라서 바로 이러한 이유 때문에 한국의 성경 번역과 해석사를 재구성할 때 한글로 번역된 성경뿐만 아니라 한문성경도 포함시켜야 하는 것이다. 비록 지식층의 수가 많지는 않았지만 그들이 지도층이었고 그 영향력을 감안할 때 중국에서 한문으로 번역된 성경이 큰 시차를 두지 않고 한국으로 들어왔다는 점을 주목해야 한다.

---

19 김영욱, "한자. 한문의 한국적 수용 - 초기 이두와 석독구결 자료들을 중심으로," 『구결연구』 13 (2004), 69.

또 하나 중요한 것은 초기에는 성경을 한글로 번역하기보다 한문의 음을 한글로 적는 관습이 있었다는 사실이다. 특히 엄숙한 기도문을 부녀자들이나 사용하는 '암클'인 한글로 번역하여 드릴 수는 없다는, 한글을 천시하는 지식층의 생각에서 이루어진 관습이었다. 그다음 나타난 것이 현토(懸吐)를 표시한 단계가 나타났다. 심지어 개신교의 성경 번역 과정에도 현토 성경이 있었는데 1884년 이수정이 번역한 『懸吐漢韓新約全書』가 바로 현토 성경이다. 이러한 한문성경 활용의 예를 보더라도 조선에 수용된 한문 번역 성경이나 교리서를 연구할 필요가 있다.

(2) 교리서를 포함한 신앙서적과 다양한 서학서(西學書)에 부분적으로 포함된 성경 내용이 있다.

천주교의 성경 번역과 해석사를 연구하는 학자들도 『셩경직히』를 유일한 성경으로 보는 경향이 있다.[20] 그러나 천주교의 교리서와 신앙서적, 심지어 과학 기술 서적에도 부분적으로 소개되거나 번역된 성경이 있다는 점을 주목하면서 성경 번역과 해석사를 재구성할 필요가 있다.

이러한 천주교 관련 '서학서(西學書)'들에 대해서 한국인들이 수용할 때 긍정적으로 인정하여 수용하는 사람들뿐만 아니라 비판적인 시각을 표출한 인물들도 있었다. 따라서 본 저서에서는 성경내용을 비판한 소위 '벽위파(闢衛派)'의 견해도 함께 포함시켜 논의하게 될 것이다. 때로는 이러한 비판적인 시각이 오히려 성경 내용을 전파하는 역할도 하였고 성경을 새롭게 해석하게 하는 여지도 주었기 때문이다.

---

20 李鎔結, "한국 천주교회의 성서 운동," 414.

(3) 만주 간도지역을 역사적 영역으로 포함시켜야 한다.

우리의 통념상 국경선은 압록강과 두만강을 경계로 한 현재의 국경선이다. 그런데 최근 압록강과 두만강이 국경으로 타당한가에 대해 의문을 제기하기도 한다. 왜냐하면 만주지역에 수많은 한국인들이 살고 있었고 지금도 살고 있기 때문이다. 특히 원 제국이 멸망하고 명나라가 등장할 때 만주를 두고 명과 고려가 각축전을 벌였던 상황을 분석해 볼 때 국경선을 압록강과 두만강으로 보는 것은 타당하지 않다는 주장이다.[21] 사실 압록강과 두만강, 이러한 국경선은 일제 강점기 기간에 일제가 청나라와 1909년 간도협약(間島協約)을 통해 정한 것이지 조선이 정한 것이 아니었다.[22]

조선 시대에도 만주는 완전히 중국이라 할 수 없는 지역이었다. 청나라와 조선의 공식적인 국경지역을 책문(柵門) 혹은 고려문(高麗門)이라 하는데 이 책문은 압록강변이 아니라 신의주에서 48km 떨어진 만주 지역이었다. 이 책문과 압록강 사이는 중립지대로서 조선인들이 거주할 수 있는 반 자치 지역이었다. 청나라는 만주지역을 한동안 봉금지역으로 지정하여 보호하였으나 19세기 중반부터 청나라의 국력이 약해지면서 조선인이 만주 내부까지 지속적으로 유입되었다. 그 결과 압록강과 두만강 가까이 있는 만주지역은 조선인 마을로 가득 찼으며 이 지역은 거의 조

---

21 남의현은 만주지역에 수많은 한국인들이 살고 있었기 때문에 압록강과 두만강을 국경이라 주장할 수 없다고 주장한다; 남의현, "元末明初 朝鮮. 明의 요동쟁탈전과 국경분쟁 고찰," 『朝鮮關係史硏究』 42집 (2012), 81-114.

22 양태진, "17세기 이후 한국.중국의 국경분쟁," 『北韓』 No.152 (1984), 76-86. 원래 간도는 연변을 포함한 두만강 이북 지역을 가리키며, 압록강 이북 지역을 서간도라 불렀다. 그리고 만주 북쪽에 있는 지역을 북간도라 불렀다.

선인들의 터전으로 여겨졌다. 1870년에는 조선인들을 보호하기 위해 평안북도 강계부사가 이 지역을 관할하기도 하였다. 1897년 대한제국 시대에도 한국 관리가 이 지역을 관할하였고 당시 거주자는 약 37,000명이었다.[23] 백두산을 국경으로 정한 것은 일제가 1909년 간도 협약(間島協約)을 통해 정한 것이지 한국이 정한 것이 아니었다. 따라서 조선의 성경을 이야기할 때 만주 간도지역을 포함시킬 필요가 있다.[24] 만주 지역은 조선의 박해에서 벗어난 지역이며, 자유롭게 성경을, 특히 한문성경을 읽을 수 있는 지역이기에 천주교와 개신교 공히 일찍부터 조선 선교의 전초기지로 활용하였다.

이처럼 조선시대에도 국경선이 명확하지 않았고 유동적이었으며 만주의 일부분까지 조선의 영역으로 있었다. 더구나 발해와 고구려를 염두에 둔다면 오히려 만주는 한국의 땅이라 할 수 있다. 만주는 고조선 시대부터 고구려, 그리고 남북국 시대에 이르기까지 한국인의 영토였다.[25] 단재 신채호는 "여진, 선비, 몽고, 흉노 등은 본래 아(我)의 동족이었는데 어느 때에 분리되었으며..."라고 하였다.[26] 비록 현재는 압록강과 두만강으로 국경이 표시되어 있지만 우리의 사고는 만주벌판을 달리며 초원길을 달리는 역사를 바탕으로 생각의 영역을 넓힐 필요가 있다.

중국이 동북공정을 통해 발해를 중국의 지방정부로 만들려고 시도

---

23 조선총독부, 『국경지방시찰복명서』, 1915, 197. 이만열, "1880년대 서간도 한인촌 기독교 공동체에 관한 연구," 『숭실사학』 제6집(1990), 212에서 재인용.

24 원래 간도는 연변을 포함한 두만강 이북 지역을 가리키며, 압록강 이북 지역을 서간도라 불렀다. 그리고 만주 북쪽에 있는 지역을 북간도라 불렀다.

25 윤내현, "발표논문: 고대 한겨레의 활동영역- 북방대륙과 관련하여," 『한국민속학보』(1994), 225-250.

26 신채호, 박기봉 역, 『朝鮮上古史』(서울: 비봉출판사, 2006), 25-26.

하고 있지만 고고학 발굴물이나 문화적 친연성을 볼 때 발해는 고구려를 계승한 국가였음은 부정할 수 없는 역사적 사실이다. 또한 고려시대에도 공민왕 때 요동을 함락하고 만주까지 통치한 적이 있었다는 사실을 고려해야 할 것이다. 또한 중국도 인정하는 연변조선족자치주라는 만주의 현 상황도 염두에 두어야 할 것이다. 비록 현재의 국경선인 압록강과 두만강을 염두에 둘 수밖에 없지만 한국 기독교 역사를 논할 때는 수천 년 동안 한국인이 살고 있었고 지금도 살고 있는 만주를 제외한 채 논의를 진행할 수는 없는 것이다.

따라서 16세기 말부터 시작되는 한국의 성경 번역과 해석사를 논할 때 만주를 제외시킨다는 것은 불합리한 것이다. 만주 지역은 조선의 박해에서 벗어난 지역이었으며, 자유롭게 성경을, 특히 한문성경을 읽을 수 있는 지역이었기에 일찍부터 성경을 읽고 기독교인이 된 자생적 한국 기독교인이 출현한 지역이었다. 따라서 한국 성경 번역과 해석사를 논의할 때 만주 간도지역을 포함시킬 필요가 있다.

(4) 한국인 네트워크

한국 기독교 역사를 말한다고 할 때 '한국 기독교'의 범위를 어떻게 정해야 하는가? 한국이라는 영토 안에서 일어나는 것으로 한정할 수 있는가? 유대인의 경우를 예로 들어보자. 유대인의 경우 국경을 중심으로 본다면 유대인들은 이스라엘 국가로 한정시켜야 할 것이다. 그러나 유대인들의 가장 큰 영향력은 오히려 미국 유대인 그룹에서 나오고 있다. 그리고 세계로 흩어져 있는 유대인들이 네트워크를 형성해서 그 총체적인 힘을 발휘하고 있음을 볼 수 있다. 따라서 이스라엘의 유대인 역사는 이 모두를 포함하는 유대인의 네트워크를 논하게 되는 것이다. 한국의 기독교 역사를 논할 때도 이러한 네트워크 개념을 활용할 필요가 있다.

특히 기독교를 비롯한 종교는 국경을 그리 의식하지 않는다. 다만 영향력을 감안해서 편의상 국경이라는 개념을 사용해서 이야기할 뿐이다. 따라서 한국 기독교 역사를 논할 때 국경으로 한정시키기보다 한국과 한국인을 중심으로 기독교의 영향력을 보여줄 수 있는 네트워크 개념을 활용할 필요가 있다.

예를 들어 고려시대를 논할 때 고려의 국경 안에 있었던 백성뿐만 아니라 디아스포라로 흩어져 있었던 고려인들도 함께 고려해야 할 것이다. 왜냐하면 그들이 직간접적으로 고려와 심대한 영향력을 주고받았기 때문이다. 원 제국의 수도인 연경에는 고려인들이 4-10만여 명이 살고 있었으며 고려인이 원제국의 황후가 된 적도 있었다. 그리고 수십만 명의 고려인 포로들이 몽고로 붙잡혀 갔으며 만주지역은 고려 왕족이 통치하고 있었다. 때로는 이들이 고려의 국정을 좌지우지한 경우도 있었다. 특히 원 황실을 비롯해서 원 제국에 기독교인이 70여만 명 있었고 교회가 72개나 있었다는 점을 감안할 때 원 제국에 있었던 고려인들이 기독교의 영향을 받았으리라는 점을 짐작할 수 있다.[27]

이러한 점을 염두에 두면서 본 저서는 한국과 한국인을 중심으로 하는 '고대 기독교 네트워크'라는 개념을 활용하여 한국 성경 번역과 해석의 역사를 재조명하고자 한다. 그리고 본 저서는 한국 사람들에게 깊이 영향력을 끼친 기독교의 국제적 상황도 함께 논하게 될 것이다.

---

27 Marco Polo, 김호동 역, 『마르코 폴로의 동방견문록』 (서울: 사계절, 2000), 273-278.

제1부

성경 수용의 여명기

제1부

성경 수용의 여명기

성경이 한국 땅에 언제부터 전해졌는지 그 정확한 연대는 알 길이 없으나 부분적인 성경 내용이 전달되었다는 정황은 많이 있다. 그리고 구두로 전달한 것까지 포함한다면 그 시대적 범위가 고대로 올라갈 수도 있을 것이다.

한국의 성경 수용사를 집필할 때 염두에 두어야 할 것은, 비록 문헌상 확인하기 쉽지 않지만 성경의 영향이 있었으리라 추정할 수 있는 기간, 즉 한국 성경 수용의 여명기가 있었다는 사실이다. 바로 임진왜란 이전의 기간인데 조선과 고려와 발해와 삼국시대까지 거슬러 올라갈 수 있는 기간이다.

제1부에서는 먼저 성경 수용의 여명기에 대해 연구할 것인데 삼국시대부터 조선시대에 이르기까지 성경이 수용되었을 가능성에 대해 연구할 예정이다. 경교(Nestorianism)에서 번역된 성경이 삼국시대와 남북국 시대에 한국에 수용되었을 가능성에 대해서 추적할 것이며, 몽골제국 시대에 전파된 동방기독교인 에리케운(也里可温)과 천주교를 통해 번역된 성경에

대해서 연구할 것이다. 그리고 이러한 동방기독교가 고려시대에 어떠한 영향을 미쳤는지에 대해서 연구할 것인데 정동행성(征東行省)의 평장정사(平章政事)로 고려에 부임하여 노비제도를 개혁한 기독교인이었던 활리길사(闊里吉思)에 대해서, 그리고 고려에 온 기독교인들과 그들이 어떠한 영향을 미쳤는지에 대해서 연구할 것이다. 또한 고려의 왕이 만주지역을 관할하는 심양왕이 된 적도 있었는데 만주 지역은 십자가 군기를 들고 전쟁을 할 정도로 기독교가 많이 전파된 지역이었다. 따라서 만주지역과 연계된 고려의 상황을 추적하여 성경의 영향에 대해 연구할 계획이다. 마지막으로 임진왜란 때부터 천주교 교리서가 한국에서 발견된 사실을 중심으로 16세기 이전 조선시대 성경 수용사에 대해 연구할 계획이다.

제1장 고려시대 이전

서남아시아의 작은 나라 이스라엘에서 출발한 기독교는 그리스와 로마를 거쳐 유럽에 널리 전파되었다. 그래서 기독교라면 자연스럽게 유럽을 떠올리게 되고 기독교를 '서양종교'로 분류하게 되었다. 그러나 이스라엘에서 출발한 기독교는 시리아를 거쳐 동양으로 전파되었으며 인도와 중국에까지 널리 전파되었다. 유럽을 향했던 기독교를 서방기독교라 한다면 아시아의 동쪽으로 향했던 흐름을 동방기독교라 말할 수 있을 것이다.

동아시아 쪽에서 바라볼 때 동방기독교 전통이 중요하다는 사실은 우선 지리적인 측면에서 살펴보면 알 수 있다. 이스라엘이 아시아 지역이라는 점이며(서남아시아), 기독교가 아시아 종교라는 점이다. 이러한 점은 서구 유럽인들보다 동일하게 아시아에 속해 있는 한국인이 이스라엘과 직접 연결할 수 있고 공유할 수 있는 점이 더 많을 것이라는 것을 짐작할 수 있게 해준다. 두 번째로 살펴 볼 것은 언어적인 측면인데 이스라엘에서 예수와 제자들이 사용한 언어가 아람어였고 그 이후 동방교회의 본산인 시리아에서 사용한 언어가 아람어이기에 언어적으로도 동방교회가 정통성이 있음을 알 수 있다. 굳이 설명해 본다면 신약성경이 헬라어로 기록된 것은 당시 그리스와 유럽방향으로 선교한 바울의 선교 활동이 중요하고 선교적인 측면에서 헬라어로 번역되고 기록되었다고 말할 수 있다. 영화 '패션 오브 크라이스트(The Passion of the Christ)'에서는 예수와 제자들이 사용했던 아람어로 대사를 이어가고 있는 것을 볼 수 있으며 이러한 시도는 원래의 상황을 실감 있게 구현했다는 평을 받고 있다. 따라서 신약성경은, 적어도 복음서만이라도 아람어로 기록된 것을 귀중히 여겨야 한다고 생각된다.

세 번째로 살펴볼 것은 이스라엘의 히브리적 사고방식은 종합적이며 통전적인 사고방식이어서 분석적인 그리스적 사고방식과는 차이가 있고 오히려 아시아적 사고방식과 유사점이 많다는 사실이다. 이러한 사고방식의 차이로 인해 이스라엘에서 예수와 제자들이 출범시킨 원시기독교 신학이 상징적이며 시적인 면이 강하고 이러한 전통을 이어받은 기독교는 서구기독교가 아니라 동방기독교임을 주목할 필요가 있다.

실제 동방기독교는 시리아를 거쳐 중앙아시아와 인도까지 전파되었고 7세기경에는 중국에까지 전파되었다. 그리고 『고려사(高麗史)』에도 기록되어 있듯이 동방기독교인이 고려에도 온 적이 있었다. 그리고 동방기독교 전통의 일부는 러시아정교회까지 이어지고 있다. 그러므로 서구기독교와 다소 차이가 있다 하더라도 기독교의 귀중한 한 측면을 담당한 동방기독교의 역사와 신학을 다시 주목하고 발굴할 필요가 있다. 서구기독교의 전통을 전해 받은 한국기독교가 요즈음 벽에 부닥쳐 있는 느낌을 받고 있는데, 오히려 동방기독교 전통을 통해 새로운 활로를 열 수도 있지 않겠나 하는 대담한 희망까지 품어본다.

I. 경교

1. 시리아 교회

서원모는 시리아 교회를 아시아 그리스도교의 첫 장으로 서술할 것을 제안하였는데, 이 점에 전적으로 동의하면서 동방기독교 역사를 이스라엘에서 출범한 원시 기독교의 전통을 이어받은 시리아 교회를 먼저 살펴보고자 한다.[28] 시리아 교회는 4세기까지 고유한 토착

---

28 서원모, "아시아교회사의 첫 장으로서 시리아교회-역사서술의 쟁점," 『장신논단』 46 (2014), 89-116.

전통을 발전시켰으며, 타티안은 4복음조화서(Diatessaron)를 작성하고 '성령의 거문고'라 불리어진 지도자 에프렘(Ephrem, 약 306-373)은 4복음조화서 주석을 쓰기도 하였다. 4복음조화서는 신약성경의 마태복음, 마가복음, 누가복음, 요한복음 등의 내용을 선교목적으로 한권의 복음서로 만든 것이다.

시리아 교회의 지리적 분포를 살펴보면 오늘날의 이스라엘, 시리아, 터키 남부 지역의 일부, 메소포타미아 지역, 아라비아 사막 등에 넓게 분포되어 있었다. 간단히 말하면 중동 지역에 널리 분포되어 있다는 것이다. 이러한 위치에 있었기 때문에 시리아 교회는 당연히 중앙아시아와 인도와 중국까지 복음을 전파하는 아시아 선교의 본부가 될 수 있었다. 그러나 오해하지 말아야 할 것은 아시아권에 있는 동방기독교라 하더라도 그리스 문화의 영향을 받지 않았다는 말은 아니다. 오히려 이 지역은 실크로드가 통과하고 다양한 무역로가 통과하고 있으며, 유럽과 아시아를 연결하는 연결점의 위치에 있었기에 다양한 문화와 종교적 영향을 받았으리라는 점을 염두에 두어야 한다.

예수와 제자들과 시리아 교회가 공통으로 사용했던 아람어는 기원전 7~6세기에 점차 중동의 국제통용어가 되었으며 페르시아 제국의 공용어였고 기원후 700년까지 중동의 통용어였다. 이스라엘 백성들이 사용했던 히브리어도 아람어 계통이며 거의 유사한데 구약성경의 일부도 아람어로 기록되어 있다(단 2:4-7:28; 스 4:8-68, 7:12-26; 렘 10:11; 창 31:47). 특별히 주목할 만한 것은 아람어가 실크로드 상에 통용되던 중요한 언어였으며, 중앙아시아 문자와 위구르 문자와 몽고문자까지 그 영향을 미쳤다는 사실이다.

원시기독교공동체와 시리아 교회로 이어지는 과정에서 하나님 나라를 전파하는 영적 지도자들이 큰 역할을 하였다. 이 지도자들은 공동체를 결성하기보다 여러 곳에 다니면서 하나님 나라를 전파하고 축사와 치유와 이적을 행했다. 반면에 헬라 문화의 영향을 많이 받은 신앙공동체는 스데반과 바울로 이어지면서 공동체 수립에 집중하였다.[29]

시리아 교회의 성경은 거슬러 올라가면 '타르굼'이라 알려진 아람어 구약성경을 발견할 수 있다. 아람어 구약성경은 유대인들이 번역한 것인데 에스라, 느헤미야, 다니엘을 제외한 구약성경이었다. 그리고 시리아어로 번역된 구약성경은 페쉬타인데, 페쉬타에는 바룩계시록, 제4에스라 등의 특별한 책이 포함되어 있고 2세기부터 3세기 초에 유대인에 의해 번역되었다.[30] 또한 페쉬타의 일부는 그리스도인에 의해 번역되었을 것으로 짐작되며, 70인역을 참조한 흔적도 있다. 그리고 페쉬타의 신약성경에는 다음과 같은 부분이 빠져있다; 요 2-3서, 벧후, 유, 계, 마 27:35b, 눅 22:17-18, 요 7:53-8:11, 행 8:37, 15:34, 28:29.

아프라아테스(Aphraates)는 4세기 초 당시 사산왕조가 있었던 페르시아교회에서 수도사와 감독으로 활동하였다. 그런데 사산왕조의 사푸르 2세(309-379) 치하에서 기독교인들이 박해를 당했는데 1,600여 명의 순교자가 있었다. 이 시대에는 312년 기독교를 공인한 로마제국과 사산왕조가 격돌하는 시기였기에 사산왕조 안에 있었던 기독교인들은 적국

---

29 서원모, "아시아교회사의 첫 장으로서 시리아교회-역사서술의 쟁점," 96.

30 페쉬타 배열 순서는 다음과 같다; 오경, 욥기, 여호수아, 사사기, 사무엘상하, 시편, 열왕기상하, 잠언, 지혜서, 전도서, 아가서, 이사야, 예레미야, 애가, 예레미야와 바룩의 편지, 바룩서, 에스겔, 소예언서, 다니엘, 벨과 용, 룻기, 수산나, 에스더, 유딧, 집회서, 역대상하, 바룩 계시록, 제4에스라, 에스라, 느헤미야, 마카비 1-4서, 마카비 5서(요세푸스의 『유대전쟁』 제6권).

과 내통할 수 있다는 의혹을 받은 것이다. 특히 조로아스터교의 사제들이 이러한 의심을 부채질하였다.

샤푸르 2세가 죽은 후 박해는 진정되었지만 440년경에는 다시 더 혹독한 박해가 시작되었다. 이로 인해 기독교인들이 다른 지역으로 이주하게 되었는데 그 결과 여러 지역으로 선교가 이루어지게 되었다.

2. 동방교회와 네스토리우스교회

4세기에 동방교회와 서방교회의 구별이 생겼다. 동로마 제국 사람들은 동방교회요, 서로마 제국 사람들은 서방교회라는 구별이었다. 그리고 동방교회에서는 그리스어를 사용했고, 서방교회에서는 라틴어를 사용했다. 다만 동방교회에서는 시리아어, 콥트어, 아르메니아어도 사용했다. 동방교회는 서방교회와는 달리 교리논쟁에 빠져들지 않았다. 오늘날까지도 동방교회의 일부는 니케아 신조를 고수하고 있다.

동방교회에서는 그리스 정교회와 러시아 정교회의 흐름이 있었고, 시리아 교회를 중심으로 하는 네스토리우스교회, 아르메니아 교회, 콥트파, 야곱파 등이 있었다. 이러한 흐름의 저변에는 두 갈래의 기본적인 흐름이 있었는데, 그리스어를 사용하는 에베소와 안티오크로 대표되는 도시적, 사변적, 교리적인 흐름과, 아람어를 사용하는 시리아의 에데사로 대표되는 농촌적, 감정적, 수도적인 흐름이 있었다. 그런데 이스라엘에서 출발한 원시기독교는 농촌적이며 아람어를 공통으로 사용하는 에데사와 가까웠다.

중국에까지 들어온 네스토리우스파가 동방교회 안에서 어떻게 형성되었는지를 먼저 살펴볼 필요가 있다. 동방교회에서 선교 열정이 강했던 네스토리우스파가 생겨난 계기는 에베소 공의회(431)에서 네스토리우스가 단죄를 받았기 때문이다. 당시 콘스탄티노플 대주교가 된 네스토리우스(Nestorius 386~451)와 알렉산드리아 감독 시릴(Cyril) 사이에 교리 논쟁이 있었다. 시릴은 마리아를 '하나님의 어머니'라는 뜻으로 데오토코스(Theotokos)라 불렀고, 네스토리우스는 마리아를 '그리스도의 어머니'라는 뜻으로 크리스토토코스(christotokos)라고 불러야 된다고 보았다. 네스토리우스가 '데오토코스'를 거부한 이유는 당시 터키 지역에 만연해 있었던 여신숭배의 이단적 요소를 염려했기 때문이었다. 이 문제로 인해 에베소 공의회가 열렸는데, 석연치 않은 정치적 이유로 인해 어이없게 네스토리우스를 정죄하고 파문시켜 버렸다. 이로 인해 네스토리우스는 이집트로 추방되었고 그의 글들은 정죄되었으며 결국 451년 사망하였다.

그러나 451년 칼케돈(Chalcedon) 공의회에서는 오히려 네스토리우스의 기독론에 더 가까운 결론이 내려졌다. 이러한 갈등의 배후에는 성경해석의 방법론 차이도 있었다. 알렉산드리아 학파는 알레고리적 해석을 하였고, 시리아 안티오케이아 학파는 성서주석을 토대로 하여 신학교육을 실시했는데 성경을 역사적, 문법적으로 해석하였다. 무엇보다 중요한 것은 원시기독교와 네스토리우스로 이어지는 흐름은 예수의 인성을 강조하는 흐름이었다는 것이다. 박해를 당하고 가난한 이들에게 있어서 육신으로 태어난 예수는 위로가 되었으며 희망이 되었던 것이다. 반면에 알렉산드리아와 그리스어를 사용하는 풍요한 지역에는 자신들이 섬기는 예수가 사람이기보다 신적인 면모가 강하다는 것을 강조할 필요가 있었다. 왜냐하면 그것이 예수의 권위를 높이고 덩달아 신도들인 자신들의 위치를 높여주는 것으로 여겼기 때문이다. 그러나 마리아를 '하나님의 어머니'로 부르기 시작하자 마리아를 높이는 일이 일어났으며 그 흐름은 오늘날에도 이어져 천주교 성당에 마리아상이 세워져 있는 것이다. 그러나 네스토리우스파와 함께 하는 동방기독교는 마리아상을 세우지 않았고 마리아를 높이지도 않았다.

431년 로마교회에 의해 이단자로 추방당한 네스토리우스파는 시리아 에데사 시에 선교사 양성을 위한 신학교를 설립하고 동방선교에 온 힘을 기울였다.[31] 그런데 486년 제논 황제가 네스토리우스파를 박해하여 에데사의 신학교와 수도원과 의학교 등의 시설을 폐쇄하였다. 이에 네스토리우스파는 비잔틴과는 결별하고 페르시아로 가서 니시비스와 셀류키아에 정착하게 되었으며 신학교도 설립하였다. 이들은 여기서 종교의 자유를 얻었으며 왕성한 선교활동을 펼쳤다. 선교는 이집트, 시리아, 아라비아, 소코토라, 메소포타미아, 갈대아, 페르시아, 메디아, 박트리아, 힐카니아, 중앙아시아, 인도, 중국까지 이어졌다. 그리고 484년에는 사제들의 결혼을 허용하였고, 이로 인해 상인들이 선교사로 안수 받을 수 있게 되었으며 상인들을 통한 광범위한 선교가 진행되었다.[32]

또한 네스토리안 수도원도 부흥하였는데, 제국 전체에 적어도 60여 개의 수도원이 세워졌다. 동방기독교는 5세기에 이미 카스피해 지방의 투르키스탄족(돌궐족)에게도 선교하였다. 이 사실은 498년 페르시아의 사산 왕조의 카와드(Kawad)왕이 흉노와 돌궐과 박트리아에 피난하면서 그곳의 기독교 왕의 후대를 받았다는 기록으로 알려졌다. 또한 555년에는 네

31 P. Shaff, *History of the Christian Church III* (Grand Rapid, W.m B. Eerdmans, 1953), 731.

32 황정욱, 『예루살렘에서 長安까지』 (한신대학교출판부, 2005), 51.

스토리안 감독과 신부들이 훙노인들 사이에서 목회를 했다는 기록이 있다.[33] 중앙아시아 실크로드의 거점인 사마르칸트에 6세기 말 대교구를 설치하였다.

3. 경교

경교(景教)는 기독교의 네스토리우스(Nestorius)파가 동방으로 건너오면서 중국에서 불리어진 이름이다. 이외에도 동방기독교인 네스토리우스교는 페르시아에서 왔기에 '파사교(波斯教)'라 불리기도 하였고, 로마에서 유래되었기에 '대진교(大秦教)'라 부르기도 하였다. 그래서 교회 이름을 '파사사(波斯寺)' 혹은 '대진사(大秦寺)'라는 명칭을 붙인 것이다.

경교는 선교사 알로펜(Alopen, 阿羅本-Abraham의 중국식 표기)이 635년 당(唐)의 수도 장안(長安, 西安)에 들어오면서부터 시작되었다. 동방기독교가 소위 비단길(Silk Road)을 활용하여 중국에까지 선교의 영역을 넓혔던 것이다. 중국 당나라의 태종 이세민(李世民)은 경교 선교사들을 환영하였고 638년에 정식으로 경교를 공인하였으며 적극 후원하였다. 국비로 교회를 세워주었고 경전을 번역하게 하였다. 경교는 약 250여 년간 중국에서 상당히 성장하는 종교가 되었다.[34]

---

33 이장식, 『아시아고대기독교사: 1-16세기』 (서울: 기독교문사, 1990), 214.
34 한국기독교사연구회, 『한국기독교의 역사 I』 (서울: 기독교문사, 1989), 29.

알로펜이 장안에 왔을 때 당 태종이 재상 방현령을 보내 선교사들을 영접하는 것을 보면 이전에 동방기독교가 중국에 들어왔다는 것을 알 수 있다. 왜 당나라가 경교 선교사들을 이토록 환대했는가? 당 제국을 건국한 이연(李淵)의 어머니는 흉노 돌궐인인 선비 탁발부 출신이었는데 동방기독교 신자였다는 종교적 이유를 들 수는 있지만 보다 더 중요한 것은 외교적인 이점 때문이었다. 경교 사제단을 통해 중앙아시아의 정세에 대한 정보를 자세히 알 수 있었기 때문이다.

중국이 유럽과 접촉한 기록을 보면, 164년 중국학자들이 로마에서 온 천문학 서적을 볼 수 있었으며, 166년 로마제국의 Marcus Aurelius Antonius (安敦, 121-180) 황제가 후한의 항제(恒帝)에게 사절을 파송한 적이 있었는데 이들은 해로를 통해 중국 남부에 상륙하였다. 그리고 284년에는 Carus 로마 황제가 진(晉)나라에 사절단을 파송하였다.[35]

당 태종은 나라의 돈으로 장안에 대진사(大秦寺)를 건립하여 경교승을 두었으며, 당 고종은 『예수 메시아경(序聽迷詩所經)』, 『일신론(一神論)』, 『일천론(一天論)』, 『세존포시론(世尊布施論)』 등을 번역한 알로펜(阿羅本)을 진국대법주(鎭國大法主)로 삼고 경교를 진종(眞宗)이라 하였다. 당나라에서 경교를 환영한 것은 종교적으로 선호했다기 보다 다분히 외교적인 이점 때문으로 짐작된다. 경교 본부가 있는 사산왕조와 연결하여 돌궐세력을 압박하는데 경교 사제단을 사절로 활용할 수 있었기 때문이다.

이러한 사실은 781년 시안푸(Hsianfu) 근처에 세워진 대진경교유행중국비(大秦景教流行中國碑)가 발견되어 확인할 수 있었다. 그리고 1908년

35 이장식, 『아시아고대기독교사』, 212.

에는 중국 서북부의 돈황 석굴에서 한자로 된 기독교 관련 서적 목록과 함께 발견된 중국어판 찬미가와 네스토리우스파 기독교를 언급한 세 개의 칙령(683년, 745년, 845년)을 통해 더욱 확실히 알 수 있게 되었다.

당나라 고종 이후 656년 조정의 실권을 장악한 이는 측천무후(測天武后)였는데 열렬한 불교신자로서 경교를 박해하기 시작했다. 712년에는 중국 최초의 경교 교회당인 대진사까지 파괴하였다. 그러나 현종 이후 박해의 그림자는 사라지고 경교는 당 조정에 의해 다시 후원을 받게 되었다. 무너진 대진사도 742년에 다시 수축되었으며, 그 뜰에 경교비가 건립(德宗 建中 2년)되었다. 그러나 마니교 박멸 운동에 나선 당나라가 외래 종교 전체에 박해를 가하게 되어 부득이 경교도 함께 박해를 당했다. 845년에는 대진사가 헐리고, 600-700명의 경교승들이 환속을 당하게 되었고, 4-7만 명의 신도들이 개종하거나 도피하였다.

당나라 초기에 중국에 전래된 경교가 황소의 난을 전후하여 그 세력이 약화되기까지의 기간은 250년이다. 로마제국에서 기독교가 발생하여 공인되기까지 걸린 기간과 거의 비슷하다. 그러나 경교는 중국에서 혹독한 박해나 어려움을 겪지도 않았음에도 불구하고 페르시아의 멸망과 함께 모교회와 교류가 두절되므로 중국의 경교도 그 힘을 잃고 말았다. 결국 경교는 중국에 있어서 백성들의 생활 깊숙이 파고들지 못하고 외래 종교로 존재하다 마침내 약화된 것이다. 같은 시대에 오히려 불교는 민중 속으로 깊이 침투하였으나 경교는 파고 들어가 생존하지 못하였던 것이다. 경전의 대부분도 시리아어로 기록되었고, 알로펜 시대에 몇 권, 경교비를 세운 바 있는 경정(Adams) 때에 30여 권이 전부이다. 200년이 지나도 여전히 외래 종교로 남아있었을 뿐이다.

그러나 중국의 경교가 전혀 무위로 끝난 것은 아니었다. 수다하고 즐비한 타종교 사이에서 용하게 상당한 시일을 존재 유지하였고, 보이지 않게 다른 종교에 깊은 영향을 끼친 점은 부인할 수 없는 중요 치적이라 할 수 있다.

중요한 것은 경교에서 번역한 성경과 기독교교리에 관한 문헌들이다. 기독교가 경교라는 이름으로 당 시대에 중국으로 들어왔으며 이 사실을 새긴 경교유행중국비(大秦景教流行中國碑)에는 한문성경이 번역되었을 것이라 짐작되는 구절이 새겨져 있다. 즉 載眞經...飜經書殿(재진경...번경서전)이라는 구절인데 서전에서 성경인 진경을 번역하였다는 내용이다.[36]

경교의 문헌으로는『景教三威蒙度讚』,『尊經』,『志玄安樂經』,『一神論』,『序聽迷詩所經』,『宣元至本經』,『大聖通真歸法讚』 등이 있는데,『一神論』과『序聽迷詩所經』은 7세기 전반 것이며, 그 외는 모두 8세기 것으로 추정된다.[37] 이 가운데 알로펜(阿羅本)이 635-638년경 저술한『서청미시소경(序聽迷詩所經)』에는 십계명이 10원(十願)이라는 형태로 기록되어 있다.[38] 그리고 경교의 찬미가인『大聖通真歸法讚』 말미에 "...多惠聖王經(다혜성왕경)...을 독송하라"라는 구절이 기록되어 있다.[39] 다혜성왕경은 시편을 가리킨다.

---

36 圓廿四聖有說之舊法。理家國于大猷。設三一淨風無言之新教...
能事斯畢。亭吾昇眞。經留廿七部...
太宗文皇帝。光華啟運。明聖臨人。大秦國有上德。曰阿羅本。占青雲而載眞經。望風律以馳艱險。貞觀九祀。至于長安。帝使宰臣房公玄齡。總仗西郊。賓迎入內。翻經書殿。問道禁闈。深知正眞。特令傳授。("大秦景教流行中國碑頌"에서). 佐伯好郎,『景教の 研究』(東京: 東方文化學院東京研究所刊, 1935), 596-597. 한미경, "中國語 聖書飜譯에 관한 歷史的 考察,"『書誌學研究』 13집 (1997), 172.

37 황정욱,『예루살렘에서 長安까지』, 68쪽 참조.

38 佐伯好郎,『景教の 研究』, 702-703.

39 황정욱,『예루살렘에서 長安까지』, 253.

또한 10세기의 책 『尊經(존경)』에 의하면 경교 번역문 35권 가운데 경정(Adam)이 번역한 것이 30권이라 기록되어 있다. 이들은 아마도 성경을 번역한 것으로 짐작되는데 복음서(아사구리용경), 바울서신(보로법왕경), 시편(다혜성왕경), 오경(모세법왕경) 등을 번역하였다.[40] 『尊經』은 당이 패망한 906년에서 돈황 석굴이 폐쇄된 시기인 1036년 사이에 기록된 것으로 추정된다. 그리고 30권 가운데 4권(지현안락경, 대진경교선원본경, 통진경, 삼의찬경)이 현재 전해지고 있다.[41]

중국에서 한때 왕성했던 경교가 왜 중국에서 급속히 약화되었는가? 이러한 약화의 원인을 찾아본다면 다음과 같다.

첫째, 중국에는 전통적인 종교인 유교와 도교가 이미 있었고, 의래종교이지만 불교도 널리 전파되어 있었으며 백성들의 마음을 사로잡고 있었다. 이러한 거대 사상과 종교 속에서 경교가 새롭게 뿌리를 내리기는 힘든 면이 있었다. 이 경우 지적으로 탁월해서 기독교와 유교와 도교의 대화를 이끌고 이 가운데서 기독교적인 새로운 사상을 창출할 수 있어야 하는데 이러한 인물이 나타나지 않았다.

둘째, 경교가 백성들의 마음을 사로잡을 수 있는 새로운 소식을 전하지 못하였다. 다른 말로 바꾸어 말한다면 백성들의 현실 문제에 대해

40 황정욱, 『예루살렘에서 장안까지』, 264-265, 268; Samuel H. Moffett, A *History of Christianity in Asia* (Orbis Books, 2005), 300-301; Yoshirō Saeki, *The Nestorian documents and relics in China* (Tokyo Institute, 1951), 34-37, 273-276, 469f; John Foster, *Church of the T'ang Dynasty* (Society for Promoting Christian Knowledge, 1939), 107-114.

41 황정욱, 『예루살렘에서 장안까지』 264-265, 268; Samuel H. Moffett, *A History of Christianity in Asia*, 300-301; Yoshirō Saeki, *The Nestorian documents and relics in China*, 34-37, 273-276, 469f; John Foster, *Church of the T'ang Dynasty*, 107-114.

서 새로운 해답을 제시하지 못하였다. 유교와 도교가 있었지만 이러한 종교가 지배자 위주로 흐르고 있었기에 불교는 만민평등 사상으로 백성들의 주목을 끌 수 있었다. 경교도 이러한 부족한 점을 메꿀 수 있는 대안이 있어야 하는데, 오히려 황제의 비위를 맞추기 위해 노력했다는 점이 약점이라 할 수 있다. 기독교도 부활과 사랑과 믿음으로 구원을 얻을 수 있다는 교리가 장점일 수가 있다. 이미 불교가 이와 유사한 사상을 전했지만 기독교만큼 선명하지 않다. 이러한 기독교의 장점을 일반 백성들에게 전하는 노력이 부족했다고 볼 수 있다. 황제가 모든 권한을 행사하는 시대였기에 황제의 비위에 맞추려는 경향은 불가피한 것이지만 이로 인해 일반 백성들이 외면해 버리는 종교가 될 수 있다는 점이 약점이었다. 특히 황제가 다른 종교를 선호할 때 기독교는 일방적으로 매도당하고 박해를 받는 일이 일어날 수 있다.

셋째, 경교비에 등장한 인물들이 대부분 외국인이라는 점이 문제였다. 중국인 지도자와 선교사를 양성하는 일에 소홀히 했던 것이다. 이러한 까닭에 중국 백성들 속으로 파고들지 못하는 일이 일어난 것이다. 예배당을 가리켜 파사사(波斯寺, 페르시아 교회), 대진사(大秦寺, 로마 교회)로 부르는 것 자체가 계속해서 외래종교라는 것을 알려주는 것이다. 그리고 경교는 배화교(拜火教, 조로아스터교)와 마니교(摩尼教)와 함께 삼이교(三夷教)라 불릴 정도로 계속 외래종교로 남아 있었다. 종교는 토착화해서 그 지역에 뿌리를 내리고 그 지역 사람들의 종교가 될 수 있을 때 비로소 제 역할을 하게 되는 것이다.

넷째, 발견된 경교 문헌들을 보면 대부분 기독교를 소개하는 문헌이지 성경 자체를 번역한 것이 보이지 않는다. 불교가 심혈을 기울여 불경을 번역한 것에 비하면 경교의 노력이 부족함을 알 수 있다. 만일 성경을 충실히 번역하였다면 성경 읽기를 통해서도 많은 사람이 기독교에 주목하게 될 것이고, 중국의 지식층이 새로운 중국 기독교를 창출하는데 큰 힘이 될 수 있었을 것이다.

다섯째, 경교가 중국에서 사라진 결정적 이유가 박해 때문만은 아니었다. 보다 더 근본적인 이유는 당 후반에 토번(티벳)에 의해 육상 실크로드가 장기간 단절되었기 때문이었다. 그리고 해양 실크로드를 통해 들어온 외래인들은 주로 이슬람인들이었다. 압바스 왕조가 750년 바그다드를 중심으로 세력을 강화한 후로는 이슬람인들이 해양 실크로드를 주도하게 되었던 것이다. 중앙아시아와 페르시아 지역과 단절된 경교는 외부로부터 인력보충이나 지원도 끊어져서 점점 그 기반이 약화되었고, 당과 송(宋) 조정에서도 별다른 관심을 기울이지 않았기에 중국에서 힘을 잃어버렸다.

1) 경교비

경교비는 당나라 시대인 781년 장안 대진사에 세워졌는데 이 비석을 세운 인물은 동삭방절도부사(同朔方節度副使) 이사(伊斯, Mar Yesbuzid) 장군이었다. 이사 장군은 안록산의 난과 티베트의 공격 때 공을 세운 장군이었다. 756년 안록산(安祿山)은 낙양을 점령하고 황제를 자칭하며 국호를 대연이라 할 정도로 위세가 대단하였다. 이때 안록산의 난을 평정한 장군 가운데 당나라의 장군 곽자의(郭子儀)의 참모는 동삭방절도부사(同朔方節度副使) 이사(伊斯, Mar Yesbuzid) 장군이었는데 그는 동방기독교도였다. 이사(伊斯) 장군은 대종(代宗, 763-779년 재위)이 티베트 군대의 공격을 받고 위기에 처했을 때 황제를 구하기도 하였다. 이러한 연유로 인해 당 황실에서는 경교에 호의적이었다. 이사는 781년 1월 7일 중국선교

150여 년을 기념하여 대진경교유행중국비(大秦景教流行中國碑)를 세운 것이다.

그림 1 대진경교유행중국비(大秦景教流行中國碑)[42]

경교비의 비문은 페르시아의 기독교인 경정(景淨, Adam)에 의해서 저술된 것이다. 경정은 불경 번역작업에도 참여하였으며, 고려대장경 정원신정석교목록에서 미시가교(彌尸訶教: 메시아교)를 믿는 인물로 소개된 역

42 https://commons.wikimedia.org/wiki/File:Nestorian_Stele_(front).JPG(2020. 10. 18. 확인)

사적 인물이다. 경정은 외국인인 중앙아시아인이었으며 유불도(儒·佛·道)와 한학에 두루 능통하였고 여러 권의 경전을 번역하였다.[43] 서청미시소경(序聽迷詩所經)은 예수 메시야경이라 번역할 수 있다. 저자는 알로펜(阿羅本)이며 635-638년경 저술된 것으로 중국어에 익숙하지 않고 미숙한 흔적을 발견할 수 있다.[44]

경교비는 1625년 서안(西安, 장안) 부근에서 출토되었는데, 총 1,780개의 한자로 구성되었으며, 40개의 시리아(Syria)어 단어가 있고, 76명의 경교승(景教僧) 이름이 기록되어 있다.[45] 경교비의 내용은, 1) 경교의 신앙적 교의 소개, 2) 당태종 때 중국에 왔고 그 후 150여 년간의 상황 기술, 3) 송사(頌詞), 4) 측면에 기록된 성직자들의 이름 등으로 구성되어 있다.

주목할 점은 경교비에 당나라 시대에 한문성경이 번역되었을 것이라 짐작되는 구절이 새겨져 있다는 점이다. '二十四聖有說之舊法(이십사성유설지구법)'에서 '구법'은 구약을 가리키며 24라는 숫자는 구약이 24권으로 구성되어 있다는 뜻이다. 원래 히브리어 구약성경은 22권으로 되어 있었지만 시리아 역본 구약은 24권으로 구성되어 있는데 이것은 열왕기와 역대기가 상·하로 분리되어 있기 때문이다. 또한 經留二十七部(경유이십칠부)는 신약 27권을 가리킨 것으로 보인다. 또한 載眞經...飜經書殿(재진경...번경서전)은 서전에서 성경인 진경을 번역하였음을 밝힌 구절로 보인다.

경교에서 성경을 번역했을 것으로 추정되는 또 다른 기록이 있다. 이노센트 4세(Innocent IV)의 명령으로 1245년 몽고에 온 프란체스코회 수

---

43 정수일, 『문명교류사 연구』(서울: 사계절, 2002), 79.
44 황정욱, 『예루살렘에서 장안까지』, 69-70.
45 임영택, "大秦景教流行中國碑 新譯," 『중국문화연구』 Vol. 31 (2016), 429-453.

도사 카르피니(John of Plano Carpini)는 성경번역에 대해 다음과 같이 말하였는데 아마도 경교에서 번역한 성경을 가리키는 것으로 짐작된다;

> 내가 말하는 중국인은 이교도로서, 그들은 자신의 문자가 있다. 듣건대, 그들은 신구약성경과 신부와 은사의 전기도 가지고 있으며, 교회당과 유사한 건축물도 가지고 있으며, 정해진 시간에 그 안에서 기도를 한다고 한다.[46]

그리고 16세기 말 마테오 리치(Matteo Ricci)가 북경에 있었을 때 우연히 유태인 청년을 직접 만났으며, 이때 마테오 리치는 개봉(開封)에 유태교의 예배당과 유태인 10집인가 12집이 있었다는 사실과 유태인들이 그곳에서 5, 6백 년 전부터 십계명을 포함한 토라(5경)를 보관하고 있었다는 사실도 알게 되었다. 그렇다면 이 토라는, 그 당시(16세기 말)를 기준으로 역산하더라도 10세기쯤부터는 중국 내에 있었다는 계산이다.[47]

비록 경교 문헌이 한국에 전래된 증거는 없지만 당과 교류가 빈번했던 신라와 백제와 고구려에 경교 문헌이 전래되었을 가능성은 충분히 있다.

아래의 경교비문 가운데 제목에 관한 것과 성경 번역과 관련이 있는 부분만 번역한 것인데 이장식의 번역을 위주로 하고 일부 수정한 것이

---

46 殷琦,『聖經知識寶典』(成都: 西川人民出版社, 1995), 35. 재인용, 한미경, "中國語 聖書飜譯에 관한 歷史的 考察," 174.

47 比屋根安定,『支那基督教史』(東京: 生活社, 1940), 32~45, 재인용, 지배선, "中國唐代의 基督教 -景教를 중심으로,"『인문과학』Vol. 68(1992), 4. 지배선은 유태인들이 중국에 1세기부터 있었을 가능성이 있다고 보았다.

다.[48] 다만 원문에는 띄어쓰기가 없지만 읽기를 위해 띄어쓰기를 하였고 한문읽기를 위해 한글을 병기하였다.

大秦景教流行中國碑頌幷序(대진경교유행중국비송병서: 로마제국의 경교가 중국에 보급됨을 기리는 비문에 대한 서문)

大秦寺僧景淨述(대진사승경정술: 대진사 성직자 경정이 쓰다)

圓廿四聖有說之舊法원입사성유설지구법。理家國于大猷리가국우대유。設三一淨風無言之新教설삼일정풍무언지신교。陶良用于正信도량용우정신。制八境之度제팔경지도。錬塵成眞련진성진。啟三常之門계삼상지문。開生滅死개생멸사。懸景日以破暗府현경일이파암부。魔妄于是乎悉摧마망우시호실최。棹慈航以登明宮도자항이등명궁。含靈于是乎既濟함령우시호기제。能事斯畢능사사필。亭吾昇眞정오승진。經留廿七部경류이십칠부。張元化以發靈關장원화이발령관。法浴水風법욕수풍。滌浮華而潔虛白척부화이결허백。

(24권의 거룩한 구약의 율법을 완성하시고, 큰 도(道)로써 가정과 나라를 다스리게 하시고 삼위일체의 성령(三一淨風)으로 말로 할 수 없는 새로운 가르침을 베푸셨다. 바른 신앙으로 양심을 도야케 하시고 팔복의 가르침을 세우셔서 티끌과 같은 인성을 연마하여 참된 인성이 되게 하시며 믿음, 소망, 사랑의 문을 열어 생명을 펴주고 죽음을 멸하며 큰 빛을 비춰서 흑암을 부숴버렸다. 사탄(魔妄)이 여기서 모조리 타박을 당하고 자비로운 항해를 거쳐서 밝은 하늘의 궁전에 오르셨으니, 이로써

48 이장식, 『아시아고대기독교사』, 245-246.

영(靈)을 가진 모든 인류가 완전히 구제(기제, 旣濟)되었다. 그는 모든 것을 다 이루시고 정오에 승천하여 영원한 진리로 돌아가셨다. 경전 27부가 세상에 남아 있으며, 위대한 가르침이 전파되어 사람의 심령이 개도되게 하셨다. 사람들로 하여금 물과 성령으로 세례를 받고(法浴水風), 헛된 영의 화를 씻어 버리고, 깨끗하게 되게 하셨다.)

"큰 도(道)로써 가정과 나라를 다스리게 하시고"라는 표현은 수신제가치국평천하(修身齊家治國平天下)라는 중국의 윤리와 가치관에 일치시키려는 노력의 일환으로 보인다. 그리고 성령을 정풍(淨風)으로 표기했는데 경교의 미사소경(迷師所經)에서는 凉風(량풍)이라고도 표현했다. 팔경지도(八境之度)는 마태복음 5:3-10에 나오는 산상복음의 팔복을 가리킨다. 그리고 삼상지문(三常之門)은 믿음, 소망, 사랑을 가리킨다.

2) 경교의 한국 전래

한동안 경교가 신라시대 한국 땅에 전해졌을 것이라는 주장이 있었지만 근거가 확실치 않아 사실을 확인하기 어려운 상태다. 그러나 신라가 서역과의 교역이 있었다는 것은 분명하며, 서역 혹은 중국과의 국제무역을 통해 이슬람교와 유대교와 기독교가 공통으로 경전으로 인정하는 성경이 전래될 수 있었으리라 짐작된다. 그러나 확인할 길은 없고 가능성만 열려져 있는 상태다.

사실 당대에 이미 경교가 한국과 일본에 전래되었다는 것으로 추측할 수 있는 근거들이 많이 드러나고 있다. 그것은 여러 가지 유물과 유적을 통해서도 확인할 수 있겠지만 통일신라시대는 당나라의 현종의 즉위 기간으로 문물의 교류가 매우 빈번하였기 때문에 그 전래를 능히 추론하고도 남음이 있다.

신라의 불국사는 751년에 지어진 불교 사찰이다. 그런데 흥미로운 것은 그 불국사 경내에서 발견된 돌십자가이다. 이 십자가는 1956년 김양선에 의하여 발견되어 숭전대학교 기독교 박물관에 소장되어 있다. 이외에도 동제 십자가, 마리아 관음상 등의 유물이 경주에서 출토되었다는 사실은 모두 경교의 흔적들일 가능성이 있다.

최근 필자는 경주박물관에 전시된 신라시대 십자가 장식과 동국대학교 박물관에 소장된 또 다른 신라시대 납석제(蠟石製) 십자가 장식을 발견하였다.[49] 또한 대승불교의 일파인 정토종(淨土宗)과 밀교(密教)는 모두 신라시대에 전파된 것으로 실크로드상에서 기독교의 영향을 받았다는 주장을 도외시할 수 없다.

또한 영주에 분처상이 있다. 분처상에는 한자 명문이 새겨져 있는데 야소화왕인도자(耶蘇花王引導者)와 명전행(名全行)이라는 글귀이다. '도마'라는 히브리어로 추정되는 글귀가 있는데 확인하기 어려운 상태다. 특히 왼손 손가락 끝은 빗장뼈에 댄 채 손등을 보이고 있으며 오른손은 손바닥을 바깥쪽으로 돌리고 있는데, 이런 자세는 다른 불상에서는 찾아보기 힘들고 오직 중국 둔황 모가오굴에서 발견된 경교의 인물상의 손 모양과 비슷하다. 그리고 가슴 부위에 십자가 모양이 보인다. 문제는 예수 그리스도에 대한 존칭인 '야소화왕'은 카톨릭이나 명나라 시대에 중국에

---

49 경주박물관이 소장하고 있는 십자가 장식은 국은 이양선이 기증한 것으로(국은 컬렉션 154) 신라시대의 것이다. 신라시대 금동제십자형장식(金銅製十字形裝飾)으로 길이 7.3cm, 폭 5.4cm, 두께 0.07cm이다. 그리고 납석제 십자가 장식은 경주 안압지에서 출토된 것으로 동국대학교에서 납석제 실패로 분류하고 있으나 길이가 3cm밖에 되지 않은 것으로 실패로 사용하기에는 너무 작은 것이다. 동국대학교경주캠퍼스박물관편, 『동국대학교 경주캠퍼스박물관도록』 (시티파트너, 2012), 74.

유입되었을 때부터 사용된 단어이기에 이러한 글은 후대에 새겨진 글임을 알 수 있다.

당시 당나라의 경교 문헌들이 신라를 비롯한 고구려와 백제에 전해졌을 가능성이 있다. 신라는 당나라뿐만 아니라 해로를 통해 아라비아와 페르시아를 비롯한 외국의 문화와 문물을 접촉하고 있었다. 따라서 자연스럽게 외국의 문화와 문물, 종교에 영향을 받을 수 있는 상황이었다. 신라가 당에 수많은 사신과 유학생을 파견하는 등 당시 빈번한 문화교류를 행하였던 것으로 미루어 신라에 기독교가 전래되었을 가능성이 크다. 신라 문성왕 2년(840)에는 당에 유학하던 신라유학생 105명이 신라로 귀국하였다는 기록도 있다.[50] 특히 수많은 서적들이 당에서 신라로 유입되었는데 원효가 굳이 중국으로 가지 않아도 좋을 정도로 신라에 중국서책들이 많이 들어와 있었다. 이 와중에 한문으로 번역된 기독교 서적도 전래되었을 가능성이 높다고 볼 수 있다. 특히 네스토리안 기독교는 도교와 불교적 용어로 기독교 서적을 번역하고 전파하였기 때문에 불교 서적과 함께 기독교 서적이 신라로 유입되었을 가능성이 크다. 예를 들어 신라 시대의 '원효문집'에서는 예수를 불교식으로 '법왕자(法王子)'라고 칭한 실례가 있다.[51]

동방기독교가 고구려와 신라에 전래되었을 가능성이 높은 이유는 서역 무역상들인 소그드인의 활약에서 찾아볼 수 있다. 소그드인들은 실크로드뿐만 아니라 초원길 혹은 담비길을 통해서 국제무역을 담당하였다.

---

50 『三國史記』 신라본기 제11 문성왕.
51 정수일, "영주 분처상(분처상)의 비밀," 한겨레 2005. 01. 03.

소그드인들은 무역활동에 탁월한 능력을 발휘했을 뿐만 아니라 기독교를 전파한 사람들이었다. 소그드인들은 가는 곳마다 정착지를 개척하였고 지금도 이러한 소그드 기독교인들의 흔적을 발견할 수 있다. 그 흔적들은 초원길을 따라 분포된 기독교인 공동묘지들을 통해 확인되었다.[52] 따라서 동방기독교가 소그드인들을 따라 전파되었다. 물론 소그드인이 기독교뿐만 아니라 마니교와 조로아스터교를 전파하기도 하였지만 기독교를 전파했을 가능성이 높은 것은 사실이다. 소그드인들이 기독교 선교에 핵심적인 역할을 했다는 것은 북경에서 발견된 다음과 같은 글에서도 확인된다. 이 글은 10-13세기경 소그드인들의 것으로 추정되는데 북경 성문 중 하나인 오문(吾門) 누각에서 발견된 시리아어 단편이다;

> 주는 진실하신 분이로다. 주는 너희의 노력을 버리지 않으시니, 너희 순교자들이여! 왕이신 그리스도는 너희들이 중국 땅에서 사랑했던 사람들을 모른 척하시지 않으리라. 너희들의 유해는 생명의 책에 기록되어 빛을 발하노라.... 순교자여 너희는 상업에 종사하는 사람들이로다. 너희는 하해를 건너고 산야를 넘어 여러 나라를 편력하다가 마침내 피를 뿌리며 이 세상을 떠났도다. 너희는 기도를 통해서 신의 성자(聖子) 예수 그리스도를 사방 백성들에게 알렸도다...."[53]

---

52 김호동, 『동방기독교와 동서문명』 (서울: 까치, 2002), 239.
53 김호동, 『동방기독교와 동서문명』, 170.

또한 경교는 성직자의 결혼을 금하지 않는다. 성직자가 독신을 유지해야 한다는 것은 서방 기독교의 전통이지 유대 기독교의 전통은 아니다. 따라서 무역상인들과 같은 일반인들도 선교자로서 인정을 받고 열성을 다해 선교를 하였다.

소그드인 문화의 황금기는 5-8세기였다. 소그드인은 4세기경부터 하서지역으로 이주하였고 그다음 중원지역으로 이주하였다. 당나라 때에는 소그드인 절도사가 합계 30명이나 되었을 정도로 중국 지도층에 깊이 들어가 있었다. 소그드인들은 아시아 대륙을 횡단하면서 동서문화와 기독교 전파에 주도적인 역할을 담당하였으며 국제 무역에 탁월한 능력을 발휘하였다. 또한 소그드인은 당 이전부터 중국 내지에 자치적인 취락을 형성했다. 소그드인들은 가는 곳 마다 무역거점을 마련하였으며 아마도 고구려와 백제와 신라에도 소그드인 가운데 일부 상인과 예술인들의 정착이 이뤄졌으리라 짐작을 할 수 있다.[54]

고구려는 일찍부터 소그드인과 교류하고 있었다. 소그드인이 살고 있었던 지역인 우즈베키스탄의 사마르칸트시 교외에 있는 아프라시압(Afrasiab) 도성에서 12명의 외국사절단이 사마르칸트 왕 바르흐만(Varkhuman)을 진현하는 벽화가 발견되었다. 이 벽화는 7세기 말에 제작된 것으로 추정되며 이 사절단 속에 조우관(鳥羽冠)을 쓰고 환두대도(둥근고리큰칼)를 찬 사신 2명을 볼 수 있는데 고구려에서 온 사신이다.[55] 아마도 고구려가 서역(돌궐)과 연합하여 당을 협공하려는 목적에서 사신을

54 김호동, 『동방기독교와 동서문명』, 94.
55 정수일, "고구려와 서역관계시고," 『고구려연구』 14 (2002), 222.

파견한 것으로 보인다.

예술 분야에서 소그드인의 영향을 분명히 확인할 수 있는데 고구려 벽화에는 소그드인으로부터 전래된 호선무, 악기, 연회장면 등을 확인할 수 있다.[56] 호선무는 양탄자 위에서 돌면서 춤추는 서역 강국(康國)의 춤이었으며 이 춤은 소그드인의 민속춤이었다.[57] 그리고 '호공후'라 불렸던 '수공후'는 페르시아에서 가장 발전된 L자형공후인데, 고구려 문화가 계승 발전시킨 것이었다. 또한 고구려 벽화에 등장하는 연희 가운데 산악과 백희는 페르시아에서 성행했던 곡예에서 그 기원을 찾을 수 있다.

이와 더불어 주목할 것은 신라에는 소그드인이 전한 서역악을 당악(唐樂)과 구분하여 향악(鄕樂)으로 표기할 정도로 신라의 음악이 되었다는 사실이다. '소그드'를 한자로 '束毒'이라 음사했는데 그들의 음악을 '속독악(束毒樂)'이라 하였다. 최치원은 향악잡영(鄕樂雜詠)에서 속독악의 무용과 연주장면을 묘사하였다.[58] 따라서 9세기 이전에, 적어도 8세기에 벌써 소그드 예술인들이 신라에 와서 음악을 전수해 주었다고 볼 수 있다.

이처럼 동방 기독교를 전파했던 소그드인들이 무역상인으로서 혹은

---

56 정수일, "고구려와 서역관계시고," 231.

57 조석연, "고구려 호(胡) 문화 기원," 『한국음악연구』 42집 (2007), 296, 300. 이시다 미키노스케는 '호선'의 '호'는 소그드인을 지칭하는 용어라고 주장하였다. 이시다 미키노스케, 이동철, 박은희 역, 『장안의 봄』 (서울: 이산, 2004), 36.

58 『삼국사기』 권32 雜志1 樂. 전덕재, "한국 고대 서역문화의 수용에 대한 고찰 - 백희, 가무의 수용을 중심으로," 『역사와 경계』 58 (2006), 4-15. 최치원의 '향악잡영오수'는 금환(金丸)·월전(月顚)·대면(大面)·속독(束毒)·산예(狻猊)의 다섯 가지 기예[五伎]를 소재로 읊은 7언4구체 한시이다. '향악'이라고는 하지만 엄밀히 말하자면 5수(首)의 한시(漢詩)는 모두 서역 연희에 관한 것이다. 이러한 연희는 현재까지 전승되고 있는 두레, 검무를 비롯한 각 무용, 가면극, 남사당패놀음뿐 아니라 판소리에 이르기까지 커다란 영향을 끼쳤다.

예술가로서 고구려와 신라에 온 흔적을 확인하면서 고구려와 신라에 기독교가 전래되었으리라 짐작하는 것이다.

또한 일본 승 고호(弘法)는 당나라에서 경정을 만나 경정과 함께 불경을 번역하였고, 경정으로부터 기독교를 전해 듣고 일본으로 돌아와 불교, 도교, 기독교 등 삼교는 하나라는 뜻의 삼교지귀(三教指歸)의 종교인 진언종(眞言宗)을 고야산에서 창시하고 포교하였다. 진언종도 정토종의 일종인데 대승불교의 일파인 정토종(淨土宗)과 밀교(密教)는 외형은 불교의 옷을 입고 있지만 실질적으로는 기독교와 유사하다는 주장이 있다. 그리고 영국 여류사학자인 고든(E. A. Gordon)은 한국의 사찰을 두루 다니면서 연구한 결과 동양 불교의 문화 속에 경교의 흔적이 들어 있다고 주장하였다.[59] 그는 일본 고야산과 금강산에 경교 모조비를 건립하기도 하였다.

발해 시대 이후에도 경교인들의 발자취를 확인할 수 있다. 발해의 영토였던 연해주인 노브고르데에프에서 소그드 은화가 발견되었다. 그리고 연해주의 또 다른 지역인 끄로우노브까 유적(우쑤리스끼 지구, 아브리꼬스 마을)에서는 경교 십자가가 표현된 토제의 타원형 관이 발견되었다.[60] 이와 더불어 발해의 수도인 동경용원부(현 훈춘) 팔련성 제2절터에서는 십자가를 목에 건 삼존불상이 발견되었으며 푸슌(撫順)에도 돌십자가 수백점이 발견되었다. 또한 압록강변 안샨 부근에 11세기 초의 것으로 추정

---

59 E. A. Gordon, *Asian Cristology and the Mahayana*, 47-48. 김광수, 『동방기독교사』(기독교문사, 1971), 205-206에서 재인용.

60 I. A. 똘스또꿀라꼬프, 정석배 역, "발해와 이웃들의 문화, 정치적 접촉," 『고구려발해연구』 25 (2006), 280.

되는 암각화가 발견되었는데 동방박사의 이야기가 조각되어 있다. 그리고 만주 안산의 한 고분에서 11세기 초로 추정되는 돌십자가가 여러 개 발견되었다.[61]

조선의 문헌에도 경교에 대한 언급이 있었는데, 1790년대에 정약종(丁若鍾)이 저술한 『주교요지』에는 기독교가 중국에 전파된 것이 한나라 때부터라고 이야기하고 있다; "천주교가 중국에 나온 지 오래되어 한(漢)나라 때에도 나오고, 당(唐)나라 초년에도 나오고, 그 후 명(明)나라 때에도 연하여 나오고, 조선에도 서책이 나온 지 백여 년이 되었으되..."[62] 또 다른 기록은 천주교의 조선 전래로 인하여 기해의 교난이 한참 진행되고 있을 당시의 문헌이다. 즉 정하상(1795-1839)은 천주교의 교리가 참되며 공명정대하다는 사실을 1839년 당시의 우의정 조인영에게 알리기 위하여 올린 상재상서(上宰相書)에 경교에 관한 내용을 포함시켰다. 정하상은 기독교가 현실적이며 윤리적 현실성이 깊다는 점을 강조하면서 당나라 시대에 융성하였던 경교에 대하여 언급하였던 것이다. 정하상은 이미 기독교가 오(嗚)의 적오연대(赤烏年代)에 벌써 전파되었고, 237년에는 철십자가가 발견되었다는 사실을 고증하였다. 그리고 당대에 들어왔던 경교는 당제(唐帝)의 보호 아래 널리 퍼져 있었다고 하였다. 안정복도 『천학고』에서 전목제의 『경교고』와 고염무의 『일지록』을 언급하면서 경교에 대해 이야기하고 천주교가 경교와 유사한 것이라 하였다.

경교비문을 포함한 책도 출판되었다. 『셩교감략(聖敎鑑略)』은 북경교

---

61 김호동 『동방기독교와 동서문명』, 238.
62 정약종, 『주교요지』 (서울: 성.황석두루가서원, 1986) 94-95.

구장 들라플라스(Delaplace, 田類斯) 주교가 1866년 신·구약성경의 주요 대목을 뽑아 요약하여 번역하고 해석한 것이다. 그런데 특이한 것은 신약성경의 내용으로 구성된 하권에 교회사도 함께 수록되어 있다는 점이다. 특히 당나라 시대에 전파된 동방기독교인 경교(景教, Nestorianism)로부터 청나라에 이르기까지의 중국 천주교회사가 포함되어 있다. 그리고 들라플라스의 한문본 『聖教鑑略』에 없었던 한문으로 된 경교비문이 한글 번역본 속에는 포함되어 있다.[63] 이러한 사실을 볼 때 조선의 천주교인들이 경교에 대해 알고 있었고 관심도 많았음을 알 수 있다.

II. 고려시대와 에리케운[64]

고려가 등장할 무렵(918) 당에 들어왔던 동방기독교인 경교는 845년 회창법난과 황소의 난(875-884) 등 일련의 배타적인 소요에 휘말려 교세가 급격히 약화되었다. 심각한 타격을 받은 기독교인들은 당에서 떠났는데 많은 기독교인들이 몽고초원 지역으로 흩어졌다.[65]

---

63 '景教碑文' 『聖教鑑略』 권2, 데이십구장, 80-81.

64 이 장은 다음 논문을 부분적으로 수정한 것임. 정중호, "고려시대 기독교," 『신학사상』 160호 (2013), 109-139.

65 김상근은 '동방 기독교'라는 용어가 서구 유럽인의 시각에서 불려진 이름이며 에뎃사(Eddessa)의 기독교를 동방 기독교라 부른 적이 있었기 때문에 사용을 거부한다고 밝혔다. 그러나 본 논문에서는 경교 혹은 네스토리우스교를 동방 기독교라 부르기로 한다. 왜냐하면 기독교의 발상지인 이스라엘에서 볼 때 아시아는 동방이기 때문이다.

당나라 때 약화된 경교는 중앙아시아나 북방 몽고 지역으로 도피한 경교 신자들에 의해 계속 유지되었는데 몽골제국 시대(1279-1368)에는 '에리케운(也里可溫)'이란 이름으로 기독교가 다시 일어났다.

고려 시대는 왕건이 후삼국을 통일한 후부터 이성계가 조선을 건국하기 전까지 918-1392년의 기간이다. 이 기간 동안 중국에는 무슨 일이 일어났는가? 당이 멸망(907)한 이후 여러 왕조가 부침을 거듭하고 있었다. 오대십국(伍代十國) 시대(907-979)를 거쳐, 북송(960-1127)과 남송(1127-1279)의 나라들이 있었다. 그리고 북방민족인 거란이 침략하여 요(907-1125)를 세웠고, 또 다른 북방세력인 금(1115-1234)이 중국을 장악하였다. 계속해서 북방세력인 몽고족이 침략하여 원 제국을 세웠는데(1279-1368) 세계제국을 건설하였지만 100년을 견디지 못했다. 이어서 명나라가 1368년에 일어나서 1644년까지 이어 나갔다.

몽고 초원 지역에는 중앙아시아 지역으로부터 전도를 받은 기독교인들이 있었는데 초원 지역에는 일찍부터 유목생활을 하는 기독교인 부족이 형성되어 있었다. 즉 알타이 방면의 나이만족, 음산산맥 부근의 옹구트족, 몽골리아 초원의 케레이트족 등이었다. 이 기독교 부족 가운데 케레이트족에서 칭기스칸(成吉思汗)이 나왔다. 칭기스칸은 케레이트족 군주 토오릴의 양자였던 것이다. 칭기스칸이 과연 기독교인인지는 확인할 수는 없지만 '칭기스칸(成吉思汗)'이라는 이름 자체는 기독교 이름이다. '기

김상근은 '네스토리안 기독교'라 부르기도 하고 '실크로드 그리스도교'라고 부르기도 하였다. 그러나 실제로 실크로드보다 북방의 횡단길인 초원길(담비길)을 통해서도 기독교가 널리 전파되었다. 김상근, "네스토리안 기독교는 왜 중국에서 사라졌는가? - 소수 신앙공동체의 종교적 생명력에 대한 연구," 『조직신학』 43집 (2006), 727-763; 김상근, "실크로드 그리스도교를 찾아서 - 근대 이전의 고대 아시아 선교 역사 연구를 위한 로드맵," 『선교신학』 제27집 (2011), 33-70.

스(吉思)'라는 이름은 대표적인 기독교 이름인 것이다. 칭기스칸은 유럽까지 진격하였고, 그의 손자 쿠빌라이 대칸(Qubilai, 忽必烈, 世祖, 1260-1294)이 1279년 남송을 정복함으로서 원은 유라시아 대제국을 건설하게 되었다. 원나라 세조 쿠빌라이와 태후는 독실한 동방기독교 신자가 되었으며, 원나라에는 기독교 사무를 총괄하는 숭복사(崇福司)도 두었고 "전국의 에리케운 장교사(掌教司) 72개소"를 관장하였다.[66]

쿠빌라이 대칸의 고문 가운데는 마르코 폴로(Marco Polo, 1265-1323)도 있었는데 그는 원나라에 기독교인이 70만 명 이상으로 추측된다고 하였다.[67] 또한 교황 니콜라오 4세의 서한을 가지고 1294년경 몽골제국에 들어와 선교한 카톨릭 선교사 몬테코르비노 요한(John of Montecorvino, 1246/7-1330)의 선교 활동이 있었다. 그는 원나라에 도착하여 교회를 세우고 주교구를 설치하였는데, 1305년 보낸 편지에서 신약성서와 시편을 타타르어로 번역했다고 하였다; "나는 이미 타타르어와 문학을 배웠다. 그리고 신약성서 전권과 구약의 시편(聖詠)을 그 언어로 번역했다. 그 번역에는 세심한 주의를 기울였다."[68]

몽골제국에 파송된 또 다른 선교사는 여행기를 저술한 뤼브룩(Guillaume de Rubrouck)신부였다. 뤼브룩은 카르피니(Fr. Plano Carpini)에 이어 로마 가톨릭교회의 교황 인노센트 4세의 특사로 1253년 몽골제국

---

66 1277년 숭복사 장관은 기독교인 이사(愛薛[애설])였다. 『元史』 卷89, 百官. 伍; 김호동, 『동방기독교와 동서문명』, 201, 234.

67 Marco Polo, 『동방견문록』, 273-278.

68 Marshall Broomhall, *The Bible in China* (Center for Chinese Materials, 1934), 31-32. 재인용, 시마무라 타카시, 안중환 역, "몽골 성서 번역의 역사", 『성경원문연구』 제19호 (2006), 201.

의 수도 카라코룸에 왔다. 교황이 뤼브룩을 파송한 것은 몽골제국이 이슬람 세력을 무너뜨린 것에 대한 고마움을 표시하고 더불어 선교의 가능성을 모색하기 위해서였다. 뤼브룩은 한국을 유럽에 소개한 최초의 인물인데 자신의 여행기에서 "섬의 정부 까우레(Caule)"라고 당시 고려를 소개하였다. 이 명칭이 나중에 'Coree'로 바뀌었으며, 영어로는 'Korea'가 되었다.

뤼브룩은 저서 『몽고제국여행기』 속에서 몽고에 와있던 고려의 사신들에 대해 묘사하는데, 당시 몽고인들은 고려사람들을 솔롱고(Solongos)라 불렀다고 한다. 이 "솔롱고"는 "무지개의 나라"라는 뜻이 되는데, 그 연유는 고려가 무지개가 떠오르는 동쪽에 위치하고 있었고, 또 한국의 여인들과 아이들이 무지개색을 연상시키는 색동옷을 입고 있었던 까닭에서 찾을 수 있을 것이다.

몽골제국에서 에리케운이라는 이름으로 혹은 천주교의 이름으로 기독교가 널리 전파되고 기독교인들이 늘어나고 있었는데 고려는 기득교의 영향을 어느 정도 받았을까? 기독교가 원 제국에 널리 전파되어 있었을 때 원 제국의 수도인 연경에는 고려인들이 10만여 명 살고 있었으며 고려인이 원제국의 황후가 된 적도 있었다.[69] 그리고 수십만 명의 고려인 포로들이 몽고로 붙잡혀갔으며 고려 후기에는 몽고와 고려 간의 교류가 활발하였다. 또한 기독교인이 많았던 원 황실과 고려 왕실은 혼인관계로

69 공민왕 3년(1354년) 7월 고려 장군 유탁, 염제신 등 40여 명이 군사 2천 명을 거느리고 원나라로 갔는데, 연경(燕京)에 있는 고려인과 합하여 총 2만 3천 명으로 전장에 나갔다고 기록되어 있다. 따라서 보통 한 집에서 1명씩 징집하였기에 연경에 있는 고려인 가정이 21,000명 정도였으며 인구수로는 약 10만 명 정도로 볼 수 있다. 『高麗史』 권38, 공민왕 3년 7월 癸亥; 『高麗史節要』 권26, 공민왕 3년 11월.

연결되었으며, 고려왕이 통치하기도 했던 만주지역에는 기독교인들이 많았다. 따라서 원 제국 시대에 고려인들이 기독교의 영향을 받았으리라는 점을 충분히 짐작할 수 있다.

동방기독교에 대한 연구는 상당한 진척을 보여 왔다. 일본, 중국, 유럽 등에서 연구가 진행되고 있으며 최근에는 한국에서도 연구가 진행되고 있다.[70] 고려시대에 대해서는 학자들이 주로 기독교인이 있었을 가능성에 대해 언급하는 정도였다.[71] 다만 퇴펠(A. Toefel)은 고려시대 가운데 13세기 말이라는 시기를 한정해서 동방기독교의 영향을 연구하였다.[72] 퇴펠은 활리길사(闊里吉思)와 일본에서 발견한 십자가 문양이 있는 투구의 주인공, 그리고 충렬왕의 왕비 제국대장공주가 고려에 온 기독교인이었을 것으로 추정하였다.[73] 그러나 퇴펠은 몽고와 고려의 1차 사료(史料)를 사용하기보다 2차 자료를 주로 사용하였기에 깊이 있는 새로운 주장을 펼치지 못하였다.[74] 따라서 고려시대 기독교에 대해 정밀하게 연구할 필요가 있다.

---

70 Li Tang, *A Study of History of Nestorian Christianity in China and its Literature in Chinese* (Frankfurt am Main, 2002); A. Toepel, "Christians in Korea at the end of the 13th century," in Dietmar W. Winkler, Li Tang (Eds.), *Hidden Treasures and Intercultural Encounters: Studies on East Syriac Christianity in China and Central Asia*(Wien: Lit, 2009), 279-289; W. E. Henthorn, *Korea: The Mongol Invasions* (Leiden: E. J. Brill, 1963); Samuel H. Moffett, *A History of Christianity in Asia* (Orbis Books, 1998); 황정욱, 『예루살렘에서 長安까지』; 김상근, "네스토리안 기독교는 왜 중국에서 사라졌는가? - 소수 신앙공동체의 종교적 생명력에 대한 연구"; 최하영, "중앙아시아에 있어서 네스토리안 교회의 선교활동에 관한 연구(A.D.431-A.D.1500)", 『역사신학논총』 10집 (2005), 210-239.

71 김상근, "네스토리안 기독교는 왜 중국에서 사라졌는가? - 소수 신앙공동체의 종교적 생명력에 대한 연구," 33-70.

72 A. Toepel, "Christians in Korea at the end of the 13th century," 279-289.

73 A. Toepel, "Christians in Korea at the end of the 13th century," 283-287.

74 A. Toepel, "Christians in Korea at the end of the 13th century," 279-289.

이러한 필요성을 염두에 두면서 본 장은 고려시대 한국 기독교 상황을 구체적으로 조명하면서 성경이 전래되었을 가능성을 타진하고자 한다. 그리고 본 장은 고려에 깊이 영향을 끼친 원 황실과 만주지역의 기독교 동향에 대해서도 함께 논하게 될 것이다. 결국 본 장의 목적은 원 황실과 만주지역의 기독교 동향을 살피면서 고려에 들어온 동방기독교인들을 구체적으로 파악하여 고려시대 기독교 상황을 밝히려는 것이다.

1. 고려의 노비제도를 개혁한 기독교인 활리길사(闊里吉思, Giwargis)[75]

동방기독교인들은 어릴 때부터 종교생활을 통해 자연스럽게 몽골제국의 문자인 위구르어를 깨우치고 서기, 통역, 의학, 역법 등의 분야로 진출하여 중요한 직책을 감당하였다. 이런 까닭에 원나라에는 신하 가운데도 기독교인이 많았다. 기독교도들 가운데 친카이(鎮海)는 수석서기관을 지냈고, 카닥은 구유크 시대 제국 전체를 관할하는 장관이었으며, 불가이는 몽케의 수석 서기관이었다.[76] 서아시아 출신인 이사(愛薛)는 기독교인으로 구유크와 쿠빌라이 시대에 점성과 의학을 담당하였고 한림원 승지를 역임하였으며 그의 아들들은 세례명을 따라 엘리야(也里牙), 흑총(黑冢), 기와르기스(闊里吉思), 루가(魯合), 요한(咬難) 등으로 지었다.[77] 기독교인들은 성경이나 교리서 중심의 종교생활을 했기에 일찍부

75 『元史』 卷134에 활리길사의 열전이 나온다.
76 김호동, 『동방기독교와 동서문명』, 199-200.
77 김호동, 『동방기독교와 동서문명』, 198-200. 이사의 부인 이름은 세례명으로 보이는

터 문지를 깨우쳐 관직에 많이 등용되었는데 주로 서기, 통역, 의학, 역법 등의 분야에 두각을 나타내었다. 이러한 신하 가운데 고려에 파견된 기독교인 신하가 있었는데 바로 활리길사(闊里吉思)였다.

'활리길사(闊里吉思)'라는 이름은 '기와르기스(Giwargis)'의 발음을 한자로 옮겨 적은 것이며 영어로는 George라는 이름으로 기독교인의 이름임을 알 수 있다. 이 이름은 기독교 부족인 옹구트 족 수령의 이름이기도 하였다. 활리길사(약 1250-1310)는 1299년 정동행성(征東行省)의 평장정사(平章政事)로 임명되어 고려에 부임하였다. 정동행성은 일본을 정벌하기 위해 고려에 설치된 원나라의 기구였지만 활리길사가 부임할 당시에는 고려의 내정까지 간섭할 수 있는 위치에 있었다.[78]

기독교 역사학자들은 고려에 온 원나라 관리 활리길사가 노비해방을 시도했다고 하면서 이러한 시도는 기독교 정신에 따라 행동한 것으로 주장하였다.[79] 그러나 구체적으로 어떤 과정을 거쳐서 그리고 무슨 이유로 활리길사가 그러한 행동을 했는지에 대한 깊이 있는 분석을 하지 못하였다. 한편 역사학자들은 종교적인 동기에 의해 활리길사가 행동한 것에 대해서 언급하기보다 원나라 정책과 고려와의 관계를 분석하면서 활리길사의 행동을 설명할 뿐이다.[80] 따라서 이러한 시각차에 대해 깊이 있는 분석이 필요하다.

사라(撒刺[살랄], Sarah)였는데 소르칵타니 베키의 시종이었다. 김호동, "몽원제국기(蒙元帝國期) 한 색목인(色目人) 관리의 초상 - 이사 켈레메치(`Isa Kelemechi, 1227-1308)의 생애와 활동," 『中央아시아研究』 11권 (2006), 82.

78 고병간, "역대 정동행성의 연구," 『동아외교섭사의 연구』 (서울대학교출판부, 1970), 184-292; 장동익, 『고려후기외교사연구』 (서울: 일조각, 1994), 56-59.

79 A. Toepel, "Christians in Korea at the end of the 13th century," 279-289.

80 이강한, "정동행성 활리길사의 고려제도 개변시도," 『한국사연구』 139 (2007), 83-128.

당시 고려의 왕은 '국왕'이라는 호칭을 사용하였지만 원 황실의 부마이기도 하였다. 이런 까닭에 원 세조(쿠빌라이)는 1281년 충렬왕에게 부마고려국왕인(駙馬高麗國王印)을 하사하였다.[81] 고려의 왕들은 이러한 우상을 바탕으로 독립국가로서의 위상을 고집하였지만 원에서 보는 입장은 원 황실의 부마이고 원제국의 신하로서 보는 것이었다. 이러한 이중적이고 애매한 입장은 당시의 상황이기도 하였다. 원제국은 황제인 '칸'을 중심으로 중앙집권적인 정치체제를 갖추기는 하였지만 지방분권적인 면모도 동시에 갖고 있었다. 원의 동쪽을 통치하는 세력들도 왕이라는 칭호를 가지면서 동시에 원의 지방관리이기도 하였다. 고려의 충렬왕도 1283년에 '정동행성 좌승상'으로 임명되기도 하였다.[82]

정동행성이 실제적으로 독자적인 행정력을 발동한 것은 활리길사가 1299년 평장정사로 부임하면서 부터였다. 그래서 지리지(地理志)의 경우 정동행성의 출범시기를 1299년으로 보았다.[83] 이때는 충렬왕과 충선왕의 갈등이 고조되어 정치적으로 불안한 시기였는데 활리길사가 원의 관리로서 고려의 정치적 안정을 도모하려고 하였다.

활리길사는 고려의 통치상황을 보면서 몇 가지 개혁을 시도하였다. 즉 형벌체계의 불공정성과 관원 숫자의 과다로 인한 폐단이나 부역의 과중함, 권호들의 불법 등을 지적하였다.[84] 그리고 중요한 것이 노비정책에 관한 것이었다. 당시 고려는 "부모 한 쪽이 천인인 자는 모두 천인

---

81 김호동, 『몽골제국과 고려』(서울대학교출판부, 2007), 111, 각주 75.
82 『高麗史』 卷32, 世家32 충렬왕 28년(1302년).
83 『元史』 卷63, 志15 地理6 征東等處行中書省.
84 『高麗史』 卷32, 世家32 충렬왕 27년(1301년) 4월 己丑; 『元史』 卷208, 列傳95 外夷1 高麗.

이다"는 일천즉천(一賤則賤)의 원칙이 있었다. 이러한 원칙이 있었기 때문에 노비의 숫자는 갈수록 늘어날 수밖에 없었고 노비 소유자인 귀족들의 재산은 증대될 수 있었다. 그런데 활리길사는 "부모 한쪽이 양인(良人)인 자는 양인(良人)이다"는 일량위량(一良爲良)으로 변경하려고 하였다. 이러한 활리길사의 개혁을 따르면 노비의 숫자는 갈수록 줄어지고 양민의 숫자는 늘어나게 되는 것이다. 그러나 노비해방이라고 부르기에는 미흡한 것이었다.

활리길사가 어떻게 이러한 개혁을 시도할 수 있었는가? 혹시 당시 원나라의 제도를 고려에 적용하려고 한 것이 아닌지 원의 법령을 참고할 필요가 있다. 이강한은 활리길사가 시도한 여러 가지 개혁을 보면서 활리길사가 고려의 폐단과 불합리한 점을 원나라의 법령인 지원신격(至元新格)을 기준으로 융통성 있게 적용하려 하였다고 보았다.[85] 지원신격에 의하면 아버지의 신분을 따르는 것을 원칙으로 하고 있다. 그리고 예외적인 경우로서 절혼(竊婚)의 경우 어머니의 신분을 따라가도록 하였다.[86] 그러나 활리길사가 제안한 것은 아버지가 양인이면 아버지를 따르고, 어머니가 양인이면 어머니를 따른다는 것으로 아버지도 따를 수 있고 어머니도 따를 수 있는 것이었다. 따라서 활리길사의 노비제도 개혁이 아버지를 따른다는 원 제국의 법을 따른다고 보기 어렵다. 따라서 활리길사는 원의 제도를 적용하려고 한 것이 아니었다.

또 다른 주장을 보면, 활리길사가 다른 지역에서 행정을 담당했을

85 이강한, "정동행성 활리길사의 고려제도 개변시도," 103.
86 『元史』 卷63, 志15 刑法3 姦非.

때 지방 호족의 세력을 약화시키고 원의 중앙집권적 통치권을 강화하기 위하는 행정을 펼쳤기 때문에 고려에서도 동일하게 그러한 행정을 실시 했다는 것이다. 복건행성평장정사(福建行省平章政事)로 재직할 때 지방 관리들과 호족의 경제적 기반 확장을 봉쇄하려는 행정을 실시한 것이다. 고려의 경우 노비의 숫자가 줄어들면 귀족들의 노동력이 감소하면서 경제적으로 많은 타격을 받게 되고 결국 귀족들의 세력이 약화되는 것이다. 그러나 고려의 왕과 고려 국가의 세력은 어떻게 되는가? 노비의 숫자가 줄어지고 양민의 수가 늘면 세원(稅源)이 증대되어 왕실에 도움이 될 것이며 장기적인 안목으로 볼 때 고려의 세력이 증대되는 효과를 가져 올 것이다. 결국 원의 관리인 활리길사는 고려의 국력을 신장시키는 장기계획을 실시한 것이다. 이것은 복건행성에서 지방의 세력을 약화시키고 원의 통치권을 강화시키려는 것과는 반대되는 것이다. 이러한 차이는 복건행성의 경우 원의 관리인 활리길사가 행정의 수장이었지만 고려의 경우 고려왕이 행정의 수장이었고 활리길사는 원의 관리로 파견되었다는 점에서 찾아볼 수 있다. 즉 복건행성의 경우는 활리길사의 정책에 의해 지방세력이 약화되고 원의 통치권이 강화되었지만, 고려의 경우는 활리길사의 노비제도 개혁이 진행되면 왕과 국가의 세력이 증대되었지 원의 통치권이 강화되는 것이 아니었다는 것이다.

그런데 이상한 점은 당시 고려의 왕 충렬왕도 활리길사의 노비정책에 대해 반대의사를 표명했다는 사실이다. 왕실의 노비가 적어진다는 우려 때문일까? 만약 그렇다면 고려왕은 너무나도 근시안적인 판단을 한 것이다. 고려의 왕은 노비가 양민이 된다면 앞으로 국가에 반란을 일으킬 세력이 많아진다고 우려하면서 반대하였다.[87] 왕권이 아직도 미약하다는 것을 드러내 보인 것이다. 그러나 왕이 주도적으로 귀족들의 소유인 노비들을 해방시킨다면 그들이 왕에게 반역할 리가 없다. 아마도 귀족들의 등쌀에 왕도 동조한 것으로 보인다. 그리고 활리길사의 혁신적인 노비정책이 실지로 실시되었음을 볼 때 충렬왕이 극력 반대하지 않고 어느 정도 허용한 것으로 보인다. 왜냐하면 활리길사가 돌아간 후 고려는 1301년 6월 전미변정사를 설치하여 활리길사가 면천시켜준 양민들을 다시 노비로 만들었기 때문이다.[88] 즉 활리길사의 개혁은 실제로 시행되었고 노비가 양민이 된 일이 일어났던 것이다.

그러나 노비에 관한 활리길사의 개혁은 계속적인 반대에 부딪쳤고 고려의 내부가 혼란스러워지는 결과를 초래하였다. 따라서 원은 1301년 3월 활리길사를 급거 소환했으며 그와 함께 부임했던 야율희일도 그해 5월에 귀국하였다.[89]

활리길사의 노비정책이 원나라의 법령을 따르려는 것도 아니고, 고려의 세력을 약화시켜 원의 통치권을 강화시키려한 것도 아니라면 무슨 연유에서 이러한 노비정책을 실시했는가? 활리길사의 개혁적인 노비정책을 다르게 설명할 방법이 없는 상황에서 그가 신봉했던 기독교의 정신을 고려할 수밖에 없다. 이강한도 활리길사가 '본인의 신념'이라는 요인에 의해 행동했을 가능성을 지적하였다.[90] 당시 원나라에는 동방 기독교가 들

87 『高麗史』 卷31, 世家31 충렬왕 26년(1300) 10월; 『高麗史』 卷85, 지39 형법2 노비.
88 『高麗史』 卷32, 世家32 충렬왕 27년(1301) 6월 癸巳; 『高麗史』 卷32, 世家32 충렬왕 28년(1302) 1월 戊申.
89 『高麗史』 卷32, 世家32 충렬왕 27년(1301).
90 이강한, "정동행성 활리길사의 고려제도 개변시도," 117-118.

어와 있었다. 그리고 활리길사라는 이름만 보아도 기독교인임을 알 수 있다. 그런데 동방기독교는 노예소유를 금지하였으며 그 내용이 경교유행중국비(景教流行中國碑)에도 다음과 같이 새겨져있다.[91]

> 不蓄臧獲 均貴賤於人
>
> (노비를 기르지 않는 것은, 인간의 귀천이 없이 균등함이라)[92]

따라서 활리길사는 기독교 정신에 따라 고려에서 노비의 숫자를 줄이려고 시도하였다는 것임을 짐작할 수 있다.[93] 비록 단기간에 그리고 적은 수의 노비만 양민으로 면천된 사건이었고 미완으로 그친 일이었지만 그 파장은 결코 작은 일이 아니었다. 활리길사가 시도했던 노비제도의 개혁은 고려시대와 조선시대를 이어가면서 불거지는 여러 가지 노비와 관련된 사건들과 연관시킬 수밖에 없는 큰 사건이었다.

2. 고려에 온 휘정원사(徽政院使) 실렬문(失烈門, Solomon)

실렬문(失烈門)이라는 이름은 몽골제국 제2대 황제 우구데이칸 태종(1229-1241년)의 손자 이름으로 나타나는데 기독교인이었

---

91 네스토리우스파는 585년 Isoyahb I 대회에서 노예소유금지를 천명하였다. A. Toepel, "Christians in Korea at the end of the 13th century," 286, 각주 35.

92 Yoshirō Saeki, *The Nestorian documents and relics in China* (Tokyo Institute, 1951).

93 김호동, 『동방기독교와 동서문명』, 239-240; 장동익, 『고려후기외교사연구』, 84-87.

다.[94] 실렬문(失烈門)이라는 이름은 솔로몬(Solomon)을 한자로 표기한 이름으로 기독교인 이름이다.

그런데 1319년(충숙왕 기미 6년) 12월 계축일에 원 제국에서 휘정원사(徽政院使) 실렬문(失烈門)을 고려에 보내 조서를 반포하였다는 사실이 『高麗史』에 기록되어 있다.[95] 원나라에서는 황태자를 책봉한 것과 관련하여 휘정원사를 보내 아래와 같이 조서를 반포하게 한 것이다.

> 十二月 癸丑 元以授册皇太子遣徽政院使失烈門來頒詔[96]
> (12월 계축일에 원나라에서 황태자를 책봉한 것과 관련하여 휘정원사[徽政院使] 실렬문[失烈門]을 보내 조서를 반포하였다.)

휘정원사는 원나라 황태후 관계 사무를 맡은 관직이다. 따라서 연대상으로나 직위상으로 보아 휘정원사 실렬문과 태종의 손자와는 다른 사람일 것으로 추정된다.

휘정원사 실렬문에 관한 기사는 충선왕과 관련된 기록에서 또다시 발견할 수 있다. 충선왕이 원나라에서 고려로 돌아가지 않고 있는 것에 불만을 품고 있었던 김심과 밀직사 이사온(李思溫)이 휘정원사(徽政院使) 실렬문(失列門)에게 고하여 충선왕의 신하들을 감옥에 가둔 일이 있었다.[97] 이 사실을 알고 충선왕은 태후의 시비(侍婢) 야리사반(也里思班)을

---

94 『元史』 제38, 제9; 김광수, 『동방기독교사』, 178.
95 『高麗史』 卷34권, 世家 제34, 충숙왕 1.
96 『高麗史』 卷34권, 世家 제34, 충숙왕 1.
97 Solomon이라는 이름을 한자로 표기할 때 약간씩 차이가 나는 점이 있으나 동일 인물인 것은 확실하다.

통하여 태후에게 이 사건을 바로잡아주기를 청원한 적이 있었다.

이 기록에서 주목할 점은 원 황실 태후 측근에 기독교인이 많이 포진하여 있었다는 사실이다. 태후의 시비(侍婢) 야리사반(也里思班)이라는 이름도 기독교인 이름이다. '야리(也里)'라는 이름은 '나의 하나님'이라는 뜻의 단어 '엘리'라는 이름의 한자표기로 이 단어가 들어간 이름이면 기독교인으로 볼 수 있다. 예를 들면 성경에 나오는 이름 엘리야는 야리아(也里阿)라고 표기한다.[98] 야리아는 원 황제 문종 시대의 기독교인 신하의 이름이었다.[99] 그리고 기독교인 세례명 가운데 '바르 소마 엘리수(伯索麻也里束)'가 나타나는데 여기에도 '야리(也里)'는 '엘리'의 한자어 표기로 나타난다.[100]

동방기독교인인 실렬문(Solomon)이 고려에 왔다는 사실은 활리길사에 이어 또 다른 기독교인이 고려를 방문한 사건으로 볼 수 있으며 이러한 주장은 이전의 다른 학자들에 의해 주장된 적이 없는 새로운 발견이다.

---

98 김호동, 『동방기독교와 동서문명』, 230.

99 『高麗史』 卷36권, 世家36 충혜왕.

100 바르 소마 엘리수(伯索麻也里束)는 기독교인 마월합내(馬月合乃, 馬 Yohannan)의 조부 이름이다. '바르 소마'라는 뜻은 '금식의 아들'이란 뜻이다. 黃溍, 『馬氏世譜 金華黃先生文集 (四部叢刊 初編集部)』 권43. 김호동, 『동방기독교와 동서문명』, 187, 270에서 재인용.

3. 충렬왕의 왕비가 된 기독교인 쿠틀룩켈미시(제국대장공주)

고려의 왕비 가운데에도 기독교인이 있었다. 퇴펠은 충렬왕의 왕비 장목왕후(莊穆王后)를 기독교인으로 추정하였지만 쿠틀룩켈미시(忽都魯揭里迷失[홀도로게리미실]) 본인의 이름에 대해서는 깊이 언급하지 않았다.[101] 충렬왕의 왕비 장목왕후(莊穆王后)의 이름은 쿠틀룩켈미시(忽都魯揭里迷失, 제국대장공주, 1259-1297년)인데 원 제국 세조 쿠빌라이의 딸이며 어머니는 세조의 후비인 아속진가돈(阿速眞可敦)이었다.[102] 아속진가돈은 조식진황후(烏式眞皇后)라고도 불려졌다.[103] 아속(阿速)은 부족 이름인데 코카서스 산 이북과 카스피해 북안에서 돈 강 유역에 걸친 초원지대에 거주하던 이란어족 유목민 부족으로 아스(As) 혹은 알란(Allan) 종족으로 알려져 있다. 중요한 것은 아속인들이 기독교인이었다는 점이다.[104] 기독교인이었던 아속인들은 1338년 토곤 테무르(1333-1368년)의 친서를 휴대하고 교황을 찾아가기도 하였다.[105] 아속인들은 황제의 신임을 받아 황실 경호원으로 근무하였고 황실에서도 상당한 권력을 행사하는 종족이었다.[106] 따라서 쿠틀룩켈미시 왕비의 어머니 아속진가돈은 기독교

---

101 A. Toepel, "Christians in Korea at the end of the 13th century," 285-287.

102 『高麗史』 卷89, 列傳2 후비 2.

103 김현라, "고려 충렬왕비 齊國大長公主의 위상과 역할," 『지역과 역사』 23호(2008), 80-86; 권순형, "원 공주 출신 왕비의 정치권력 연구-충렬왕비 제국대장공주를 중심으로," 『史學硏究』 제77호 (2005) 33-63.

104 V. Minorsky, *Hudūd al-'Alam, the Regions of the World* (London, 1937). 呂治昊, "元代 아스人(Asud)의 擡頭와 政治的 役割," 『동양사학연구』 120집(2012. 9), 183에서 재인용.

105 김호동, 『동방기독교와 동서문명』, 283.

106 아속인으로 원 제국 고위직에 올라 권력을 차지하고 있었다는 증거는 『元史』 列傳에 아속인으로 등장한 인물들이 36명이나 될 정도라는 점에서도 발견할 수 있다. 呂

종족 출신으로 기독교인으로 볼 수 있다.

그리고 '쿠틀룩'이라는 이름은 동방기독교 사제 이름으로 나타나는데 기독교인 묘비명에 새겨져 있었다. 키르기즈 공화국의 세미레치에 지방에 동방기독교 묘지가 있었는데 시리아 문자로 다음과 같이 새겨져 있었다; "1575(서기 1274)년, 즉 쥐띠의 해. 이것은 이 세상을 떠난 사랑스러운 젊은이, 사제 쿠틀룩의 묘지이다".[107] 이외에도 동방기독교인의 이름에 '쿠틀룩'이 들어있는 이름이 다수 발견되었다.[108] 따라서 '쿠틀룩'이라는 이름이 들어있는 충렬왕 왕비 '쿠틀룩켈미시'는 기독교인임을 알 수 있다.[109] 쿠틀룩켈미시 왕비의 할머니는 독실한 기독교인인 소르칵타니베키(唆魯忽帖尼別吉)였고, 어머니 아속진가돈도 기독교인이었으며 자신의 이름도 기독교인의 이름이기에 제국대장공주가 기독교인임을 알 수 있다.

원나라 황실에 기독교인이 많은 것은 칭기스칸(成吉思汗)이 동방기독교 부족인 케레이트족 출신이라는 사실에서부터 살펴볼 필요가 있다. 칭기스칸은 케레이트 족 군주인 토오릴의 양자였다. 그리고 원나라 황실에서 기독교인으로 주목할 만한 인물은 칭기스칸의 막내아들 톨루이의 부인인 소르칵타니 베키이다. 그녀는 원제국의 황제들인 몽케(4대)와 쿠빌

治昊, "元代 아스人(Asud)의 擡頭와 政治的 役割," 187. 그리고 '아속진가돈(阿速眞可敦)'에서 '가돈'은 '황후'라는 뜻이다. 따라서 아속진가돈은 '아속인 황후'라는 뜻이다.

107 D. Chwolson, *Syrisch-Nestorian Grabinschriften aus Semirjetschie* (St.-Petersbourg: Commissionnarires de L'Academie Imperiate des sciences, 1890). 김호동, 『동방기독교와 동서문명』, 162에서 재인용.

108 Wassilios Klein, *Das nestorianishche Christentum an den Handelswegen durch Kyrgyztan bis zum 14. Jahrhundert*. (Silk Road Studies; 3. Rurnhout: Brepols, 2000), 173-175.

109 오윤태, 『한국기독교사, 경교사편』 (서울: 선교문화사, 1973), 294.

라이(5대)와 일칸국의 창시자인 훌라구의 어머니였다. 소르칵타니 베키는 황제들의 어머니이기도 하지만 독실한 기독교인으로 널리 존경받은 인물이었다.[110] 어머니의 영향을 받은 황제들은 모두 기독교인이었거나 기독교를 옹호한 군주들이었다. 그리고 몽골제국 3대 황제 구유크칸인 정종(定宗, 재위기간 1241-1248)의 장남 홀찰(忽察, Khu-cha) 태자와 차남 뇌홀(腦忽, Noah)은 독실한 기독교 신자였다.[111]

특히 황후들의 신앙심이 특출하였는데 몽케 황제의 부인 오굴카이미시도 기독교인이었고 쿠빌라이의 부인 아속진가돈도 기독교인이었다. 특히 일칸국의 창시자 훌라구의 부인 도쿠즈 카툰의 천막 문 앞에는 언제나 교회가 세워져 있었고 나쿠스(naqus) 소리가 들렸다고 하였다.[112] 마치 목탁과 같이 나쿠스는 성경을 읽을 때와 찬송을 할 때 두드리는 목판을 가리킨다. 일칸국의 계승자인 아바카(1265-1281)는 기독교인인 비잔틴 왕녀 마리아를 부인으로 맞아들였다. 그 후 아바카의 아들 아르군(1284-1291)이 칸으로 올랐는데 그와 그의 부인 우룩 카툰과 툭타니도 기독교인이었다.[113] 일칸국의 칸은 그 후 바이두, 가이하투 등으로 이어졌다.

기독교인들이 많았던 원나라 황실은 혼인관계를 통해 고려 왕실에 지대한 영향을 미쳤다.[114] 기독교 황실에서 성장한 원나라 공주들이 고려의 왕비로 시집왔기 때문이다. 고려 왕실과 원 황실과의 결혼이 추진 된

110 김호동, 『동방기독교와 동서문명』, 192.
111 김광수, 『동방기독교사』, 178.
112 김호동, 『동방기독교와 동서문명』, 195.
113 김호동, 『동방기독교와 동서문명』, 195-197.
114 충렬왕부터 공민왕까지 약 1세기 동안 9명의 왕비들이 원에서 온 여성들이었다. 이 가운데 원의 공주가 8명이었다.

것은, 고려 왕실이 무신집권기에 실추된 왕실의 권위를 회복하려는 의도와 제국의 지배체계를 공고히 하면서 일본을 정복하려는 원의 의도가 부합되어 성사된 것이었다. 이러한 결혼 관계로 인해 고려는 다른 어느 지역보다 특별한 대우를 받은 면도 있었다. 즉 원 제국 내에서 고려만이 유일하게 국호를 유지하고 국체를 지킬 수 있었다.[115] 동시에 고려에 온 원 공주들과 수행한 인원들의 위상이 높았음을 짐작할 수 있다.

원 황실 공주들의 신앙심이 어느 정도인지 알 수는 없지만 황실의 내력이나 분위기로 보아 기독교인일 가능성은 아주 높다. 이 기간 동안 9명의 왕비들이 원에서 온 여성들이었는데 그 가운데 원의 공주가 8명이었다.[116] 그리고 이 여성들의 소생이 왕으로 즉위한 경우, 즉 '황금씨족'은 충선왕, 충숙왕, 충목왕 등이었다. 또한 충렬왕부터 고려의 왕자들은 의무적으로 원나라 왕실에서 가서 기거하며 교육을 받아야 했기에 고려의 왕들이 기독교 영향을 받았을 것이라는 점은 충분히 짐작할 수 있다. 원나라의 공주들이 고려에 올 때 시녀들과 수행원들이 함께 왔으며 국제무역에도 깊이 관여했는데 시녀들과 수행원들 가운데도 기독교인이 있었을 가능성이 높다.

원 황실 외에도 원 제국에 흩어져 있었던 고려인들의 수는 상당하였다. 그들은 원에 투항한 인물들, 몽고황실의 숙위(宿衛)로 관직에 오른 사람들, 공녀로 원에 간 여인들, 환관들, 제과급제자, 그리고 포로들 등

---

115 에르데니 바타르, "원 고려 지배세력 관계의 성격 연구," 강원대학교 박사학위논문, 2006, 140.

116 김혜원, "麗元王室通婚의 成立과 特徵-元公主出身王妃의 家系를 중심으로," 『이대사원』 제24,25합집(1989), 163.

이었다. 원 황실과 고려의 관계를 논할 때 언급해야할 또 다른 사건은 고려 여인이 원 황실에서 황후로 올랐다는 사건이다. 원 혜종의 총애를 받은 기황후는 고려여인으로서 황태자 아유시리달라를 낳았고 섭정하기도 하였다.[117] 30년 몽고항쟁 기간에 수많은 고려인이 포로로 잡혀갔는데 고종 41년의 경우 206,800여명이 포로로 잡혀갔다고 기록되어 있다.[118] 이들이 원 제국에서 기독교인들과 만나면서 기독교를 소개 받았을 가능성이 있다.

4. 고려에 온 사라(沙羅, Silas) 장군

1036년(정종 병자 2년)에 동번(東蕃)에서 회화장군(懷化將軍) 사라(沙羅)를 비롯한 83명이 고려에 왔다. 동번(東蕃)은 주로 여진인으로서 지금의 함경남도 및 강원도의 동북변(東北邊)에 살던 자들을 가리킨다. '회화장군'이라는 명칭은 1038년에 동번에서 온 또 다른 장군의 이름과 함께 등장한 것을 보면 직책명칭인 것으로 짐작된다.[119]

乙酉 東蕃懷化將軍沙羅等八十三人來朝

(을유일에 동번[東蕃]의 회화장군 사라[沙羅] 등 83명이 내조하였다.)[120]

---

117 에르데니 바타르, "원 고려 지배세력 관계의 성격 연구," 146.

118 『高麗史』 世家24, 고종 41년, 11월; 장동익, 『고려후기외교사연구』, 153.

119 "병인일에 동번(東蕃)의 회화장군 아두(阿豆) 등 49명이 내조하였다." 『高麗史』 卷6, 世家6, 정종4년 8월 병인.

120 『高麗史』 卷6권, 世家6, 정종2년 1월 을유.

중요한 것은 '사라(沙羅)'라는 이름이 성경의 '실라(Silas)'라는 이름의 한자표기라는 점이다. 동방기독교 문헌 가운데 존경(尊經)에는 '사라법왕(沙羅法王, St. Silas)'이라고 기록되어 있다.[121]

함경남도와 강원도는 고려와 접경지역이며 발해의 영토였던 지역이기도 하다. 발해 지역에는 동방기독교의 유물이 다수 발견되었다. 발해의 솔빈부 아브리코스 절터에서는 경교의 십자가가 새겨진 점토판이 발견되었다.[122] 그리고 금나라 시대의 그릇 조각에도 십자가가 새겨져 있었다.[123]

또한 발해 동경용원부 훈춘 팔련성지에서 삼존불상이 출토되었다고 알려졌으며 현재 사진만 전해지고 있다. 중요한 것은 십자가가 삼존불의 목에 걸려있다는 사실이다.[124] 황정욱은 삼위일체 하나님을 삼존불상을 통해 표현해보려고 한 것으로 추정하고 있으며 기독교의 토착화 노력의 일환으로 보았다.[125] 그밖에 발해의 서변에 자리한 우순(撫順) 지역에서도 수백 점의 십자가가 발견되었다.

기독교인의 이름만 발견되었기에 아직 확실한 것을 알 수는 없지만 동방 기독교가 발해 지역에 전파된 것으로 보아 발해지역에서 온 사라는 기독교인으로 짐작된다.

---

121 Yoshirō Saeki, *The Nestorian documents and relics in China*, 74.
122 송기호, 『발해를 다시 본다』 (주류성, 1999), 124.
123 송기호, 『발해를 다시 본다』, 193.
124 송기호, 『발해를 다시 본다』, 193.
125 황정욱, 『예루살렘에서 장안까지』, 298.

5. 기독교인 나얀(乃顔, Nayan)과 만주지역의 영향

주목할 만한 인물은 만주지역을 통치하고 있었으나 1287년 4월에 반란을 일으켰던 기독교인인 나얀이다.[126] 동방기독교도인 나얀 장군은 그의 군기에 십자가 표식을 할 정도로 열렬한 기독교 신자였다. 나얀의 군대가 기독교도인 것을 마르코폴로가 다음과 같이 기록하고 있다.

> … 여러분은 나얀이 세례 기독교인으로 전투에서 깃발 위에 그리스도의 십자가를 달고 있었다는 사실을 알아야 할 것이다. …대카안이 이렇게 함으로써 전투에서 승리하자, 하나님을 믿지 않던 그곳의 사라센, 우상숭배자들, 유대인, 기타 많은 백성과 민족들은 나얀이 깃발 위에 달고 온 십자가를 조롱했고, 그곳에 있던 기독교도들을 비난하면서 "보라! 당신들의 하나님의 십자가가 기독교도인 나얀을 어떻게 도왔는지를!"이라고 하였다.[127]

또한 나얀이 기독교도였다는 직접적인 기록은 아니지만 1325년에 새겨진 한 비문에는 "나얀은 불교의 정법(正法)에서 벗어났다"라는 구절이

126 윤은숙, "쿠빌라이칸의 중앙집권화에 대한 동도제왕들의 대응- '나얀 반란'을 중심으로,"『중앙아시아연구』 제8호 (2003), 39.

127 Marco Polo,『마르코 폴로의 동방견문록』, 223-226.

있다.[128] 이 비문은 내몽골의 응창(應昌)에서 1893년에 발견되었는데 결국 나얀이 기독교인임을 간접적으로 표현한 것이라 볼 수 있다.

그리고 나얀 반란군이 양주 근처의 정해현으로 유배되었는데 그 곳의 풍토가 나쁘다면서 다른 곳으로 보내달라고 요청하자, 몽골의 한 고관이 "너희들 스스로 불사(不死)의 땅을 찾으려고 했으니, 너희들이 그런 곳으로 가라!"고 했다. '불사의 땅'이란 기독교의 천국을 의미하기 때문에 나얀을 따르는 군인들이 기독교인임을 알 수 있는 기록이다.[129]

나얀의 부하들 가운데는 기독교인이 많았는데 그들이 고려의 영토 깊숙이 원주까지 들어온 적이 있었다. 우선 나얀이 왜 반란을 일으켰는지 그 이유를 살펴볼 필요가 있다.

칭기스칸은 1210년대에 영토를 동과 서, 그리고 중앙으로 크게 구분하여 황금씨족(黃金氏族, Altan urug)에게 분봉하였다. 중앙에는 칭기스칸 자신과 막내 아들 톨루이(Tolui)가 다스리고 서쪽은 아들들에게 그리고 동쪽은 동생들에게 분봉하였다. 만주지역은 칭기스칸의 동생들인 카사르, 카치운, 옷치긴 등에게 분봉하였는데 이들을 동도제왕(東道帝王)들이라 불렀다. 이 가운데 옷치긴은 최대의 영토를 분봉 받아 주도적인 세력을 형성하였는데 기독교인 나얀은 옷치긴 가에 속해 있었다.

사실 동도제왕(東道帝王) 가운데 옷치긴 가(家)는 쿠빌라이가 칸으로 등극하는 과정에서 절대적인 기여를 하였으며 그로인해 원제국 안에서도 특권을 누리고 있었다. 원래 옷치긴 가는 뭉케 칸의 중앙집권화 정책에

---

128 김호동, 『동방기독교와 동서문명』, 238.
129 Paul Pelliot, *Notes on Marco Polo*, Vol.2 (Paris: Impr. Nationale, 1959), 788-789.

반대하는 입장이었기에 뭉케 칸 사후(1259) 아릭부케가 계승하는 것을 달가와 하지 않았다. 이 때 대안으로 떠오른 인물이 쿠빌라이(Qubilai, 세조)였고 옷치긴 가는 쿠빌라이가 칸으로 등극할 수 있도록 크게 도왔다.[130]

칸으로 등극한 쿠빌라이는 1279년 남송을 정복함으로서 유라시아에 걸친 대제국을 건설하게 되었다. 그리고 쿠빌라이칸은 다민족적인 중앙집권적 전제관료체제를 추진하였다.[131] 이것은 이제까지 실시해온 분봉정책과는 충돌할 수박에 없었다. 결국 서쪽의 제왕들인 오고데이의 카이두가 1269년 반란을 일으켜 독립해 버렸다. 그리고 동쪽의 동도제왕들도 반란을 일으켰다.

동쪽에는 나얀(乃顔, Nayan)을 중심으로 동도제왕(東道帝王)들이 1287년 반란을 일으켰다. 그러나 나얀은 체포되어 살해당했고 동도제왕 중 한 사람인 카단은 반란군을 이끌고 압록강을 넘어 고려로 들어왔다. 나얀의 부장이며 칭기스칸의 동생 카치운의 손자인 카단종왕은 고려로 들어왔으나 1292년 자취를 감추었고 1302년 그 손자인 토곤도 투항함으로 반란은 끝을 맺었다.

기독교도인 나얀의 부하들이 고려에 들어온 경로를 살펴보면 1290년 5월 6일 해양계(海陽界)에 들어왔고, 10월 26일에는 남경 해양계에, 그리고 11월 8일에는 쌍성에 들어왔음을 알 수 있다. 그리고 12월에는 화주와 등주에 들어왔으나 1291년 6월에 평정되었다.[132] 이들은 철령을 넘

---

130 윤은숙, "옷치긴家 타가차르의 활동과 쿠빌라이의 카안위 쟁탈전," 『몽골학』 22호 (2007), 223-263.

131 주채혁, 『元朝官人層硏究-정복왕조기 중국사회신분구성의 한 분석』 (서울: 정음사, 1986), 15.

132 주채혁, "쿠빌라이칸의 중앙집권화에 대한 카단종왕군의 항전과 고려 영원산성 토벌

고 원주 치악산까지 왔으나 옷치긴 가의 후손인 나이만다이(Naimandai)가 주도한 몽골군과 고려의 연합군에 의해 진압 당했다. 이 때 고려에 포로된 자들이 있었는데, 1291년 충렬왕 17년에는 108명의 포로를 붙잡았다고 보고되어 있다.[133] 이들 가운데도 기독교인이 있었을 가능성이 높다.

비록 나얀은 반란의 실패로 죽었고 그를 따르던 많은 사람들이 죽었지만 그 일족의 세력은 여전히 유지되었으며 만주의 기독교 역시 계속되었을 것으로 짐작된다. 옷치긴가의 후손인 나이만다이는 카단 토벌의 공로로 수왕(壽王)에 봉해졌다. 일자 왕호(一字 王號)는 원제국이 친족집단에게 하사하는 최고의 칭호였다. 그리고 나얀이 이끌었던 옷치긴가도 톡타(Toqta)를 중심으로 다시 모였으며 그 세력이 단절되지 않았고 영지도 보존되었다. 원제국은 톡타를 요왕에 봉하였다.[134]

나얀 이후에도 옷치긴가는 만주 지역의 지배자로 그 세력을 유지하고 있었는데 원 제국이 멸망한 후에도 명에 투항하여 만주를 실제 지배하였다. 그리고 조선을 건국한 이성계도 만주지역에서 그 기반을 구축하였기에 옷치긴 가는 고려뿐만 아니라 조선에도 영향을 미친 가문이라 볼 수 있다. 이성계의 고조부 이안사(李安社)는 1255년 옷치긴 왕가로부터 남경(南京, 지금의 연길 城子山城) 등지를 지배할 수 있는 천호장 겸 다르가치의 지위를 하사 받아 세력을 구축하였다.[135]

고려 시대에 만주지역에 고려인들이 다수 거주하였지만 고대로 거슬

전," 『강원인문논총』 8 (2000), 270-273.

133 『高麗史』 卷30, 世家, 충렬왕 17년.

134 『元史』 卷108, 諸王表.

135 윤은숙, "14세기 말 만주의 역사상 – 옷치긴 왕가와 만주," 『농업사연구』 11권 (2012), 51-52.

러 올라가면 만주는 고조선과 고구려의 영토였다. 또한 신라가 삼국을 통일함으로 만주 지역은 당나라에 귀속되는 것 같지만 실제로 그 후 고구려 유민을 중심으로 한 발해가 일어나 이 지역을 통치하였다. 이 시대를 신라와 발해를 포함한 남북국 시대로 부르고 있다. 고려 시대에 만주 지역은 금국(金國, 1115-1234)이 차지하고 있었는데 금국은 1234년 몽골군에 의해 멸망당하고 말았다. 이후 만주 지역은 원 제국의 통치 하에 있었는데 중요한 지배세력은 옷치긴 가였다. 이 때 고려는 원 제국과 왕실 간 결혼 관계로 인해 만주와 고려를 함께 통치하는 심왕(瀋王)의 자리를 차지하기도 하였다. 또한 공민왕 때는 고려가 만주를 지배한 적도 있었다. 원 제국이 물러난 후 만주 지역은 명나라의 지배를 받기는 하였지만 결국 다시 청(淸)이라는 이름으로 일어나 중국을 지배하게 되었다.

이러한 역사를 살펴보면 만주 지역은 중국보다 오히려 한국의 역사와 더 밀접히 연관되어 있으며 고고학 발굴을 통해 문화적으로도 한국과 친연성이 높다는 사실을 발견할 수 있다. 특히 고려시대 만주 지역에 기독교인들이 다수 있었다는 사실이 중요하다. 고고학 발굴물로도 기독교인의 존재가 입증되는데, 1927년 만주 안산(鞍山)의 한 동방기독교인 고분에서 11세기 초경(998-1006)의 동전들과 함께 흙으로 만든 십자가가 여러 개 발견되었다.[136]

또한 청동으로 만든 십자가가 만주지역 통긍하(通肯河) 부근에서 발견되었는데 이 지역은 나얀 세력이 주둔하고 있었던 지역이며 시대 또한

---

136 Yoshirō Saeki, *The Nestorian documents and relics in China*, 440-441.

나얀이 활동했던 고려시대의 것으로 밝혀졌다.[137]

그리고 만주지역 천산(千山)에서 발견된 묘지비석에는 동방기독교의 상징들이 새겨져 있었다.[138] 그리고 조남(洮南)에는 철십자가가 발견되었다.[139]

또한 12세기 전반기 요동에 기독교인과 교회가 있었다는 기록이 있다.[140] 원나라 예부상서를 지냈던 기독교인 마월합내(馬月合乃, 馬 Yohannan)의 가정 역사를 살펴보면, 고조부는 호르무즈라는 페르시아 이름으로 서역 네스토리우스의 귀족이었음을 알 수 있다.[141] 그리고 조부의 세례명은 바르 소마 엘리수(伯索麻也里束)로 금나라에 포로로 요동에 끌려간 적이 있었는데 후일 풀려나서 정주의 천산, 즉 음산산맥(옹구트족의 근거지)에 정착하였다.[142] 기독교인 조부 바르 소마 엘리수가 어떻게 요동에서 옹구트족의 근거지까지 오게 되었는지를 알려주는 이야기에 의하면 금나라의 태종(1126-1134)이 요동에 기독교인과 교회, 그리고 찬송가 소리와 성화가 있다는 사실을 알고서는 포로인 조부를 풀어주었다는 것이다.[143]

마월합내의 부친 마경상(1177-1223, 세례명은 시리기스[習禮吉思])은 6개

---

137 Yoshirō Saeki, *The Nestorian documents and relics in China*, 441-442.

138 Yoshirō Saeki, *The Nestorian documents and relics in China*, 442.

139 Yoshirō Saeki, *The Nestorian documents and relics in China*, 442-443.

140 『恒州刺史馬君神道碑, 遺山文集(四部叢刊 初編輯部)』 권27. 김호동, 『동방기독교와 동서문명』, 189에서 재인용.

141 김호동, 『동방기독교와 동서문명』, 187.

142 黃溍, 『馬氏世譜 金華黃先生文集(四部叢刊 初編輯部)』 권43. 김호동, 『동방기독교와 동서문명』, 187-188에서 재인용.

143 『恒州刺史馬君神道碑, 遺山文集(四部叢刊 初編輯部)』 권27. 김호동, 『동방기독교와 동서문명』, 188에서 재인용.

국어에 통달하였고 금나라에서 과거에 합격하여 통역관을 역임하기도 하였다. 마경상은 봉상부병마판관(鳳翔府兵馬判官)의 직책에 있었는데 금국의 사신으로 몽골의 징기스칸을 만난 적도 있었다.[144]

이처럼 만주지역은 11세기부터 이미 동방기독교가 전파되었고 기독교인들이 살고 있었다. 만주지역은 예부터 고조선과 고구려의 영토였고, 고려와 왕래가 잦은 지역이면서 고려인들도 많이 살고 있었던 지역이기에 만주에서 그리고 만주를 통해서 고려인들이 기독교의 영향을 받았을 가능성이 높다.

6. 고려에 주둔한 기독교 몽고군사의 영향

1281년 규슈 하가다 해안에서 몽고군과 일본군 사이의 전투가 있었는데 몽고군이 참패했다. 이 전투 후에 십자가 장식이 있는 몽고군 장교의 투구가 발견되었는데 이 투구는 현재 규슈 후쿠오카 박물관에 소장되어 있다.[145] 이 투구의 십자가는 무기 공장에서 제조될 때 이미 새겨져 있는 것으로, 무기 공장과 군대를 지휘하는 지휘관 속에 기독교인들이 상당히 많이 있었던 것을 증명해주고 있다.

중요한 것은 기독교인이 포함된 이러한 군대가 마산을 비롯한 고려

144 黃溍, 『馬氏世譜 金華黃先生文集(四部叢刊 初編輯部)』 권43, 1r-3r. 김호동, 『동방기독교와 동서문명』, 271에서 재인용.

145 Yoshirō Saeki, *The Nestorian documents and relics in China*, 444-445.

여러 지역에 상당기간 주둔하였다는 사실이다.[146] 특히 1274년 제1차 일본원정 때에는 원나라 병사들이 고려에서 전쟁준비를 하였고 고려군사 8,000명, 몽고군 25,000명, 고려 뱃사공 6,700명 등 약 4만 명이 일본으로 출정하였다.[147] 몽고군은 고려에 주둔하고 있었던 몽고군과 요동 및 한반도 북부출신으로 구성되어 있었다. 따라서 여원연합군은 대부분 요동과 고려 사람으로 구성되어 있었다. 그리고 2차 일본정벌은 1281년 여원연합군 4만 명과 만군(남송인의 강남군) 10만 명으로 구성되어 출정하였다.[148] 1, 2차 모두 흔도(忻都), 홍다구, 김방경 등이 여원연합군을 지휘하였다. 특히 퇴펠(A. Toepel)은 흔도가 기독교인일 것이라 추정하였다.[149] 왜냐하면 '흔도(Hindu)'라는 이름은 기독교인 혹은 무슬림의 이름인데 쿠빌라이칸이 기독교인을 신뢰하고 있었기에 흔도는 기독교인이었을 것이라 주장하였다.[150] 따라서 기독교인들이 많이 있었던 몽고 군사들과 고려군사들이 접촉하면서 기독교에 대한 것을 알게 되었을 가능성이 높다. 그리고 전쟁에서 흔히 일어나는 현상이지만, 원의 고려 주둔군 가운데서 도망하여 고려에 정착한 사람들이 있었으며 그 가운데 기독교인이 있었을 가능성이 있다.[151]

---

146 몽고가 고려에 둔전경략사(屯田經略司)를 설치하고 몽고군이 주둔할 수 있도록 10여개 지역에 둔전하도록 하였다.『高麗史』卷27, 世家27, 원종 신미 12년(1271);『高麗史』卷28, 世家28, 충렬왕 정축3년(1277).

147 이은규, "원의 일본정벌 고찰-고려와 원의 국제관계를 중심으로,"『호서사학』1 (1972), 87.

148 이은규, "원의 일본정벌 고찰-고려와 원의 국제관계를 중심으로," 89-93.

149 A. Toepel, "Christians in Korea at the end of the 13th century," 281.

150 흔도는 패전한 후에 이름을 홀돈(Hudun)으로 변경하였다. A. Toepel, "Christians in Korea at the end of the 13th century," 281.

151 元遣蠻子海牙來帝勅禁郡國舍匿亡軍回回恣行屠宰(원나라에서 만자(蠻子) 해아(海牙)를 보내 황제의 칙명으로 천하의 군, 국(郡國)들에서 도망한 군사들과 회회 사람

사에키(佐白好郎)는 고려인이 포함된 몽고 사신단이 1280년 9월 7일 일본에서 죽임을 당한 사건을 분석하면서 사신 중에 위구르인 서기(secretary)인 과(果)가 기독교인이었을 것으로 추정하였다. 왜냐하면 당시 몽고의 서기직을 경교교인인 위구르인들이 거의 독차지하다시피 했기 때문이라고 설명하였다.[152] 만일 과(果)가 기독교인이었다면 또 다른 기독교인이 고려를 방문했다고 볼 수 있다.

7. 소그드인과 안국기(安國技)

고려에는 임금의 행차나 행사에는 중앙아시아 음악을 연주하는 안국기(安國技)가 수행했다는 기록이 나타난다.[153] 안국은 소그드(粟特國)의 일부였으며 오늘날 우즈베키스탄 지역이다. 소그드인을 포함한 서역인들이 고려에서 많이 활동했는데 이들은 왕의 행차에 수행하기도 하고 그 나라의 음악을 연주하기도 하였다.[154] 그런데 소그드인들은 실크로드를 따라 국제무역을 담당하였고 그 가운데는 동방기독교인들이 많았다.

주목할 만한 것은 소그드인들이 현지 주민들에게 선교하여 현지 기

들이 제멋대로 가축을 도살하는 것을 금하게 되었다고 전달하였다).『高麗史』卷29, 世家, 충렬왕 6년 3월 무오조.

152 Yoshirō Saeki, *The Nestorian documents and relics in China*, 446-447;『高麗史』卷28, 충렬왕 원년, 3월, 신기, 추9월, 무자조;『高麗史』卷29, 충렬왕 5년, 8월, 신미조.

153 『高麗史』卷72, 지26, 28b, 37ab.

154 이혜구, "伎樂. 雜戲,"『한국사』(국사편찬위원회, 1981), 424.

독교인의 수가 증가하였다는 사실이다. 소그드인들이 다녔던 곳곳에서 투르크어 경전, 교리서, 설교집 등이 발견되었으며 묘지의 비석에도 투르크어로 새겨져 있었다. 이러한 사실을 통해 현지인들에 대한 선교가 성공적이었다는 점을 확인할 수 있다. 이러한 선교 덕분에 케레이트, 나이만, 옹구트같은 유목집단들이 기독교를 받아들였고 원 제국 시대 기독교 활성화의 바탕을 마련할 수 있었다.[155]

8. 요약

동방기독교인이 많았던 원 황실과 원 제국이 고려에 영향을 미쳤던 시대가 1200년 초기부터 거의 1세기 반 가까이 지속되었기에 고려인들이 기독교의 영향을 받았으리라는 것을 충분히 짐작할 수 있다.

이에 본 장에서는 고려에 들어온 동방기독교인들을 구체적으로 파악하여 고려시대 기독교 역사를 밝히려 하였다. 여러 학자들이 기독교인으로 인정한 활리길사(闊里吉思)의 경우 노비제도 개혁이 원 제국의 관리로서의 임무수행이었는지 아니면 기독교적 신념에 의한 것인지에 대해 검토한 결과 기독교적 신념에 의한 행동으로 결론을 얻을 수 있었다. 활리길사 외에도 고려에 온 동방기.독교인으로 휘정원사(徽政院使) 실렬문(失烈門, Solomon)과 충렬왕의 왕비 쿠틀룩켈미시(忽都魯揭里迷失, 장목왕후) 등

155 김호동, 『동방기독교와 동서문명』, 170-172.

을 발견할 수 있었으며, 원 제국 황실에 기독교인들이 많았다는 사실을 확인할 수 있었다. 특히 장목왕후(莊穆王后)는 고려의 왕비가 되었기 때문에 고려의 기독교인으로 볼 수도 있다. 그리고 동방기독교가 전파되었던 발해 지역에서 온 동번(東蕃)의 사라(沙羅) 장군의 이름이 실라(Silas)라는 기독교인의 이름이기에 기독교인이었을 가능성이 높다고 볼 수 있다.

또한 만주지역은 11세기부터 이미 동방기독교가 전파되었고 고려와 왕래가 잦은 지역이면서 고려인들도 많이 살고 있었던 지역이기에, 만주에서 그리고 만주를 통해서 고려인들이 기독교의 영향을 받았을 가능성이 높다. 그리고 만주지역의 기독교인인 나얀의 지휘 하에 있었던 군사들이 고려에 왔는데 그들 가운데도 기독교인이 있었을 것으로 추정된다.

몽고의 일본원정 이후 십자가 문양이 있는 몽고 군사의 투구가 일본에서 발견된 사실로 미루어 볼 때, 일본정벌을 위해 고려에 주둔했던 몽고군사들 가운데 기독교인이 있었을 가능성이 높다. 마지막으로 안국기(安國技)를 통해 동방기독교인인 소그드인의 고려 진출 흔적을 살펴보았다.

이처럼 고려시대에 동방기독교인들이 고려에 온 흔적을 새롭게 발견할 수 있었으며, 국가 정책에도 영향을 미쳤고, 고려의 왕비 가운데도 기독교인이 있었지만 그 영향은 제한적이었을 것으로 보인다. 아마도 몽고가 침략군으로 나타났었기에 적대적 감정이 팽배한 고려인들이 기독교를 긍정적으로 볼 수는 없었을 것으로 짐작된다.

제2장 조선시대와 임진왜란

일본은 1592년(임진왜란), 1598년(정유재란) 두 차례에 걸쳐 조선을 침략하였다. 그런데 이 때 일본 군대와 더불어 예수회 신부가 조선에 입국했다. 왜냐하면 일본군인들 가운데 천주교 신자가 많았기 때문이다. 또한 일본에 잡혀간 조선의 전쟁 포로 가운데 적지 않은 사람들이 천주교로 개종하고 이들 가운데 수많은 순교자까지 배출된 역사가 있다. 이들은 일본에서 교리서와 성경을 읽었고 교회도 세웠다. 그리고 포로귀환으로 조선으로 돌아온 사람들 가운데 천주교인들이 있었을 가능성이 있다. 따라서 재일본 조선인의 성경 수용과 신앙활동에 대해 검토해 볼 필요가 있다.

일본의 천주교는 예수회 선교사들에 의해 1549년부터 시작되었다. 스페인 신부 프란시스코 하비에르(Francisco Xavier)와 동료 선교사들에 의해 시작된 일본 교회는 1587-1650년 기간에는 참으로 어려운 수난을 당했고 수많은 순교자들이 이어졌다. 우리가 주목하는 것은 이 수난 시기에 임진왜란이 일어났고 일본병사들 속에 천주교인들이 많이 있었다는 사실이다.

1593년 12월 28일 세스뻬데스 신부와 일본 출신이며 평신도 회장인 한깐 레온이 조선의 웅천(현재 마산)에 도착했다.[156] 그들은 일본군 천주교

156 YANAGIDA [28 주석 14], Juan G. Ruiz de Medina, 박철 역, 『한국천주교전래의

도 장수들과 병사들의 요청에 의해 조선에 들어 온 것이다. 그러나 종군 군목은 아니었다. 도요또미 히데요시(豐臣秀吉)는 천주교인들을 박해했는데 그의 휘하 장수인 고니시 유끼나가(小西行長)는 천주교인이었다. 소서행장의 부대에는 천주교인들이 태반이었기에 이들 선교사들은 조선에 온 소서행장 진영에 비밀리 머물렀다. 이들은 상당 기간 동안 조선에서 목회활동을 했다. 아마도 교리서나 부분적인 성경이 전해졌을 수도 있다는 것은 충분히 가능하지만 추측할 수 있을 뿐이며 확인할 방법이 없다. 1597년 12월에 라구나(Francisco de Laguna) 신부와 일본인 예수회 신부인 다무라 로만(Tamura Roman) 수사가 조선에 도착하여 1598년 2월까지 머물렀다.[157]

임진왜란 때 일본에 있었던 예수회 선교사들이 한국 땅에 들어와서 비록 일본 병사들을 위한 목회였지만 목회를 시작한 것이다. 그리고 조선 사람들과 접촉했을 가능성도 있다. 특히 일본군 진영에 붙잡혀 있던 수많은 조선인 포로들과 접촉했을 가능성이 있다. 또한 기독교인이었던 일본 군인들이 조선인에게 세례를 주었다는 기록도 있다.[158] 성경이 전래된 것을 문서만이 아니라 구두로 전래된 것을 포함한다면 분명 성경은 이때부터 전래된 것이며 강론을 통해 성경이 해석되었다.

임진왜란과 정유재란은 참혹한 전쟁이었다. 조선의 인구 통계를 보면 임진왜란이 시작되던 1592년에 10,121,000명이었는데 임진왜란, 정유

기원』 (서강대학교출판사, 1989), 29. 『임진란사 국외자료』, 113, 주석 52. 재인용

157 Juan G. Ruiz de Medina, 『한국천주교전래의 기원』, 34-36; 박철, "16세기 한국 천주교회사 사료 연구," 『역사문화연구』 Vol.7 (1997), 439.

158 조광, "역사적 관점에서 본 한국문화와 천주교," 『신학전망』 171 (2010), 11.

재란, 정묘호란, 병자호란을 겪으면서 1639년에는 8,537,000명으로 줄었다.[159] 일본의 침략으로 포로로 끌려간 조선인의 숫자가 10만 명을 넘어서고 있으며 그 가운데 3-4만 여명이 노예상에 의해 또 다른 외국으로 끌려갔다.

주목할 만한 점은 임진왜란 때 일본군에 의해 포로로 끌려간 조선인들이 일본에서 세례를 받고 천주교인이 된 사람들이 많았는데 1593년부터 1595년 사이 큐우슈우와 고또 등지에서만 3,000명이 넘었다.[160] 이 가운데 특기할 만한 사항은 임진왜란 상황 속에서 1592년 12월 조선인 귀족 출신의 소년이 일본으로 건너가 세례를 받았는데 이름은 비센떼(Vicente) 권이었다.[161] 이 소년은 후에 신학생 복사, 교리교사, 설교사, 예수회 신부를 거쳐 1626년 순교했다.

그리고 1594년에는 일본의 조선인들이 천주교 교리를 요약하고 기도서를 한글로 번역하기도 하였다.[162] 이들은 1610년 나가사끼에 최초의 조선인 성당 산 로렌스(San Lorenzo) 성당을 세웠다.[163] 서울 대학교 동아문화연구소에서 1971년 번역 발간한 『임진란사 국외 자료 - 천주교 관계 보고서 중에서』에 따르면, 일본에 끌려간 조선인 포로들 가운데 약 5,000여명이 순교했다고 기록되어 있다.[164]

---

159 이호철, 이영구, "조선시대의 인구규모추계(人口規模推計)(Ⅱ): 17, 8세기 인구증가율 추계(推計)를 중심으로," 經營史學, Vol.3 (1988), 181.
160 Juan G. Ruiz de Medina, 『한국천주교전래의 기원』, 149-150.
161 Juan G. Ruiz de Medina, 『한국천주교전래의 기원』, 38.
162 Juan G. Ruiz de Medina, 『한국천주교전래의 기원』, 39.
163 Juan G. Ruiz de Medina, 『한국천주교전래의 기원』, 151.
164 동아문화연구소 편, 『임진란사 국외 자료 - 천주교 관계 보고서 중에서』 (서울대학교문리과대학 동아연구소, 1971), 85-86.

임진왜란 이후에는 포로 귀환이 일어났다. 조선과 일본 사이의 우호적인 외교관계를 수립하기 위해 조선의 사신단이 일본에 가서 조선인 포로들을 본국으로 귀환시킨 것이다. 1604년 8월에는 사명대사(유정)가 조선사신단을 지휘하였다.[165] 귀환한 조선인 포로들의 숫자는 조선왕조실록의 기록에 의하면 23회에 걸쳐 7650여명이었다. 이 숫자에 민간인들의 노력까지 합하면 약 일만 명 정도는 귀환했을 것으로 추정된다. 이 가운데는 천주교를 받아들인 조선인들도 있었다.

이러한 귀환 천주교인이 1605년에 대마도에 나타났다는 사실이 다음과 같이 기록되어 있다;[166]

> 대마도에 조선의 독실한 천주교 신도 한 사람이 왔다. 그는 이전에 일본에 파견됐던 사신일행과 함께 귀국했던 사람이었다. 대마도에서 이 조선인 신도는 한 일본인 신도가 중국에서 가져온 한문으로 된 교리서를 갖고 있는 것을 보았다.[167] 이 책을 조선으로 가져가고 싶어 밤낮으로 필사했다. 작업이 끝나자 그는 그 책을 가지고 귀국해 천주교리를 전파하리라 결심했다. 신부를 모시고 싶었지만 상황이 허락 질 않아 당장은 모실 수가 없었기 때문이었다.[168]

---

165 Juan G. Ruiz de Medina, 『한국천주교전래의 기원』, 48.
166 Juan G. Ruiz de Medina, 『한국천주교전래의 기원』, 49.
167 Juan G. Ruiz de Medina, 『한국천주교전래의 기원』, 49.
168 Juan G. Ruiz de Medina, 『한국천주교전래의 기원』, 49.

역사가인 로드리게스 통사의 기록에 의하면 일본포로로 있다가 천주교 신도가 된 조선인들이 귀국 후에도 신앙생활을 계속했다고 하였다. 또한 조선에 선교사 2-3명이 들어갔다고 기록하였지만 확인할 길이 없다.[169]

> (일본) 후나이 관구는 현재 8개 지역으로 나뉘어 있는 66개 전 영지를 포괄한다. 그러므로 조선도 이에 포함된다. 왜냐하면 일본에서 천주교로 개종한 수천 명의 조선인들이 귀국 후에도 신앙생활을 계속하고 있고, 이와 함께 일본에서 파견된 두세 명의 예수회 선교사들이 활동 중이며 일본에서 바다로 하루 반 내지 이틀 정도의 거리에 있고 또 예부터 일본의 조공국이었기 때문에 당연히 이 관수에 포함된다.[170]

사신단이라면 자연스럽게 중국에 가는 사행 행렬을 떠올린다. 그런데 가장 가까운 일본에도 계속해서 조선의 사신들이 왕래했으며 무역거래도 상당한 규모였다. 부산을 비롯한 주변 항구에는 '왜관'이 설치되어 있어서 이러한 무역거래와 교류를 담당하였다. 따라서 일본에서 천주교가 1549년부터 전파되어 1579년에는 10만여 명의 신도와 40여명의 선교사가 있었고, 1587년에는 20만 명, 그리고 임진왜란 이후인 1605년에는 75만 여명의 천주교 신자가 있었다고 한다. 또한 아리마에는 1580년에

---

169 Juan G. Ruiz de Medina, 『한국천주교전래의 기원』, 89.
170 Juan G. Ruiz de Medina, 『한국천주교전래의 기원』, 75.

이미 신학교가 설립될 정도였다. 그리고 조선의 선비들이라면 일본인들과 한문으로 글을 쓰서 서로 대화할 수 있었다. 이러한 대화는 중국으로 간 사신단의 경우도 마찬가지였다. 따라서 일본을 통해서도 천주교 서적들이 조선으로 유입될 수 있었을 것이며 사신단 가운데는 그리스도교에 흥미를 느낀 선비들도 있었을 것이다.

서적과 관련된 중요한 또 다른 사건이 있었다. 일본 천주교는 유럽에서 인쇄기를 들여와 1590년 10월부터 비밀리 인쇄를 시작했다. 그리고 1591년에는 가타가나 목활자로 인쇄했고, 1598년에는 금속활자로 인쇄했는데 천주교 서적을 포함해서 총 100점 정도 인쇄했다. 그런데 특기할 만한 사항은 임진왜란 때 조선에서 탈취한 활자 인쇄기로 일본 천황이 책을 출판하였다는 사실이다.[171]

중국보다 먼저 그리스도교가 전파되었으며 한국과 가장 가까운 나라인 일본에서 조선에 영향을 주었으리라는 것은 단순한 추측이 아니다. 조선왕조실록에는 '야소(耶蘇)'라든가 '길리시단(吉利是段)'이라는 용어가 오히려 일본과 관련되어 나타난다. '길리시단(吉利是段)'이라는 용어는 '기리시단'(キリシタン, 吉利支丹, 切支丹)이라는 일본어에서 유래된 단어다. 그리고 '기리시단'이라는 용어는 포르투갈어 cristão(크리스탕)에서 유래한 것인데 일본 가톨릭 신자를 가리키는 말이었다.

일본으로 가려다 난파당해 표류하면서 조선에 상륙한 외국인들이 있었다. 1627년에는 네델란드 출신 그리스도교인 박연이 조선에 상륙했

171 정하미, "예수회 순찰사 발리냐노의 역할과 일본의 기독교 금교령," 『비교일본학』 15집 (2005), 196-198.

다. 박연에 대해서는 윤행임의 『석재고』에 다음과 같이 기록되어 있다.

> 박연은 아란타인이다. 숭정 원년에 호남에 표류했다. 조정에서는 그를 훈국(훈련도감)에 예속시키고 항왜 및 표류 중국인들을 지휘하게 하였다. 박연의 원래 이름은 호탄만인데, 병서에 능통하고 대포를 매우 정교하게만들었다.(朴延者. 阿蘭陀人也. 崇禎元年. 漂流至湖南. 朝廷隸訓局. 將降倭及漂漢人. 延初名胡吞萬. 工於兵書. 能製火礮甚精巧.)[172]

박연은 네델란드 암스테르담 주변의 소도시 브라알딩(Vlaardingen)에서 살았던 개신교인이었는데 네델란드 동인도회사의 상선인 우베르케르크호를 타고 일본으로 항해하던 중 1627년 표류했는데 제주도에서 체포되었다. 그의 이름은 벨테브레(Jan Janse Weltevree, 1595-?)였는데 박연이라는 새로운 조선 이름으로 살았다. 박연은 훈련도감에서 당시 첨단 무기인 대포 홍이포를 제작했다. 그리고 1648년에는 무관시험에 합격하여 군관으로 근무하면서 무기제조에 공을 세웠다. 그의 후손은 지금도 네델란드에 살아있다.

박연이 조선에서 그리스도인으로 어떠한 활동을 했고 어떠한 영향을 끼쳤는지에 대해서는 알 길이 없다. 적어도 자신의 가족에게는 그리스도교에 대해 이야기했을 가능성은 충분하다. 또한 박연을 많이 도왔던

---

172 『影印標点 韓国文集叢刊』, 287 (民族文化推進会, 2002), 148. 김시덕, "윤행임 『석재고』를 통해 보는, 조선시대의 일본 임진왜란 담론 수용양상," 『일본학보』 86 (2011), 250

효종의 부마 정재륜(1648-1723)은 박연의 인품과 신앙심에 대해 다음과 같이 이야기 하였다.

> 위인이 뛰어난 식견이 있고 생각이 깊었다. 사물에 대해 말할 때는 왕왕 저명한 사람과 같았다. 선악화복의 이치를 말할 때마다 그는 '하늘이 갚아 줄 것'이라 말하곤 했다. 그는 맑은 도를 깨우친 사람과 비슷했다.[173]

1653년에는 네덜란드 출신 하멜이 일본으로 가는 상선 스페르버르 호에 올랐다가 난파당해서 제주도에 도착했다. 이 때 제주목사 이원진(李元鎭)은 이들을 조사한 보고서를 조정에 올렸는데, 이 보고서에는 아주 흥미로운 대목이 나와 있다. 배가 좌초한 경위, 언어와 풍습의 차이, 선적물, 화란인들의 복장 등에 대해 보고한 후, "왜말 하는 자들을 시켜 '당신들은 서양의 길리시단자들인가?'라고 물어 보았더니 일동 모두가 야야라고 대답했다."(使解 倭語者問之曰 爾是西洋吉利是段者乎 衆皆曰 耶耶)는 것이다.[174]

중요한 것은 이원진이 지방 관리인데도 '그리스도교'라는 뜻의 '길리시단'이라는 말을 알고 있었다는 것이다. 이처럼 서양에서 그리고 일본에서 그리스도교가 전파되어 있었다는 사실을 17세기 중반에는 조선 관리들도 알고 있었을 정도로 조선에 널리 알려져 있었다.

---

173 『閑居漫錄』 권 2. 최상한, 『불국사에서 만난 예수』(돌베개, 2012), 163 재인용.

174 『孝宗實錄』 제11권, 효종 4년 8월 6일(戊辰)조. "제주 목사 이원진이 난파당한 서양인에 대하여 치계하다."

조선왕조실록에는 '그리스도교'를 뜻하는 '길리시단'이라는 용어를 지방 관리들이 이미 사용하고 있었다는 것을 다음과 같은 기록에서도 발견할 수 있다. 아래 글은 1638년 인조실록에 기록되어 있는 내용인데 일본의 그리스도교인에 관한 내용이다.

> 가강(家康)이 일본의 관백이었을 때, 길리시단(吉利施端)이라고 하는 남만인(南蠻人)들이 일본에 와 살면서 단지 하느님에게 기도하는 것만 일삼고 인사(人事)는 폐하였으며, 사는 것을 싫어하고 죽는 것을 기뻐하며 혹세무민하였는데, 가강이 잡아다 남김없이 죽여버렸습니다. 이 때에 이르러 도원(島原) 지방의 조그만 동네에 두서너 사람이 다시 그 술수를 전파하느라 마을을 출입하면서 촌사람들을 속이고 유혹하더니, 드디어 난을 일으켜 비후수(肥後守)를 죽였습니다. 이에 강호(江戶)의 집정(執政) 등이 모두 죽였다고 합니다." (丙子/東萊府使鄭良弼馳啓曰: 日本關白家康時, 有南蠻人稱以吉利施端, 來在日本, 只事祝天, 廢絶人事, 惡生喜死, 惑世誣民, 家康捕斬無遺。 至是島原地小村, 有數三人, 復傳其術, 出入閭巷, 誑誘村民, 遂作亂殺肥後守。 江戶執政等勦滅之云。)[175]

하멜은 13년간 조선에서 생활하다가 1666년 탈출하여 동인도회사에 제출하기 위해 한국 생활에 대한 보고서를 작성했는데 이것이 '하멜 표

175 『仁祖實錄』 36권, 인조 16년 3월 13일 병자. "동래 부사 정양필이 일본에서 있었던 기독교인의 처치에 대하여 치계하다."

류기'라는 책으로 출판되었다. 하멜은 그의 표류기에서 이 모든 과정이 하나님의 은혜였음을 반복하여 고백하고 있다. 이를 통해 볼 때 하멜과 일행은 독실한 기독교 신자였음을 알 수 있다.

이 시대에 유럽에서는 조선이 소개되어 있었다. 1655년 마르띠노 마르띠니(Martino Martini) 신부가 『신 중국 지리지』라는 책을 네델란드의 암스테르담에서 출판했는데 조선의 역사와 지리에 관한 내용이 포함되어 있다.[176] 이러한 서적과 더불어 하멜 표류기를 통해 조선을 알게 된 네델란드의 동인도연합회사는 조선과의 무역 통상을 하려고 1669년 '꼬레아'라는 상선을 출항하였으나 인도네시아 바타비아에서 항해를 중단하여 조선에 도착하지 못한 일이 있었다.

'길리시단'뿐만 아니라 '예수'라는 뜻의 '야소(耶蘇)'라는 용어도 자주 기록에 나타난다. 1644년에는 또 다른 관리가 '그리스도인'이라는 뜻의 '야소교도'라는 용어를 사용하여 장계를 올린 것이 있는데 이것도 일본과 관련이 있다.

> 한인(漢人)이 표류하여 우리나라 지경에 이르게 되면 처리하기가 매우 어렵습니다. 지난번 왜인이 야소교도(耶蘇教徒) 종문(宗文)의 일로 우리에게 자못 소망한 것이 있었으니, 이 배가 원래 장기(나가사끼)로 갈 것이고 보면 여기에서 대마도를 거쳐 보내는 것이 순편할 듯합니다. 그러니 영리한 역관을 별도로 정하여, 그들을 풀어서 대마도로 넘겨주고, 또 한선(漢船)으로 하여

176 Juan G. Ruiz de Medina, 『한국천주교전래의 기원』, 156.

금 돌아갈 길을 얻게 하소서. (漢人漂到我境, 處置極難。 在前倭人以耶蘇宗文事, 頗有意望, 此船原向長崎, 則自此轉送似爲順便。 別定伶俐譯官, 解付馬島, 且使漢船, 得其歸路。)[177]

1648년에도 일본 상황에 대해서 올린 지방 관리의 장계에도 '야소교(耶蘇教)'라는 용어를 사용하고 있다.[178] 현종 때인 1667년에는 그리스도교인에 대한 것이 일본과 관련된 외교문제가 되어 있었기 때문에 현종실록에 '야소(耶蘇)'라는 용어가 포함되어 있는 기록이 네 번이나 나타난다.[179]

임진왜란으로 인해 그리스도교가 알려졌다는 또 다른 증거가 있다. 전남 해남군 대흥사에는 서산대사 휴정(1520-1604)의 유품이 보관되어 왔는데 그 가운데 순금으로 만든 칠보 십자가가 포함되어 있다.[180] 길이 5.9cm, 옆길이 3.8cm, 두께 0.1cm로 황금판을 서로 이어붙였는데 십자가 앞면과 옆면에 아라베스크 계통의 무늬가 새겨져 있다. 이 십자가에는 '유대인의 왕 나사렛 예수'라는 뜻의 약자인 'INRI'가 새겨져 있고 성

177 『仁祖實錄』 45권, 인조 22년 8월 8일 계해 1번 째 기사, "전라 감사 목성선이 장기로 가던 중 표류해 온 한선에 대해 치계하다"

178 『仁祖實錄』 49권, 인조 26년 4월 16일 경술 2번째 기사. "접위관 정창주가 평성춘의 말을 인용하여 왜국의 동태를 치계하다."

179 『顯宗實錄』 14권, 현종 8년 6월 23일 병신 1번째 기사. "비국과 함께 표류 중국인의 처리, 이석복의 문제를 논의하다." 『顯宗改修實錄』 16권, 현종 8년 2월 26일 신미 4번째 기사. "수찬 김석주를 왜인의 접위관으로 보내다." 현종개수실록 17권, 현종 8년 6월 23일 병신 1번째 기사. "표류해 온 중국인과 이석복 및 김우석·이익·김으렴의 일을 논하다." 『顯宗改修實錄』 17권, 현종 8년 6월 27일 경자 2번째 기사. "영의정 홍명하가 표류한 중국인 문제로 상소하다."

180 매일신보 1927. 11. 20일자 기사에 소개된 사실. 전남지역의 문화재 사진을 수록한 전남명승고적에도 십자가 사진이 실려 있다. 불국사에서 만난 예수, 210-211 재인용.

직자가 패용하는 십자가인데 포르투갈이나 스페인에서 만들어진 것으로 추정하고 있다. 그리고 십자가 밑바닥에 SV 약호가 적혀있어 세스페데스 신부의 것으로 추정된다.[181]

지리산 실상사 불상 복장유물에서 400여 년 전 기독교 전례서인 '성무일도서'를 발견했다. 라틴어로 인쇄된 이 책에는 기도문, 시편, 강론집(교부들의 설교), 미사 전례 성서, 성인 축일표, 찬미가집(성무일도 때 음정을 붙여 부르는 찬미가 모음집) 등이 담겨 있다. 아마도 임진왜란 당시 조선으로 온 세스페데스 신부가 준 것으로 추정된다.[182]

---

181 "한국 최초 십자가 소유자는 서산대사... 황금 십자가의 비밀," 불교신문 2016.11.8. http://www.ibulgyo.com/news/articleView.html?idxno=152749 (2017. 8. 9 검색)

182 석현장, 페이스북 (2016년 9월 3일). https://www.facebook.com/groups/1602383616680699/permalink/1741667092752350/ (2017. 8. 9. 검색)

제2부

17-18세기 성경 번역과 해석

제2부

17-18세기 성경 번역과 해석

제2부에서는 1894년까지 한국의 공식적인 글이 한문이었다는 점을 먼저 이야기하면서 한문성경의 역할에 대해 밝힐 것이며 만주어 성경도 또한 소개할 것이다. 또한 이 시기에는 주로 필사를 통해 번역본을 나누어 보았는데 필사의 중요성과 필사가 확대된 상황, 그리고 암송에 대해서도 이야기할 계획이다.

제2장에서는 구체적으로 17-18세기 조선에 수용된 서학서, 그리고 조선 선비들이 저술한 기독교 서적들에 대해서 이야기 할 것이다. 또한 16세기 말부터 중국에 천주교 선교사들이 들어와 활동한 내용 가운데 성경을 번역하거나 소개한 사항에 대해서 이야기할 것이다. 그 다음 17-18세기에 본격적으로 들어온 각종 신앙서적과 과학·기술 서적 가운데 어떤 서적에 성경이 포함되어 있는지에 대한 연구를 진행시킬 것이다.

제3장에서는 한국인의 저술 활동에 대해 이야기 할 것이다. 선교사가 들어오지 않은 상황에서 서학서를 읽고 천주교인이 된 홍유한(洪儒漢, 1726-1785)의 경우, 7일마다 하루씩 노동을 금하고 기도와 금욕생활을

함으로써 신앙실천운동을 한 인물이었다. 그리고 1779년 성호 좌파(星湖 左派)의 영수이며 유명한 학자인 권철신과 소장학자인 정약전을 비롯한 여러 선비들이 천진암에 모여 천주교에 대해 토론을 이어갔다. 이들은 서학서에 포함된 성경과 교리적인 내용을 읽고 천주교회를 시작하였으며 성경 내용을 해석해 갔다. 그리고 서학서 속에 포함된 성경을 읽고 한글로 십계명가와 천주공경가 등 가사체로 성경 내용을 창의적으로 작성한 사실에 대해서도 서술할 것이다. 특히 서학서를 통해 자발적으로 수용한 성경 내용을 소화하여 창의적으로 새로운 신앙서적을 저술한 정약종의 『주교요지』에 대해서 상세히 이야기할 것이다. 이 문헌은 한국적인 자료와 경험을 많이 활용하여 한국인들이 성경 내용을 쉽게 이해할 수 있도록 작성되었다.

제1장 시대적 배경

17세기는 동아시아의 질서가 재편되는 시대였다. 주원장이 세운 명나라는 1644년에 멸망하고 청나라가 중국 대륙을 점령하였다. 조선은 임진왜란(1592)과 정유재란(1598)의 일본 침략을 겪었는데 그 상처가 모두 아물기도 전에 후금의 침략으로 정묘호란(1627)이 일어났고 후금을 이은 청나라에 의해 병자호란(1636-1637)이 일어났다. 연속

된 전란으로 조선은 피폐해져 갔으며 힘겹게 버티고 있었다.

청나라는 점점 영역을 넓히고 국력을 신장시켰으며, 조선도 새로운 질서에 적응하기 시작했다. 특히 영조(재위, 1724-1776)와 정조(재위, 1776-1800) 시대에 조선은 새로운 도전을 시작했고 실학자들이 등장하면서 서양의 문물에 대한 분석을 하기 시작했다.

동아시아에서는 일본에 선교사가 먼저 도착했는데 1549년부터 선교가 시작되었다. 중국의 경우는 16세기 말부터 예수회 신부들이 선교를 시작하였다. 이 당시 중국의 초기 선교사들은 미켈레 루지에리(Michele Ruggieri, 1543-1607)와 페드로 고메즈(Pedro Gomez, 1535-1600), 그리고 마테오 리치(Matteo Ricci, 1552-1610) 등이었다.

1584년 11월 마카오에서 중국어판 교리서가 인쇄되었는데 이 교리서는 마테오 리치 신부와 루지에리 신부, 그리고 고메스 신부가 저술한 것으로 중국어로 번역되어 출판되었다.[183] 이 교리서는 天主實錄(천주실록)인데 불교적인 용어를 사용하여 불교를 모범으로 쓴 책이었다.[184] 중요한 것은 이 교리서가 조선에도 들어갔다는 사실이다. 조선 병사가 이 교리서를 갖고 있었다. 1592년 경 발견된 그 책은 "손에서 손으로 전해져 닳아 있었다"고 전한다.[185] 아마도 중국에 다녀온 사신들이나 상인들의 손에 의해 전해진 것으로 보이며 필사되어 많은 사람들에게 전달되었을 가능성이 있다. 1585년 중국에 다녀온 월남 사신들이 많은 천주교 서적을 가지고 귀국한 것을 보면 조선의 사신들도 중국에서 천주교 서적을 가

183 Juan G. Ruiz de Medina, 『한국천주교전래의 기원』, 40.
184 김승혜, 『동아시아 종교 전통과 그리스도교의 만남』 (영성생활, 1999), 71.
185 Juan G. Ruiz de Medina, 『한국천주교전래의 기원』, 42.

져왔을 가능성이 충분하다. 교리서와 기도서에는 성경 내용이 축약되어 있거나 인용되는 것이 상례이기 때문에 부분적인 성경이 이들에게 전해졌다고 볼 수 있다.

중국의 초기 선교사들은 성경을 먼저 번역하기보다 교리서를 저술하기 시작했다. 이들 선교사들은 성경 전체를 번역하기보다 발췌번역이 포함된 교리서를 통해 성경 내용을 전했는데 그 이유는 교황청에서 성경번역을 금지시켰기 때문이다. 트렌트 공의회(1545-1563)는 라틴어 성경 이외의 번역성경을 이단으로 규정하여 번역을 금지시켰다. 그런데 중국에 선교사로 활동한 니콜로 롱고바르도(Niccolo Longobardo)가 1615년 교황 파울루스 5세로부터 *Romanae Sedis Antistes* 라는 교서를 통해 전례서와 성경의 한문 번역에 대한 승인을 얻어냈다. 그러나 1655년 12월 신앙전파성성(Sacra Congregatio de Propaganda Fide)은 다시 허가를 받아야 한다고 결정했고, 1673년에는 파리 외방전교회(Missions etrangeres de Paris)의 성경, 미사, 기도서의 한문 번역 허가에 대한 요청을 거부했다.[186] 이러한 분위기는 계속되었고 이 금지 명령이 해제된 것은 1893년에 이르러서야 이루어졌다.[187]

이러한 금령에도 불구하고 성경이 번역된 적이 있었다. 바셋역본(巴設譯本)은 파리 외방선교회의 바셋(J. Basset, 巴設, 1662-1707) 선교사가 라틴어 성경을 저본으로 하여 번역한 성경인데 출판되지 못하고 필사본으로

186 서원모, 곽문석, "17세기 초 예수회 선교사의 복음서 한문 번역 연구," 119.

187 1893년 레오 13세의 성서에 관한 회칙 '프로비덴띠시무스 데우스(Providentissimus Deus)'에서 각국의 언어로 성경을 번역하는 것을 허용하였다.

전해졌다.[188] 그리고 중국 선교사였던 예수회 신부 뽀와로(Louis de Poirot, 1735-1814)가 번역한 『古新聖經(고신성경)』과 만주어 역본은 출판되지 못하고 필사본으로 전해졌다.[189] 비록 필사본이었지만 당시 많은 서적들이 필사본으로 유통되던 시대였기 때문에 이 번역본들의 영향을 과소평가할 수는 없다.

그리고 교리서에 담긴 성경은 비록 분산되어 있기는 하지만 상당한 분량의 성경을 소개하고 전달해주었다. 예를 들면 『셩경직히』의 경우 4복음서의 30.68%가 번역되어 있다.[190] 따라서 교리서의 성경 내용도 과소평가할 수는 없다.

조선에는 주로 부연사행을 통해서 한역서학서(漢譯西學書)들이 들어왔고 이 책들은 국가기관에도 소장되어 있었으며 개인들도 소장하였다. 보통 외국서적이 입수되면 빠르게 필사되어 많은 유생들에게 유포되었다. 그리고 이러한 새로운 책들을 조선의 선비들은 정독하여 수용하거나 비판하였다.[191] 예를 들어 이벽(李檗)은 "친구가 보내 준 많은 서적을 받자마자 외딴 집을 세내어 그 독서와 묵상에 전념하기 위하여 들어앉았다."고 하면서 정독하는 선비의 모습을 보여주었다.[192] 이처럼 선교사가 오기 전에 기독교 문헌이 먼저 조선에 수용되어 성경 내용이 전파된 것이다. 1640년경 필사된 것으로 보이는 예수회 신부의 글에는 아시아 선교

188 한미경, "中國語 聖書飜譯에 관한 歷史的 考察," 179.
189 김동소, "최초 중국어. 만주어 성서 역성자 하청태 신부," 『알타이학보』 13호 (2003), 28-30.
190 조화선, "'셩경직해'의 연구," 256-261.
191 홍선표 외, 『17·18세기 조선의 외국서적 수용과 독서문화』 (서울: 혜안, 2006).
192 Claude-Charles Dallet, 安應烈·崔奭祐 譯註, 『韓國天主教會史 上』 (서울: 韓國教會史研究所, 1979), 307.

에 있어서 도서 배포가 효과적임을 강조하는 글이 있다.

> 책은 말보다 더 멀리 퍼지며 우리가 없을 때, 더 나가서 죽은 후에도 설교용으로 가능하므로 영구적인 방법이다. 이는 중국뿐만 아니라 통킹, 월남, 조선 등 한자를 쓰고 이해하는 이웃 나라들의 신도를 위해서도 유용한 방법이다.[193]

안정복(1712-1791)은 『천학고』에서 서양서적이 선조(1567-1608년) 말년에 조선에 들어왔다고 기록하였으며 1603-1604년에 천주교리가 조선에 전파되고 있다고 지적하고 있다. 이와 더불어 천주교 서적을 포함한 한역서학서들이 조선에 전래되어 들어온 양상은 여러 기록에 산재되어 있다.

> 서학서는 선조 말년부터 이미 우리나라에 전래되었는데, 저명한 벼슬아치나 큰 유학자들도 보지 않은 사람이 없었으며, 이를 보기를 제자백가(諸子百家)나 불도(佛道)의 책처럼 여겼고 서제(書齋)의 완상품으로 갖추어 두었다.[194]
>
> 선시(先時)에 북경의 저자에서 서학서(西學書)가 전래되니 온 세상이 일제히 이를 행했다.[195]

---

193 Juan G. Ruiz de Medina, 『한국천주교전래의 기원』, 89-90.

194 "西學書 自宣廟以來 已來于東 明卿碩儒 無人不見 視之如諸子佛道之屬 以備書室之玩" 安鼎福, 『天學考』 順菴先生文集 卷17.

195 "先時 西學書 自燕肆來胥 一世靡然趨之" 黃德吉, 『下廬先生文集』 14:23a.

> 서양 천주의 책이 나온 처음 관상감의 역관 무리로부터 흘러 들어오기 시작한지 여러 해가 되었다.[196]
>
> 대저 그 책이 우리나라에 전해진 것은 이미 수백 년 전의 일로서 지봉유설에 이미 그 학설을 비평한 말이 있으며, 홍문관의 장서각에도 들어 있다.[197]

한국에 들어 온 천주교 서적으로 확인할 수 있는 것은 일찍이 1610년 들어 온 『偈十二章(게12장)』이 있는데 허균이 들여온 것이며 연암 박지원이 소개한 책이다.[198] 『게12장』은 천주교의 기도문 12장을 말하는 것으로 '십이단'이라고 한다. 이것은 천주교신자가 매일 외우는 기도문이다.[199] 이러한 책의 내용 때문에 하성래는 허균이 천주교신자였다고 주장하였는데, 신자가 아니고 단순히 서학에 관심이 있었다면 굳이 기도문을 들여올 까닭이 없다는 것이다.[200]

또한 이 당시 널리 전파되었던 서학서는 『天主實義』 였는데 이 책은 1595년 마테오 리치가 저술한 책이다. 이 책은 불교를 배격하면서 유교를 매개로 삼아 그리스도를 전하려는 것으로 조선의 유학자들이 애독하였던 서적이었다. 이수광(1563-1628)은 1613년 저술한 『芝峯類說(지봉유

---

196 "西學之書 始自雲臺象胥之輩 流出有年" 『承政院日記』 84卷 967-968. 正祖 9年 4月 9日 戊子條.

197 "大抵厥册之出來我國者 已累百年 自芝峰類說 已有評之語弘文館藏書之閣 亦有之" 『承政院日記』 90卷 85쪽. 正祖 15年 11月9日 庚辰條.

198 박지원, 『燕岩集』 (경성: 대동인쇄소, 1932), 396.

199 배현숙, "17.8세기에 전래된 천주교서적," 『교회사연구』 3집 (1981. 8), 11.

200 하성래, "天主歌辭硏究," 명지대학교 석사논문, 1975, 98, 104.

설)』에서 『천주실의』를 읽었다고 기록하였으며,[201] 『交友論(교우론)』도 소개하였다. 지봉유설은 조선 최초의 백과사전이라 할 수 있으며, 이수광이 중국에 사신으로 세 차례나 다녀오면서 보고 들은 서양 문물을 집대성하여 소개한 책이다.

또한 유몽인(1559-1623)은 1621년 간행된 『於于野談(어우야담)』에서 천주실의를 비판하였다. 당연히 천주실의를 읽었던 것이다. 1631년에는 정두원이 『西洋國風俗記(서양국풍속기)』와 『職方外紀(직방외기)』를 한국에 들여왔다.[202] 보통 외국서적이 입수되면 빠르게 필사되어 많은 유생들에게 유포되었다. 『직방외기』는 각 나라의 지리와 문화를 소개한 책인데 이스라엘을 소개하면서 성경 내용도 소개하였다. 이외에도 1782년 이전에 한국에 들어온 천주교 서적들은 확인할 수 있는 것 만해도 32종류에 이른다.[203]

『영언여작』은 서양 중세 스콜라철학의 정수를 담고 있으며 그 내용을 이익, 정약용, 이벽 등은 수용한 반면, 신후담, 이헌경, 안정복 등은 비판적이었다. 신후담(1702-1761)은 서학변(1724)에서 천주실의, 직방외기 등과 함께 『영언여작』(1624)을 비판한 것으로 보아 『영언여작』은 적어도 1724년 이전에 조선에 들어온 것으로 확인된다. 아마도 신후담이 이익으로부터 영혼에 대해서 이야기를 들었다는 것을 참고할 때 이익이 벌써 『영언여작』에 심취해 있었음을 알 수 있다.[204] 안정복(1791)은 『천학고』

---

201 이수광, 『芝峯類說』 (목판본) 권2, 34장, 諸國部, 광해군 6년(1613).

202 배현숙, "朝鮮에 傳來된 天主教 書籍," 『韓國教會史論文集 I』 (서울: 韓國教會史研究所, 1984), 4.

203 배현숙, "朝鮮에 傳來된 天主教 書籍," 4-6.

204 강병수, "성호 이익과 하빈 신후담의 서학담론- 뇌양에 대한 인식을 중심으로," 『한

와 『천학문답』에서 천주교 문헌들을 비판했는데, 현세를 경시하고 천당과 지옥만 이야기한다는 점을 들어 천주교를 비판했다. 천주교를 비판한 실학자 안정복(安鼎福, 1712-1791)도 성경의 정체를 알고 있었는데 안정복은 성경을 西國古經(서국고경)이라 부르기도 하였다. 또한 안정복의 저서 『天學問答』같이 천주교를 비판하기 위한 글과 서적에서도 성경내용이 포함되어 있는 경우가 있다.

1633년 포르투칼 역사학자인 통사 후안 로드리게스 신부가 기록한 서신에 의하면, 로드리게스 신부는 "그들(사신단)을 통해 조선 국왕 앞으로 한자로 된 교리서적과 과학서적, 마테오 리치 신부가 만든 세계지도와 그리고 그 밖의 많은 선물을 보냈다"고 하였다.[205] 그리고 조선 국왕은 답례로 그에게 선물을 하였다.

1645년 아담 샬(Johann Adam Shall, 1591-1666) 신부는 북경에서 조선인들에게 세례를 베풀었으며 그 가운데는 환관도 있었다.[206] 아담 샬은 조선의 소현세자(1612-1645년)와도 친분이 있었고 세자는 천주교에 대해 호감을 가졌으며 귀국할 때 예수회 신부가 동행하기를 요청하기도 하였다. 아담샬은 소현세자에게 지구의, 과학서적들, 교리책자, 그리고 성화 한 폭도 선물로 주었다.[207] 소현세자는 병자호란(1636-1637년) 때 청나라로 볼모로 끌려간 왕자였는데 북경에서 예수회 선교사였던 아담 샬(Adam Schall) 신부를 만났던 것이다. 소현세자가 1645년 2월 18일 조

국실학연구』 제6호 (2003).

205 Juan G. Ruiz de Medina, 『한국천주교전래의 기원』, 77.

206 Juan G. Ruiz de Medina, 『한국천주교전래의 기원』, 83.

207 Juan G. Ruiz de Medina, 『한국천주교전래의 기원』, 83.

선으로 돌아갈 때 중국인으로 영세를 받은 다섯 명의 환관들과 세 명의 시녀들이 동행하였는데 나중에 소현세자가 죽고 난 후 그들은 중국으로 돌아갔다.[208] 그리고 아담 샬 신부가 조선에 미친 영향력은 또 다른 면에서도 볼 수 있는데, 아담 샬이 만든 책력인 시헌력(時憲曆)을 효종이 1653년 채용하였던 것이다. 또한 아담 샬의 후임인 페르난도 베르비스트(Fernando Verbiest)도 조선인 사신들과 친분을 쌓았으며 조선인들에게 세례를 베풀었다.[209]

1732년에 연행한 이의현이 『삼산논학기』를 얻어 왔다는 기록이 있으며, 홍유한(1726-1785)은 천주교 책을 읽고 신자가 된 경우인데 칠극과 『천주실의』를 통해 천주교를 알게 되었다. 그리고 토마스(Antoine Thomas) 신부는 심양에 성당이 세워졌는데 교인들이 특이한 교리사의 지도를 받고 있다는 점을 말하였다. 그 교리사는 테 이그나시오 왕자라 쿠르는 조선인 대신으로 책을 통해 천주교를 믿기 시작했다는 것이다.[210] 1704년 토마스 신부는 다음과 같이 당시의 상황을 설명하였다.

> 비록 현재 황제의 허락을 받지 않고는 그 누구도 거기(조선)에 갈 수는 없지만, 금단의 땅(압록강 건너편)에 발을 들여놓지 않아도 그들은 끊임없이 배 위에서 서로 상거래를 하고 있다. 이것은 대단한 장점이다. 왜냐하면 비록 조선말이 중국말과는 다르지만… 그들은 한자로 기록된 종교서적을 완벽하게 이해할

208 Juan G. Ruiz de Medina, 『한국천주교전래의 기원』, 90.
209 Juan G. Ruiz de Medina, 『한국천주교전래의 기원』, 93-95.
210 Juan G. Ruiz de Medina, 『한국천주교전래의 기원』, 92.

수 있기 때문이다.[211]

조선에 들여온 서학서가 한문서적이었지만 선비들이 많이 읽고 있었다는 것은 중국에 온 선교사들도 잘 알고 있었다. 1666년 마띠아스 다 마이아(Matias da Maia) 신부는 마카오에서 쓴 편지에서, 조선에 천주교 서적이 널리 퍼져 있으며, 이 책은 한자로 쓰여져 있어 모든 사람들이 잘 이해하고 있다고 말했다.[212] 그리고 조선에 온 기독교인 외국인의 영향도 무시할 수 없다. 1627년 네덜란드인 벨트브레가 제주도에서 체포되어 조선에 살았으며 대포를 제작하기도 하였다. 1653년 8월 16일 네덜란드인 하멜과 그의 일행 36명이 표류하다가 제주도 모슬포에 도착했다. 13년간 조선에 살다가 8명이 1666년 탈출에 성공하였다. 이 가운데는 기독교인 Jan Janes가 있었으나 행방불명이 되었다.[213]

성경 내용이 조선에 전파된 또 다른 경로는 신부들의 활동을 통해서다. 1797년 1월 28일 황심이 사절단에 섞여 북경에 도착하여 선교사들에게 조선 소식을 전했다. 조선의 주문모 신부가 비단에 라틴어로 적은 편지였다. 라틴어를 알고 있었고 라틴어 성경을 읽을 수 있었던 신부가 조선에 와서 활동했기 때문에 라틴어 성경 내용이 강론을 통해서나 성경공부를 통해서 조선 신자들에게 전달될 수 있었다.

---

211 ARSI *Japsin* 149, 351v, Juan G. Ruiz de Medina, 『한국천주교전래의 기원』, 92에서 재인용.

212 Juan G. Ruiz de Medina, 『한국천주교전래의 기원』, 156.

213 이민식, "17세기 조선에 도착한 네덜란드인 하멜," 『한국사상과 문화』 44집(2008), 217-232.

제2장
한국인이 수용한 기독교 문헌과 한국인의 저술

I. 한문성경, 만주어 성경, 한글성경

1. 한문성경[214]

한문성경이라면 중국에서 번역된 중국성경이고, 한글성경이라야 한국성경이라는 생각을 하기 쉽다. 그래서 한국성경해석사를 집필할 때 한글로 성경이 번역된 1882년 로스(John Ross, 羅約翰)의 누가복음을 주목하면서 성경해석사의 기점을 1900년대로 설정해왔다.

그런데 우리가 간과해서는 안 되는 중요한 사실이 있다. 갑오경장(1894년)까지 통용되는 한국의 공식적인 글은 한글이 아니라 한문이었다는 사실이다.[215] 한문이 일상적으로 통용되었기에 중국에서 혹은 일본에서 한문으로 된 교리서나 한문성경이 들어왔을 때 한문을 읽을 수 있는 식자층에서는 굳이 한글로 번역할 필요성을 느끼지 않았다. 그리고 한글

214 이 부분은 다음 논문의 일부를 수정하여 재작성한 것임. 정중호, "한문성경기(漢文聖經期)와 성경 해석," 『신학사상』 165 (2014), 91-126.

215 백두현, "한글을 중심으로 본 조선시대 사람들의 문자생활," 『서강인문논총』 22집 (2007), 158.

로 성경이 번역되기 이전 수백 년 동안 이미 조선의 지식인들은 한문성경과 한문교리서를 읽어왔으며 해석을 하고 있었다. 따라서 바로 이러한 이유 때문에 한국의 성경 해석사를 재구성할 때 한글로 번역된 성경뿐만 아니라 한문성경을 주목할 필요가 있다.

본 장에서는 한국인이 한문성경을 읽고 해석해온 시기를 '한문성경기(漢文聖經期)'라 이름을 짓고 그 시기를 잠정적으로 1900년까지로 설정한다. 그러나 한문성경기가 끝나고 한글성경기가 시작되는 것은 아니다. 상당기간 동안 두 기간은 중첩되어왔다. 그리고 한글성경기를 보더라도 1882년 로스의 번역본부터 시작하는 경향이 있지만 적어도 『聖經直解(성경직해)』가 번역된 1780년대부터 시작되어야 한다. 왜냐하면 『성경직해』는 복음서의 삼분의 일을 한글로 번역하였기 때문이다.

본 장의 목적은 한문성경 연구의 필요성을 밝히면서, '한문성경기(漢文聖經期)' 동안 성경이 어떻게 번역되었고 한문성경이 어떻게 해석되어 왔는지 그 특수한 현상을 추적하여 연구하려는 것이다.

1) 한문성경 연구의 필요성

초기에는 한문을 읽을 수 있는 지식층만 천주교 서적들을 읽었다. 이들을 중심으로 1784년 경에는 천주교인의 수가 1,000여명으로 늘어났다. 이 당시의 성경은 한문성경 위주였다. 그러나 1791년 진산사건으로 인해 양반들이 탈락하는 경우가 생겨나고 양반에게 선교하기 어렵게 되었다. 반면 평민들의 수가 크게 증가하였다. 그 결과 1801년에는 천주교인의 수가 1만여 명에 달하였다.[216] 즉 1801년에는 한문을 읽지 못하고 한글만 읽을 수 있는 신도들의 수가 더 많았다. 그러나 지도자들 가운데는 여전히 한문을 읽을 수 있는 사람들이 더 많았다.

신유박해가 일어난 1801년 서울 지역을 살펴보자. 1801년 신유박해 때 서울 지역에서 확인된 신도수 351명 가운데 한문을 읽을 수 있는 양반과 중인의 숫자가 148명으로 42%에 해당하였다.[217] 신분을 알 수 없는 20.8% 가운데도 양반과 중인들이 상당수 있었다고 한다면 한문을 읽는 식자층의 숫자는 좀 더 늘어날 수 있을 것이다. 무엇보다 중요한 것은 한문을 읽는 사람들이 지도자 역할을 하였고 한문 교리서와 한문성경의 영향력이 지대했다는 점이다.

1700년대 말경에 이르러서는 한문 교리서와 한문성경을 한글로 번역하거나 처음부터 한글로 작성된 신앙서적들이 나타나기 시작했지만, 여전히 한문으로 된 책이 중요한 역할을 하고 있었다. 1801년 신유박해 당시 형조에 압수되어 소각된 천주교 서적은 모두 120종 117권 199책이었는데 그 중 한문서적은 37종 66권 71책으로 30.8%를 차지하고 있었다.[218] 이 가운데 성경을 비교해 본다면 『聖經直解(성경직해)』, 『聖經廣益(성경광익)』, 『聖經日課(성경일과)』 등 한문본이 12(14)권인 반면 한글본은 10권 정도였다.[219] 성경의 경우, 비록 한글로 번역되어 있었지만 여전히 한문성경을 읽는 성도들이 많았다는 것을 알 수 있다. 그리고 이러한 책들 가

216 조광, 『조선 후기 천주교사 연구』 (고대민족문화연구소, 1988), 27.

217 조광, "초기 천주교회의 신도 분포," 그리스도와 겨레문화연구회 편, 『한글성서와 겨레문화: 천주교와 개신교의 만남』 (기독교문사, 1985), 654.

218 조광, 『조선 후기 천주교사 연구』, 90.

219 조광, 『조선 후기 천주교사 연구』, 91-96.

운데 일부는 목판본으로 간행되기도 하였지만 대부분 필사에 의해 유포되었다.

특히 경전일 경우 한문으로 된 것이어야 신뢰할 수 있다는 분위기가 있었다. 한글로 성경을 번역한 로스도 한글보다 한문을 고집하는 당시의 세태를 지적하기도 하였다. 로스는 조선 군인 한 사람을 만난 적이 있었다. 이 군인은 임오군란 여파로 좌천된 사람인데 한글로 된 복음서를 읽고 기독교를 처음 알게 되었다. 이 군인은 심양의 로스를 찾아와 기독교 한문서적을 읽고 난 후 비로소 1883년 세례를 받았다.[220] 로스의 표현을 빌리자면 "그는 한글보다 한문에 더 능숙했는데, 놀랍게도 그는 한글을 읽기조차 싫어했다"고 하였다.[221] 한글보다 한문을 신뢰하는 조선 지식인의 태도를 엿볼 수 있는 부분이다.

그리고 한국인으로서 최초로 개신교인이 된 백홍준의 경우도 한문성경을 읽고 세례를 받은 경우였다. 로스는 1874년 만주에서 조선인에게 처음으로 한문으로 된 『新約全書(신약전서)』와 『訓兒眞言(훈아진언)』을 백홍준의 부친에게 건네주었다.[222] 백홍준과 또 한 사람이 이 한문성경을 읽었는데 이들은 5년 뒤 1879년 만주에 있었던 매킨타이어(John Macintyre, 馬勤泰)를 찾아와 세례를 받았다.[223] 이들이 개신교 최초의 수세자들이었다. 중요한 것은 선교사의 전도가 아니라 전달받은 한문성경을 읽고 기독교 신자가 되었다는 사실이며 스스로 선교사를 찾아와 세례를 받았다

---

220 이만열, "1880년대 서간도 한인촌 기독교 공동체에 관한 연구," 222-223.

221 이만열, "1880년대 서간도 한인촌 기독교 공동체에 관한 연구," 222.

222 J. Ross, *Visit to the Corean Gate*, 471-472. 이만열, "1880년대 서간도 한인촌 기독교 공동체에 관한 연구," 216에서 재인용.

223 한국기독교사연구회, 『한국기독교의 역사 I』, 144-145.

는 점이다.

왜 이러한 현상이 일어났을까? 여러 가지로 설명할 수 있지만 고조선시대부터 사용해온 한문은 더 이상 중국의 글자가 아니라 한국인이 소통하는 소통도구였고 한국의 글이었다는 사실에서 그 근본 이유를 찾을 수 있다. 특히 이두와 향찰 등 한문을 활용해서 우리의 말과 소리를 적어보려는 창의적인 노력, 중국식이 아니라 한국식으로 한문을 읽기 위해 구결(口訣)을 창안하는 우리의 노력이 덧붙여지면서 한문은 한국의 글로 다듬어져 왔다.

조선 말기에도, 한문성경을 조선 사람들이 얼마나 많이 읽었는가에 관해서는 조선 사람들을 위해 한문성경을 출판한 이수정 판을 보면 짐작할 수 있다. 이수정(1842-1886)은 1885년 한글로 마가복음을 번역했지만 그 직전에 한문성경을 출판하였는데, 현토한문성경(懸吐漢文聖經)을 1884년에 출판한 적이 있었다.[224] 한문성경을 읽는 한국 독자들을 위해 펴낸 것이다.

이수정이 한글성경을 번역하기 1년 전에 구결을 단 한문성경을 먼저 출판한 이유가 무엇인가? 1884년에도 한문성경의 영향력이 컸기 때문이며 당시 성경책을 구입해서 읽는 사람들이라면 당연히 한문성경을 읽고 있었기 때문이다. 장래에는 한글성경이 더 많이 읽혀지겠지만 당장 시급한 것은 한문성경이라 판단했기 때문이라 짐작된다. 특히 한문을 읽을 수 있는 지식층들은 한글을 부녀자들의 글이라 여기며 경시하는 경향이

---

224 오미영, "한국의 현토한문성서와 일본의 훈점한문성서에 관한 비교 연구,"『일어일문학연구』 51 (2004), 80.

있었다.

1891년 이수정의 『懸吐漢韓新約聖經(현토한한신약성경)』 1,500권이 일본에서 조선으로 들어왔고 1892년에는 현토성경 5종류 전체 1만권이 조선에 배포되었다. 미국성서공회 일본총무 루미스(H. Loomis)는 현토성경의 수요가 많다는 사실을 다음과 같이 전했다; "(한글성경) 번역이 이루어지기 까지 이수정의 한한성경(漢韓聖經)이 잘 팔릴 것입니다. 우리는 지금 약간의 재고와 활판을 가지고 있는데, 요청이 있을 경우 더 인쇄할 생각입니다."[225]

성경반포에 있어서 권서의 활동은 괄목할만하였다. 그런데 권서는 한글성경 만 판매하지 않고 한문성경도 판매하였다. 1882년 5월 말경 만주 영구에서 세례를 받고 권서 활동을 한 서상륜도 한글성경과 한문성경을 함께 판매하였다.[226] 1884년 로스는 『新約全書(신약전서)』와 『德慧入門(덕혜입문)』을 상해에서 제물포로 탁송했는데 외교관이었던 묄렌돌프(P. G. Moellendorff)를 통해 서상륜이 받았다. 이만열은 이 책들이 한문책이었을 것으로 추정하였다.[227] 왜냐하면 당시 이 책들을 읽고 세례받기를 원하는 사람들 가운데는 주목할 만한 사람들, 즉 양반 가운데도 중요한 인물들이 있었기 때문이며 이들은 한글성경보다 한문성경을 신뢰하는 사람들이었기 때문이다.

---

225 "Loomis' letter to Dr, Gilman, Sep. 6, 1892," 대한성서공회 편, 『대한성서공회사. 1, 조직.성장과 수난.』 (대한성서공회, 1993), 168에서 재인용.

226 서상륜은 188년까지 중부지방에 수 천 권에 달하는 한글 성서 이외에도 200권의 한문성서를 배포하였다. *Annual Report of the British and Foreign Bible Society* for 1887, 272. 최성일 편역, 『존 로스의 중국선교방법론』 (한신대학교출판부, 2003), 54, 각주 33.

227 이만열, "한국의 기독교 수용과 그 특징," 15.

한문성경을 선호하는 분위기는 한글로 성경이 번역된 후에도 계속되었다. 선교사가 조선에 입국했을 때 조선의 기독교인들 가운데 식자층이 한문성경을 선호하고 있음을 발견하였다. 이러한 사실은 선교사들인 언더우드(1886년 7월 9일)와 아펜젤러(1888년 12월 4일)가 보낸 서신에서도 발견할 수 있다.[228]

그러면 일제시대는 어떠했는가? 한글사용을 억제하던 시대였고 일본말을 비롯해서 한자가 더 유용했던 시대였다. 한글성경도 상당히 읽혀졌지만 식자층에서는 여전히 한문성경 혹은 국한문 혼용성경을 읽는 분들이 많았다.

한문성경의 여파는 국한문 성경으로 이어졌다. 사실 이수정이 한글로 번역한 성경인 『마가젼』은 한자와 한글이 섞인 국한문혼용체였다.[229] 『신약마가젼복음셔언해』에서 '언해(諺解)'란 한문 본문에 준하여 한글로 옮겨 적었다는 것이다. 그리고 모든 한자에는 한글로 독음(讀音), 즉 토가 달려있었다. 이미 한글 시대가 되었고 한글로 성경이 번역되었지만 단어들이 한자로 표기할 때 쉽게 이해될 수 있는 단어들이 많았기에 국한문(國漢文) 혼용 성경을 성도들이 애용했던 것이다. 이러한 추세에 부응하기 위해 대한성서공회에서도 국한문성서를 계속 간행하였고 지금도 간행하고 있다.

이처럼 한문성경의 여파는 오늘날에도 지속되고 있는데 한문성경을

---

228 1888년 12월 4일 Bryant에게 보낸 아펜젤러의 편지 및 1886년 7월 9일 Ellinwood에게 보낸 언더우드의 편지. 이만열, "한국의 기독교 수용과 그 특징," 12에서 재인용.

229 廣剛, "李樹廷譯 『마가젼』의 底本과 飜譯文의 性格," 『국어사연구』 제4호 (2004. 6), 213.

제외한 한글성경에만 국한하여 성경 해석사를 작성한다면 한국 성경 해석사의 많은 부분을 잃어버리는 결과를 초래하게 된다. 따라서 한국성경 해석사를 연구할 때 한문성경 해석이라는 영역을 구분해서 설정할 필요가 있고 한문성경을 어떻게 해석해왔는지를 추적하며 연구할 필요가 있다.

2) 한문성경 해석 - 독음(讀音), 구결(口訣), 언해(諺解)

한문성경을 해석할 때 특별한 점은 무엇인가?

문자 기록의 필요 때문에 한자를 받아들인 고구려와 신라와 백제는 한자를 한국의 문어(文語)로 토착화시키는데 성공한 나라들이다. 따라서 한자를 중국문자가 아니라 한국문자로 인식하면서 발전시켰다. 이러한 토착화는 이두와 향찰로 나타나며 한자로 기록하는 문장에서 발견할 수 있다.

한문의 한국적 수용은 이미 5세기 초 광개토대왕비에도 나타난다. 비문 중 한 문장을 살펴보면 아래와 같이 비록 한자(漢字)로 새겼지만 어순은 한국어 어순에 따라 적은 한국식 한문(韓文)임을 알 수 있다.[230]

> 我是皇天之者 母河伯女郎 鄒牟王
>
> (나는 황천의 아들이요 어머니는 하백의 여랑인 추모왕이다)

230 김영욱, "한자. 한문의 한국적 수용 - 초기 이두와 석독구결 자료들을 중심으로," 69.

이와 같이 한문 어순을 한국어의 어순으로 재배열한 것은 이두식이며 벌써 5세기부터 이두의 맹아를 광개토대왕비문에서 찾을 수 있는 것이다.

한자를 수용한 또 다른 예는 『삼국사기』에서도 찾아 볼 수 있다. 고구려 지명이 표기되어 있는데 두 가지로 기록되어 있다. 즉 현대의 수원이 '買忽 – 云水城'이라 표기되어 있다.[231] 매홀(買忽)은 수성(水城)의 한국어 발음인데 소리 나는 데로 표기한 것이니 음독표기이다. 그리고 수성(水城)은 매홀을 한자로 적은 것인데 새김글자 즉 석독표기라 할 수 있다. 즉 '매'는 물(水)을 가리키며, '홀'은 성(城)을 가리키는 한국어이다.[232] 이처럼 한자는 외국문자가 아니라 이미 한국의 문어(文語)로서 토착화되어 자리매김을 확실히 하고 있었다.

한국의 선비들이 한문서적을 읽을 때 굳이 한글로 번역할 필요는 없지만 나름대로 해석하는 과정을 거치게 된다. 즉 어디서 끊어 읽어야 하는지 구두점을 정하는 과정이 있다. 그리고 선비들은 한문을 주로 낭독하게 되는데 이 때 구결을 달아서 읽게 된다. 바로 구두점을 달고 구결을 단다는 것이 해석의 과정이다. 왜냐하면 구두점과 구결을 어떻게 다느냐에 따라 문장의 의미가 많이 달라지기 때문이다.

여기서 잠시 왜 구결이 필요한지에 대해 살펴볼 필요가 있다. 『훈민정음언해본』에도 "나랏말쌈이 듕귁과 달라"라고 하면서 한국어가 중국어와 다름을 지적하였다.[233] 즉 한문은 주어-동사-목적어 순서로 문장이

231 『三國史記』 권37, 고구려.
232 이기문, "우리나라 문자사의 흐름," 『구결연구』 14집 (2005), 237.
233 『훈민정음언해본』 (1459년)

진행되지만 한글은 주어-목적어-동사의 순서로 되어 있다. 예를 들어 한문으로는 甲殺丙(갑이 살해하다 병을)으로 되어 있지만 한국어의 순서로 읽기 위해서는 甲丙殺(갑이 병을 살해하다)으로 글자의 순서가 바꾸어져야 한다. 이 때 한국어로 한문을 읽기 위해서는 구결이 필요한데 그 방식은 음독구결(音讀口訣)과 석독구결(釋讀口訣)로 다음과 같이 나누어진다.

음독구결 - 甲이 殺하니라 丙을 (갑이 병을 살하니라)

석독구결 - 甲이 殺이니라 丙을 (갑이 병을 죽이니라)

한문 중간 중간에 작은 글자로 덧붙여 있는 '이, 하니라(이니라), 을' 등이 바로 구결이다. 또한 한문은 세로쓰기를 하고 구결을 오른쪽에 다는데, 殺을 처음에는 건너뛰고 丙을 읽고 나중에 돌아와서 읽으라는 의미에서 '하니라' 혹은 '이니라'라는 구결을 왼쪽에 단다.[234] 이처럼 구결을 달아 한문을 완전히 해체하여 한국어로 읽게 되는 것이다.

구결은 한글로 달수도 있고 한자로 달수도 있는데 한글을 이용한 구결을 한글구결이라 하고 한자를 이용한 구결을 차자구결(借字口訣)이라 한다. 그리고 한자의 획을 생략해서 쓰는 차자구결을 약체자 구결(略體字 口訣)이라 한다. 예를 들어 ㅋ ㄷ ㅅ은 '하니라'로 읽을 수 있는 약체자 구결이다.

한문성경에 구결을 단 것은 이수정판 현토한문신약성경인데 마가복

234 박진호, "문자생활사의 관점에서 본 구결," 『25회 한말연구학회 전국학술대회발표문』(한말연구학회, 2007), 21-22.

음의 한 부분과 이러한 해석을 바탕으로 한글로 번역한 언해본을 보면 다음과 같다;[235]

현토성서『馬可傳福音書』(막 12:29-31)

29 耶蘇㇏答之曰諸誡之首厂云以色列乎余聽哉ソ 厶主卩亐我儕

之神㇏ ヒ乃一主耳厶

30 爾當盡心五盡性五盡力ソ ㄱ愛主卽爾之神㇏ 厶 ソ ヒ此㇏首

誡也㇏五

31 其次㇏亦如之ソ ヒ卽當愛隣如己厶誡、未有大於斯二者

㇏ ヒ 厶

『馬可傳諺解(마가전언해)』(막 12:29-31)

29 耶蘇(예수쓰)ㅣ答(답)ᄒᆞ야ᄀᆞ로ᄉᆞ되모ᄃᆞᆫ誡(계)의웃듬의ᄒᆞ엿스되

以色列(이스라엘)아드르라主(쥬)는卽(즉)우리들의神(신)이라ᄒᆞᆫ

主(쥬)시니

30 네맛당이마음을다ᄒᆞ고性稟(셩품)을다ᄒᆞ뜻을다ᄒᆞ고힘을다ᄒᆞ

여主(쥬)며곳너의神(신)을사랑ᄒᆞ라ᄒᆞ엿스니이웃듬誡(계)요

31 그다음도ᄯᅩᄒᆞᆫ그와갓치맛당이이웃슬사랑ᄒᆞ기를제몸과갓치ᄒᆞ

라ᄒᆞ엿스니誡(계)이두을의셔더큰者(ᄌᆞ)ㅣ잇지아니ᄒᆞ니라

그런데 한문문장을 읽을 때 함부로 구결을 달지 않는 관습이 있다.

---

235 오미영,『한일 초기번역성서의 어학적 연구』(제이앤씨, 2011), 553, 616.

실제로는 구결을 덧붙이면서 읽고 해석을 하지만 붓을 들어 기록하지는 않는 것이다. 왜냐하면 구결을 달게 되면 다양하게 해석할 수 있는 한문 문장 해석을 고정시켜 버리기 때문이다. 따라서 경전과 같은 중요한 책에 다는 구결은 당대 최고 학자들이 동원되어 달게 되는 것이다.[236] 이수정이 한문성경에 구결을 달아 현토한문신약성경을 만들었고 그것을 조선의 선비들이 받아들였다는 것은 이수정이 조선에서 인정받는 석학 선비였다는 것을 말해주는 것이다.

성경을 해석하고 설교하는 모습은 신부가 조선에 오기 전 천주교 초기부터 있었던 일이었다. 1785년 중인 김범우의 집에서 성경을 해석하여 강론하는 모습을 다음과 같이 묘사하고 있다.

> 이벽이라는 자가 있었는데, 푸른 두건으로 머리를 덮어 어깨까지 드리우고, 아랫목에 앉아서 이승훈과 정약전, 정약종, 정약용의 삼형제 및 권일신 부자가 모두 제자라 일컬으며, 책을 옆에 끼고 모시고 앉았는데, 이벽이 설법하고 깨우쳐주는 것이 우리 유가에서 스승과 제자간의 예법보다 더욱 엄격하였다.[237]

'설법하고 깨우쳐 주는 것'이라 하였으니 성경과 교리에 대한 해석과 설교가 있었음을 알 수 있다. 그리고 '푸른 두건'을 썼다고 하였으니 엄숙한 예배의식 가운데 설교의 순서였음을 알 수 있다. 이처럼 교회 초기

236 박진호, "문자생활사의 관점에서 본 구결," 31.
237 김시준 역주, 『天主教 傳教 迫害史(闢衛編)』 (서울: 삼경당, 1984), 95-96.

부터 성경을 해석하고 설교하는 일이 있었던 것이다.

그리고 성경을 해석하는 일이 일상화 되었는데 한국 성도들에 의해 해석되었다. 1836년 모방(Maubant) 신부는 "할 수 있는 곳에 회장들을 세워 주일과 축일에 신자들을 모으게 하였다. 이 모임에서는 공동으로 기도를 드리고, 교리문답과 복음성경과 성인전기 등을 몇 대목 읽고, 그런 다음 대개는 마을에서 가장 능력 있고 학식 있는 신자인 회장이 낭독한 대목을 해석하였다"[238]라고 성경해석의 구체적인 모습을 기록하였다.

한문성경이 위주일 때 나타나는 또 다른 현상 중 하나는 독음(讀音) 현상이다. 한문성경을 읽는 선비들은 한문성경을 낭독하거나 기도할 때 어떻게 하였을까? 앵베르(L. Imbert, 范世亨) 주교가 1838년 12월 1일자로 포교성성에 보낸 보고서에는 "한국 신자들은 천주교를 받아들인 그 시초부터 방언(우리말)을 천시하는 관습에 따라, 천주님께 방언으로 기도하는 것을 그렇게 합당한 것으로 여기지 않았기 때문이었다"[239]라고 기록되어 있다. 즉 기도할 때 한문기도문을 외워 드렸지 한국어로 번역하지 않았다는 것이다. 한문 기도문들을 한국 발음으로만 읽는 것, 즉 독음(讀音)을 선호했다는 것이다.

이러한 예는 아래와 같은 천주경(天主經, 주기도문, Oraison ominicale)을 통해서 알 수 있다.[240]

---

238 샤를르 달레, 安應烈, 崔奭祐 譯註, 『韓國天主敎會史 中』(한국교회사연구소, 1980), 335.

239 "앵베르 주교가 포교성성에 보낸 1838년 12월 1일자 보고서," Prop SO(1841-1845). 최석우 신부 수품 50주년 기념 사업위원회편, 『한국천주교회사의 성찰』(한국교회사연구소, 2000), 486-487에서 재인용.

240 이 주기도문(天主經)은 1820년 Abel Remusats가 중국에 와서 수집한 한글 '천주경'(Oraison Donminicale)이다. 하성래, 『천주가사연구』(서울: 성.황석두루가서원,

재천아등부쟈아등원이 (在天我等父者 我等願爾)

명현셩이국님격이지승 (名見聖 爾國臨格 爾旨承)

이처럼 한문 기도문을 번역하지 않고 우리말 독음으로 암송하여 기도를 드렸던 것이다.[241]

이러한 현상은 불교의 독경 관습을 보면 쉽게 이해할 수 있다. 지금도 절에 가면 불경을 암송하는데 한문본을 완전히 한글로 번역하지 않고 그 한자의 음만을 외우는 모습을 쉽게 발견할 수 있다. 예를 들면 "나무아미타불 관세음보살(南無阿彌陀佛 觀世音菩薩)"이라는 경문이 이러한 예에 속한다. 앵베르 주교가 지적한 것처럼 거룩한 기도를 천대받는 한글(諺文)로 암송하기보다 한문(眞書)으로 암송하여 드리는 것이 하나님께 드리는 최상의 예의라 생각했기 때문이다.

또 다른 경우는 이두식으로 현토가 붙어있는 성호경(聖號經)과 주기도문(天主經)이다. 이 기도문은 절두산 순교 기념관에 보관된 필사본인 聖教十二端에 들어있다.[242] 성호경을 한글로 번역했는데도 국한문으로 다음과 같이 표기하였다.

聖父臥 聖子臥 聖神厓 일흠乙因爲也 ᄒᆞᄂᆞ里多 亞멘

1985), 153; 최석우 신부 수품 50주년 기념 사업위원회편, 『한국천주교회사의 성찰』 490.

241 런던 국립도서관에도 한문 주기도문을 한글로 독음한 기록이 보관되어 있다. 한국교회사연구소, 『한국천주교회사 2』 (한국교회사연구소, 2010), 123.

242 최석우 신부 수품 50주년 기념 사업위원회편, 『한국천주교회사의 성찰』 491.

(성부와 성자와 성신의 일흠을 인하야 하나이다 아멘)[243]

그리고 주기도문(天主經)을 한글로 번역했지만 언해(諺解) 수준으로 다음과 같이 표기하였다.

하늘 厓 계신 우리 아비신者余 네 일흠 厓 거룩 爲心伊 나타나 於...

(하늘에 계신 우리 아비신 자여 네 이름의 거룩하심이 나타나며)

즉 한문에 구결을 단 것을 그대로 한자로 표기한 것이다. 爲心伊는 '하심이'라는 구결을 한자로 표기한 것이다. 이러한 기록은 언해 단계 이전에 한문 주기도문에 구결을 단 과정이 있었음을 확인할 수 있는 증거 자료라 할 수 있다.

1791년(신해박해) 이전에도 『袖珍日課(수진일과)』에서 가려 뽑아 한문 음을 한글로, 즉 독음으로 표기된 기도서가 있었다는 사실을 확인할 수 있다. 즉 체포된 정인혁의 진술에서 1791년 1월 그의 삼촌이 '諺書抄飜袖珍'(언서초번수진), 즉 '한글로 가려 뽑아 번역한 『수진일과』'를 가지고 갔다는 구절을 발견할 수 있다.[244] 이 구절에서 '飜'자의 개념은 한글로 번역한 것과 한글 독음으로 읽는 것까지 포함시킨 개념으로 볼 수 있다.[245]

---

243 괄호 안에 있는 것은 필자가 한글 읽기로 표기한 것이다.
244 『邪學懲義』 77-78. 정인혁은 1791년 11월 11일 체포되어 신문을 받았다.
245 최석우 신부 수품 50주년 기념 사업위원회편, 『한국천주교회사의 성찰』 490.

따라서 초기에는 기도문을 한글 독음으로 암송하였을 가능성이 높다. 그다음에는 구결을 붙여 기록하고 언해하는 과정으로 진행했을 것이다. 이 단계에서는 한글로 번역된 것을 완전한 한국어로 기도하게 되는 것이다.

2. 만주어 성경

만주어는 청제국의 공용어였고 인쇄되지는 않았지만 필사본으로 러시아와 일본에 전해진 만주어 구약성경이 있다.[246] 만주어 구약성경이 한국에 어떠한 영향을 미쳤는지 그 가능성에 대해 연구할 필요가 있다.

만주어는 우리에게 잘 알려져 있지 않은 언어다. 2011년 개봉된 '최종병기 활'이라는 영화에서 만주어로 대화를 하는 장면을 볼 수 있다. 그러나 가만히 생각해보면 만주라는 지역이 도대체 누구의 땅이었는가? 우리가 자랑스러워하는 광개토대왕비도 만주 한복판에 서있고 우리의 선조 고조선과 고구려 사람들이 말을 달리던 광활한 땅이 만주가 아니었던가? 아직도 우리가 만주를 오랑캐 정도로 생각한다면 우리는 우리 선조의 역사를 스스로 부정하고 부끄러워하는 사람들일 뿐이다. 이러한 사람들의 언어라면 당연히 우리의 언어와 가장 가까운 언어가 아니겠는가?

---

246 1790년 이전 쁘와로(Louis de Poirot, 賀淸泰, 1735-1814) 신부에 의해 번역된 구약성경. 김동소, "최초 중국어. 만주어 성서 역성자 하청태 신부," 28-30.

현재 만주어 상황을 보면, 만주 민족의 모어이며 청나라의 공용어였던 만주어가 소멸위기에 봉착해 있다. 현재 1천만 명 가량의 만주인들 중 만주어를 사용할 줄 아는 사람은 20명 정도일 뿐이다. 유네스코는 세계 언어 가운데 소멸 위험이 있는 언어 가운데 제주어가 '치명적 위험' 수준에 다다른 언어라고 판단하였다. 그런데 만주어는 거의 사라져가고 있다. 제주어에 관한 관심도 중요하지만 만주어에 관해서도 관심을 기울일 필요가 있다. 만주문자로 기록된 200만 건 이상의 문헌들 가운데 한국 역사와 관련되는 자료도 있고 기독교와 성경과 관련된 문헌들도 있기 때문이다.

그런데 만주에서 개신교 최초로 순수 한글로 성경을 번역한 존 로스(John Ross, 1841-1915)는 그의 저서 *History of Corea*에서 '조선어'를 상세히 설명하면서, 중국어보다 만주어와 조선어의 연관성을 주목해야 한다고 다음과 같이 강조하였다.

> 조선어와 중국어의 문법적인 관계보다 다 흥미로운 것은 이 언어를 만주어, 몽골어, 일본어와 비교하는 일이다. 그리고 그 중의 하나에서 조선어가 나왔다는 것을 쉽게 인정할 수 있다. 그리고 우리는 가능한 한 가장 밀접한 유사성을 조선어와 만주어에서 찾을 것이다. ...지금은 만주어라고 부르며, 조선인들의 고향이었던 곳에서 매일 사용되고 있다. 따라서 우리는 자연히 이 두 언어 사이의 완전한 일치는 아니더라도 밀접한 유사

성을 찾게 된다.[247]

과연 만주와 만주어는 한국과 한국어와 어떤 관련이 있는가? 고구려의 광개토대왕비는 만주 한복판에 세워져 있다. 역사적으로 살펴보면 만주는 고조선, 고구려, 발해 등으로 이어지는 우리 선조들이 살던 곳이며 지금도 한국인(조선족)이 200여만 명이나 살고 있는 땅이다.[248] 만주에는 부여가 있었으며 백제의 이름이 남부여였다. 신라의 후손이 만주에서 일어난 금나라의 시조였고 청나라는 금을 이은 나라였다. 이러한 친연성을 살펴보면서 만주는 한국의 뿌리역할을 담당하고 있다는 주장도 할 수 있게 되는 것이다. 따라서 만주에서 통용되던 만주어는 한국어와 친연성을 가질 수밖에 없다. 개신교 최초로 한글성경이 만주에서 번역된 것도 결코 우연한 일이 아니다. 중국은 동북공정을 통해 만주를 중국에 통합시키기 위해 총력을 기울이고 있기에 만주어와 만주문자와 만주의 문화를 강조할 리가 없다. 만주어가 사라진다면, 만주문자를 읽지 못해 200여만 건이나 되는 만주문자 문헌들이 사장된다면, 오히려 우리 선조들의 흔적이 희미해질 뿐이다.

퉁구스어족이며 여진어의 후계 언어인 만주어는 한국어와 같이 알타이어족에 속하며 어순이 '주어-목적어-동사'로 되어 있다. 이러한 순서는 중국어와는 사뭇 다른 순서다. 그리고 만주어는 한글과 같이 교착어

---

247 John Ross, *History of Corea*, 西洋語資料叢書編纂委員會 編 (경인문화사, 2000), 403-404.

248 2012년 외교부 통계에 의하면 중국에 거주하는 재외동포 수는 2,573,928명이다. 외교부, "2013 재외동포현황."

이며,[249] 제한적인 모음조화가 나타난다.[250] 또한 만주문자는 한글과 같은 표음문자(表音文字)로 소리 나는 데로 기록하는 문자로서 알파벹만 익히면 쉽게 활용할 수 있다. 그리고 만주 문자는 한글과 같이 자질문자(資質文子)이며 음절문자이기도 하다. 만주어는 한국어와 같이 성별과 관련된 단어에서 어간 모음이 달라지는 경우가 있다.

개신교에서 만주 선교에 특히 관심을 기울인 교회는 스코틀랜드 장로회인데 윌리암슨(A. Williamson)선교사는 만주선교 여행 중에 1867년 10월초 고려문에 와서 조선인에게 한문성경과 전도지를 나누어 주었다.[251] 그는 한국인에 대해 다음과 같이 말하였다; "나는 그 나라 사람들

---

249 알타이어족은 교착어이다. 교착어의 교착은 조사나 접미사처럼 갖다 붙는다는 의미이다. 즉 단어의 문법적 의미와 기능이 어미의 첨가에 의해 표현된다. 이것은 한국어의 경우도 마찬가지이다. 예를 들면 '가-시-었-습니다'는 어간 '가-'에 어미 '시-'를 붙여 주어에 대한 존대의 의미를 표시하고, '-었'을 붙여 과거시제를 나타내고, '-습니다'를 붙여 청자에 대한 존대와 문장의 종결을 나타낸 것이다. "알타이 어족의 언어학적 특성"
http://preview.britannica.co.kr/bol/topic.asp?article_id=b14a3917b005 (2015.8.12. 확인).

250 알타이어족의 가장 두드러진 공통적인 특징은 모음조화이다. 모음조화란 양성 모음은 양성 모음끼리, 음성 모음은 음성 모음끼리 어울리는 현상을 말한다. 즉 모음조화란 단어에 포함되어 있는 모음들이 어떤 공통적인 성격을 시현하는 현상이다. 모음조화가 가장 현격한 언어는 튀르크어로서, 이 언어에서는 한 단어에 포함되는 모음은 전설모음 i, e이거나, 후설모음 i(으), a, o, u이다. 어미의 모음 역시 앞에 오는 단어의 모음 성격에 따라 결정된다. 예를 들면 at-ar-da(말들에), it-ler-de(개들에) 등이다. 15세기 한국어의 모음조화는 한 단어의 모음이 양성모음 'ㅗ, ㅏ'와 중성모음 'ㅣ'이거나, 음성모음 'ㅡ, ㅜ, ㅓ'와 중성모음 'ㅣ'인 현상이다. 이 현상은 현대 한국어에도 일부 남아 있어 아장아장:어정어정, 보았(다):먹었(다) 등과 같은 단어의 대비에서 앞의 것은 양성모음, 뒤의 것은 음성모음으로만 구성되었음을 알 수 있다. "알타이 어족의 언어학적 특성"
http://preview.britannica.co.kr/bol/topic.asp?article_id=b14a3917b005 (2015.8.12. 확인).

251 A. Williamson, *Journeys in Noorth China, Manchuria and Eastern Mongolia; with Some Account of Corea*, Vol. II (London, Smith, Elder & Co., 1870), 134. 안재은, "초기 한국기독교의 선교와 전도,"『개혁주의교회성장』 제1호 (2006), 14에서 재인용.

에게 성경을 많이 팔았다. 그들은 나에게 무척 친절하였음을 잊지 못한다."[252] 또한 스코틀랜드 장로회는 존 로스(John Ross, 1841-1915)와 존 매킨타이어(John MacIntyre)를 만주에 파송하였다. 이 선교사들은 1872년 만주의 봉천, 요양, 우장, 태평산 등지에 교회를 세우고 신학원도 창설하였다. 로스는 1874년 만주의 영구를 출발해서 고려문에서 한문성경을 팔아 씨앗을 뿌렸는데 그 열매로 1879년 서상륜이 세례를 받았다.

동아시아 선교를 위해 만주어를 주목한 개신교 선교단체 가운데는 대영성서공회(BFBS)와 런던선교회(LMS)가 있다. 런던선교회는 1818년부터 러시아 동남방 바이칼호 남단에 있는 이르쿠츠크(Irkutsk)를 중심한 시베리아를 통해 중국, 한국, 일본 등에 선교하고자 하였다.[253] 이 경우 만주를 통해서 이동할 수밖에 없었고 만주어는 청제국에서 공용어로 사용하고 있는 언어이니 중요하게 여길 수밖에 없었다.

특히 중국에 온 예수회 선교사들은 청조에서 만주어를 사용하며 고위관료들과 지식인들과의 교분이 두터웠고 영향력 있는 조언자 역할을 하였다. 사실 표의문자인 한문은 유럽 선교사들에게는 너무나 생소하고 익혀야할 글자가 수없이 많으니 엄두가 나지 않았다. 그러나 만주어는 표음문자이기에 알파벳만 익히면 글을 읽을 수 있었고 배우기 쉽기 때문에 선교사들은 만주어를 먼저 공부하여 익히는 것이 일반적인 모습이었

---

252 *Annual Report of National Bible Society of Scotland for 1868*, 44. 안재은, "초기 한국기독교의 선교와 전도," 15에서 재인용.

253 Erling von Mende, "Problems in Translating the Bible into Manchu: Observations on Louis Poirot's Old Testament," In Batalden, Stephen, Cann, Kathleen, Dean, John (eds.) *Sowing the Word: The Cultural Impact of the British and Foreign Bible Society 1804-2004* (Sheffield: Sheffield Phoenix Press, 2004), 162, 각주 28.

다. 청나라에서는 의욕적으로 중국의 중요한 서적을 거의 만주어로 번역하였기 때문에 외국인들은 만주 문자를 먼저 익히면 중국의 중요한 서적들을 읽을 수 있었다. 그리고 예수회 선교사들은 궁중에서 혹은 관리들과 의사소통을 해야 하는데 그들은 모두 만주어로 통했기 때문에 만주어와 만주 문자를 익힐 수밖에 없었다.

예수회 선교사들이 청나라의 문물을 유럽에 소개하였는데 이 때 한문서적들을 만주어로 번역하여 유럽에 보내기도 하고 때로는 프랑스어로 번역하여 보내기도 하였다. 유럽에서는 중국의 문물을 익히기 위해서는 당연히 만주어를 공부해야 한다고 생각하게 되었다. 따라서 만주어는 동서교류의 매체 언어로 자리매김을 하게 되었다.[254]

1770년 10월 20일부터 중국에 선교하기 시작한 예수회 신부 쁘와로(Louis de Poirot, 賀淸泰, 1735-1814)는 만주어로 성경을 번역하였다. 쁘와로의 만주어 성경번역은 아직 한글로 성경이 번역되기 전인 1790년대에 한국인의 선조들이 활동했던 만주의 언어로 성경이 번역되었다는 데에 그 의의를 찾을 수 있다. 이 번역은 불가타(Vulgata)를 저본으로 한 것인데 구약의 절반 정도와 신약의 일부가 번역되었으나 인쇄되지 못하였고 원고와 사본 상태로 전해졌다.[255] 김동소는 일본 도쿄의 도요분코(東洋文庫)에 있는 만주어 성경 원고가 유럽 출신의 예수회 수도사인 쁘와로 신부의 저작임을 1992년 밝힌 바 있고 만주어 성경인 마태복음과 에스더를

---

254 김은희, "선교사가 본 중국어와 만주어의 특징 고찰: 耶蘇會士中國書簡集의 기록을 중심으로,"『중국학연구회 학술발표회』 Vol.2013 No.11 (2013), 117.

255 김동소, "최초 중국어. 만주어 성서 역성자 하청태 신부," 28-30.

한글로 번역하였다.[256] 쁘와로는 성경의 각 책을 번역할 때 책을 설명하는 해설을 먼저하고 본문을 번역하였으며, 각 장 말미에 미주(尾註) 형식으로 본문을 해석하는 '풀이말(sure gisun)'을 첨부하였다. 그리고 그림과 지도를 첨부하여 독자들의 이해를 돕는 노력도 병행하였다.

쁘와로 신부가 1790년 이전에 만주어 성경을 번역했다는 주장의 근거는, 팡시(Fr. Joseph Panzi, S. J. 1733-1812, 潘廷璋) 수사의 1790년 서신에 "하청태(쁘와로) 신부가 성경을 주석과 함께 만주어로 번역했다"라고 기록되어 있기 때문이다.[257]

쁘와로 신부가 만주어로 번역한 성경으로 일본에서 발견된 것은 레위기, 민수기, 신명기, 여호수아, 사사기, 룻기, 사무엘상, 사무엘하, 열왕기상, 열왕기하, 역대기상, 역대기하, 에스라, 느헤미야, 에스더, 욥기, 다니엘, 요나, 토비트, 유딧, 마카비상, 마카비하 등의 구약성경이고, 마태복음과 사도행전을 또한 만주어로 번역하였다.[258] 이 만주어 성경은 인쇄되지 못하였고 필사본으로 전해졌다.

쁘와로의 만주어 구약성경은 1825-1826년 카멘스키(Petr Kamenskii)

---

256 김동소, 『만주어 마태오복음 연구-루이드 푸와로 신부의 만주어 성경연구(1)』 (서울: 지식과교양, 2011), 43-44.

257 김동소, "최초 중국어. 만주어 성서 역성자 하청태 신부," 21. Louis Pfister, *Notices biographiques et bibliographiques sur les Jesuites de L'ancienne mission do Chine. 1552-1773*, 2 vols. (Chang-hai: Imprimerie de la mission catholique, 1932-1934; reprint, *Varietes sinologiques*, no. 59, 60 [San Francisco: Chines Materials Center, 1976]), 969. Erling von Mende, "Problems in Translating the Bible into Manchu: Observations on Louis Poirot's Old Testament," 151에서 재인용.

258 김동소, "최초 중국어. 만주어 성서 역성자 하청태 신부," 31-32; 쁘와로의 친필 원고로 알려진 이 만주어 성경은 일본 東洋文庫에 소장되어 있으며 滿文附註新舊約聖書라는 이름으로 분류되어 있다. 김동소, 『만주어 마태오복음 연구』, 43-44.

에 의해 필사되어 페테르스부르그(St. Petersburg)의 수도원에 소장되었다가 나중에 동양학연구소(Institut vostokovedeniia)에 소장되었다. 이 러시아 필사본에서 필사한 것을 보면 창세기, 출애굽기 등이 추가되어 있는 것을 발견할 수 있다.[259] 이외에 대영성서공회(BFBS)가 소장한 필사본도 있다.

또한 성경을 번역할 때 그림을 첨부하여 성경 내용을 쉽고 종합적으로 이해할 수 있도록 하였다. 쁘와로는 청나라 조정에서 화가로 봉직할 정도로 출중한 화가이기도 하였기에 아주 섬세한 그림을 만들어 첨부하였다.[260] 만주어 구약성경에는 전부 7개의 그림이 수록되어 있는데 그중 6개는 그림 이름이 붙여져 있다. 6개의 그림은 솔로몬의 옥좌 그림, 레바논 삼림궁전 그림[261], 놋바다 항아리 그림[262], 10개의 물두멍과 그 받침수레 그림[263], 번제단 그림, 여러 해에 걸쳐 재건한 제단 그림 등이다. 그리고 1개의 그림은 이름이 없지만 예루살렘 성전을 그린 그림이다. 이와 더불어 지도도 있는데 민수기 33장 끝에 이집트에서 모압에 이르기까지의 출애굽 이후의 경로를 알 수 있는 지도가 첨부되어 있다.[264]

쁘와로가 번역한 만주어 에스더에 관한 연구는 김동소의 논문 "滿文

---

259 Erling von Mende, "Problems in Translating the Bible into Manchu: Observations on Louis Poirot's Old Testament," 154-156.

260 "그는 궁정에서 화가의 직무를 보았다. 그는 이 예술의 원리를 배운 적이 없었으나 중국인의 기호를 충분히 잘 만족시켰다." 김동소, 『만주어 마태오복음 연구』 36, 각주 13.

261 솔로몬이 금 방패 300개를 둔 '레바논 나무 궁'의 그림이다(왕상 10:17, 21).

262 10마리의 황소 상이 떠 받치고 있는 놋바다 그림이다(왕상 7:23-26).

263 바퀴가 달려있고 놋으로 만든 받침 수레와 그 위에 얹어놓은 물두멍 그림이다(왕상 7:27-39).

264 김동소, "최초 중국어. 만주어 성서 역성자 하청태 신부," 22, 각주 13, 14.

Esther書 硏究"에서 본격적으로 진행되었다. 그는 에스더를 한글로 번역하기 전에 언어학적 견지에서 어떻게 에스더를 번역할 것인지 그 방식에 대해 주로 논의하였고 번역문 중 일부를 게재하였다.[265] 그 후 2013년에 그는 뻐와로의 만주어 에스더를 한글로 번역하여 출판하였다.[266]

뻐와로는 라틴어로 번역된 불가타 에스더를 저본으로 번역하였기 때문에 외경부분이 포함된 16장 전체를 번역하였다.[267] 에스더의 외경 부분은 『공동번역』에 "제2에스델"로 수록되어 있다.[268] 중국이나 한국에서 성경이 번역될 때 주로 개신교 선교사들이 번역했기에 외경을 제외시켰는데 뻐와로가 외경을 포함했다는 점은 주목할 만한 것이다.

뻐와로의 만주어 성경은 왜 출판되지 못했을까? 1645년부터 중국의 조상제사와 공자의례에 대한 선교사들 간의 논쟁이 벌어졌다. 선교사들은 교황청의 결정을 요청하게 되었고 엎치락뒤치락하는 과정이 있었으나 결국 1742년 베네딕또 14 교황의 칙서로 조상제사를 금지하는 것으로 결정되었다. 강희제는 이 논쟁의 과정에서 1717년 분노하면서 그리스도교를 금지하는 명령을 내리게 되었다.[269] 또한 예수회는 1773년 교황 클레멘스 14세(Clemens XIV)에 의해 해산되었으며 1783년 북경에서 철수하게 되었다.[270] 그러나 뻐와로는 북경에 남아 가능한 활동을 모색하였다.

---

265 김동소, 滿文 Esther書 硏究," 『韓國傳統文化硏究』 제13집 (1999), 1-55.
266 김동소, 『만주어 에스델기』 (지식과 교양, 2013).
267 김동소, 『만주어 에스델기』.
268 그러나 『공동번역 개정판』에는 칠십인역(LXX)과 같이 히브리어 에스더와 외경 에스델이 모두 혼합되어 편집되어 있다.
269 최기복, "교황청의 선교정책과 동양제례의 영욕," 『가톨릭사상』 4집 (1991), 142-149.
270 이석재, 『중국 천주교회와 조선 천주교회의 연계활동에 관한 연구』 (학술정보[주], 2006), 137.

건륭(乾隆, 1735-1795) 황제 때는 그나마 외국 문물을 좋아했으며 기독교 선교사들과 기독교에 대해 다소 우호적이었지만 기본적으로 당시 청 황제들은 기독교에 대해 부정적이었다. 건륭 황제는 쁘와로의 선교활동을 한족에게만 할 수 있도록 제한하였는데 특히 만주족에 대한 선교를 금지하였다.[271] 그리고 가경(嘉慶, 1795-1820) 황제 때는 기독교를 박해하기 까지 하였다. 아마도 그리스도교가 금지당한 상황에서 그리고 선교사들이 사라질 것이라는 예상 속에서 성경을 번역하여 남겨두려는 선교사의 마지막 노력이었을 것으로 짐작된다. 이러한 상황에서 쁘와로 신부도 선교를 위한 활동을 계속할 수는 없었던 것이며, 예수회에서 출판비를 지원하지 않은 상태에서 출판할 방법을 찾기 힘들었을 것이다.

쁘와로는 청제국과 러시아의 외교문서를 담당하는 임무도 맡았는데 라틴어를 만주어로 번역하기도 하고 만주어를 라틴어로 번역하는 일을 수행하였다. 심지어 강희 황제의 교지를 만주어에서 이탈리아어로 번역하기도 하였다. 예수회가 해산된 후에도 쁘와로가 러시아와 계속해서 연락을 취했는데 그 이유는 러시아에서는 러사아 여황 에카테리나(Ekaterina)에 의해 러시아의 예수회가 보존되었기 때문이다. 1802년에는 쁘와로가 러시아 예수회 숙소에 거주하기도 하였다.[272] 당시 청제국은 기독교와 기독교 선교사에 대해 금령을 내린 상황이었지만 쁘와로는 러시아 정교회 선교사와는 밀접한 관계를 유지하였는데 러시아의 예수회는 중국에 있

---

271 Liu Jingjing, "The last remaining Jesuits in China" (*Macau Ricci Institute, Symposium 2014: Jesuit Survival and Restoration 1773 – 1814:* 200th Anniversary Perspectives from Boston and Macau, 2014), 6.

272 Erling von Mende, "Problems in Translating the Bible into Manchu: Observations on Louis Poirot's Old Testament," 152 각주 6.

는 예수회 선교사들의 안위를 보살피려고 노력하였다.[273]

뻐와로의 만주어 성경이 필사본으로 어떤 영향을 끼칠 수 있었을까? 인쇄술이 발달하기 이전에는 필사를 통해 책이 보관되고 유포되는 것이 일반화되어 있었다. 그러므로 필사자가 직업인으로 분류될 정도였으며 필사를 통해 많은 서적들이 전해졌다. 따라서 뻐와로가 만주어 성경을 인쇄하지 못했다 하더라도 번역된 성경이 만주어를 사용하는 독자들에게 어느 정도 유포되었을 것이라는 것을 충분히 짐작할 수 있다. 뻐와로의 만주어 성경의 원본과 필사본이 영국, 러시아, 일본 등지에서도 발견되는 것을 보아 필사본이 중국 외부로도 전해졌을 것으로 짐작할 수 있다.

주목할 것은 뻐와로 신부가 번역한 만주어 성경이 조선에 유입되었는지에 관한 것이다. 아직까지 이러한 사실을 뒷받침해줄 만한 증거는 나타나지 않았다. 그런데 뻐와로 신부는 한문으로 번역한 신구약 성경도 번역하여 『古新聖經(고신성경)』이라 이름을 붙였다. 뻐와로는 신약 전체와 구약의 일부를 번역하였다. 라틴어 성경을 저본으로 번역하였는데 전체 73권 중 57권을 번역하였다. 구약은 아가, 예레미야, 에스겔 및 12 소예언서를 제외한 모든 책이 번역되었다. 『古新聖經』은 백화문(白話文)으로 번역되었는데 출판되지 못하였고 원고와 그 사본들이 남아 있을 뿐이다.[274] 그리고 필사본들이 북경과 상해에 소장되어 있다.

---

273 Liu Jingjing, "The last remaining Jesuits in China," 14.

274 김동소, "최초 중국어. 만주어 성서 역성자 하청태 신부," 28-30. 당시에는 구약을 고경(古經), 신약을 신경(新經)이라 불렀다. 한국에서도 이러한 관행에 따라 19세기 말엽에도 구약을 古經(고경), 혹은 古聖經(고성경)이라 불렀다.

그런데 필사본으로 전해진 쁘와로 신부의 성경들이 조선에도 전달되었을 가능성이 있다. 정약종의『주교요지』를 분석해 볼 때 일반 교리서에는 발견할 수 없는 자세한 성경 지식이 포함되어 있는 것을 볼 수 있다. 따라서 정약종이 구약성경을 읽었을 가능성이 높다.

그리고 청 제국 시대 만주 지역에는 만주어를 사용하는 사람들도 있었고 만주 지역에 조선인들이 또한 살고 있었다. 그리고 청 제국의 영향 아래 조선 안에도 만주어를 사용하는 사람들이 있었다. 만주어는 한자에 비해 쉽게 익힐 수 있는 글자였기에 조선 사람들도 만주어 성경의 영향을 받았을 가능성이 있다.

3. 한글번역과 필사와 암송

서학서의 수입을 금지해야 한다는 대사헌 김이소(金履素)의 주장에 정조(正祖)가 동의하는 비답(批答)을 내린 1786년 이후 서학서 수입 금지가 시작되었다.[275] 이러한 정책이 시행된 것은 1785년 조선에 천주교가 창설되었고 천주교인들의 모임을 적발한 을사추조적발사건(乙巳秋曹摘發事件)이 있었기 때문이다. 이로 인해 서학서의 유입이 통제되었고 이미 들여온 서학서는 불태워졌다. 심지어 규장각과 홍문관에 소장되어 있었던 서학서까지 찾아내어 소각시켰다.

이러한 금지조치가 시행되었음에도 어떻게 천주교 서적들이 대량으

275 『承政院日記』 85卷 573-574. 正祖 10年 1月22日 丁卯條.

로 유통될 수 있었는가? 가장 기본적인 동인은 천주교 신자들의 신앙심 때문이라 할 수 있다. 그다음 생각할 수 있는 것은 필사를 통해 전파되었다는 사실이다. 한국의 인쇄기술은 세계적으로 주목받을 만큼 고대부터 발달되었다. 신라 시대 '무구광정다라니경'이 목판으로 인쇄되었는데 이 목판본은 세계에서 가장 고대의 것으로 판명되었다. 또한 고려시대에는 금속활자가 세계 최초로 발명되었다. 이처럼 인쇄기술은 일찍 발달했지만 널리 확산되지 못하였다. 왜냐하면 한문책을 인쇄하려면 금속활자의 경우 수십만 자를 제조해야 했기 때문에 천문학적인 비용을 감당할 수 없었기 때문이다. 따라서 조선시대까지 문헌이 유통되는 가장 보편적인 방법은 필사였다.

개인이 책을 소장할 수 있는 가장 흔한 방법은 필요할 때 필사하는 것이었다. 예를 들면, 초기 천주교 신자이며 선비인 권일신(權日身)은 1790년대 이전부터 50여권의 책자를 필사하여 소장하고 있었다.[276] 선비들만 책을 필사하는 것이 아니었다. 일반 신자들도 책을 필사하는 것이 흔한 일이었다.

> 한 젊은이가 그의 고향에서 걸어서 여러 날 걸리는 간월이라는 마을에 독특한 종교를 믿는 사람들이 있다는 소리를 듣고 호기심에 끌려 그 곳의 회장을 만나러 와서 이 거룩한 교리를 가르쳐 주기를 청했습니다.... 마침내 회장은 젊은이의 재촉에 못견디기도 하고, 또 이 사람이 진리를 찾고 있다는 확신을

276 Claude-Charles Dallet, 『韓國天主教會史 上』 558.

가지게 되어 천주교의 기본교리를 설명해 주기를 동의하고 조그마한 신심서(信心書)와 기도서와 교리문답을 주기까지 했습니다. 이 예비신자는 너무나 기뻐하며 그에게 필요한 책들을 직접 베꼈습니다."[277]

이렇게 개인적으로 필사하는 경우가 많았지만 그 가운데 서학서의 필사작업을 통해서 자신의 생계를 유지하는 경우도 있었다. 이러한 현상은 1790년대 이후에 비교적 자주 나타났는데 그 이유는 천주교 서적이 한글로 번역되었기 때문이다. 진사 홍락안(洪樂安)이 1788년(정조 12년 무신년) 천주교를 금지시켜야 한다는 대책문을 지어 올린 내용이 있는데 다음과 같다.

> 오늘날 가장 우려되는 바는 서양에서 유래한 일종의 사설이 점차 치성해질 형세인 것이다. 작년(1787) 봄과 올(1788) 여름에 충청도 일대에서는 거의 집집마다 외우고 전하기에 이르러서 한문을 한글로 번역하여 등출(謄出)해서 아래로는 부녀자나 아이들에까지 이르렀다.

이처럼 한글로 천주교 서적들이 번역되었는데 번역서들이 필사를 통해 들불처럼 번져나갔다는 사실을 알리면서 천주교 금지가 시급함을 설

277 Claude-Charles Dallet, 최석우, 안응렬 역주, 『韓國天主敎會史 下』 (서울: 한국교회사연구소, 1981), 267.

파한 것이다. 또 다른 예로 이요한의 경우를 보면 다음과 같다;

> 이요한은 어렸을 때에 부모의 원을 따라 일을 하는 틈틈이 글공부를 하였다. 그래서 천주교 서적을 많이 베껴 교우들에게 팔기도 하고 주기도 하였다.....그때 갇혀 있는 교우 여럿이 그들 집에서 압수당한 책을 이요한이 베꼈다고 고해 바쳤다. 이 새로운 죄목(罪目)은 그로 하여금 많은 곤란과 괴로움을 당하는 원인이 되었다. 그때부터는 교우들의 두목 모양으로 다루어져 문초를 여러 차례 당하고, 하도 혹독한 고문을 당하게 되어 결국 그 여독(餘毒)으로 그해 9월 14일 옥중에서 죽으니 나이는 33세였다.[278]

또 다른 필사자들의 경우를 보면, 신태보의 경우 베껴서 판 책이 백권에 이르렀고,[279] 홍재영의 경우 천주교 서적을 베끼고 외운 것이 거의 110권이 넘었다.[280] 그리고 손경윤(孫景允)은 윤태흠(尹泰欽)에게 천주교 서적 10책을 6냥에 판매한 바 있었으며, 강복혜(姜福惠)는 책 한 권을 1냥 7전에 구입했다는 기록이 있다.[281] 또한 김세박(金世博)은 1791년 이후 천주교 서적을 필사해 주면서 생계를 이어갔다.[282] 그리고 청주의 김사집은

---

278 Claude-Charles Dallet, 『韓國天主教會史 中』 116.
279 『承政院日記』 도광 19년 기해 4월 12일.
280 『日省錄』 헌종 기해 8월 19일
281 『邪學懲義』 215, 345.
282 Claude-Charles Dallet, 『韓國天主教會史 中』 177.

서적의 필사와 판매를 전업으로 했다.[283] 정광수(鄭光受)도 천주교 서적을 필사하여 팔았다.[284] 때로는 전문적 필사자를 고용하여 서적을 필사시킨 경우도 있었다.[285] 이와 같은 현상을 조정에 보고한 경우도 있는데 1798년의 기록에 나타난다; "邪書(사서)가 크게 유행하여 '賃書者(임서자)'가 큰 이득을 얻게 되었다".[286]

필사와 더불어 주목할 점은 암송 관습이다. 그런데 천주교 서적의 경우 필사와 암송이 폭발적으로 증가된 배경에는 한글번역이 있었다. 1787년경부터 최창현, 이승훈, 정인혁, 정광수 등이 천주교 서적들을 한글로 번역하였다[287] 서학서가 한글로 번역되었기 때문에 지식층의 신문화 수용운동이 민중문화수용으로 발전할 수 있었고 지식층 위주의 종교운동이 민중종교운동으로 전환될 수 있는 기반을 조성하게 되었다.[288] 천주교에 대한 박해가 있었음에도 천주교인이 급속히 증가된 이유는 교리서와 성경이 한글로 번역되었기 때문이다. 책을 귀중히 여기는 전통이 있는 조선에서 한글 번역된 천주교 서적은 민중들이 천주교가 진리임을 확신시켜 주는데 크게 기여할 수 있었다.[289] 그리고 한글로 번역되었기 때문에 많은 사람들이 읽을 수 있었고 또 쉽게 암기할 수 있었으며 입으로입으

---

283 Claude-Charles Dallet, 『韓國天主教會史 上』 607-608.

284 "手造妖書 爛漫行賣 詿誤多人 誑惑一世" 『邪學懲義』 122.

285 "宋健 其妻受雇價 謄書邪冊之罪" 『邪學懲義』 253.

286 訥庵記略, 12 a. "丁巳戊吾間 邪書代行 賃書者 獲大利 諺文過半矣" '賃書者(임서자)'는 전문 필사자일 수도 있고 책을 임대하는 상점주인일 수도 있다.

287 조광, 『朝鮮後期 天主教史 硏究』 87.

288 조광, "조선후기 서학서의 수용과 보급," 『민족문화연구』 44 (2006), 204.

289 조광, "조선후기 서학서의 수용과 보급," 208; Claude-Charles Dallet, 『韓國天主教會史 下』 254. "80이 거의 다 된 노인이 천주교 이야기를 드렸습니다. 손에 들어온 우리 교회서적 한권을 읽고 천주교가 진리임을 확신하게 됩니다."

로 전해질 수 있었다.

한국 전통에는 서당에서 글을 배울 때도 암송을 강조하였다. 이러한 학습습관이 몸에 배어있는 상황에서 신앙서적을 대할 때 반복해서 읽고 반복해서 낭독하는 것을 듣기 때문에 더더욱 암송을 하게 되었다. 그리고 박해가 시작되었을 때는 비밀 장소에서 눈에 드러나지 않게 성경공부를 하거나 예배를 드려야 하기 때문에 밤이라도 불을 밝힐 수가 없었다. 따라서 어둠 속에서 모두 암송하면서 성경을 공부하고 예배를 드렸다.

> 19일 성헌당첨례일 (주의 봉헌 축일) 새벽에 최토마스의 종제 최베드로가 (崔必悌 伯多祿 1769~1801 순교자) 한길 가에 있는 약방 안쪽 방에서 몇몇 교우들과 함께 경문을 외고 있었습니다.[290]

또한 박해의 어려움을 이겨나가기 위해서도 언제 어디서나 성경을 외우면서 그 힘든 시절을 견뎌나갔던 것이다. 신앙생활에서 특별한 점은 찬송이 있다는 점이다. 천주교 수용 초기부터 천주가사가 작성되어 찬송으로 외워 부르는 것이 일반화되었다.

그리고 박해가 심해짐에 따라 신도들은 옥중에서도 필사하고 외우는 관습을 지속시켰다; "李마르띠노는 옥중에서도 늘 책을 베끼고 경문을 외며, 진리를 해설하여 남들에게 교를 믿으라고 권하였는데, 옥졸 한 사람은 마음이 움직여 성교를 믿고 따라서 열성적인 사람이 되었습니다."[291]

---

290 "十九日聖獻堂占禮日曉頭 崔多黙之從弟崔伯多祿 在臨街藥 閣子裡 與數人念公經" 황사영, 김영수 역, 『황사영백서』 (성.황석두루가서원, 1998), 41.

291 "獄中常 書念經 講道勸人 獄卒一人 動心信從 亦爲熱心之人" 황사영, 『황사영백

II. 한국인이 수용한 기독교 문헌

16세기 말부터 18세기에 이르는 기간 동안 조선에 수용된 서학서 가운데 성경이 포함된 중요한 문헌들을 살펴볼 것인데, 순서는 연도가 아니라 성경이 얼마나 많이 포함되어 있는가를 기준으로 해서 차례로 진행할 것이다.

1. 『聖經直解(성경직해)』와 『聖經廣益(성경광익)』

신약의 복음서가 많이 번역된 책은 『聖經直解(성경직해)』인데 1636년에 선교사 디아스(Emmanuel Diaz)가 라틴어 본문을 한문으로 번역하여 해설하였으며 전체 14권으로 구성되어 있다.[292] 『聖經直解』는 세바스티아노(Sebastianus Barradius, 1542-1615)의 "4복음 공관해설서"를 참조하였으며 부분적으로 번역하였고 디아스 자신의 견해를 첨가한 것이다.[293] 『聖經直解』는 4복음서의 많은 부분을 중국의 고문(古文)인 문언문(文言文)으로 번역하였다. 『聖經直解』는 주일과 축일의 복음성경을 한문으로 번역하고 구절마다 작은 글자 2행으로 주석을 첨부하였다. 그리고 잠(箴) 항목을 설정하여 묵상을 유도하였다. 주석과 잠 부분에는 디

서』, 33.

292 한미경, "中國語 聖書飜譯에 관한 歷史的 考察," 176.

293 조한건, "『성경직해광익』 硏究," 7.

아즈 신부의 경험과 지식이 녹아들어 있다. 이 책은 1년간 주일과 축일에 성경 구절을 골라서 읽도록 하기 위해 저술된 것이다. 이 책은 "天主降生聖經直解"로 표지가 되어 있고 색인이 있는 책이었다.[294]

이제까지 『聖經直解』가 조선에 전해진 연대는 1784년으로 알려져 왔다.[295] 그런데 최근에 밝혀진 바에 의하면 사도세자(1735-1762)가 조선시대 화첩 『중국역사회모본(中國歷史繪模本)』의 서문을 기록하였는데 그 가운데 『聖經直解(성경직해)』와 『七克(칠극)』을 언급하였다는 것이다.[296] 이 내용은 1762년에 기록된 것이기에 적어도 『聖經直解』가 이 시기 이전에 조선에 들어왔음을 알 수 있다. 그리고 이 책은 1790년대의 역관인 최창현(崔昌顯)에 의해 한글로 번역되었는데 4복음서의 30.68%가 번역되어 있다.[297] 중요한 것은 본문 외에도 주석이나 좀(箴)이 있는데 여기에 욥의 이야기와 잠언과 같은 지혜문학이 포함되어 있다.[298]

그리고 이벽이 읽었다는 '복음성서의 주해서'는 아마도 『聖經直解』였을 것이라 짐작된다.[299] 또한 달레(Dallet)의 기록에 의하면, 최창현이 "주일과 축일 성경의 해석"이라는 한문책을 한글로 번역했다고 했는데 이 책이 바로 『聖經直解』로 추정된다.[300]

---

294 조한건, "『성경직해광익』 硏究," 8.

295 이응호, "성서연구: 한국 성경 번역사 6", 52.

296 사도세자가 『聖經直解』해를 읽었을 것으로 짐작되지만 그가 천주교인이 되었는지는 불분명하다. 다만 사도세자의 서자이자 철종의 조부인 은언군은 사도세자가 죽었을 때 겨우 9세였으며 부인과 며느리가 세례 받았다는 이유로 1801년 사사된 사실이 있다. 한국교회사연구소 편, 『한국천주교회사1』 (한국교회사연구소, 2009), 227, 318.

297 조화선, "'셩경직히'의 연구," 256-261.

298 조한건, "『셩경직해광익』 硏究," 65-66.

299 Claude-Charles Dallet, 『韓國天主敎會史 上』 307.

300 Claude-Charles Dallet, 『韓國天主敎會史 上』 315.

『聖經廣益(성경광익)』은 예수회 선교사 마이야(De Mailla, 1669-1748)가 저술하여 1738년에 간행한 묵상집이었다. 『聖經廣益』은 『聖經直解』에서 발췌한 성경본문, 묵상을 위한 宜行之德(의행지덕), 기도제목인 當務之求(당무지구), 기도문인 祝文(축문) 등으로 구성되어 있다. 축문은 로마미사경본(Missale Romanum)의 본기도(Oratio)에서 번역한 것이다. 또한 이 책은 성인전(聖人傳)을 묵상하여 그 행적을 본받도록 하려는 것이다. 그러나 『聖經直解(성경직해)』에 있었던 주석 부분은 발췌하지 않았다. 『聖經直解』가 성경을 이해하기 위한 책이었다면 『聖經廣益』은 성경을 실생활에 적용시키려는 목적이 있었다.

『聖經直解』와 『聖經廣益』은 1790년대에 한글로 번역되었는데 『셩경광익직히』라는 제목으로 번역되었다. 그러나 후대에는 『셩경직히』라는 이름으로 전해졌다. 1801년 신유박해 때 기록된 邪學懲義(사학징의) 부록에는 당시 압수된 천주교 서적 목록 중에 6책의 『셩경광익직히』가 있었으며 『셩경직히』 3권, 『셩경광익』 1권도 있었다. 이러한 목록을 통해 볼 때 『셩경직히』는 『聖經直解』를 번역한 것이고, 『셩경광익』은 『聖經廣益』을 번역한 것임을 알 수 있다. 그리고 『셩경광익직히』는 『셩경직히』와 『셩경광익』을 합친 책이라 할 수 있다. 그리고 현재 전해지고 있는 19세기의 『셩경직히광익』 필사본이 18세기의 『셩경광익직히』와 유사할 것으로 짐작되는데, 주목할 점은 『셩경직히광익』을 편집할 때 성경본문의 경우 『聖經直解』 외에 라틴어 성경을 번역하여 첨가한 부분도 있다는 점이다.[301] 그리고 19세기 말에도 『셩경직히』가 있었는데 이것은 18세기 말의 것과는

301 조한건, "『셩경직해광익』 硏究," 11-13, 19.

다르며 『셩경직히광익』을 수정 보완한 것이다. 19세기의 『셩경직히』 내용을 보면 성경 본문과 주해, 그리고 묵상자료 등으로 구성되어 있는 초기 해설성경이다. 그리고 이 책에는 4복음서의 30.68%가 번역되어 있다.[302] 특히 수난복음의 경우 96.3%가 번역되어 있다.[303] 이 시기에는 주로 필사본으로 유포되었다. 현재 『셩경직히』의 필사본을 보관하고 있는 곳은 로마 교황청 포교성성 도서관인데 전체 30권이며 1886년 순교한 이 바오로가 뮈텔 주교에게 기증한 것이다.[304] 그리고 한국에는 1892년에서 1897년 사이에 서울에서 간행된 활판본이 있다.

18세기의 『셩경직히』(『셩경광익직히』)를 주목하는 이유는, 비록 발췌 성경이지만 천주교 초기 공동체에서 매 주일 『셩경직히』를 읽고 지도자가 해석을 했기 때문이다. 『셩경직히』에는 경(經)이라고 표시한 부분이 있는데 이 부분은 구약과 신약의 성경본문을 가리키기도 하고 성인과 교회의 가르침인 성전(聖傳)을 가리키기도 한다.[305] 『셩경직히』를 읽어 가면 정확한 성경 본문이 아니라 하더라도 구약과 신약의 다양한 내용을 알 수 있게 된다. 예를 들면 창세기의 창조 이야기, 타락 이야기, 노아의 홍수 이야기, 아브라함의 부르심과 소명, 소돔과 고모라의 멸망, 야곱의 사다리, 야곱과 에서의 갈등 이야기 등의 내용을 알 수 있게 된다. 또한 이집트를 탈출하여 광야를 지나 가나안 땅에 정착하는 이야기도 알게 된다. 그리고 전기 예언서의 경우, 다윗과 골리앗 이야기, 솔로몬, 엘리야 등을 알게

302 조화선, "'셩경직해'의 연구," 256-261.
303 조화선, "'셩경직해'의 연구," 261.
304 조화선, "'셩경직해'의 연구," 265
305 조한건, "『셩경직해광익』 硏究," 65-66

되고, 후기 예언서로서는 이사야와 에스겔 등의 예언자를 만나게 된다. 이 외에도 지혜서로 잠언을 알게 된다. 신약에서는 예수의 생애와 탕자의 비유를 비롯한 복음서의 내용을 접하게 되고 고린도전서를 비롯한 서신들과 요한계시록까지 이어지는 신약의 내용들을 알게 된다. 이처럼 『셩경직히』(『셩경직히광익』)는 초기 신자들에게는 성경을 대신하는 책이 되었다.

초기 공동체에서 가장 학식과 덕이 뛰어난 회장을 선출하였는데, 회장은 주일과 첨례날을 맞이하여 『셩경직히』에서 해당일의 성경을 준비하여 읽고, 신자들에게 풀이해 주었다.[306] 달레(Claude-Charles Dattet)도 "그 날 복음의 해석을 듣습니다"라고 기술하였듯이 이러한 모습은 성경 읽기와 해석이 제도화 되었다는 것을 보여주는 것이다.[307]

이처럼 한글로 번역된 『셩경직히』가 있었기에 한자를 모르는 사람이라도 쉽게 읽을 수 있었다. 보다 더 중요한 것은 성경이 한글로 외울 수 있었고 입으로 쉽게 전해질 수 있었다는 사실이다. 따라서 『셩경직히』야말로 초기 한국 신자들에게 성경의 힘이 얼마나 강력한지를 체험할 수 있게 해주는 책이었다. 이러한 까닭에 천주교 지도자들인 조선의 선비들이 위축되었던 1784년 이후에 오히려 조선에 천주교인이 급속히 증가한 것으로 보인다.

306 조한건, "『셩경직해광익』 硏究," 86.
307 Claude-Charles Dallet, 『韓國天主敎會史 下』, 252.

2. 『七克(칠극)』

『七克(칠극)』에는 성경구절이 145회 287절이 인용되었고 이러한 성경 인용문들이 17세기에 조선에 소개되었다는 사실로 인해 주목을 받고 있다. 지혜문학을 활용한 기독교 심신수양서(心身修養書)인 『칠극』은 1614년 예수회 선교사인 빤또하(Diego de Pantoja, 1571-1618)에 의해 저술되었다.[308] 1614년에는 7책으로 간행되었으며, 1857년에는 『七克眞訓(칠극진훈)』이라는 제목으로 축약본이 발간되기도 하였다.[309] 『천주실의』가 기독교의 개념을 소개한 저서라면 『칠극』은 기독교 심신수양서(心身修養書)라 할 수 있다. 빤또하는 지혜문학의 보편성을 활용하면서도 기독교의 고유성을 보유하려는 노력을 하였다.

『칠극』은 홍길동전의 작가로 알려진 허균(許筠, 1569-1618)에 의해 한국에 들여왔다. 『칠극』은 수양서로서 그 수양 방법은 사막의 수도자들의 수도방법에서 유래된 것이었다. 구체적인 내용을 보면, 『칠극』은 칠죄종(七罪宗)인 교만, 질투, 인색, 분노, 탐욕, 음란, 게으름 등을 극기하는 방안에 대해 가르치고 있다. 이러한 내용이기에 조선의 선비들도 『칠극』을 긍정적으로 평가하였다. 『칠극』은 이익을 비롯한 많은 선비들이 읽었던 책이다. 이익은 『칠극』을 긍정적으로 평가하면서 "우리 유가들이 자기를 극복하는 바의 이론과 같다(吳儒克己之說也)"고 하였다.[310] 즉 『칠극』이

---

308 배현숙, "17.8세기에 전래된 천주교서적," 39.

309 다음의 번역서는 『七克眞訓』을 번역한 것이다; Diego de Pantoja, 박완식. 김진소 공역, 『칠극: 일곱 자기 승리의 길』 (전주: 전주대학교출판부, 1996).

310 李瀷, 『僿說』 권11, 人事門七克. 김승혜, "『七克』에 대한 연구-그리스도교와 신유학의 초기접촉에서 형성된 수양론," 『교회사 연구』 제9집 (1994, 10), 184에서 재인용.

유가적 수양에 도움이 된다는 것이다. 다산 정약용(丁若鏞, 1762-1836)도 『칠극』을 언급하였다.[311] 그러나 안정복은 『칠극』이 공자의 가르침에 대한 주석에 불과하다고 평가절하 했다.[312]

1791년 윤지충이 심문을 당할 때 아래와 같이 설명한 내용을 보면 조선의 선비들이 어떻게 『칠극』을 수용했는지를 알 수 있다.

> 『칠극』은 이러합니다. 교만을 이기기 위한 겸손, 질투를 이기기 위한 애덕(愛德), 분노를 이기기 위한 인내, 인색을 이기기 위한 희사의 너그러움, 탐식(貪食)을 이기기 위한 절식(節食), 음란을 위기기 위한 금욕, 게으름을 이기기 위한 근면, 이 모두가 덕을 닦는 데 도움을 줌이 명백하고 정확합니다.[313]

『칠극』이 많은 사람들에게 읽혀진 것은 다양하고도 신기한 이야기들이 포함되어 있는데 특히 서구의 왕들과 상인들의 이야기가 많이 포함되어 있었기 때문이다. 또한 다양한 고전과 인물들의 말도 인용되어 있는데 성경과 성인전, 그리스와 로마의 철학가들의 말을 인용하고 있다. 조광은 서학서 가운데 조선의 지식인들에게 가장 큰 영향을 준 책 가운데 하나로 『칠극』을 들었다.[314]

---

311 丁若銓墓誌銘에 기록된 내용. 김승혜, "칠극에 대한 연구-그리스도교와 신유학의 초기접촉에서 형성된 수양론," 185, 465 각주 20.

312 조광, "하느님 중심의 새로운 윤리관: 칠극(七克)," 『경향잡지』 85권 5호 (1993. 5), 82.

313 조광, "하느님 중심의 새로운 윤리관: 칠극(七克)," 80.

314 조광, "하느님 중심의 새로운 윤리관: 칠극(七克)," 78.

3.『天主降生言行紀略(천주강생언행기략)』

1635년 알레니(Giulio Aleni, 艾儒略, 1582-1649) 신부가 『天主降生言行紀略(천주강생언행기략)』을 저술하였는데, 4복음서의 주요 내용을 번역 서술하고 해석하여 목판으로 출판하였다.[315] 서문에서 구약과 신약에 대해 간략히 설명하고 정경으로 승인되는 과정과 히브리어와 그리스어로 기록된 것을 라틴어로 번역된 과정도 설명하였다.[316] 이러한 설명을 볼 때 이 책이 성경 본문에 관심이 있고 성경 번역에 충실하다는 것을 보여준 것이라 할 수 있다. 그러나 직역이 아니라 의역이었으며 복음서의 개요를 전달하는 면에 치중하였다. 따라서 4복음서를 조화시키는 조화본문을 제시하기도 하였다.[317] 4복음서를 조화시키면서도 비교적 충실하게 본문을 번역한 '오병이어 이야기'의 한 부분을 제시한다면 다음과 같다.

> 宗徒還自郡邑。 備以所行告耶穌。 耶穌携至僻所。 小憩。 又因追隨者衆。 與宗徒 登舟涉他所。 諸郡邑人。 或先遵陸。 或先

315 알레니의 전집이 영인본으로 출판되었다. 艾儒略, 『艾儒略 漢文著述全集: The Collection of Jules Aleni's Chinese Works』, ed. 葉農, 2 vols. (桂林: 广西师范大学出版社, 2011). 소순태, 『신약 4복음서들을 하나로 묶은 복음성경(福音聖經)인 화합 복음서의 한 종류 "천주강생언행기략" 1635년 등의 이벽 성조의 "성교요지" 근거 문헌들의 발굴과 사료분석 연구 보고서/비망록(備忘錄)』 하상출판사, 2017.

316 서원모, 곽문석, "17세기 초 예수회 선교사의 복음서 한문 번역 연구 -『天主降生言行紀略』과 『天主降生聖經直解』와 『天主降生出像經解』를 중심으로," 『장신논단』 Vol.49 No.2 (2017), 122.

317 본문과 번역문 모두 다음의 논문에서 인용한 것임; 서원모, 곽문석, "17세기 초 예수회 선교사의 복음서 한문 번역 연구 -『天主降生言行紀略』과 『天主降生聖經直解』와 『天主降生出像經解』를 중심으로," 126-130.

泛舟。 並于水次迎焉。 耶穌迄濟。 與宗徒 登山而坐。 復下山誨衆。

[눅 9:10] 제자들이 고을에서 돌아와서 자신들이 행한 것을 모두 예수께 고하니, 예수께서 데리고 외딴 곳에 가서 잠깐 쉬시니, [막 6:31] 또한 따라오고 다가오는 군중 때문에 [막 6:32] 제자들과 함께 배를 타고 다른 곳으로 건너가셨다. [막 6:33] 모든 고을 사람들이 먼저 육지로 좇아오거나 먼저 배를 타고서 모두 물가에서 맞이하였다. [요 6:1] 예수께서 건너가 이르셔서 [요 6:3] 제자들과 함께 산에 오르사 앉으시고 다시 산에서 내려오셔서 [막 6:34] 무리를 가르치시고...[318]

이 책의 또 다른 특징은 경교비 서문을 활용했다는 사실이다. 즉 하나님을 '천지진주'라 번역하면서도 경교에서는 '아라하(阿羅訶)'로 불렀다고 소개하였다.[319] 그리고 성경 본문 번역과 함께 관주를 달아 성경 본문을 설명하고 해석하였다. 주로 성경의 배경과 단어 설명과 묵상 등의 내용이 첨가되었다.

조선에는 1782년 이전에 이미 『천주강생언행기략』이 연행사(燕行使)를 통해 들여왔다.[320] 이 외에도 1637년 알레니가 출판한 『天主降生出像經解』가 있다. 이 책의 독특한 점은 55개의 그림으로 예수의 생애를 소개

318 서원모, 곽문석, "17세기 初 예수회 선교사의 복음서 한문 번역 연구 - 『天主降生言行紀略』과 『天主降生聖經直解』와 『天主降生出像經解』를 중심으로," 129-130.

319 서원모, 곽문석, "17세기 初 예수회 선교사의 복음서 한문 번역 연구 - 『天主降生言行紀略』과 『天主降生聖經直解』와 『天主降生出像經解』를 중심으로," 124 각주 15.

320 http://blog.daum.net/oyt12/1975 (2017. 8. 23 검색)

하고 있다는 점이다.[321] 그러나 이 책이 조선에 들어왔는지는 확인할 길이 없다.

4.『聖詠續解(성영속해)』

1801년 신유박해 때 윤현의 집에서는『향슈보본명셩』이 발견되었는데 하성래는『向예슈報本聖詠誦』의 오기로 보았다.[322] 그리고 윤현의 집에서『향례주셩영송(向예슈聖詠誦)』이 발견되었는데 성영(聖詠)은 구약성서의 시편을 가리키기에 기도와 전례를 위해 시편이 한글로 번역되어 사용된 것으로 짐작된다.[323] 이 시편 번역의 경우 중국에서 1771년경 번역되었던『聖詠續解(성영속해)』를 한글로 번역한 것으로 짐작된다.『聖詠續解(성영속해)』는 플로리옹 바르(Florianus Bahr, 1706-1771)에 의해 번역된 것으로 시편 번역과 주석이 실려있다.[324]

5.『天主實錄(천주실록)』

『天主實錄(천주실록)』은 마테오 리치, 미켈레 루지에

---

321 서원모, 곽문석, "17세기 초 예수회 선교사의 복음서 한문 번역 연구 -『天主降生言行紀略』과『天主降生聖經直解』와『天主降生出像經解』를 중심으로," 137-140.

322 하성래, "한국 천주교회의 한글 번역 활동," 504.

323 하성래, "한국 천주교회의 한글 번역 활동," 504, 516.

324 하성래, "한국 천주교회의 한글 번역 활동," 504.

리(Michele Ruggieri, 羅明堅, 1543-1607년), 고메스 신부 등이 저술하여 1584년 11월에 마카오에서 간행되었다.[325] 이 책은 1592년에 이미 조선에 들어와 있었는데 이러한 사실은 두아르떼 데 산데(Duarte de Sande) 신부가 1596년 11월 4일 마카오에서 쓴 글에서 확인할 수 있다.

> 루지에리, 고메스, 리찌, 이 세 신부들이 쓴 교리문답서는 중국 전역에 널리 퍼졌다. 당시 일본은 중국의 동쪽 끝인 조선을 정복 중이었다. 비록 언어와 왕조가 다르고 신부들이 있는 광동이나 끼앙시로부터 멀리 떨어져 있었지만, 중국에 있는 신부들이 만든 교리문답서가 조선에서도 발견됐다. 이 책은 손에서 손으로 전해지면서 매우 닳아져 있었다. 이 사실은 일본으로부터 받은 소식이다.[326]

이때는 임진왜란이 일어난 1592년경으로 추정된다. 중국에서 저술 출판된 서적이 신속하게 조선으로 들어오는 관행을 감안한다면 이러한 일은 얼마든지 일어날 수 있는 일이다. 아마도 중국에 다녀온 사신들이나 상인들의 손에 의해 전해진 것으로 보이며 필사되어 많은 사람들에게 전달되었을 가능성이 있다. 1585년 중국에 다녀온 월남 사신들이 많은 천주교 서적을 가지고 귀국한 것을 보면 조선의 사신들도 중국에서 천주

---

325 유승상, "예수회 중국 활동의 선구적 성과인 『천주성교실록』에 대한 초보적 연구," 『신학과 철학』 18호 (2011년), 40

326 두아르떼 데 산데(Duarte de Sande), 마카오, 1596년 11월 4일 [Japsin 13] 24 v. Juan G. Ruiz de Medina, 『한국천주교전래의 기원』, 41-42에서 재인용.

교 서적을 가져왔을 가능성이 충분하다.

『천주실록』이 간행되기까지의 역사를 살펴보면, 미켈레 루지에리는 1582년 출애굽기와 신명기에 포함되어 있는 십계명을 한문으로 번역하였으며 1583년 『祖傳天主十戒(조전천주십계)』라는 명칭으로 출판하였다.[327] 그리고 조전천주십계는 1584년에 출판한 『新編西竺國天主實錄(신편서축국천주실록)』의 부록으로 실리게 되었다.[328] 이 책은 불교적인 용어를 사용하여 불교를 모범으로 쓴 책이었다.[329] 이때는 선교사인 신부들이 불교 승려의 복장으로 스님같은 생활을 했을 때였기 때문에 교리서도 이러한 경향을 보인 것이다. 그러나 나중에 중국에는 유교학자가 존경을 받는다는 사실을 알고 1595년에 이르러 선교사들인 신부들이 "보유역불"(補儒易佛)의 선교전략을 수립하면서 지식인의 상징인 유교학자의 모습을 하게 되었다.[330] 이때부터 '천축'이라는 단어를 삭제하고 1637년 『天主聖教實錄(천주성교실록)』으로 책 제목을 변경하여 출판하였다.[331] 이 후 이 책이 조선에 많이 들어와서 '천주성교실록' 혹은 줄여서 '천주실록'으로 알려졌다. 『천주실록』은 한문으로 저술된 최초의 교리서이며 성경을 바탕으로 논리를 전개한다는 점에서 『천주실의』를 비롯한 다른 교리서와 차이를 보이고 있다.

---

327 유승상, "예수회 중국 활동의 선구적 성과인 『천주성교실록』에 대한 초보적 연구," 50.

328 유승상, "예수회 중국 활동의 선구적 성과인 『천주성교실록』에 대한 초보적 연구," 『신학과철학』 18호 (2011), 40.

329 김승혜, 『동아시아 종교 전통과 그리스도교의 만남』, 71.

330 유승상, "예수회 중국 활동의 선구적 성과인 『천주성교실록』에 대한 초보적 연구," 60.

331 유승상, "예수회 중국 활동의 선구적 성과인 『천주성교실록』에 대한 초보적 연구," 55-57.

6. 『天主聖教十誡直詮(천주성교십계직전)』

『天主聖教十誡直詮(천주성교십계직전)』은 전형적인 교리서로 예수회 중국 선교사인 디아스(E. Diaz, 陽瑪諾, 1574~1659)가 저술한 십계명 해설서이다. 1642년 북경에서 두 권으로 간행되었는데 조선에 들어 온 연대는 정확히 알 수는 없으나 1798년 『십계진전(十誡眞詮)』이라는 새로운 제목으로 한글로 번역되었다.[332] 이 책은 십계명의 각 조목을 유교적인 측면에서 설명하려고 노력하였으며, 한 분이신 하나님을 섬기라는 제1계명을 특히 강조하여 전체의 절반 분량을 할애해 설명하였다. 특히 제1계명을 8개의 항목으로 증명하고 있으며 그 실천 방안까지 제시하였다.

7. 『琦人十規(기인십규)』

『琦人十規(기인십규)』는 1584년 마테오 리치가 저술한 책으로 구약의 십계명을 한문으로 설명한 교리문답서이다.[333] 그리고 십계(十誡)는 1631년 포루투칼인 소에리오(Jonnes Soerio)가 지은 것으로 신유사옥 때 최소사는 마치 주문을 외우듯 십계를 외우면 제천한다

332 한국교회사연구소에는 1798년 중국 간행본의 교토(京都) 시태대당(始胎大堂) 소장본판『天主聖教十誡直詮』상·하 합본 한 권과 1798년 중국 간행본의 한글 번역 필사본 십계진전 상·하 두 권이 소장되어 있다.

333 賈立言 編,『漢文聖經譯本小史』(廣學會, 1934), 12; 한미경, "中國語 聖書飜譯에 관한 歷史的 考察," 176.

고 하여 외웠다고 하였다.[334] 또한 『聖教切要(성교절요)』는 르티즈(Hortis Ortiz) 신부가 1705년에 간행한 것으로 십계명이 포함되어 있는데, 1789년 이전에 한국에 들어와 읽혔다.[335]

8. 『畸人十篇(기인십편)』

『畸人十篇(기인십편)』은 지혜문학을 주로 활용한 저서인데 마테오 리치가 1606년 북경에서 저술한 것이다. 『기인십편』은 이야기와 지혜 위주로 저술되었는데 이는 보다 더 많은 사람들에게 쉽게 접근할 수 있는 방법을 모색한 결과라 할 수 있다. 『기인십편』에는 성경이 인용되어 있는데 구약에서 6회, 외경에서 2회, 신약에서 8회 인용되어 있다. 구약에서는 잠언, 그리고 외경에서는 집회서를 주로 인용하였고, 신약에서는 복음서를 주로 인용하였다. 또한 성경을 직역하기보다 의역이 위주였고 내용을 요약하기도 하였다. 중요한 것은 성경을 인용하면서 해석을 하였다는 점이다. 시편 90편 4절의 경우, 한 절을 비교적 정확하게 인용하면서 그 의미를 분석하고 해석하였다.[336]

그리고 『기인십편』에는 메멘토 모리(Memento mori) 신학이 강조되어

---

334 배현숙, "朝鮮에 傳來된 天主教 書籍," 25-26. 『邪學懲義』에 나타난 바에 의하면 십계를 본 사람은 19명인데 그 중 양반은 2명, 상민 16명, 천인 1명으로 주로 상민들 가운데 십계를 애송한 것으로 보인다. 『邪學懲義』, 213.

335 한국교회사연구소 편, 『한국천주교회사1』, 2009), 189-190; 김형철, "개화기의 천주교, 개신교 관련 자료," 『국어사연구』 13 (2001), 77.

336 "당신 앞에서는 천년이 지나간 어제 같다."(시 90:4, MT).

있다. 메멘토 모리는 삶이 곧 죽음을 향한 여정이기에 언제나 죽음을 염두에 두고 살라 라는 중세 기독교의 가르침이다.[337] 이러한 내용을 중국의 유학자들은 일종의 수양론으로 수용하는 태도를 보였다. 아래는 『기인십편』에 있는 이지조의 서문이다.

> 항상 죽을 때를 생각하게 되어 선으로 인도하고 악을 막음으로써 하늘에 있는 상제께 용서해 주시기를 기도하게 된다(至於常念死候 引善防惡 以祈宥於帝天).[338]

『기인십편』의 '기인'이란 말은 『莊子(장자)』의 '대종사(大宗師)' 편에서 빌려 온 용어로 마테오 리치 자신을 가리키는 말이다.[339] 마테오 리치는 자신을 바로 '별난 사람' 즉 '기인'으로 불렀는데 그 이유는 이 세상의 삶이 아니라 사후의 '진정한 삶'을 찾기 위하여 덕을 쌓고 수양해 가기 때문이라 하였다. 『기인십편』은 욥기와 같이 대화체 형식으로 이어지는데, 내용 가운데는 『천주실의』와 동일한 내용이 들어있는 부분도 있다.

순암 안정복(安鼎福, 1721-1791)이 1757년 성호 이익(李瀷 1681-1763)에게 보낸 편지에 『기인십편』에 대한 비판이 포함되어 있다. 순암은 액륵와략(額勒臥略, Gregorius) 교황이 남을 대신해서 지옥의 고통을 받았다고 하

---

337 김상근, "명말(明末) 예수회 선교사 마테오 리치에 대한 새로운 평가," 『선교신학』 Vol.12 (2006), 14.

338 Matteo Ricci, 송영배 역주, 『교우론(交友論) 스물다섯 마디 잠언(二十伍言) 기인십편(畸人十篇)』 (서울대학교출판부, 2000), 428.

339 "별난 사람이란 사람들에게는 유별나지만 하늘과 합치한다(畸人者, 畸於人, 而侔於天也). 『莊子』, 『大宗師』. Matteo Ricci, 『교우론. 스물다섯 마디 잠언. 기인십편』, xxvi에서 재인용.

는 사실은 천주의 심판이 올바르지 않은 것이라 비난하였다.[340] 안정복은 그의 저서 『天學考(천학고)』와 『天學問答(천학문답)』을 통해서도 천주교를 비판하였다. 따라서 『기인십편』은 1606-1757년 기간에 조선에 전래되었음을 알 수 있다. 신유박해(1801) 때에 순교한 김건순(1776-1801)은 어렸을 때부터 집에 소장되어 있었던 『기인십편』을 즐겨 보아 십여 세 때는 "천당지옥론"을 지었을 정도라고 황사영은 백서에서 밝혔다.[341] 따라서 18세기 후반에는 여러 선비들의 서재에 『기인십편』이 소장되어 있었음을 알 수 있다.

9. 『教要序論(교요서론)』

『教要序論(교요서론)』은 벨기에 출신의 예수회 선교사 페르비스트(Ferdinand Verbiest, 南懷仁, 1623-1688)가 1670년 저술하여 1677년 북경에서 간행된 교리서다.[342] 『교요서론』의 특징은 당시 『천주실의』와 『만물진원』이 천주교를 자연신학의 한 유형으로 제시한 상황에서 천주교 교리를 본격적으로 제시한 교리서라는 점이다.[343] 따라서 구약의

340 안정복, 『順庵先生文集』 제2권 上星湖先生別紙 丁丑 a_229_368c (한국고전종합DB): "또 기인편(畸人篇)에는, 액륵와략(額勒臥略)이 남을 대신해서 지옥의 고초를 받았다고 했는데, 천주의 상과 벌이 그 사람의 선악에 의한 것이 아니고 혹 사사로운 촉탁으로 경중이 정해진대서야 그게 무슨 옳은 심판이 되겠습니까. 만약 그렇다면 선한 일을 할 필요도 없이 천주 일 개인에게 아첨만 잘하면 될게 아니겠습니까."

341 황사영, 『황사영백서』, 65.

342 노용필, 『한국천주교회사의 연구』 (한국사학, 2008), 156.

343 노용필, 『한국천주교회사의 연구』, 164-165.

내용을 좀 더 상세하게 전하고 있다는 점이 그 특징이다. 교요서론 가운데 천지창조와 타락에 대해 요약한 부분이 있는데 사람 창조와 에덴동산에 대해서는 상당히 상세하게 전하고 있다. 문체가 간결하고 명료하며 논리적인 이 책은 분량도 67면으로 소책자의 형태로 되어 있다.[344] 또한 『교요서론』은 만주어(滿洲語)로도 번역되었으며 1801년 신유(辛酉)박해 이전에 이미 한글로 번역되어 많은 사람들에게 읽혀졌다.[345] 한글로 번역된 교리서인 『교요셔론(敎要序論)』은 십계명을 포함하고 있는데 1801년 신유박해 때 발견된 것으로 보아 그 이전에 번역된 것으로 보인다.[346] 특이한 것은 한글로 번역할 때 중간에 설명하는 내주(內註)를 첨부하고 있다는 점이다. 예를 들어 "텬주는 이 하늘과 땅을 내시고 신을 내시고(신은 형상 없ᄉᆞ신 품이라)"에서 괄호 안의 내용을 내주로 첨가하였는데 작은 글씨로 첨가하였다.[347] 그리고 필요하지 않은 부분이라 판단되면 그 부분을 번역하지 않고 누락시키는 경우도 있다. 예를 들면 "남자는 모태에 있은 지 대략 40일이며 태가 이루어져 천주께서 곧 하나의 영혼을 주시며, 여자는 모태에 있는 지 대략 80이며 태가 이루어져 천주께서 곧 하나의 영혼을 주신다"는 부분을 천주교가 정한 교리는 아니다 라는 설명이 붙어 있는 부분이기에 번역할 때 누락시켰다.[348]

『교요서론』은 4부로 구성되어 있는데 제1부는 '천주는 무엇인가?'이며 그 가운데 1-11장이 천지창조에 대한 논의로 구분되어 있다. 그리

344 노용필, 『한국천주교회사의 연구』, 167.
345 서종태, 한건 편, 『천주교신자재판기록 (상)』 (서울: 국학자료원, 2004), 298-299.
346 조광, 『朝鮮後期 天主教史 硏究』 (고려대학교 민족문화연구소, 1988), 93.
347 조광, 『朝鮮後期 天主教史 硏究』, 28.
348 조광, 『朝鮮後期 天主教史 硏究』, 36.

고 제3부에서는 사도신경을 해설하는 형식으로 천지창조에 대해 해석하고 있는데 2-5장에서는 천신과 마귀에 대해서, 아담과 하와에 대해서, 그리고 에덴동산에 대해 논하고 있다. 천주께서 무에서 유를 창조하셨다는 점을 강조하였으며, 한 번 명하심에 창조가 되는 전능하신 창조주임을 강조하였다.[349] 그리고 『천주실록』처럼 사람을 위하여 하늘과 땅을 만드셨다고 천지창조를 해석하고 있다. 마치 부모가 자식을 위하여 집을 짓고 토지와 재물을 미리 준비하는 것처럼 사람을 사랑하셔서 천지를 창조하셨다는 것이다. 그리고 사람이 태어나는 것을 해석하기를 장인이 도구를 사용하여 물건을 만들 듯이 천주께서 부모를 써서 사람을 내신다고 하였다. 또한 사람의 본집은 천당이요 이 세상은 나그네로서 잠깐 거하는 곳임을 밝히면서, 마치 전투에서 공을 세우는 것과 같이 이 세상의 전투에서 공을 세우기 위해 이 세상에서 살아가는 것이라 해석하였다.[350]

10. 『袖珍日課(수진일과)』

기독교가 강조한 것은 천국과 부활이었기에 장례 예식은 무엇보다 중요하였다. 특히 천주교에서는 연옥을 인정하고 죽은 자를 위해 성도들이 함께 기도하는 연도 기도를 드렸는데 이 때 시편으로 기도를 드렸다. 이러한 시편이 포함되었으리라 짐작되는 한글번역판

---

349 Ferdimand Verbiest, 노용필 역, 『교요서론(教要序論)』 (한국사학, 2013), 제1부 2장, 29-31, 제3부 2장, 88-89.

350 Ferdimand Verbiest, 『교요서론(教要序論)』, 44-45.

『수진일과』가 1791년부터 발견되기 시작하였다.

『袖珍日課(수진일과)』는 예수회 중국선교사 디아스(E. Diaz, 陽瑪諾, 1574-1659)가 1638년 에 편찬한 것인데, 이 책은 예수회 중국선교사 롱고바르디(N. Longobardi, 龍華民 1559-1654)가 저술하여 1602년 출간한 기도서인 『天主聖教日課(천주성교일과)』를 토대로 하여 편찬한 것이다.[351] 『袖珍日課(수진일과)』에는 연도기도문인 성영(시편)이 포함되어 있었으며 1791년 신해박해 때 천주교인들이 이 책을 소지하고 있었기 때문에 그 이전에 이미 조선에 들어왔음을 알 수 있다.[352] 특히 중요한 것은 1791년 이전에 『袖珍日課(수진일과)』가 한글로 번역되었다는 기록이 있는데 다음 두 가지의 기록을 통해 확인할 수 있다.

첫째, 이승훈이 1798년 북경 선교사들에게 보낸 다음과 같은 편지에서 확인할 수 있다; "1786년...이 모임에서 제가 미사 성제를 드리고 견진성사를 거행하도록 결정이 되었습니다... 예절은 여러 책과 시과경(時課經)에 있는 대로 하되, 좀 삭제도 하고 첨가도 했습니다. 경문은 우리 기도서에서 택했습니다."[353]

여기서 '우리 기도서'란 기도문을 한글로 번역한 것으로 보이는데 한글번역본 『수진일과』 혹은 『천주경과』였을 것으로 짐작된다. 최윤환도 이승훈이 보낸 편지의 '우리 기도서'를 한글로 번역된 기도문으로 보았다.[354]

---

351 '수진'이란 휴대하기 쉬운 소형이라는 의미이다.

352 주은경, "한국 천주교 연도와 상장례 문화," (동아대학교 박사학위논문, 2009), 36.

353 최석우, "이승훈 관계 서한 자료," 『교회사연구』 8집 이승훈 베드로 특집호(1992), 173.

354 崔允煥, "天主聖教功課의 原本," 『論文集』 弟2輯 (1976), 41-42.

둘째, 1791년 체포되어 심문을 받은 정인혁의 다음과 같은 진술에도 『수진일과』를 가지고 있었다는 내용이 들어 있다; "책은 수진 1책, 절요 상 1권, 실의 2책, 자증 4책을 역시 필공에게서 빌려다가 보았는데... 수진 1책 및 한글로 가려 뽑아 번역한 수진일과도 아울러 가지고 갔습니다."[355] 이 진술에서 "한글로 가려 뽑아 번역한 수진일과(諺書抄飜袖珍)"가 나타나며 이것이 바로 한글로 『수진일과』를 번역한 증거라 볼 수 있다. 따라서 『수진일과』에 포함된 시편도 당연히 한글로 번역되었을 것으로 보인다. 적어도 1791년 이전에 시편 중 일부분이 한글로 번역되어 있었고 실제 장례에서 사용하였을 것으로 짐작된다.[356]

11. 『眞道自證(진도자증)』

『眞道自證(진도자증)』은 프랑스 출신의 예수회 선교사 샤바냑(Emeric Langlois de Chavagnac, 沙守信, ?~1717)이 저술하여 1718년 출판된 교리서로 18세기 중엽, 북경을 왕래하던 사신들에 의해 조선에 전해졌다. 이 책은 이승훈, 이벽, 권일신, 정약종, 정약용 형제 등 한국 교회 창설자들과 여러 실학자들에게 읽혀졌다. 그런데 실학자 안정복(安鼎福, 1712-1791)은 『天學問答(천학문답)』에서, 그리고 영조(英祖)때 처사 홍정하(洪正河)는 『證義要旨(증의요지)』에서 각각 『진도자증』을 비판하였

355 『邪學懲義』 "정인혁공초," 77-78. 정인혁은 1791년 11월 11일 체포되어 심문을 받았다.

356 방상근, "연령회," 『교회와 역사』 제308호 (2001), 9.

다.[357]

『진도자증』은 사람 창조와 타락에 대해 특히 강조하여 설명하였는데, 인류의 유래가 원조(原祖)인 아담과 하와에서 비롯되었으며 "원조의 성정이 선하고 지극히 아름답다(原祖性情純善至美)"고 하였다.[358] 그리고 원래 아담과 하와는 살아서 천당에 올라 신(神)의 지위를 차지한다고 하였다. 또한 만물은 "신하가 군주에 충성함같이, 아들이 어버이를 효도함같이" 사람을 섬기도록 창조되었다고 하면서 인간중심의 창조를 강조하였다.[359] 그리고 "천주는 근본 사람의 대주(大主)가 된다"고 하면서 동시에 천주는 부모의 마음을 가지고 있음을 밝혔다.[360] 따라서 하나님과 사람의 관계를 임금과 신하의 관계이면서 동시에 부모와 자녀의 관계로 보았다. 그리고 요구되는 것은 충(忠)과 효(孝)라고 해석하는데 이는 유교의 정신을 의식한 해석이라 할 수 있다.

그리고 아담과 하와의 범죄로 인해 "물(物)이 주(主)가 되고, 물(物)은 사람의 원수(仇)로 변했다"고 하면서 사람과 자연과의 주종관계가 역전되었다고 해석하였다.[361] 그리고 사람은 형체(形體) 곧 몸에 부역하기 때문에 선을 행하기가 지극히 어렵다고 하였다. 원조의 범죄로 인해 세상에는 병고가 생겼고 그 벌은 자자손손 받게 된다고 한다. 여기서 원죄를 강조하는데 "벌거숭이로 땅에 떨어짐에(태어남에) 죄인 아닌 자가 없다"라고

---

357 강세구, 『순암 안정복의 학문과 사상 연구』 (혜안, 1996), 300-302.
358 鄭安德 編, 『眞道自證』 明末淸初耶蘇會思想文獻彙編 第二十册 (北京大學宗教研究所, 2000), 47.
359 鄭安德 編, 『眞道自證』, 48.
360 鄭安德 編, 『眞道自證』, 48.
361 鄭安德 編, 『眞道自證』, 49.

하였다.[362]

12. 『盛世芻蕘(성세추요)』

『盛世芻蕘(성세추요)』는 프랑스 출신의 예수회 선교사 마이야(Mailla, 馮秉正, 1669~1748)가 저술한 한문 교리서로 1733년 북경(北京)에서 간행되었다. 특징적인 것은 누구나 쉽게 읽을 수 있는 어투와 문체를 사용했다는 점이다. 책 내용을 보면 소원(溯源), 구속(救贖), 영혼(靈魂), 상벌(賞罰), 이단(異端) 등으로 구성되어 있는데 천주교의 가장 기본적인 교리를 담았다고 할 수 있다. 이 책은 1733년 북경에서 5권으로 간행되었으며, 1791년판은 한글로도 번역되었다. 이 책은 이승훈(李承薰)이 1784년 봄에 북경을 다녀오면서 전래한 서학서들 가운데 포함되어 있었으며 정약용(丁若鏞), 이기경(李基慶) 등이 읽었던 책이다. 또한 홍정하(洪正河)는 1791년 무렵에 저술한 『證疑要旨(증의요지)』에서 이 책의 내용을 비판하였다. 그리고 1795-1801년 조선에서 활동한 주문모(周文謨) 신부는 이 책을 정약종(丁若鍾)이 저술한 한글 교리서 『주교요지』와 비교하면서 『주교요지』가 '추요보다 더 요긴하다'고 평가하기도 하였다.[363]

---

362 鄭安德 編, 『眞道自證』, 49.
363 황사영, 『황사영백서』, 50-53, 271.

13. 『三山論學記(삼산논학기)』

『三山論學記(삼산논학기)』는 1625년 중국 항주(抗州)에서 간행된 대화체 교리서인데 예수회 선교사 알레니(J, Aleni, 艾儒略 1582-1649)가 저술하였다. 『삼산논학기(三山論學記)』의 내용은 천주교 4대 교리인 하느님의 유일성, 천지창조, 강생구속, 상선벌악 등이며 천주교와 불교의 차이점이 또한 포함되어 있다. 책의 형식은 문답 형식의 대화체로 되어 있다. 그리고 이의현이 1732년 북경에서 이 책을 가져왔는데 천주당을 방문하여 서양 선교사와 대화를 나누고 받아 왔다. 따라서 이 책은 적어도 1732년 이전에 조선에 전래되었음을 알 수 있다.

14. 『主制群徵(주제군징)』

『主制群徵(주제군징)』은 중국에서 활동한 독일인 예수회 선교사 아담 샬 폰 벨(Adam Schall von Bell, 湯若望, 1592-1666)이 1629년 한문으로 저술하여 상.하 2권으로 간행한 한 책이다. 이 책은 예수회원인 레오나르두스 레시우스(Leonardus Lessius, 1554-1623년)가 자연현상을 통해 신의 존재를 입증하기 위해 1613년에 저술하여 출판한 'De providentia numinis'를 번안한 것으로 알려져 있다.[364] 이 책의 특징은

364 여인석, "『주제군징(主制群徵)』에 나타난 서양의학 이론과 중국과 조선에서의 수용 양상," 『의사학』 제21권 제2호 (2012), 254.

중국과 조선에 처음으로 서양의학 이론을 소개한 책이라는 점인데 해부생리학의 내용도 들어 있다. 그러나 책의 목적은 창조주 하나님의 존재를 증명하려는 것이었다. 즉 심장, 뇌, 간, 그리고 뼈와 근육에 관한 해부학적 지식, 혈액의 생성 원리와 역할, 신경의 구조 등을 제시하면서 누가 이토록 정교하고 아름다운 인체를 창조했는가라고 질문하면서 창조주의 존재를 증명하려고 하였다.

책 이름의 뜻이 '천주가 (우주를) 주제하는 수많은 증거'라는 뜻이며 우주 만물의 존재를 통해 창조자 천주를 증명하려는 책이다. 저자는 천문학과 의학, 물리학, 생물학에 대한 해박한 지식을 토대로 자연 현상을 과학적으로 설명하면서 동시에 하나님의 존재와 하나님의 다스림에 대해 이야기하였다.

이 책은 1732년에 이의현이 북경의 천주당을 방문하여 서양 선교사와 대화를 나누고 받아 온 책이며, 1791년 홍문관에 소장된 책이기도 하다. 1791년 홍문관 서적 가운데 서양서적 24종을 불태웠을 때 포함된 책이었다. 자연과학에 대해 관심이 많았던 이익, 이규경(1788-1856년), 안정복, 홍대용 등이 이 책을 읽고 인용하기도 하였다.

15.『主教緣起(주교연기)』

『主教緣起(주교연기)』는 중국에서 활동한 예수회 선교사인 샬 폰 벨(Johann Adam Schall von Bell, 湯若望, 1592~1666) 신부가 저술한 교리서이다. 저술 시기는 일반적으로 1643년이라고 하지만, 책 내용 중 명 왕조 말이라는 의미의 '명계'(明季)란 표현이 있는 것으로 미루어 1644년 이후, 청대 초기로 보는 것이 타당하다. 이 책은 1쪽 당 아홉 줄, 1줄 당 20자씩, 두 쪽이 한 장(張)을 이루는 한서(漢書)로 전체 네 권이다. 권1은 36장, 권2는 37장, 권3은 38장, 권4는 52장으로 총 163장, 326쪽에 이르는 방대한 교리서이다. 책 내용을 살펴보면, 천주의 존재와 그 속성, 천지 창조, 인간 영혼의 존재와 불멸성, 천당과 지옥의 존재와 의의, 예수의 탄생, 수난, 부활, 승천 등의 내용이 담겨있다.

『주교연기』는 교리서로 보유론적(補儒論的) 입장으로 성리학을 비판하였는데, 천주교가 유교의 불완전한 점을 보완할 수 있다고 주장하였다. 주목할 점은 유교의 오륜을 기독교의 십계명과 같은 것으로 여겼다는 점이다. 이 책이 조선에 들어왔다는 사실은 홍문관(弘文館)에 소장 되어 있었다는 기록에서 찾아볼 수 있다. 윤지충이 제사를 거부했던 진산사건(珍山事件)이 1791년(정조 15) 5월 에 일어났는데 그해 11월에 홍문관(弘文館)에 소장되어 있었던 『주교연기』가 서양서 23권과 함께 불태워졌던 것이다.[365]

16. 『靈言蠡勺(영언여작)』

『靈言蠡勺(영언여작)』은 이탈리아 출신 예수회 선교사였던 프란치스코 삼비아시(Franciscus Sambiasi, 畢方濟, 1582-1649)가 저술

365 이장우 외, 『한국천주교회사 I』 (한국교회사연구소, 2009), 172-173.

하여 1624년에 출간한 서양철학 영혼론이다.[366] 『영언여작』에는 시편 46편 10절과 119편 96-99절, 그리고 시편 94편 17절 등의 내용이 나타난다.[367] 영언(靈言)이란 영혼(亞尼瑪, Anima)에 관한 이야기란 뜻이고, 여작(蠡勺)이란 표주박으로 바닷물을 측량한다는 말이니, '영언여작'이란 천박한 식견으로 감히 심오한 진리를 다루었다는 겸손의 표현이다. 이 책에 대해서는 삼비아시가 구술하고 서광계가 필록했다고 알려져 있는데 본격적으로 스콜라 철학의 영혼론을 소개한 저서라 할 수 있다. 신후담(1702-1761)이 서학변에서 『영언여작』을 비판한 것으로 보아 적어도 1700년대 전반기에 조선에 들어온 것으로 보인다.

17. 『織方外紀(직방외기)』

『織方外紀(직방외기)』는 예수회 선교사 알레니(Aleni, 艾儒略, 1582~1649)가 저술한 세계 인문지리서인데 1623년 중국 항주(杭州)에서 6권으로 간행되었다. 알레니는 한문에 능통하고 중국전통문화와 결합하여 선교를 하였다. 그래서 그는 '서방의 공자(西來孔子)'라는 칭호를 받았다.[368] 『직방외기』를 저술한 목적은 표면적으로는 천문지리적인 정보를 제공하는 것으로 나타나지만, 알레니가 의도한 내면적인 목적

366 Franciscus Sambiasi, 『영언여작』, 박완식 역 (전주대학교출판부, 1999).

367 Franciscus Sambiasi, 김철범, 신창석 역 『영언여작』 (일조각, 2007), 171, 182.

368 김귀성, "J. Aleni 저 한역서구교육자료가 아시아 교육에 미친 영향 – 『서학범』, 『직방외기』를 중심으로," 『한국교육사학』 제21집 (1999), 234.

은 우주가 하나님의 뜻에 따라 만들어졌음을 증명하려는 것이었다. 이러한 목적을 위해서 하나님이 우주를 창조하셨고 그의 의지대로 천체와 만물이 움직이고 있다는 것을 과학적으로 설명하려고 하였다.[369] 따라서 자연스럽게 천지창조에 대해서 이야기 하게 되고 중국과 조선의 독자들도 거부감 없이 천지창조 이야기를 받아들이는 효과가 있었다. 천지창조 이야기는 직방외기 서문에서 특히 강조되었는데 이지조(李之藻), 양정균(楊廷筠), 구식곡(瞿式穀), 허서신(許胥臣) 등의 서문과 알레니의 서문에서 천지창조에 대해 이야기 하였다.

『직방외기』는 정두원이 중국에서 1631년(인조 9년)에 들여왔다.[370] 정두원은 산동반도의 등주에서 예수회 선교사 Jeronimo Rodriguez를 만나 조선왕에게 전할 선물을 가져왔는데 그 가운데 이 책이 포함된 것이다.[371]

18. 『奇器圖說(기기도설)』

『奇器圖說(기기도설)』은 예수회 신부 테렌츠(Johann Terrenz, 鄧玉函, 1576-1630)의 구술을 바탕으로 왕징(王徵, 1571-1644)이 1627년 출간한 과학기술서인데 기계들과 그 원리가 되는 역학적 지식을

---

369 Aleni, Giulio, 천기철 역, 『직방외기: 17세기 예수회 신부들이 그려낸 세계』 (일조각, 2005), 366-367.

370 『국조보감』 인조 9년 辛未, 秋7월.

371 김귀성, "J. Aleni 저 한역서구교육자료가 아시아 교육에 미친 영향 - 『서학범』, 『직방외기』를 중심으로," 240.

도해한 책이었다. 원래 이 책의 이름은 『원서기기도설록최(遠西奇器圖說錄最)』였는데 흔히 줄여서 『기기도설』이라 불렀다.[372] 이 책이 유명해진 것은 정조(正祖)가 직접 이 책을 다산 정약용(丁若鏞)에게 주어 기중기를 고안하도록 한 책이었기 때문이다. 기중기 덕택으로 1789년 한강에 배다리를 놓을 때와 1792년 수원에 성을 쌓을 때 공사기간을 단축할 수 있었다. 그런데 이 책에는 천지창조와 타락 사건에 대한 내용이 아래와 같이 포함되어 있다.

> 人之始祖亞堂 而造物主造有天地, 卽造有人之始祖. 名阿當者 與其妻名厄襪者 … 阿當與厄襪不尊主命犯誡得罪以後…阿當始作耕田等器 (조물주가 천지를 만들어내고 곧 인간의 시조인 아담이라는 이름의 사람과 그의 처 하와라는 이름의 사람을 만들어 냈으며 그 후 아담과 이브가 주의 명을 존중하지 않고 계를 어겨 죄를 받은 이후…아담이 밭가는 기계 등을 만들기 시작해서 스스로 의식(衣食)을 구했다. ...따라서 기계의 사용이 모두 시조(즉 아담)의 창제(創制)로부터 비롯되었다.)[373]

이처럼 기계의 기원을 이야기하면서 천지창조와 에덴동산의 타락사건을 끼워 넣어 자연스럽게 창세기의 내용이 전달되도록 한 것이다. 그리

372 김영식, "17세기 중국의 기계와 역학에 대한 관념: 왕징(王徵)의 『기기도설(奇器圖說)』을 중심으로," 『한국과학사학회지』 Vol.28 No.1 (2006), 2.
373 김영식, "17세기 중국의 기계와 역학에 대한 관념: 왕징(王徵)의 『기기도설(奇器圖說)』을 중심으로," 7-8.

고 이규경(李圭景, 1788~1863)은 『伍洲衍文長錢散稿(오주연문장전산고)』에서 『기기도설』을 인용하였다.

19. 『交友論(교우론)』과 『二十五言(이십오언)』

마테오 리치(Matteo Ricci, 利瑪竇, 1552-1610)는 기독교의 개념을 소개하는 『天主實義(천주실의)』(1603)를 저술하기 전에 먼저 1595년 첫 번째 한문 저작으로 『交友論(교우론)』을 저술하였다. 그는 지혜문학을 활용하여 『교우론』을 저술하였는데 『교우론』은 키케로(Cicero)의 *De Amicitia*(우정론)을 요약하여 번역한 것이다. 그리고 1599년에는 에픽테투스(Epictetus)가 저술한 Encheiridion(제요)에서 발췌한 명문장을 번역하여 『二十伍言(이십오언)』을 저술하였다.[374] 『교우론』은 『이십오언』과 더불어 격언 모음집이라 할 수 있다. 『교우론』은 1614년 이전에 이미 조선에 들여왔는데, 이수광(李睟光)은 자신의 문집 『芝峯類說(지봉유설)』(1614)에서 『교우론』을 읽었다고 하면서 천주교가 우정을 중요시 여긴다고 기록하였다.[375] 비록 지혜문학의 다양한 내용이 포함되어 있지만 『교우론』과 『이십오언』에서는 성경을 직접 인용하거나 번역하지는 않았다.

---

374 Matteo Ricci, 송영배 역주, 『교우론. 스물다섯 마디 잠언. 기인십편』, 471; 김상근, "명말(明末) 예수회 선교사 마테오 리치에 대한 새로운 평가," 4.

375 배현숙, "17.8세기에 전래된 천주교서적," 12-13.

20. 바셋역본

바셋역본(巴設譯本)은 파리 외방선교회의 바셋(J. Basset, 巴設, 1662-1707) 선교사가 라틴어 성경을 저본으로 하여 번역한 성경으로 사복음서와 바울서신 및 히브리서 1장이 번역되었다.[376] 그런데 이 번역본은 발췌번역본이 아니라 본문 자체를 번역한 것이었는데 출판되지 못하고 사본으로 전파되었다. 이 원고의 사본은 현재 대영박물관에 보관되어있으며 슬로안 사본(Sloan Manuscript)이라 불린다. 왜 이러한 명칭이 붙여졌느냐 하면 바셋 역본의 원표제는 四史修編耶蘇基利斯督福音之會編(사사수편야소기리사독복음지회편)인데, 이 역본을 1739년 광주 동인도회사에서 근무하던 호지슨 2세(Hodgson II)가 필사하여 당시 프랑스 왕립학술원(The Royal Society) 원장이던 슬로안(Hans Sloan, 1660-1753) 백작에게 기증하였고, 그 후 이 필사본을 대영박물관에 기증하였기 때문이다.[377] 바셋역본의 영향을 받은 한문성경으로는 드 몽티야(Joachim Ehjobert de Mantkllat) 주교의 마태복음과 1759년에 번역된 앙드레 리(Andre Li, 1692-1774)의 관화체 화합복음서와 예전용 복음서들과 서신들이다.[378] 또한 모리슨(Robert Morrison, 1782-1834)은 대영박물관에 있었던 바셋역본을 필사하여 후일 한문성경을 번역할 때 긴요하게 활용하였다. 모리슨의 번역본이 한글 번역에 긴요하게 활용된 점을 감안한다면 한글 번역사를 연구

376 한미경, "中國語 聖書飜譯에 관한 歷史的 考察," 179. 이환진, "19세기와 20세기의 중국어성서" 왕대일 편, 『말씀의 뜻 밝혀주시오: 주석과 성서번역』 (서울: 대한기독교서회, 2000), 421.

377 송강호, 『중국어성경과 번역의 역사: 중국성경연구』 (서울: 모리슨, 2007), 76-78.

378 이환진, "19세기와 20세기의 중국어성서," 421-422.

할 때 바셋역본을 주목할 수밖에 없다. 이처럼 바셋역본은 비록 인쇄되지는 않았지만 필사를 통해 전파되었고 후대 성경 번역에 많은 영향을 주었다.

III. 한국인의 저술

1. 『주교요지』

『주교요지』는 한국 사람이 한글로 지은 최초의 교리서로서 정약종(丁若鍾)이 저술하였다. 저술 연도는 명확하지는 않지만 1790년대로 짐작된다. 『주교요지』가 어떤 책인지 알려면 황사영의 백서(帛書)를 보면 금방 알아챌 수 있다.

> 정약종 아우구스티노는... 일찍이 그는 교우들 가운데 무식한 이들을 위해 우리나라의 한글로 주교요지 2권을 저술하였는데 널리 성교(聖教)의 여러 가지 책에서 인용하고 자기의 의견을 보태서 지극히 쉽고 분명하게 설명하여 어리석은 부녀자나 어린 아이들이라도 책을 펴 보기만 하면 환히 알 수 있고, 한

군데도 의심스럽거나 모호한 데가 없었습니다.[379]

옛날에, 책이란 개인이 읽을 수도 있지만 누가 낭독하면 듣는 경우가 더 많았다. 따라서 정약종이 주교요지를 한글로 저술한 목적은 조선의 모든 사람들을 위해 쉽게 알 수 있도록 성경 내용과 기독교의 교리를 해석하고 설명한 것이라 할 수 있다. 그리고 정약종은 그 때까지 조선에 전래된 성경과 교리서를 참조하여 주교요지를 저술하였지만 자신의 경험과 한국적 정서를 충분히 활용하여 알기 쉽게 작성하였다는 점을 높이 평가할 수 있다.

또한 중요한 단어 다음에는 작은 글자로 내주(內注)를 달아 내용을 해석하였다. 예를 들면 '아담'은 '아담은 황토라 말'이라 해석하였고 '에와'를 해석하기를 '에와는 뭇사름의 어미라 말'이라 하였다.[380] 이러한 해석은 창세기 3장 20절의 분문과 유사하다; "...하와와 불렀으니 그는 모든 산 자의 어머니가 됨이더라." 그리고 '원조'를 해석하기를 '원조는 읏듬 조샹이라 말이니 아담과 에와-라'고 하였다.[381]

천지창조에 대해서 "아무것도 없는 가운데로부터 천지를 내시고" 하면서 무에서 유를 창조하신 것으로 해석하고 상품천신(上品天神)의 이름을 '루지불'과 '미가엘'이라 비교적 정확하게 소개하고 있다.[382] 그리고 "한 번 명하시어 경각(頃刻) 사이에 빛을 내시고" 하면서 말씀 한 번으로

379 황사영, 『황사영백서』, 50-53.
380 정약종, 『주교요지』, 57-58.
381 정약종, 『주교요지』, 57-58.
382 일반적으로 천주교 신학자들은 천신들을 上品, 中品, 下品으로 나누었다.

천지를 창조하시는 하나님의 전능하심을 강조하여 해석하였다.

한문교리서와 한글교리서 모두 통틀어서 가장 구약성경의 본문과 근접하게 해설하고 있는 교리서는 『주교요지』다. 특히 첫째 날에 빛을 창조했다는 부분은 그 어느 교리서에도 찾아 볼 수 없는 것으로 창세기와 동일하다. 그리고 "해와 달과 별을 만드시어 세월과 주야를 나누시고"라는 대목은 "...낮과 밤을 나뉘게 하시고 그것들로 징조와 계절과 날과 해를 이루게 하라"(창 1:14)라는 창세기 본문을 연상시키는 부분이다. 따라서 이벽을 비롯하여 초기 천주교 지도자들이 구약성경을 읽고 있었을 가능성이 높다고 할 수 있다.

하나님이 사람을 만드신 모습과 하나님을 배신하고 타락하는 모습은 보다 더 구체적으로 묘사하고 있으며 구약의 내용과 아주 유사하다. 특히 하와와 뱀의 대화 부분은 성경(창 3:1-6)을 읽지 않았다면 어떻게 이렇게 자세하고 정확하게 기술할 수 있었는지 의문이 든다. 아마도 정약종은 창세기를 읽었을 것으로 짐작된다. 정약종은 하와와 뱀의 대화부분을 아래와 같이 기술하였다.

> 마귀가...그 복을 잃게 하고자 하여 지옥으로부터 나와, 먼저 에와를 유인하여 가로되, "지당(디당)의 백 가지 과실을 다 먹되, 어찌하여 오직 선악과(션악과)를 천주가 너희더러 먹지 말라 하시뇨?" 대답하되 "만일 이 실과를 우리가 먹으면 죽으리라 하신 연고이로다." 마귀 속여 이르되, "그렇지 아니하니, 네가 만일 이 실과를 먹으면 슬기가 천주와 같아져 모를 일이 없겠기에, 천주 너희에게 먹지 말라 하시니라." 에와가 그 꾀임을 듣고 망녕되어 천주와 같을 마음을 내어, 인하여 따 먹고 또 아

담을 권하여 먹으라 하매, 아담이 그 아내의 말을 듣고 받아 먹으니...[383]

이처럼 정약종이 성경을 읽었을 가능성이 높지만 확인할 길이 없어 안타까운 마음이다. 당시 성경이 중국에서 번역된 일이 있었고 그 성경이 필사되어 조선까지 전달되었을 가능성은 열려있다.

2. 십계명가와 천주공경가

가사 장르는 종교가사로 출발했는데 불교가사인 '승원가'를 효시작으로 본다. 그 후 유교의 사대부들이 가사를 지었고, 도교가사, 천주가사, 동학가사가 공존하게 되었으며 마지막으로 개신교 가사가 나타났다.

천주교에서 가사를 사용하는 이유는 일반 민중들에게 교리를 친근하고도 쉽게 전달할 수 있었기 때문이요, 노래하면서 위로를 얻을 수 있었고 또 즐거울 때 기쁨을 노래할 수 있었기 때문이다. 무엇보다 편안하게 어디서나 읊조리기에 좋은 것이 가사였다.

천주가사로는 이승훈의 문집 만천유고(蔓川遺稿)에 수록된 이벽의 천주공경가(天主恭敬歌)와 정약종, 권상학, 이총억 등이 지은 십계명가를 들

383 정약종, 『주교요지』, 58-59.

수 있다.[384] 『만천유고(蔓川遺稿)』는 숭실대학교 박물관에서 소장하고 있으며 필사본이다. 천주공경가와 십계명가는 1779년 천진암 주어사 강학회가 끝난 다음에 지은 것으로 알려져 있다.[385]

1) 십계명가

십계명은 출애굽기와 신명기에 나타나는데 십계명가는 이러한 내용을 우리 고유의 형식인 가사체로 지어졌으며 처음부터 한글로 지어졌다는 점이 중요한 특징이다. 교리서의 정형화된 십계명과 달리 한글과 일상생활에서 쉽게 접할 수 있는 가사를 통해 십계명을 풀어내고 있다. 이것은 천주교를 양반뿐만 아니라 상민들에게도 널리 전파하려는 선교적 차원에서 지어졌음을 알 수 있게 한다. 특히 '꼭두각시, 나무신막, 오뉴월 거름, 파리떼, 까막까치' 등 상민들의 일상어를 사용하여 엄숙한 교리에 친근하게 다가갈 수 있도록 창작했다는 점이 돋보인다. 이것은 기독교의 한국화 된 모습을 보여주는 것이다.

그리고 십계명가는 조선인이 십계명을 준수하도록 인도하는데 초점을 두었다. 단순히 단어나 구절을 해석하는 것이 아니라 적용과 행동을 위한 해석이라 할 수 있다. 이러한 해석방법은 경전을 이해할 뿐만 아니라 실천해야 한다는 조선 선비의 경전읽기 전통에서 비롯된 것이라 볼 수 있다. 여기다가 종교적인 신앙심이 더해져서 실천을 더욱 강조하게 된 것이다.

384 "己亥 臘月 於走魚寺 講論後 丁選庵 權公相學 李公寵億 作歌寄之."
385 주어사는 경기 여주군 산북면(山北面) 앵자봉(鶯子峰) 서쪽 기슭에 있던 사찰.

십계명가의 구조를 살펴보면, 천주교 교리서들은 대부분 제 9계명 '남의 아내를 탐내지 말라'를 포함하고 있는데 십계명가에는 나타나지 않는다. 우선 천주교 교리서인 『聖敎明證(성교명증)』이라는 책에 제9계명이 없으므로, "십계명가"는 『聖敎明證(성교명증)』의 교리해설을 우리말로 번역하여 노래한 것으로 추정하기도 한다. 그러나 '파리떼도 똥뜻일세' 혹은 '까막까치' 등 상민들의 일상어로 기록된 것으로 보아 한문교리서를 번역한 것으로 보기 어렵다. 아마도 이와 비슷한 내용이 6계명 '간음하지 말라'에 이미 포함되어 있기에 굳이 반복할 필요성이 없어서 과감하게 생략한 것으로 보인다.

"십계명가"의 제1계명은 다음과 같다.[386]

세상사람 선비님네 이 아니 우스운가
사람살자 한평생에 무슨귀신 그리많소
아침저녁 종일토록 합장배례 주문외고
있는 돈 귀환재물 던져주고 바쳐주고
자고깨자 행신언동 각기귀신 모셔봐도
허망하다 마귀미신 믿지말고 천주믿세
하늘위에 계신천주 벌레같은 우리보소
광대무한 이우주에 인간목숨 내어주셔
대해지각 깨달으며 우주섭리 알고나면

386 "십계명가"는 하성래의 현대문 십계명가를 인용함; 하성래, "정약전의 십계명가(十誡命歌)와 이벽의 천주공경가(天主恭敬歌)(I)," 『神學展望』 No.21 (1973), 144-146.

천주은혜 밝은빛을 무궁토록 받으련가
사람지혜 우둔하여 꼭두각시 나무신막
외고울어 복받으냐 절한다고 효자되냐
잘되어서 제복이라 못되면은 남탓이네

제1계명에 나타나는 '꼭두각시'와 '나무신막'은 신주를 모셔두고 아침저녁 절하며 곡하는 조상숭배의 의례를 가리키는 것으로 이러한 것을 힐난한다는 것은 조상제사에 대한 정면 도전일 수밖에 없었다. 더구나 '마귀미신'을 질타하는 문맥에서 이러한 내용이 이어지니 조선 사대부들의 반발이 거세질 수밖에 없었다.

'합장배례 주문외고'라는 구절은 불교를 비평하는 것으로 볼 수 있는데 불교와 무속신앙을 비평하면서 기독교가 참 종교임을 설득하는 내용이라 볼 수 있다.

제2계명은 다음과 같다.

죄짓고서 우는자요 천지신명 왜찾느뇨
가난하여 굶주린자 조물주는 왜찾느냐
음양태극 선비님네 상제상신 의론하소
말이일러 달랐으되 이모두가 천주시네
천주이름 거룩하사 대고말고 론치말소
금수갈길 저인고로 사람갈길 따로있네
곤경하자 빌지말고 가르침을 깨쳐보세

제2계명을 해석하면서 천지신명, 조물주, 상제 등이 바로 기독교의 하나님이신 천주라 해석하였다. 조선에서 불러왔던 신의 명칭들을 과감하게 천주라 인정한 것은 기독교의 뿌리내림에 있어서 크게 공헌한 해석이라 볼 수 있다. '곤경하자 빌지말고 가르침을 깨쳐보세'라고 권유한 것은 어려울 때만 신을 찾을 것이 아니라 하나님 알기를 배우고 깨달으면 새로운 희망이 샘솟을 수 있다는 격려라 볼 수 있다. 교리서와 성경을 읽고 배우려는 의지를 엿볼 수 있는 대목이다.

안식일을 지켜라는 제3계명에는 지켜야 하는 이유를 분명히 밝히지 않고 '논쟁구구 무용일세' 하면서 무조건 지켜야 함을 강조했다. 다만 이 날은 하나님을 공경하는 날이라는 점을 강조하였다. 특이한 것은 내용상 안식일과 상관이 없는 '남녀칠세 부동석'과 같은 구절을 사용하면서 오직 '칠'이라는 숫자를 반복하여 부각시키는 수사학적 방법을 사용하였다는 점이다. 논리도 중요하지만 감성에 호소하는 방식을 엿볼 수 있는 대목이다.

부모에게 효도하라는 제4계명에는 '인간금수 초목만물 그아버지 천주일세' 하면서 사람뿐만 아니라 동물과 자연의 아버지로서의 하나님을 소개하고 있다. 효도를 강조하는 대목에도 창조주 하나님을 소개하고 있는 점이 특이하다. 원래 십계명에는 효도하지 않으면 벌 받는다는 내용이 없고 오히려 효도하면 복을 받는다는 것이 있는데(출 20:12; 신 5:16) 불효하면 지옥 간다는 것으로 형벌을 강조하였다.

살인하지 말라는 제5계명에 전쟁 중에 사람을 죽인 것도 살인이라 해석하고 있으며 자살도 죄라 하였다. 이러한 해석은 인간 개개인의 생명을 귀중히 여기는 것이며 제4계명과 연결하여 살펴보면 계급을 초월한 인간 존엄과 평등을 강조한 것으로 볼 수 있다.

제6계명은 간음에 관한 것인데 '너희어미 딴곳가서 외도한후 너낳았다면'이란 표현으로 누구나 수긍할 수밖에 없는 이유를 말하면서 간음하지 말라고 하였다. 간음의 결과가 자신에게 닥치는 상황을 설정해서 피부에 와닿게 설득하는 기술을 발휘하였다. 이로 인해 자연히 첩을 두는 축첩문제도 비난의 대상이 될 수밖에 없었다.

제7계명은 도적질에 대한 것인데 마음속의 도적심도 죄로 보았다. 그리고 호랑이도 죽어서 가죽을 남긴다는 속담을 들면서 자존심에 호소하였다.

제8계명은 다음과 같다.

국운이 기울어져 흥망성세 뚜렷하네
간신소부 까막까치 헐뜯어서 싸움일세
자고로 터싸움에 죽고살고 얼마드냐
예나제나 터싸움은 군신서민 일반일세
우부되고 초부같이 어질게 살라드냐
한마음 넓게눈떠 천주큰뜻 알고나면
벌레같은 인간세사 군뜻이 전혀없네

제8계명은 '거짓 증거하지 말라'인데 당시의 당쟁싸움에 이 계명을 적용하였다. 즉 '터싸움'이라 부르면서 거짓증거가 난무하는 당쟁의 폐단을 비판하였다. 아마도 선비로서 당시 만연된 당쟁싸움을 개탄할 수밖에 없었을 것이다. 또한 '터싸움'은 서민들에게도 나타나는 현상이다. 그러나 거짓증거에 대한 것은 또 다르게 적용할 수 있는 면이 많이 있었겠는데 그러한 점을 언급하지 않는 면이 아쉬운 면이다. 또한 '벌레같은 인간세상'이라는 불교적인 표현도 사용하였다.

제9계명은 다음과 같다.

만인의 소원이란 부귀공명 재복이라
오뉴월 거름곁에 파리떼도 똥뜻일세
자기분수 지켜가지 남네소유 탐치마소
만악의 근원이 이로하여 일어나네
수분낙도 알고나면 큰 마음 편하건만
제 마음 기둥없이 재물사치 탐과하면
세사갖은 화근들이 필연코도 과화같다

제9계명은 '탐내지 말라'인데 '오뉴월 거름곁에 파리떼도 똥뜻일세'라는 상민들의 일상 언어를 사용하였고 원색적인 감각언어로 감성을 격하게 자극하였다. 또한 '수분낙도'라는 유교적인 표현도 사용하였다. 재물을 탐내는 것과 사치하는 것을 연결시키면서 분수에 넘치는 탐심은 결국 화를 자초하게 된다고 경고하였다.

정약전의 십계명가는 조선인이 십계명을 준수하도록 인도하는데 초점을 두었다. 단순히 단어나 구절을 해석하는 것이 아니라 적용과 행동을 위한 해석이라 할 수 있다. 이러한 해석방법은 경전을 이해할 뿐만 아니라 실천해야 한다는 조선 선비의 경전읽기 전통에서 비롯된 것이라 볼 수 있다. 여기다가 종교적인 신앙심이 더해져서 실천을 더욱 강조하게 된 것이다.

2) 천주공경가(天主恭敬歌)

천주공경가는 하나님(천주)을 공경하라는 가사인데 놀랄 만큼 논리적이이며 설득력을 갖추고 있다. 그리고 '선비'라는 단어가 나타나는 것을 보면 대상에는 선비도 포함한 것으로 보이는데 한글로 작성된 것은 특이하다. 특히 삼강오륜과 효도 및 충성을 강조하는 것으로 보아 유교적인 사고를 반대하는 것이 아니라 그대로 수용하면서 하나님을 섬기기를 권유하고 있다.

어와세상 벗님네야
이내말씀 들어보소
집안에는 어른있고
나라에는 임금있네
내몸에는 영혼있고
하늘에는 천주있네
부모에게 효도하고
임금에는 충성하네
삼강오륜 지켜가자
천주공경 으뜸일세
이내몸은 죽어져도
영혼남아 무궁하리
인류도덕 천주공경
영혼불멸 모르면은
살아서는 목석이요
죽어서는 지옥이라
천주있다 알고서도
불사공경 하지마소

알고서도 아니하면
죄만점점 쌓인다네
죄짓고서 두려운자
천주없다 시비마소
아비없는 자식봤나
양지없는 음지있나
임금용안 못뵈었다
나라백성 아니런가
천당지옥 가보았나
세상사람 시비마소
있는천당 모른선비
천당없다 어이아노
시비마소 천주공경
믿어보고 깨달으면
영원무궁 영광일세.

3) 기타

한국교회사연구소에 소장되어있는 필사본 『텬쥬십계(天主十誡)』는 원래 한글로 저술되었으며 저자도 한국인인 십계명 해설서이다. 그러나 저자와 연대를 알 수 없는 점이 안타까운 점이다. 내용을 살펴보면 신학적인 설명보다 일상생활 가운데서 계명을 어떻게 실천할 수 있는지를 살피면서 죄의 유형들을 구체적으로 열거하고 있다.

제3장 구약성경 번역과 해석

I. 오경

1. 창세기

16세기 말부터 중국에서 선교를 시작한 천주교 신부들은 천지창조를 설명하면서 선교를 시작하였다. 왜냐하면 기독교가 전파될 때 가장 먼저 이야기 되는 것이 하나님에 관한 것이었고 하나님의 천지창조에 관한 것이었기 때문이다. 그리고 그들이 저술한 교리서와 과학기술 서적들이 속속 조선으로 전래되어 여러 선비들이 읽게 되었고 이 서적들에 대해서 토론을 하였다. 특히 천지창조와 타락에 관한 것은 기독교가 한국에 전파된 초기부터 가장 많이 알려진 내용이었다. 왜냐하면 예수의 구원사역과 십자가의 수난을 이야기하기 위해서는 필수적으로 이 이야기를 할 수 밖에 없었기 때문이다.

또한 천지창조는 전능하신 하나님을 소개하기 위한 목적으로 해설하였고 기(氣)의 개념을 활용하여 동양적인 해석을 시도하였다. 그리고 타락의 심각성을 원죄의 개념을 강조함으로 제시하였고 당시의 천문학적 지식을 활용하여 구중천(九重天)으로 하늘을 설명하고 천신과 마귀의 존재에 대해 상세히 해설하였다.

이렇게 천지창조를 포함한 창세기의 내용이 교리서 혹은 과학기술서 혹은 기독교 비판자들의 글을 통해 16세기 말, 늦어도 17세기 초부터 조선에 소개되었고 해석되고 있었다.

18세기 이전에 창세기의 내용이 포함된 한문 교리서와 과학 기술서적으로서 한국에 들여와서 읽혀진 것과 한국에서 저술된 신앙서적 가운데 중요한 서적을 종합하여 제시하면 아래와 같다.

교리서	발행연도	저자
신편서축국천주실록 (천주실록)	1584 (1637)	마테오 리치, 루지에리, 고메스
천주실의	1603	마테오 리치
칠극	1614	빤또하
직방외기	1623	알레니
삼산논학기	1625	알레니
기기도설	1627	테렌츠
만물진원	1628	알레니
교요서론	1677	페르비스트
진도자증	1718	샤바냑
성세추요	1733	마이야
주교요지	1790	정약종
성경직히광익	1790년대	최창현(역주)

본 장에서는 1800년까지의 창세기 번역과 해석에 대해 연구하려한다.[387] 이러한 목적을 위해서 한문으로 작성된 교리서와 조선 선비들에 의해 저술된 교리서와 신앙서적들을 분석할 뿐만 아니라 한문으로 작성된 과학 기술 서적들과 기독교를 비판하는 서적들까지 분석 연구할 것이다.

387 창세기에 관한 부분은 본인의 논문을 수정 보완한 것이다; 정중호, "18세기 이전 창세기 해석의 역사," 『구약논단』 20 (2014), 12-40.

특히 조선 선비들에 의해 해석된 것을 주목하여 연구할 것이며 조선의 선비들이 이러한 서적들에 대해 토론한 것도 포함하여 연구할 것이다.

그리고 분석할 자료들 가운데는 이미 한글로 번역된 것도 있지만 아직 번역되지 않은 『천주실록(天主實錄)』, 『기기도설(奇器圖說)』, 『진도자증(眞道自證)』 등은 필자가 처음으로 번역하여 분석할 것이다.

1) 『천주실록』

『천주실록(天主實錄)』은 마테오 리치, 루지에리, 고메스 신부 등이 저술하여 1584년에 간행되었는데 조선에는 1592년에 이미 들어와 있었다. 『천주실록』에 보면, 천지창조를 해석하면서 먼저 전체를 개괄하였는데 강조한 점은, (1) 무에서 유를 창조한 것, (2) 6일 동안 창조한 내용의 요약 등이다. 『천주실록』의 특이한 점은, 1-2일의 형식은 누군가 먼저 말하고 그 다음 대답하는 형식인 대화체로 기술되어 있으나, 3-6일에는 이러한 대화의 형식이 없다는 점이다. 그리고 『천주실록』은 천지창조를 사람을 위해 창조한 것으로 해석하였으며 사람을 위해 집을 지은 것이라 설명하였다. 즉 땅은 집의 기초라 보았고 하늘은 집의 지붕과 같은 것으로 보았다.[388] 천지창조에 대한 『천주실록』의 본문은 아래와 같다.

前已明言天主之德, 今以制作天地人物言之. 自

---

388 或曰: "我今已知天主先日作地, 譬如房屋之定基址. 及成絶頂一重之高天, 而覆乎世界萬物. 譬如房屋之成其障蓋也. (어떤이가 말하기를: "나는 지금 알았습니다. 천주께서 첫 날에 땅을 지으니 마치 집의 기초 터를 정하는 것 같습니다. 그리고 정수리가 없는 하나의 거듭 된 높은 하늘, 그리고 세계 만물을 덮습니다. 마치 집이 이룩된 뒤에 막는 지붕 같습니다.") 鄭安德 編, 『天主實錄』 明末淸初耶蘇會思想文獻彙編 第一册 (北京大學宗教研究所, 2000), 17.

伍千伍百伍十餘年以前之時, 別無他物, 只有一天主. 欲制作天地人物, 施之恩德. 故於六日之間, 俱各完成. 第一日, 先作一重絶頂高天, 及其衆多天神, 混沌之地水. 第二日 之所成者, 氣也, 火也, 九重之諸天也. 第三日, 則分其高者爲山, 流者爲水. 第四日, 則作之日月星辰. 第伍日, 作禽飛於上, 漁鼈游於水. 第六日, 作百般走獸, 及人祖以生育乎人民 (전에 천주의 덕을 분명히 말하였다. 지금 천지 인물의 제작을 말하려고 한다. 5,550여 년 이전 시기부터 다른 사물이 없었고, 다만 한 분 천주만 있었다. 천지 사람과 만물을 제작 하려고, 은덕을 베풀었다. 그러므로 육일 사이에 각각 완성하였다. 제일 일, 먼저 하나의 거듭된 끝이 없는 높은 하늘 및 많은 천신, 혼돈의 물을 만들었다. 제이 일에 이룩한 바는, 기(氣)이고, 불(火)이고 구중(九重)의 여러 하늘이다. 제삼 일에는 나누어서 그 높은 곳이 산이 되고, 그 낮은 곳은 물이 되었다. 제사 일에는 해와 달과 많은 별을 만들었다. 제오 일에는 여러 위로 나는 새를 지었고, 물고기와 자라가 물에서 놀았다. 제육 일에는 백가지로 옮겨 다니는 짐승을 짓고, 사람의 조상으로 인민(人民)을 생육하게 하였다.)[389]

구약의 창조설화와 비교해보면, 구약에는 물과 땅이 있다는 것은 기정사실로 받아들이면서 창조내용을 기술하고 있는데 비해, 『천주실록』에서는 무에서 유를 창조한다는 점을 강조하기 위해 땅과 물의 창조를 명시한 것으로 볼 수 있다. 그리고 창조시기를 5,550년 전이라 계산하였다.

389 鄭安德 編, 『天主實錄』, 16.

창조내용을 비교해보면 4-6일에는 구약과 거의 동일한데, 넷째 날에는 해와 달과 별이 만들어졌으며, 다섯째 날에는 나는 새와 물고기가 만들어졌고, 엿새에는 짐승과 사람이 창조되었다고 하였다.

그러나 1-3일 내용에서는 큰 차이를 발견할 수 있다. 첫째 날 『천주실록』에는 땅, 물, 하늘, 천신(天神) 등이 창조되었다고 기록되어 있다. 구약의 첫째 날 빛 창조와는 많은 차이가 있다. 특히 하늘과 하늘의 신들을 창조했다는 내용은 완전히 다른 점이다. 둘째 날에도 큰 차이를 보이고 있다. 『천주실록』에는 구중천(九重天), 불(火), 기(氣) 등이 창조되었다고 하였다. 반면에 구약에는 오직 궁창이 만들어졌다는 내용만 있을 뿐이다. 구중천(九重天)은 우주의 천체관을 설명한 것인데 당시의 우주관을 토대로 작성한 것으로 보인다. 그리고 특이한 것은 기(氣)가 창조된 점을 강조한 것인데 이러한 내용은 동양의 기(氣) 이론을 의식한 것으로 보인다. 셋째 날에도 차이를 보이고 있는데 구약에는 채소와 나무 등 식물창조를 언급하고 있는데 비해 『천주실록』에는 식물창조에 대한 것은 없고 '지당(地堂)'이라는 에덴동산의 창설을 언급하고 있다.

2) 『교요서론』

『교요서론(教要序論)』은 페르비스트(Ferdinand Verbiest, 南懷仁, 1623-1688)가 1670년 저술하여 1677년 북경에서 간행된 교리서다.[390] 『교요서론』은 1801년 신유(辛酉)박해 이전에 이미 한글로 번역되어 많은 사람들

390 노용필, 『한국천주교회사의 연구』, 156.

에게 읽혀졌다.[391]

『교요서론』은 4부로 구성되어 있는데 제1부는 '천주는 무엇인가?'이며 그 가운데 1-11장이 천지창조에 대한 논의로 구분되어 있다. 그리고 제3부에서는 사도신경(使徒信經)을 해설하는 형식으로 성경의 내용을 요약하고 있다. 먼저 천지창조에 대해 해석하고 있는데 2-5장에서는 천신과 마귀에 대해서, 아담과 하와에 대해서, 그리고 에덴동산에 대해 논하고 있다. 천주께서 무에서 유를 창조하셨다는 점을 강조하였으며, 한 번 명하심에 창조가 되는 전능하신 창조주임을 강조하였다.[392] 그리고 『천주실록』처럼 사람을 위하여 하늘과 땅을 만드셨다고 천지창조를 해석하고 있다. 마치 부모가 자식을 위하여 집을 짓고 토지와 재물을 미리 준비하는 것처럼 사람을 사랑하셔서 천지를 창조하셨다는 것이다. 그리고 사람이 태어나는 것을 해석하기를 장인이 도구를 사용하여 물건을 만들 듯이 천주께서 부모를 써서 사람을 내신다고 하였다.

특이한 것은 한글로 번역할 때 중간에 설명하는 내주(內註)를 첨부하고 있다는 점이다. 예를 들어 "텬주는 이 하늘과 땅을 내시고 신을 내시고(신은 형상 없ᄉᆞ신 품이라)"에서 괄호 안의 내용을 내주로 첨가하였는데 작은 글씨로 첨가하였다.[393] 이러한 한글번역 내주 첨가 현상은 여러 곳에서 발견할 수 있다. 즉 "사ᄅᆞᆷ을 내시고 만물을 내신 ᄒᆞ나이신 큰 쥬지라(쥬지는쥬ᄒᆞ야고음아라말)."[394] "...만일조차난 바ㅣ 잇시면 텬쥬ㅣ 아니라 비컨

---

391 서종태, 한건 편, 『천주교신자재판기록 (상)』, 298-299.

392 Ferdimand Verbiest, 『교요서론(教要序論)』, 제1부 2장, 29-31, 제3부 2장, 88-89.

393 Ferdimand Verbiest, 『교요서론(教要序論)』, 제1부, 1장, 28.

394 '쥬지'는 주재(主宰) 즉 하나님이 모든 것의 중심이며 모든 것을 이끌어 가신다는 뜻이다.

대 수묵것ᄒᆞ니(수묵은 혬혜ᄂᆞᆫ 됴묵이라)."[395] 그리고 하나님이 창조하신 만물에는 정해진 법이 있다는 내용을 설명할 때도 한글번역에서는 다음과 같은 내용이 첨부되어 있다; "본향은 본 곳을 햐ᄋᆞᆫ 거시니 불은 우흐로 가고 흙은 아래로 ᄯᅥ러지ᄂᆞᆫ 류".[396]

그리고 필요하지 않은 부분이라 판단되면 그 부분을 번역하지 않고 누락시키는 경우도 있다. 예를 들면 "남자는 모태에 있은 지 대략 40일이며 태가 이루어져 천주께서 곧 하나의 영혼을 주시며, 여자는 모태에 있는 지 대략 80이며 태가 이루어져 천주께서 곧 하나의 영혼을 주신다"는 부분을 "천주교가 정한 교리는 아니다"라는 설명이 붙어 있는 부분이기에 번역할 때 누락시켰다. 그리고 이 부분의 내용을 누락시켰기 때문에 이 부분에 대한 설명도 함께 누락시켰다.[397] 또한 한글번역에는 생소한 단어를 설명하기도 하였는데 '생혼(생혼)'을 '사는 혼'이라 첨가 설명하였으며,[398] '각혼(각혼)'을 'ᄭᆡ돗ᄂᆞᆫ 혼'이라 첨가 설명하였고.[399] '영혼'을 설명하기를 '무형ᄒᆞᆫ' 것이라 첨가 설명하였다.[400] 또한 '양지(良志)'와 양능(良能)'을 설명하기를 "량지량능은 ᄇᆡ호지 아니ᄒᆞ여도 ᄆᆞ음에 졀노 알고 능히 ᄒᆞᆯ거시라"고 첨가 설명하였다.[401]

한문판 『교요서론(教要序論)』에는 있는데 한글번역본 『교요셔론』에는 '제4부 간략한 해설' 부분이 없다. 아마도 조선의 상황이 마리아를 강조

---

395 '수묵은 혬혜ᄂᆞᆫ 됴묵이라'이란 '수묵은 수 헤아리는 항목'이란 뜻이다.
396 Ferdimand Verbiest, 『교요서론(教要序論)』, 38.
397 Ferdimand Verbiest, 『교요서론(教要序論)』, 제1부, 4장, 35.
398 Ferdimand Verbiest, 『교요서론(教要序論)』, 46.
399 Ferdimand Verbiest, 『교요서론(教要序論)』, 47.
400 Ferdimand Verbiest, 『교요서론(教要序論)』, 48.
401 Ferdimand Verbiest, 『교요서론(教要序論)』, 57.

하는 '성모경'으로 인해 괜한 오해를 불러일으키지 않을까하는 염려 때문에 누락시킨 것으로 보인다. 그리고 지옥에 대해 해설하는 부분에도 영아사망률이 높았던 당시의 상황을 참작해서 영해옥(嬰孩獄) 부분을 누락시킨 것으로 보인다. 아녀자들에게 선교하는데 도움이 되지 않는다는 취지에서 누락시킨 것이다.[402] 이 점을 다른 각도로 본다면 당시 한글 해독능력이 있었던 여성들에 대한 선교가 큰 비중을 차지하고 있었다는 점을 발견할 수 있다. 이처럼 한글번역본 『교요셔론』은 단순한 번역이 아니라 당시 조선의 상황을 참작해서 선교에 장애가 될 것으로 예상되거나 혹은 오해를 불러일으킬 것으로 예상되는 부분을 의도적으로 누락시키고 번역한 것이다.

그리고 사람의 본집은 천당이요 이 세상은 나그네로서 잠깐 거하는 곳임을 밝히면서, 마치 전투에서 공을 세우는 것과 같이 이 세상의 전투에서 공을 세우기 위해 이 세상에서 살아가는 것이라 해석하였다.[403]

창세기의 내용은 오히려 신경(信經)을 설명하는 부분에서 더 많이 나타나는데 '전능하신 하나님(天主全能)'에 대한 내용 가운데 말씀으로 천지를 창조하신 하나님을 다음과 같이 설명하고 있다; "천주께서...만물을 창조하심에 재료를 구하지 않고 시각을 허비하지 않으시고 마음과 힘도 들이지 않으시고 아주 짧은 사이에 곧 하늘과 땅과 해와 달과 뭇별과 신과 사람과 만물을 창조하심에 한번 명하심에 곧 있게 되었으니..."[404] 그리고 사람 창조에 대해서는 비교적 상세하게 서술하고 있는데 구약 본문

402 Ferdimand Verbiest, 『교요서론(教要序論)』, 239.
403 Ferdimand Verbiest, 『교요서론(教要序論)』, 제1부, 9장, 44-45.
404 Ferdimand Verbiest, 『교요서론(教要序論)』, 제3부, 2장, 89.

과 아주 근접하다.

그리고 남편과 아내는 한 몸이기에 서로 사랑하여야 함을 강조하면서도 여자가 남자로부터 나왔으니 남편이 주가 되어야 한다고 해석하였다. 또한 사람이 새와 짐승에게 이름을 지어 주었고 사람에게는 총명을 주시어 자연 만물들이 사람의 명을 듣게 하셨다고 하였다.[405] 특이한 것은 아담과 하와의 나이를 중년(中年)이라 하였는데 한글로 번역할 때 첨가하여 설명하기를 "이십과 삼십 된 사름이란 말"이라고 하였다.[406] 그리고 인간의 생산 능력을 이야기한 구절 "젼류ᄒᆞᄂᆞᆫ 능"이라는 구절을 번역할 때도 "자식나탄 말"이라는 구절을 첨가하여 설명하였다.[407] 또한 에덴동산에 있었던 아담과 하와의 상황을 설명하는 구절에도 "텬쥬ㅣ 두 사름의게 ᄌᆞ쥬쟝을 주샤 션을 힝ᄒᆞ며 (악을 피ᄒᆞ게 ᄒᆞ시고)"라고 번역하여 괄호 안의 설명을 첨가하여 번역하였다.[408]

선악과와 타락에 대해서는 길게 설명을 하고 있다. 선악과는 사람을 시험하기 위해 에덴동산에 두었다고 해석하면서 선악과를 먹는 경위를 상세히 설명하였다. 마귀의 유혹으로 인해 선악과를 먹게 되었는데 천주와 같이 되고자 먹었다고 하면서 하와가 선악과를 따서 아담에게 주어 먹게 하였다고 하였다. 이로 인해 형벌을 받았는데 그것은 에덴동산으로부터 추방시킨 것이라 하면서 "마치 변방의 고통스런 땅으로 귀양을 보낸 것과 같았다"고 설명하였다.[409] 사람이 하나님의 명을 거역하였기에 자

405 Ferdimand Verbiest, 『교요서론(教要序論)』, 제3부, 4장, 93-94.
406 Ferdimand Verbiest, 『교요서론(教要序論)』, 제3부, 4장, 93.
407 Ferdimand Verbiest, 『교요서론(教要序論)』, 93, 104.
408 Ferdimand Verbiest, 『교요서론(教要序論)』, 95.
409 Ferdimand Verbiest, 『교요서론(教要序論)』, 제3부, 5장, 96-97.

연 만물도 사람의 명을 따르지 않아 가시덤불도 나고 짐승들도 사람을 상하게 한다고 해석하였다.[410] 그리고 영혼이 받는 벌에 대해서는 별도로 설명하고 있는데 타락 전에는 자연스럽게 선을 행할 수 있었으나 타락 후에는 육신이 영성의 명을 듣지 않게 되어 많은 죄를 짓게 되었다고 하였다.[411]

그런데 아담과 하와가 잘못을 깨달아 하나님께 용서를 구하였다고 하면서 그 기도를 들으시고 하나님께서 구속의 길을 마련하셨다고 하였다. 또한 원죄(原罪)에 대해서 강조하여 설명하였는데 "사람이 어미의 태에 있음에 곧 원죄에" 물든다고 하였다. 이러한 이치는 마치 국가가 죄인을 벌하여 변방에 추방하면 자손 대대로 그 벌을 면할 수 없는 것과 같다고 해석하였다.[412]

3) 『진도자증』

『진도자증(眞道自證)』은 샤바냑(Emeric Langlois de Chavagnac, 沙守信, ?~1717)이 1718년 저술한 교리서로 18세기 중엽, 북경을 왕래하던 사신들에 의해 조선에 전해졌다.

『진도자증』은 사람 창조와 타락에 대해 특히 강조하여 설명하였는데, 인류의 유래가 원조(原祖)인 아담과 하와에서 비롯되었으며 "원조의 성정이 선하고 지극히 아름답다(原祖性情純善至美)"고 하였다.[413] 그리고 원

410 Ferdimand Verbiest, 『교요서론(教要序論)』, 제3부, 5장, 98.
411 Ferdimand Verbiest, 『교요서론(教要序論)』, 제3부, 6장, 98-99.
412 Ferdimand Verbiest, 『교요서론(教要序論)』, 제3부, 6장, 99-100.
413 鄭安德 編, 『眞道自證』, 47.

래 아담과 하와는 살아서 천당에 올라 신(神)의 지위를 차지한다고 하였다. 또한 만물은 "신하가 군주에 충성함같이, 아들이 어버이를 효도함같이" 사람을 섬기도록 창조되었다고 하면서 인간중심의 창조를 강조하였다.[414] 그리고 "천주는 근본 사람의 대주(大主)가 된다"고 하면서 동시에 천주는 부모의 마음을 가지고 있음을 밝혔다.[415] 따라서 하나님과 사람의 관계를 임금과 신하의 관계이면서 동시에 부모와 자녀의 관계로 보았다. 그리고 요구되는 것은 충(忠)과 효(孝)라고 해석하는데 이는 유교의 정신을 의식한 해석이라 할 수 있다.

그리고 아담과 하와의 범죄로 인해 "물(物)이 주(主)가 되고, 물(物)은 사람의 원수(仇)로 변했다"고 하면서 사람과 자연과의 주종관계가 역전되었다고 해석하였다.[416] 그리고 사람은 형체(形體) 곧 몸에 부역하기 때문에 선을 행하기가 지극히 어렵다고 하였다. 원조의 범죄로 인해 세상에는 병고가 생겼고 그 벌은 자자손손 받게 된다고 한다. 여기서 원죄를 강조하는데 "벌거숭이로 땅에 떨어짐에(태어남에) 죄인 아닌 자가 없다"라고 하였다.[417]

4)『직방외기』

천주교 신부가 한문으로 저술한 과학기술서를 통해서도 천지창조를 포함한 창세기의 내용이 전달되었다. 이러한 책들은『직방외기(職方外紀)』,

414 鄭安德 編,『眞道自證』, 48.
415 鄭安德 編,『眞道自證』, 48.
416 鄭安德 編,『眞道自證』, 49.
417 鄭安德 編,『眞道自證』, 49.

『기기도설(奇器圖說)』, 『만물진원(萬物眞原)』 등인데 이러한 책들을 통해 선교사들은 큰 저항 없이 창세기의 내용을 전달할 수 있었다.

『직방외기』는 알레니(Aleni, 艾儒略, 1582~1649) 저술의 세계 인문지리서인데, 정두원이 중국에서 1631년(인조 9년)에 조선에 들여왔다.[418] 『직방외기』를 저술한 알레니의 목적은 표면적으로는 천문지리적인 정보를 제공하는 것으로 나타나지만 내면적인 목적은 우주가 하나님의 뜻에 따라 만들어졌음을 증명하려는 것이었다. 이러한 목적을 위해서 하나님이 우주를 창조하셨고 그의 의지대로 천체와 만물이 움직이고 있다는 것을 과학적으로 설명하려고 하였다.[419] 따라서 자연스럽게 천지창조에 대해서 이야기 하게 되고 중국과 조선의 독자들도 거부감 없이 천지창조 이야기를 받아들이는 효과가 있었다. 천지창조 이야기는 직방외기 서문에서 특히 강조되었는데 이지조(李之藻), 양정균(楊廷筠), 구식곡(瞿式穀), 허서신(許胥臣) 등의 서문과 알레니의 서문에서 천지창조에 대해 이야기 하였다.

양정균은 서문에서 "서양의 신부들은 사람들을 인도하여 하나님께로 마음을 돌리게 하는데, 때로는 일들을 빌려서 계제로 삼으니, 방법을 씀이 여러 가지였다"고 하면서 천문지리학을 활용하여 창조주에 관해서 이야기 하고 있음을 분명히 밝혔다.[420]

또한 알레니는 서문 말미에 "천지간의 온갖 것을 창조하신 한 분 위대한 주재자를 생각하여 흔들리지 않고 밝게 그를 섬겨야 할 것이다"라

418 『국조보감』 인조 9년 辛未, 秋7월.
419 Giulio Aleni, 천기철 역, 『직방외기: 17세기 예수회 신부들이 그려낸 세계』, 366-367.
420 Giulio Aleni, 『직방외기: 17세기 예수회 신부들이 그려낸 세계』, 35.

고 결론을 맺었다.[421]

그리고 『직방외기』는 우주관에 대해서도 이야기 하고 있다. 알레니는 천동설(天動說)을 바탕으로 우주관을 이야기 하고 있는데, 양정균은 서문에서 구중천(九重天)에 대해 이야기 하였다.[422] 구중천은 주희가 밝힌 것으로 지구를 중심으로 일월성신이 돌고 있다고 하는 것인데 가장 바깥 원은 가장 맑으며 끝이 없다고 하였다. 서양의 '12중천설'이 동양의 구중천설과 만나면서 천주교 신부들은 구중천설로 우주를 설명하였다.[423]

『직방외기』는 세계의 다양한 나라들을 소개하고 있는데 유대국(如德亞國), 즉 이스라엘에 대해서는 특히 길게 이야기 하였다. 이스라엘의 역사는 하느님이 세상을 만든 뒤에 처음으로 인류를 탄생시킬 때부터 시작되며 그 기간은 6천여 년이 되었다고 하면서 시작한다.[424] 그리고 아브라함과 12지파의 이야기, 소돔과 롯의 아내 이야기와 사해(死海)에 대한 이야기가 포함되어 있다.[425] 그런데 소돔과 사해를 소개할 때 위치를 잘못 파악하여 알려주었다. 왜냐하면 터키 국가를 소개하면서 "그 서북쪽에는 소돔이라는 도시국가가 있었는데..."[426]라고 소개하였기 때문이다.

또한 이집트 나라를 소개하면서 요셉에 대한 이야기도 포함시켰는데 요셉을 소개하는 내용은 다음과 같다.

---

421 Giulio Aleni, 『직방외기: 17세기 예수회 신부들이 그려낸 세계』, 52.

422 Giulio Aleni, 『직방외기: 17세기 예수회 신부들이 그려낸 세계』, 30-31.

423 Giulio Aleni, 『직방외기: 17세기 예수회 신부들이 그려낸 세계』, 58, 각주 7. 코페르니쿠스의 지동설이 1530년 이미 발표되었지만 예수회 신부들은 로마 교황청이 공식적으로 인정한 천동설을 전파한 것이다. 신부들은 프톨레마이오스가 주장한 12중천설을 따르고 있었다.

424 Giulio Aleni, 『직방외기: 17세기 예수회 신부들이 그려낸 세계』, 104.

425 Giulio Aleni, 『직방외기: 17세기 예수회 신부들이 그려낸 세계』, 100-101, 105.

426 Giulio Aleni, 『직방외기: 17세기 예수회 신부들이 그려낸 세계』, 100.

옛날에 7년 동안 크게 풍년이 들었고, 이어서 7년 동안 크게 흉년이 든 적이 있었다. 그때 천주교인 가운데 다가올 일을 미리 아는 성인 요셉이 있었다. 그는 미리 나라 사람들에게 널리 저축을 하도록 가르치고, 그들로 하여금 나라의 재물을 비워서 곡식을 저축하는 데에 모두 쓰게 하였다. 그리하여 흉년이 들었을 때 그것을 꺼내어 나라의 기근을 구했을 뿐만 아니라, 그 때문에 사방의 재화가 몰려들어 요셉이 저축해둔 곡식을 사갔다. 그래서 이집트는 비할 데 없이 부유해졌다.[427]

이처럼 '아브라함과 12지파의 이야기,' '소돔 이야기,' '요셉 이야기' 등은 그 어느 교리서에도 찾아보기 힘든 내용이었는데 과학 기술서에서 이야기하고 있다는 점이 놀라운 점이다. 또한 서양의 새로운 학문인 과학 기술에 관심이 많은 선비들이 천지창조 이야기를 과학 기술에 관한 정보로 간주하면서 인용하기도 하고 내용을 요약하여 소개하기도 하여 자연스럽게 창세기의 내용이 전파되는 효과를 거두었다.

5) 『기기도설』

『기기도설(奇器圖說)』은 테렌츠(Johann Terrenz, 鄧玉函, 1576-1630)의 저서인데 기계들과 그 원리가 되는 역학적 지식을 도해한 책이었다. 이 책은 정조(正祖) 때 정약용(丁若鏞)이 활용한 책이다. 이 책에는 천지창조와 타락 사건에 대한 내용이 아래와 같이 포함되어 있다.

427 Giulio Aleni, 『직방외기: 17세기 예수회 신부들이 그려낸 세계』, 216.

人之始祖亞當 而造物主造有天地, 卽造有人之始祖. 名阿當者 與其妻名厄襪者 … 阿當與厄襪不尊主命犯誡得罪以後…阿當始作耕田等器 (조물주가 천지를 만들어내고 곧 인간의 시조인 아담이라는 이름의 사람과 그의 처 하와라는 이름의 사람을 만들어 냈으며 그 후 아담과 이브가 주의 명을 존중하지 않고 계를 어겨 죄를 받은 이후…아담이 밭가는 기계 등을 만들기 시작해서 스스로 의식(衣食)을 구했다. ...따라서 기계의 사용이 모두 시조(즉 아담)의 창제(創制)로부터 비롯되었다.)[428]

이처럼 기계의 기원을 이야기하면서 천지창조와 에덴동산의 타락사건을 끼워 넣어 자연스럽게 창세기의 내용이 전달되도록 한 것이다.

6) 『만물진원』

『만물진원(萬物眞原)』은 1628년 알레니(Julius Aleni, 艾儒略, 1582-1649)에 의해 저술된 책으로 되었는데, 적어도 1789년 이전에 조선에 전래된 것으로 확인되었다. 이 책은 자연과학을 논한 책이지만 그 근원이 천주(天主)라 주장한 책이다.

『만물진원』은 천주께서 순식간에 만물을 창조하신 전능하신 분임을 강조한 후, 첫째는 천당인 하늘과 땅을 조성하였다고 하였는데 땅 아래에 지옥이 있다고 하였다. 둘째는 땅 위에 물이 있고 물이 변화하여 기

428 김영식, "17세기 중국의 기계와 역학에 대한 관념: 왕징(王徵)의 「기기도설(奇器圖說)」을 중심으로," 7-8.

(氣)가 되고 기가 올라가 불이 되었다고 하였다. 만물진원에서도 천주실록과 같이 동양의 철학이 담긴 기(氣)를 언급하고 있다.

셋째는 초목과 화초 등 식물을 만드시고 땅 가운데 낙토(樂土) 즉 에덴동산을 창설하여 사람이 살도록 하셨다고 하였다. 그리고 넷째는 해와 달과 별들을 만드셨는데 상세한 것은 역법책(曆法書)을 보라고 하였다. 즉 천문과학적 지식과 창조의 내용이 일치한다는 점을 주장한 것이다. 다섯째는 물고기와 새와 짐승을 만드셨음을 밝히고, 마지막에는 아담과 하와로 이름을 부르는 사람을 만드셨다고 하였다. 특히 천주께서 사람을 잘 만드셨음을 강조하였는데 신령한 마음이 있어 천신(天神)과 같다고 하였다. 또한 사람을 창조한 목적이 하나님을 섬기는데 있다고 하였다.[429]

『만물진원』은 천지창조에 대해 시작하면서 "천주께서 천지를 만드신 공을 자세히 알고자 하면 반드시 천주교의 고경(古經)과 성전(聖傳)을 살필 것이다(欲詳知 天主造天地之功 必須按 天主古經 及諸聖所傳)"라고 하였다.[430] 여기서 말하는 '고경(古經)'이란 구약성경을 가리키는 것으로 1628년 당시 중국에 구약성경이 번역되어 있었음을 알려주는 것인데 확인할 길이 없다. 다만 당시에 마테오 리치가 "성경의 글과 중국의 글은 같지 않습니다. 비록 완역(完譯)된 것이 없다고 하더라도 요지는 이미 번역이 되었습니다"라고 말한 것으로 보아 부분 번역 혹은 발췌 번역 형식으로

---

429 鄭安德 編,『萬物眞原』明末清初耶蘇會思想文獻彙編 第八册 (北京大學宗教研究所, 2000), 23-25.

430 鄭安德 編,『萬物眞原』, 23.

구약이 번역되었을 가능성이 있다.[431]

7) 『칠극』

구약의 지혜문학을 많이 인용하면서 일곱 가지 유혹을 이기는 방책을 소개한 『칠극(七克)』에도 창세기의 이야기가 소개되어 있다.[432] 칠극에서도 하나님이 천지를 창조할 때 한 남자와 한 여자를 낳아 모든 인류의 아버지와 어머니가 되게 하였고 이로서 인류는 서로 형제지간이 되었다는 이야기가 나타나고 있는데 창세기 1-2장 내용을 소개하고 있다.[433] 그리고 일부일처제를 지키며 음란함을 피해야 한다는 장에서 최초의 부부인 아담과 이브 부부에 관해 이야기하였다. 그 내용은 창세기 2장의 내용인데 '아담'과 '이브'라는 이름이 나타나고 "너희 부부 두 사람은 하나의 몸이다"(창 2:24)라는 구절을 인용했는데 창세기 구절을 정확히 인용하였다.[434]

그리고 소돔 이야기는 창세기 18장 20절-19장 29절에 나타나는데 음란의 죄(유다 1:7)가 대표적인 죄악으로 알려져 있다. 그런데 칠극에서는 게으르지 말아야 한다는 장에서 소돔 이야기를 아래와 같이 예화로 들었다. 즉 게으르고 한가하게 살면서 절제하지 않고 배불리 먹었기 때문에 재앙을 만났다는 해석으로 독특한 면이 있다.

---

431 Matteo Ricci, 송영배 역, 『천주실의』(서울대학교 출판문화원, 2010), 176-177.

432 Diego de Pantoja, 박유리 역, 『칠극(七克)』(일조각, 1998), 339-340. 『칠극(七克)』은 1614년 예수회 선교사 빤또하(Diego de Pantoja, 1571-1618)에 의해 저술되었다.

433 Diego de Pantoja, 『칠극(七克)』 130.

434 Diego de Pantoja, 『칠극(七克)』 368.

> 소돔은 오랜 옛날 중동 지역에 있었던 이름난 성인데 하느님은 일찍이 (그곳에) 불을 내려서 그곳의 사람과 사물을 모두 태워버렸다. 성서에는 (그들이) 이러한 큰 재앙을 만나게 된 까닭을 풀이하여 (실어놓았는데), 하나는 (그들이) 배불리 먹었기 때문이고 하나는 한가하게 살았기 때문이라고 하였다.[435]

8) 『주교요지』

『주교요지』는 정약종(丁若鍾)이 한글을 사용하여 저술한 교리서로 1790년대에 저술한 것이다.

천주교의 다른 교리서와 마찬가지로 에덴동산(지당)에는 죽음도 병도 없다고 하였으며 수명을 채우면 하늘에 올라 신이 된다고 하였다. 그러나 원죄를 지은 후에는 아기도 죄인이라고 단정하였다; "... 그 만세자손이 한가지로 원죄로 말미암아, 벌을 입어 죄의 더러움(더러옴)을 물들어 태어나는지라. 그런 고로 성경(셩경)에 일렀으되, '어린 아이 땅에 떨어지면 다 죄인이라.'"[436]

이외의 『주교요지』에 대한 자세한 내용은 'Ⅲ. 한국인의 저술' 부분에서 이미 서술한 바 있다.

10) 『셩경직히광익』

『셩경직히광익』의 서문 격인 '텬쥬예수그리스도쥬년슈일셩경'에도 구

435 Diego de Pantoja, 『칠극(七克)』 401.
436 정약종, 『주교요지』, 60.

약의 내용이 들어있다. 하나님을 설명하면서 천지를 창조하신 분임을 강조하고, 예수를 구세주로 소개하면서 아담이 지은 원죄를 강조하였다; "원조 ㅣ 쥬명을 거ᄉᆞ려 반ᄒᆞ야 그 셩을 문희침을 인ᄒᆞ야 원죄이..."[437]

그리고 『셩경직히광익』에도 창세기의 내용이 소개되어 있는데, 주로 해석 부분인 '잠' 부분에 포함되어 있다. '예수셩탄텬명지셩경' 주일의 '잠'에서 아담과 하와가 에덴동산에서 선악과를 따먹고 죄를 짓고 형벌을 받은 사실을 간략하게 설명하였다. 아담이 받은 형벌을 이야기 한 것인데, 사람의 죄로 말미암아 땅이 저주를 받게 되었고 이로 인해 사람은 중노동해야 양식을 얻을 수 있게 되었다는 내용을 간략하게 이야기 한 것이다(창 3:17-19).

> 세흔 사름의 죄롤 벌ᄒᆞ심이니 비로소 원조ㅣ 죄짓지 아닌 젼은 만물의 해롤 밧지 아니ᄒᆞ고 도로혀 만흔 리로음을 밧더니 원조ㅣ 쥬롤 거ᄉᆞ리매 만물이 이에 더롤 거ᄉᆞ려 그 죄롤 벌ᄒᆞ니 이난 근본 의논이 잇나니라.[438]

『셩경직히광익』에서는 해석 부분인 '잠'에서 여러 번 아브라함에 대해 이야기했는데 그 가운데 소돔과 고모라를 두고 아브라함과 하나님이 대화하는 장면(창 18:20-33)이 아래와 같이 기록되어 있다. 대화 내용을 요약하였지만 내용을 충분히 이해할 정도로 상세히 기록하였다.

437 『셩경직히광익 I』, 2-3.
438 『셩경직히광익I』, 210-211.

경에 긔록하ᄃᆡ 샹고 적에 일홈난 고ᄋᆞᆯ이 잇시니 고ᄋᆞᆯ 일홈은 소도마ㅣ 라 그 고ᄋᆞᆯ 사ᄅᆞᆷ이 지극히 음난ᄒᆞ니 텬쥬ㅣ 심히 미워ᄒᆞ샤 쟝ᄎᆞᆺ 불노 ᄉᆞᆯ으려 ᄒᆞ실ᄉᆡ 아바람 셩인 ᄃᆞ려 닐너 ᄀᆞᆯᄋᆞ샤ᄃᆡ 아모 고ᄋᆞᆯ 사ᄅᆞᆷ의 악이 크게 브ᄅᆞ지져 놉히 소ᄅᆡ ᄒᆞ야 ᄯᅢ로 내 귀를 들네매 벌ᄒᆞ야 멸ᄒᆞ리라 ᄒᆞ시니 셩인이 ᄆᆞ음에 불샹이 넉여 ᄀᆞᆯᄋᆞᄃᆡ 무죄ᄒᆞᆫ 쟈의게 련루ᄒᆞ면 도리니잇가? 만일 셩안희 의인 오십이 잇시면 쥬의 벌이 뎌의게 ᄭᆞ지 넘쳐 밋ᄎᆞ리잇가? 젹은 거ᄉᆞᆯ 인ᄒᆞ야 모든 이를 단샤ᄒᆞ심이 오쥬의 ᄆᆞ음이시니이까? 쥬ㅣ ᄀᆞᆯᄋᆞ샤ᄃᆡ 셩안희 만일 의인 오십이 잇시면 내 모든 이의 벌을 면ᄒᆞ야 주리라. 다시 쳥ᄒᆞ야 ᄀᆞᆯᄋᆞᄃᆡ 만일 의인이 마흔 다ᄉᆞᆺ시면 벌이 엇더ᄒᆞ리잇고? ᄀᆞᆯᄋᆞ샤ᄃᆡ ᄯᅩᄒᆞᆫ 벌을 면ᄒᆞ리라. ᄯᅩ 다시 쳥ᄒᆞ야 ᄀᆞᆯᄋᆞᄃᆡ 혹 마흔이여나 혹 설흔이여나 혹 스물이여나 혹 열히라도 쥬ㅣ 모든 이를 벌ᄒᆞ시리잇가 아니ᄒᆞ시리잇가? ᄀᆞᆯᄋᆞ샤ᄃᆡ 마흔이 될지라도 모든 이를 샤ᄒᆞᆯ거시오 설흔이 될지라도 ᄯᅩᄒᆞᆫ 샤ᄒᆞᆯ거시오 스물이 될지라도 ᄯᅩᄒᆞᆫ 샤ᄒᆞᆯ거시오 열히라도 ᄯᅩᄒᆞᆫ 샤ᄒᆞ리라 ᄒᆞ시더니, ᄒᆞᆯ일업시 셩안희 열 의인이 쥬를 긋치시게 ᄒᆞᆯ이 업서 불이 ᄂᆞ려 셩이 타니라.[439]

『셩경직히광익』에는 이외에도 노아의 방주, 소돔과 고모라 멸망과 롯의 아내 사건, 아브라함의 부르심과 떠남, 야곱과 에서와 리브가, 야곱의 사다리, 아브라함과 롯 등의 이야기가 소개되어 있다. 이외에도 천지창조

---

439 『셩경직히광익III』, 셩신강림후뎨십팔쥬일셩경, 438-440.

를 포함하는 창세기의 내용이 소개된 교리서로는 『삼산논학기(三山論學記)』와 『성세추요(盛世芻蕘)』를 들 수 있다.[440]

11) 천주교 비판서

심지어 천주교 교리를 비판하는 학자에 의해서도 창세기의 내용이 전달되었다. 1840년경 이규경은 『伍洲衍文長錢散稿(오주연문장전산고)』에서 『기기도설』을 인용하여 "인류의 시조는 아담인데, 조물주가 아담과 하와를 만들어 땅 위의 살기 좋은 곳에 두었으나 계율을 어겨 굶주림과 추위, 병과 죽음이 있게 되었고, 남자는 농사를 여자는 아이 낳는 고통을 받게 되었다"고 아무런 비판 없이 전재하였다. 또한 이규경은 "그들이 높이 받드는 천주는 바로 옛 성현이 말한 상제이고 선유들이 말한 하늘의 주제이므로 전혀 이상한 것이 없는데..." 하면서 천지 창조와 주물주인 천주의 존재에 대해서는 수긍하는 견해를 펼쳤다.[441]

이기경(1756-1819)은 천주교를 비판하기 위해 『벽위편(闢衛編)』을 저술하였는데 그 가운데 천지창조의 내용이 포함되어 있었던 것이다. 이기경은 천주실의를 비판하기 위해서 "제1편 천주가 처음으로 천지만물을 창조하고, 주재하고, 안양(安養)함을 논함"이라는 천주실의의 소제목을 먼저 표시하고, "이른바 천주가 천지와 만물을 만들고 주재하며 편안히 길러낸다는 것이 이 편의 요령이다"라고 요약한다. 그리고 비판하기를 "천

440 『삼산논학기(三山論學記)』는 선교사 알레니(Aleni, 艾儒略)의 저서로 1625년에 출판되었으며, 『성세추요(盛世芻蕘)』는 선교사 마이야(Mailla, 馮秉正, 1669-1748)의 저술로 1733년 북경(北京)에서 간행되었다.

441 원재연, "伍洲 李圭景의 對外觀과 天主教 朝鮮傳來史 인식 - 〈西洋通中國辨證說〉과 〈斥邪教辨證說〉을 중심으로," 『교회사연구』 제17집 (2001-12), 142.

지의 이루어짐이 천주에 의하여 만들어졌다면 이것은 이치로 보아도 조짐이 없고 경전(經傳)에도 근거가 없으니, 바로 망녕된 설에서 나온 것이다"고 하였다.[442] 이처럼 천주교를 비판하는 글을 통해서도 천지창조의 내용이 전달되고 있었다.

실학자 안정복(安鼎福, 1712-1791)은 『천학문답(天學問答)』에서 『천주실의』와 『진도자증(眞道自證)』의 본문을 인용하면서 이들을 비판하였다.[443] 그런데 인용한 본문은 아담과 하와를 비롯하여 에덴동산과 타락사건 등의 내용이 포함된 본문이었다. 따라서 천지창조와 에덴동산의 타락 사건을 소개하는 일이 일어난 것이다.

2. 출애굽기, 레위기, 민수기, 신명기

창세기를 제외한 오경의 나머지 책들을 인용하거나 해석한 부분은 찾기가 쉽지 않다. 희귀하지만 그 가운데 복음서를 번역한 『셩경직히광익』에 구약 본문이 번역되어 있고 구약 내용을 소개하고 해석한 부분이 있어 소개한다. 다만 십계명은 대부분의 교리서에 포함하고 있기 때문에 특별히 상세히 서술할 예정이다.

『셩경직히광익』의 서문 격인 '텬쥬예수그리스도쥬년슈일셩경'에는 구약의 내용이 포함되어 있다. '주일'을 설명하면서 출애굽 해서 홍해를 건

442 김시준 역주, 『天主敎 傳敎 迫害史: 闢衛編』, 71-72.
443 안정복, 『天學問答』 或曰 13. 강세구, 『순암 안정복의 학문과 사상 연구』, 300-302.

넌 사건과 광야에서 만나를 먹은 이야기를 하였는데, 홍해를 건넌 날이 주일이요 만나를 먹은 첫날이 주일이라 해석한 것이다. 그 내용은 다음과 같다;

> 즁고의 유더아국 사룸이 이국에 사로잡히여 갓더니 후에 텬쥬ㅣ 명ᄒᆞ야 복디로 도로 올마오게 ᄒᆞ실ᄉᆡ 즁도에 큰 바다희 막히니 텬쥬ㅣ 바닷물을 분긔ᄒᆞ야 모든 사룸으로 거러 바다흘 지나게 ᄒᆞ시니 이 날이 ᄯᅩᄒᆞᆫ 쥬일이오 뎌 도라가던 무리 길희잇서 뷘들이 젹료ᄒᆞ야 주림을 구홀법이 업더니 텬쥬 ㅣ 공즁으로브터 ᄃᆞᆫ 맛술 ᄂᆞ리오시니 곳 만나ㅣ라. 모든 사룸이 자뢰ᄒᆞ야ᄡᅥ ᄇᆡ브ᄅᆞ니 ᄉᆞ십년을 지나도록 날마다 이 곳ᄒᆞ니 만나 ᄂᆞ리오시던 첫 날이 ᄯᅩᄒᆞᆫ 쥬일이오...[444]

'만나'에 대해서는 『셩경직히광익』의 '셩톄쳠례셩경' 본문인 요한복음 6장 58절을 해석하면서도 상세히 설명하고 해석하였다. 아래의 인용문은 본문에 첨가한 것인데 만나에 대해 설명한 것이다.

> 만나ᄂᆞᆫ 번역ᄒᆞ야 닐ᄋᆞ면 이 무숨거시라 말이니 녯적 고교 모든 사룸이 이국에 거ᄒᆞ엿더니 텬쥬ㅣ 명ᄒᆞ야 올라갈ᄉᆡ 뷘들에셔 음식이 끈허졋더니 텬쥬ㅣ 공즁으로브터 맛술 ᄂᆞ리우시니 모든 사룸이 그 ᄃᆞᆷ을 맛보고 일홈을 아지 못ᄒᆞ야 서로 도라보고 무

444 『셩경직히광익 I』, 텬쥬예수그리스도쥬년슈일셩경, 2-3.

러골ᄋᆞᄃᆡ 만나ㅣ라 ᄒᆞ니 마치 닐ᄋᆞᄃᆡ 이 무숨것고 홈이니 그런고
로 그 맛술 만나ㅣ라 일홈ᄒᆞ니라.[445]

'좀' 부분에서는 더 상세하게 만나에 대해서 해석하였는데 출애굽기 16장 본문을 요약하여 설명하고 해석하여 다섯 가지로 그 의미를 밝혔다.

또한 『셩경직히광익』의 '예수셩탄텬명지셩경' 부분의 '좀'에서 출애굽할 때 재앙을 내린 사실을 들었는데 모기 같은 작은 벌레 재앙에 대해 이야기하였다. 아마도 티끌이 이가 되는 재앙과 파리가 창궐하는 재앙을 이야기 한 것으로 보인다(출 8:16-32). 이러한 재앙을 든 이유는 교만한 사람을 낮추셔서 겸손케 하시는 하나님의 행동에 대해 설명하기 위해서였다. 특히 "경에 긔록ᄒᆞᄃᆡ(경에 기록하되)"라고 하면서 성경에 기록된 내용을 이야기한다는 사실을 밝혔는데 다음과 같이 이야기하였다;

네흔 교오ᄒᆞᆫ 사ᄅᆞᆷ으로 ᄒᆞ여금 스ᄉᆞ로 겸손케 홈이니 안스딩 셩인이 갈ᄋᆞᄃᆡ 텬쥬 ㅣ 교오ᄒᆞᆫ 사ᄅᆞᆷ을 먹고져 하샤 만흔 젹은 버레를 내야 명하야 사ᄅᆞᆷ을 고롭게 ᄒᆞ시니 긔이ᄒᆞ다 교오ᄒᆞᆫ 사ᄅᆞᆷ이여 텬쥬 ㅣ ᄒᆞ로ᄉᆞ리와 므긔ᄀᆞᆺᄒᆞᆫ 젹은 버레 아래 굴복게ᄒᆞ야 계시니... 경에 긔록ᄒᆞᄃᆡ 텬쥬 ㅣ 거오ᄒᆞᆫ 왕을 굴복고져 하샤 므긔를 만히 명하야 나라 사ᄅᆞᆷ을 고로이 무니 왕이 낫도 평안치 못ᄒᆞ고 밤도 자지 못ᄒᆞ야 깁히 탄식ᄒᆞ야 골ᄋᆞᄃᆡ 텬쥬의 즁ᄒᆞᆫ 손이 오

---

445 『셩경직히광익 III』, 셩톄첨례셩경, 12.

즁ᄒᆞᆫ 벌이로다 ᄒᆞ니...[446]

또한 요한복음 6장 본문 가운데 나타나는 유월절을 소개한 부분이 있는데 음역으로 '바스과'라 하였고 그 뜻을 '지나가다'로 번역하였다. 그리고 이집트(셥도국)의 임금이 유대 사람을 없애고자 하였으나 하나님이 천사를 보내어 장자(맛ᄌᆞ식)를 죽이는 형벌을 내릴 때 유대 사람들에게 은혜를 내린 것에 감사드리고자 유월절 절기를 정했다고 아래와 같이 설명하였다. 『셩경직히광익』 필사본에는 '셥도국' 옆에 '에집도'라는 단어를 첨가하여 독자의 이해를 도우려 하였다. 그런데 '에집도'라는 단어는 『셩경직히』에도 나타나지 않는 단어인데 여기에만 이렇게 기록되어 있다. 『셩경직히』에는 이집트를 '집도국'이라 표기하였다. 또한 특이한 해석은 유대 사람들이 이집트 땅을 지나갔다는 것도 유월절 의미에 포함시킨 것인데, 『셩경직히』에도 이러한 해석이 없는 것으로 보아 『셩경직히광익』의 독특한 해석으로 짐작된다.[447]

바스과ᄂᆞᆫ 번역ᄒᆞ야 닐ᄋᆞ면 지나가다 말이니 곳 ᄆᆡ년 큰 쳠례날이라 녯적 셥도국 사오나온 님금이 유더아국 사ᄅᆞᆷ을 멸코져 ᄒᆞ니 텬쥬ㅣ 텬신을 명ᄒᆞ야 국도와 군현과 향리로 지나가며 그 사ᄅᆞᆷ과 즘승의 맛ᄌᆞ식을 벌노 죽이라 ᄒᆞ시니 텬신이 명대로 지나가며 죽이니 유더아국 사ᄅᆞᆷ이 쥬은을 샤례코져 ᄒᆞ야 ᄆᆡ년의

446 『셩경직히광익 I』, 예수셩탄텬명지셩경, 211-212.
447 『셩경직히 I』, 봉지후뎨ᄉᆞ쥬일셩경, 584.

쳠례ᄅᆞᆯ 셰워 바스과ㅣ라 닐카ᄅᆞ니 지나간 쳠례란 말이오 ᄯᅩ 그ᄣᅢ 유더이 셥도국 악인의 ᄯᅡᄒᆞᆯ 지나갈ᄉᆡ ᄯᅩᄒᆞᆫ 바스과ㅣ라 ᄒᆞ니라.[448]

『셩경직히광익』에는 레위기 제사를 소개한 부분도 있다. 수난 성경을 해석하는 가운데 예수의 십자가 사건을 구약의 제사 가운데 번제와 속죄제의 예를 들면서 해석하였다. 즉 하나님을 공경하고 죄 문제를 해결하여 하나님의 진노를 그치게 한 사건이 십자가 사건이라 아래와 같이 해석한 것이다.

고교에 졔픔이 만흐ᄃᆡ 그 사이 지극히 귀ᄒᆞᆫ 거시 세히 잇ᄉᆞ니, ᄒᆞ나흔 공경ᄒᆞᄂᆞᆫ 졔니 그 졔ᄂᆞᆫ ᄒᆞᆫ 희ᄉᆡᆼ을 불에 ᄉᆞᆯ와 텬쥬ᄭᅴ 드려 그 무궁히 놉흐심을 공경ᄒᆞᆷ이오, 데이ᄂᆞᆫ 노ᄅᆞᆯ 긋치게 ᄒᆞᄂᆞᆫ 졔니 사ᄅᆞᆷ이 죄ᄅᆞᆯ 엇으매 희ᄉᆡᆼ을 ᄭᅳ을고 셩뎐에 니ᄅᆞ거단 ᄉᆞ교ㅣ 그 반을 살와써 밧치고 그 반은 머물너 스ᄉᆞ로 쓰고...[449]

또한 예수의 제사가 참 빛이고 구약의 제사는 그림자라 해석하면서 구약의 제사를 더 이상 드리지 않는다고 아래와 같이 해석하였다. 이러한 해석은 올바른 해석이라 볼 수 없지만 기독론 중심의 해석으로 널리 퍼져있는 해석이다. 염두에 둘 것은, 구약의 제사 형식은 시대의 변천에 의해 새로운 예배 형식으로 변화된 것이지 예수의 십자가 사건으로 단번에

448 『셩경직히광익 II』, 봉지후데ᄉᆞ쥬일셩경, 93-94.
449 『셩경직히광익 II』, 예슈슈난쳠례셩경, 398.

중단되지 않았다. 예수의 부활 승천한 후에도 베드로를 비롯한 예수의 제자들은 성전에 기도하러 올라갔고, 그 성전에서는 전통적인 희생제사 의식이 진행되고 있었다.

> 고교의 졔ᄂᆞᆫ 그림ᄌᆞ오 오쥬의 졔ᄂᆞᆫ 춤 빗치니 ᄒᆡ가 나 그 빗촐 퍼지오매 모든 그림ᄌᆞㅣ 스ᄉᆞ로 흣터지고 오쥬의 졔니ᄅᆞ. 매 고교 모든 졔 스ᄉᆞ로 ᄀᆞᆺ쳐 이제 ᄆᆞᆺᄎᆞᆷ내 힝치 못ᄒᆞᆯ거시오...[450]

그리고 『셩경직ᄒᆡ광익』은 복음서 본문을 제시하였는데 그 가운데는 구약을 인용한 부분도 있다. 예수가 한 율법사에게 율법의 핵심이 무엇이냐 물었을 때 율법사가 레위기 19장 18절과 신명기 6장 5절을 인용하여 대답한 부분이 있다(눅 10:27; 마 22:37). 그 부분은 다음과 같이 비교적 정확하게 번역되었다;

> 네 온젼ᄒᆞᆫ ᄆᆞ음과 온젼ᄒᆞᆫ 령신과 모든 힘과 모든 뜻으로 조차 네 쥬 텬쥬ᄅᆞᆯ ᄉᆞ랑ᄒᆞ고 네 갓가온 쟈ᄅᆞᆯ ᄌᆞ긔와 ᄀᆞᆺ치 ᄉᆞ랑ᄒᆞ라 하여계시니라.[451]

『셩경직ᄒᆡ광익』의 또 다른 부분에도 오경 부분이 들어있는데 복음서 가운데 구약을 인용한 부분이다. 예를 들어 예수가 광야에서 시험을 받

---

450 『셩경직ᄒᆡ광익 II』, 예슈슈난쳠례셩경, 399-400.
451 『셩경직ᄒᆡ광익 III』, 셩신강림후데십이쥬일셩경, 21-22.

왔을 때 구약의 말씀을 인용하면서 마귀를 물리치는 장면이 나타나는데 세 번 모두 신명기를 인용하였다.

첫 번째 시험에 대해 예수는 신명기 8장 3절 말씀으로 대응하였다; ᄃᆡ답ᄒᆞ야 ᄀᆞᆯᄋᆞ샤ᄃᆡ 경에 쎳시ᄃᆡ "사ᄅᆞᆷ이 홀노 음식으로 사지 아니ᄒᆞ야 오직 텬쥬 입으로 발ᄒᆞ신 모든 말ᄉᆞᆷ으로 ᄒᆞᆫ다" ᄒᆞ니라.[452] 두 번째 시험에 대해 예수님은 신명기 6장 16절 말씀으로 대응하였다; 예슈 ㅣ ᄀᆞᆯᄋᆞ샤ᄃᆡ 경에 또 쎳시ᄃᆡ "너희 쥬 텬쥬를 시험치 못ᄒᆞᄂᆞ니라."[453] 그리고 세 번째 시험에 대해서는 신명기 6장 13절 말씀으로 대응하였다; 경에 쎳시ᄃᆡ "너희 쥬 텬쥬를 공경ᄒᆞ고 뎌만 셤기라" ᄒᆞ니라.[454]

또한 『셩경직히광익』에서 모세를 소개한 부분이 있는데 예수 탄생 전 1,500년대의 인물로 소개하고 있으며 그 내용은 다음과 같다;

> ᄆᆡ스ᄂᆞᆫ 고교 션지 셩인 즁 교즁을 통솔ᄒᆞᆫ 쟈ㅣ라. 텬쥬ㅣ 돌판 두짝에 십계ᄅᆞᆯ 써주샤 명ᄒᆞ야 ᄇᆡᆨ셩의게 뵈샤 직희게 ᄒᆞ시니 텬쥬 강ᄉᆡᆼ 쌔에 밋처ᄂᆞᆫ 셰샹을 ᄇᆞ린지 거의 일쳔오ᄇᆡᆨ년이라.[455]

1) 십계명

십계명은 교리서와 신앙서적에 다양하게 포함되어 있다. 본 절에서는 십계명이 어떻게 번역되고 해석되었는지를 추적하여 밝힐 것이다.[456]

---

452 『셩경직히광익 I』, 봉지후데일쥬일셩경, 633.
453 『셩경직히광익 I』, 봉지후데일쥬일셩경, 637.
454 『셩경직히광익 I』, 봉지후데일쥬일셩경, 640.
455 『셩경직히광익 II』, 봉지후데이쥬일셩경, 6.
456 십계명에 관한 부분은 본인의 논문을 수정 보완한 것이다; 정중호, "18세기 이전 중

중국에 들어온 동방기독교인 경교의 문헌 가운데 서청미시소경(序聽迷詩所經)에 십계명이 들어있다. 서청미시소경은 예수 메시야경이라 번역할 수 있다. 저자는 알로펜(阿羅本)이며 635-638년경 저술된 것으로 중국어에 익숙하지 않고 미숙한 흔적을 발견할 수 있다.[457] 따라서 경교 문헌 가운데 가장 초기의 문헌으로 간주된다. 서청미시소경에는 십계명 내용이 10원(十願)이라는 형태로 기록되어 있으며 그 내용은 다음과 같다.[458]

> 天尊說云：所有衆生, 返[逆]諸惡等. 返逆於[天]尊亦不是孝.
>
> (천존은 말한다: 중생들아, 여러 악들로 돌이키면 천존에게 반역하는 것이니, 이것은 물론 효가 아니다.)
>
> 第二願者, 若孝父母幷恭給, 所有衆生, 孝養父母, 恭承不闕, 臨命終之時, 乃得天道爲舍宅.
>
> (두 번째로 바라는 것은, 만일 부모에게 효도한다면 공손히 공급하라. 중생들아, 부모에게 효도하고 양육하여라. 공손히 섬기기를 게을리 하지 마라. 그러면 임종에 임박하여서 하늘 도가 집이 될 것이다.)
>
> [第三願者, 所有衆生], 爲事父母. 如衆生無父母, 何人處生.
>
> ([세 번째로 바라는 것은, 중생들아], 부모를 섬기어라. 만일 중생이 부모가 없으면 인간이 어디서 태어나는가?)
>
> 第四願者, 如有受戒人, 向一切衆生, 皆發善心, 莫懷睢惡；

국과 한국의 십계명 번역과 해석의 역사," 『구약논단』 50집 (2013), 319-347.

457 황정욱, 『예루살렘에서 장안까지』, 69-70.

458 佐伯好郞, 『景教の 研究』, 702-703. 한글번역은 황정욱의 번역을 인용하였으나 부분적으로 수정하였음. 황정욱, 『예루살렘에서 장안까지』, 78-79.

(네 번째 바라는 것은, 계를 받은 사람은 모든 중생에 대해 선한 마음을 내고 악한 생각을 품지 말라.)

第伍願者, 衆生自莫殺生, 亦莫諫他殺, 所以衆生命共人命不殊.

(다섯 번째 바라는 것은, 중생은 스스로 생명을 죽이지 말지니라. 또한 다른 사람에게도 죽이라고 권하지 말라. 뭇 목숨은 인간의 목숨과 다르지 않기 때문이다.)

第六願者, 莫姦他人妻子 自莫宛

(여섯 번째로 바라는 것은, 다른 사람의 처와 간통하지 말라. 그녀를 그렇게 하도록 유혹하지 말라.)

第七願者, 莫作賊.

(일곱 번째로 바라는 것은, 도적질하지 말라.)

第八[願者]衆生錢財, 見他富貴, 并有田宅奴婢, 天[無]睢姤

(여덟 번째, 중생은 다른 사람의 부귀와 가진 밭과 집, 노비를 보거든 탐내지 말라.)

第九願者, 有好妻子并好金屋. 作文證加褋他人

(아홉 번째로 바라는 것은, 좋은 처자와 좋은 집을 가졌다면 거짓 문서로 증언하여 다른 사람에 대해 음모를 꾀하지 말라.)

第十願者, 受他寄物, 并將[他]費用, [莫事]天尊.

(열 번 째 바라는 것은, 다른 사람이 맡긴 물건이나 다른 사람의 비용으로 천존을 섬기지 말라.)

사에키(佐伯好郎)는 '10원(十願)'의 출처에 대해서 4원(四願) 이하의 것을 디다케에서 소개한 두 길의 한역(漢譯)이라고 보았다.[459] 그러나 '10원'의 내용을 디다케와 상세히 비교 분석해보면 디다케와 유사한 부분도 있지만 열 번째의 경우 디다케에는 없는 내용임을 발견할 수 있다.[460] 따라서 10원을 전적으로 디다케에서 번역했다는 주장은 설득력이 부족하다.

그런데 서청미시소경의 10원(十願)과 구약의 십계명과는 차이나는 부분이 있다. 우선 5-9원(願)이 십계명 순서와 동일하게 나열되어 있는데 8-9원은 순서가 서로 바뀌져 있을 뿐이다. 그러나 1-4원(願)과 10원(願)은 십계명과는 다소 거리가 있다. 제1원은 하나님에 대한 것이지만 십계명의 제1계명과 동일하지는 않다. 특이한 점은 2-3원이 모두 부모에게 효도하는 것을 강조한 점이다. 심지어 하나님에 대한 1원의 경우도 '효'라는 용어로 설명하며 해석하고 있다. 이렇게 효도를 강조한 것은 중국에 이미 효 사상을 기반으로 하는 사상체계가 갖춰져 있었기 때문에 십계명 가운데 효도 부분을 확대하고 강조한 것으로 보인다.[461]

그러나 십계명 가운데서도 중요한 조항인 우상숭배 금지와 안식일 준수의 계명이 보이지 않는다. 아마도 전통적으로 수많은 신상을 섬겨온 중국에서 우상숭배 금지 계명을 수용하기 힘들다는 판단 아래 이 계명을 의도적으로 누락시켰을 가능성이 있다. 그리고 안식일을 지킨다는 것도 중국의 사회 관습이나 제도적으로 지키기 힘든 것이기에 의도적으로 누

---

459 佐伯好郎, 『景教の 研究』, 690.

460 황정욱, 『예루살렘에서 장안까지』, 82-83.

461 하나님을 아버지로 공경하라는 효사상에 대한 강조는 초기 유대교 해석이나 사해문서에도 나타나있다. 조철수, "십계명 5 - 10계명과 『슈루파크의 가르침』," 『구약논단』 4집 (1998), 41-69.

락시킨 것으로 추정된다.[462] 결국 효도를 강조하고 우상숭배 금지 계명과 안식일 계명을 의도적으로 누락시킨 것은 경교 선교 정책상 문화 수용 정책(accommodation)을 취한 것으로 볼 수 있다.[463]

"서청미시소경" 십계명의 또 다른 특징은 '살인하지 말라'라는 계명(第伍願)에서 사람뿐만 아니라 자연의 다른 생명도 죽이지 말라 라고 되어 있는데 이것은 불교의 주장과 유사한 면이 있다. 당시 경교가 불교와 유사한 종교임을 보이려고 노력한 결과로 볼 수 있다. 그런데 1642년 예수회 선교사에 의해 저술된 『천주성교십계직전(天主教十誡直詮)』에는 살인하지 말라는 것이지 살생을 금지하는 것이 아님을 명시하여 대조를 이루고 있다.

가. 원 제국 시대

1253년 몽골 제국에 파견된 프랑스왕 루이9세와 교황 인노센트 4세의 특사 루브룩(Gaillaume de Rubruc)은 몽케 대칸을 알현했다.[464] 그는 고려를 유럽에 소개한 사람이기도 하다. 루브룩은 교회 안에 있던 사제와 신자들의 권유에 못 이겨 고해성사를 주관하기도 했다. 그는 십계명의 조목들과 일곱 가지 죽을 죄를 열거하면서 사람들에게 공개적으로 자신의 죄를 고백하라고 했다. 그들은 도둑질한 것에 대해서 고백했다. 그러나 주인들이 옷이나 음식을 주지 않기 때문에 노예인 자신은 도둑질을 하지 않으면 살 수조차 없다고 하소연했다. 루브룩은 그들의 딱한

462 김호동, 『동방기독교와 동서문명』, 138-140.
463 이현호, "경교는 실패한 선교 모델인가?" 『복음과 실천』 43집 (2009), 311-313.
464 김호동, 『동방기독교와 동서문명』, 68.

처지를 생각하여 몽골인들도 아무 까닭 없이 재산과 가축을 빼앗아갔으니 그들이 생존을 위해서 주인의 재산을 훔치는 것도 용인될 수 있을 것이라고 말해주었다. 또한 참석한 신도들 가운데 일부는 군인이었다. 그들이 전쟁터에 나가 적을 죽이지 않으면 도리어 자기들이 죽을 것이라고 하며 살인의 불가피성을 말하자, 루브룩은 그것 또한 할 수 없는 일이지만 상대방이 기독교도일 경우에는 어떤 경우에든 살인해서는 안 된다고 강조했다.[465]

원 제국 시대 고려에 기독교인이 온 경우가 있었고 국가정책에도 영향을 미칠 정도였기에 성경이 전래되었을 것으로 짐작되지만 아직 그 증거를 발견하지는 못하였다.[466]

나. 『천주실록(天主實錄)』과 십계명

한국에 천주교 교리서가 1592년경부터 이미 들어와 있었다. 교리서와 기도서에는 성경 내용이 축약되어 있거나 인용되는 것이 상례이기 때문에 부분적인 성경이 이들에게 전해졌다고 볼 수 있다.

천주실록(天主實錄)이 발행되기까지의 간략한 역사와 내용을 소개하면 다음과 같다.

예수회 선교사로 1579년 마카오에 도착하여 1588년 까지 중국에서 선교활동을 한 미켈레 루지에리(Michele Ruggieri, 羅明堅, 1543-1607년)는 한문을 열심히 공부하였으며 사서(四書)를 라틴어로 번역하기까지 하였다.

---

465 William van Ruysbroeck, *The Mission of Friar William of Rubruck: His journey to the court of the Great Khan Möngke 1253-1255* (Indianapolis/Cambridge: Hackett Publishing Company, Inc., 1990), 214-215.

466 정중호, "고려시대 기독교," 109-139.

미켈레 루지에리는 1582년 십계명을 한문으로 번역하였으며 1583년 『조전천주십계(祖傳天主十戒)』라는 명칭으로 출판하였다.[467] 『조전천주십계(祖傳天主十戒)』는 한 장으로 인쇄된 전단에 불과했지만 한역교리서의 시작이라 할 수 있다.[468] 그리고 조전천주십계는 1584년에 출판한 『신편서축국천주실록(新編西竺國天主實錄)』의 부록으로 실리게 되었다.

『조전천주십계』의 말미에는 "오른쪽 십계조는 옛날 천주께서 친히 쓰신 것으로 온 세상에서 준수하도록 영을 내리신 것이다. 이를 따르는 자는 혼이 천당으로 올라가 복을 받고, 어기는 자는 지옥에 떨어져 형을 받을 것이다(右十誡條, 係古時天主親書, 降令普世遵守. 順者則魂升天堂受福, 逆者則墮地獄加刑)"라는 문구가 기재 되어 있다.[469]

"천주께서 친히 쓰신 것"이라는 뜻은 모세가 하나님으로부터 받은 십계명임을 강조한 것이며 성경 내용임을 강조한 것이다. 루지에리 신부가 단순히 라틴어 교리서를 번역한 것이 아니라 성경 내용을 요약하여 한문으로 작성했다는 것은 고메즈 신부가 1581년에 아래와 같이 기록한 것을 보아도 짐작할 수 있다.

> 루지에리 신부와 나는 요 몇달 동안 창세기를 간략하게 요약하느라 바빴다. 대화형식을 띤 이 책자가 중국어로 번역돼 교리전파에 보탬이 되었으면 한다.[470]

---

467 유승상, "예수회 중국 활동의 선구적 성과인 『천주성교실록』에 대한 초보적 연구," 50.
468 하성래, "한국 천주교회의 한글 번역 활동," 474.
469 張奉箴, "利瑪竇的前驅羅明堅," 『神學論集』 07期 (1971), 125. 재인용; 유승상, "예수회 중국 활동의 선구적 성과인 『천주성교실록』에 대한 초보적 연구," 51.
470 *Japsin* 125, 13, 리찌(Ricci), 깐똔(廣東), 1584년 11월 30일; *Japsin* 9 I 51 v [MHJ

그러나 『조전천주십계』는 구약의 십계명을 그대로 번역했다기보다 중국 현지인들이 십계명을 이해할 수 있도록 쉽게 설명한 것이라 할 수 있지만, 성경에 나타나는 십계명의 핵심적인 단어가 번역되어 있다는 점을 주목할 필요가 있다. 그리고 십계명의 순서는 어거스틴에 의해 작성된 십계명의 순서를 따르고 있는데 현대 천주교회도 역시 이 순서를 따르고 있다. 특징을 보면 "형상을 만들지 말라"라는 제2계명을 삭제하고 "남의 아내를 탐내지 말라"라는 계명을 제9계명으로 첨가하였다는 점이다.

『조전천주십계(祖傳天主十誡)』에 나타난 십계명의 내용은 다음과 같다.[471]

1. 要誠心奉敬一位天主, 不可祭拜别等神像.

(성심으로 한분이신 천주를 공경하고 다른 신상에 제배하지 말라.)

2. 勿呼請天主名字, 而虛發誓願.

(천주의 이름을 부르면서 헛된 맹서와 소원을 발하지 말라.)

3. 當禮拜之日禁止工夫, 謁寺誦經, 禮拜天主.

(예배일에는 일을 금지하고 사원을 알현하고 경을 외면서 천주를 예배하라.)

4. 當孝親敬長.

(응당 어버이에게 효도하고 어른을 공경하라.)

5. 莫亂法殺人.

I 116], 빼드로 고메스(Pedro Gomez), 마카오, 1581년 10월 25일. 재인용; Juan G. Ruiz de Medina, 『한국천주교전래의 기원』, 41.

471 張奉箴, "利瑪竇的前驅羅明堅," 125. 재인용; 유승상, "예수회 중국 활동의 선구적 성과인 『천주성교실록』에 대한 초보적 연구," 51.

(법을 어지럽히고 살인하지 말라.)

6. 莫行淫邪穢等事.

(음란하고 사악하고 추한 행동을 하지 말라.)

7. 戒偸盜諸情.

(훔치고자 하는 정들을 경계하라.)

8. 戒讒謗是非.

(참소와 비방과 시비를 경계하라.)

9. 戒戀慕他人妻子.

(타인의 아내를 연모하는 것을 경계하라.)

10. 莫冒貪非義財物.

(의롭지 못한 재물을 탐하지 말라.)

제3계명에는 "사원을 알현하고"라는 구절이 나타나는데 이는 교회를 사원이라 불렀기 때문이다. 또한 "경을 외면서 천주를 예배하라"고 구체적으로 주일을 어떻게 지키는지를 가르쳐 주고 있는데, 이것은 중국인들이 절에서 불경을 외면서 참배하는 것을 참조하여 지도한 것이라 볼 수 있다. 즉 불교적인 용어이며 선교 초기에 불교의 것을 많이 차용한 것에서 비롯된 것이다. 미켈레 루지에리는 선교전략상 문화적 적응을 위해 불교 승려의 복장으로 스님 같은 생활을 하였고 교회를 절(寺)이라 이름하였다. 이러한 경향은 1584년에 『신편서축국천주실록(新編西竺國天主實錄)』을 출판할 때도 나타난다.[472] 유럽에서 온 것을 불교의 발원지인 '축국(竺

472 『신편서축국천주실록』의 초판본은 로마의 예수회 고문서실[ARSL, Jap. Sin, I, 189]

國)'에서 온 것으로 표기한 것이며, 저자 서명도 '스님'이라는 뜻으로 천축국승(天竺國僧)이라 표기하였다.

『조전천주십계(祖傳天主十誡)』를 수정한 『신편서축국천주실록(新編西竺國天主實錄)』이 1584년 음력 8월 18일에 작성되었는데 원문 12,528자에 총 16장으로 구성되어 있으며 문답식으로 구성되어 있다. 이 가운데 십계명은 제12-14장에 기록되어 있다. 『신편서축국천주실록』은 중국 사람을 기독교로 인도하려는 입문적인 하나의 호교서(護教書)라 할 수 있다.[473]

『신편서축국천주실록』의 십계명 내용은 다음과 같다;

一、要誠心奉敬一天主, 不可祭拜別等神像.

二、毋呼天主名, 而發虛誓.

三、當守瞻禮之日, 禁止百工, 詣天主堂誦經, 瞻禮天主.

四、當愛親敬長.

五、莫亂法殺人.

六、毋行邪淫等事.

七、毋偷盜諸情.

八、毋讒謗是非.

九、毋戀慕他人妻子.

十、毋冒貪非義財物.

에 소장되어 있다. 유승상, "예수회 중국 활동의 선구적 성과인 『천주성교실록』에 대한 초보적 연구," 54-55.

473 張奉箴, "利瑪竇來華前驅," 『神學論集』 56期 (1983), 163; 유승상, "예수회 중국 활동의 선구적 성과인 『천주성교실록』에 대한 초보적 연구," 69.

수정된 부분을 보면, 제2조 "勿呼請天主名字(무호청천주명자), 而虛發誓願(이허발서원)"이 "毋呼天主名(무호천주명), 而發虛誓(이발허세)"로 줄여졌는데 약간의 문구 수정과 더불어 '勿-(말 물)' 자가 더 강한 부정인 '毋-(말 무)' 자로 변환된 것을 알 수 있다. 그리고 3조의 '禮拜(예배)'가 '瞻禮(첨례)'로, 그리고 '謁寺(알사)'가 '詣天主堂(예천주당)'으로 변환되었다. 또한 "莫-(말 막)" 자와 "戒-(경계 계)" 자가 더 강한 부정인 "毋-(말 무)" 자로 변환된 것을 알 수 있다.[474]

제4계명에 "응당 어버이에게 효도하고 어른을 공경하라"고 하면서 효도에 대한 계명을 연장자를 존경하는 것으로 확대하였다. 이것은 어른을 공경하는 동양의 관습을 고려한 것이라 볼 수 있다.

그리고 십계명을 번역하면서 최초로 '천주(天主)'라는 명칭으로 하나님을 번역한 것은 성경 번역상 중대한 역사적 의의가 있다. 이러한 번역은 중국 성경뿐만 아니라 한국 성경 번역에도 영향을 미쳤다.

다. 『게12장』과 『천주성교십계직전』 외

십계명이 포함된 천주교 서적 가운데 1610년 허균이 갖고 들어온 『게12장(偈十二章)』이 있다.[475] 이 책의 내용은 신도들이 매일 외우는 기도문이었다.[476] 이러한 책의 내용 때문에 하성래는 허균이 천주교신자였다고 주장하였다. 이유는 기도문을 들여왔기 때문이다. 신자가 아니고 단순히

474 유승상, "예수회 중국 활동의 선구적 성과인 『천주성교실록』에 대한 초보적 연구," 68. 각주 26.

475 박지원, 『燕岩集』, 396.

476 배현숙, "17.8세기에 전래된 천주교서적," 11.

서학에 관심이 있었다면 굳이 기도문을 들여올 까닭이 없다는 것이다.[477]

십계명을 포함한 성경이 조선에 들어온 경우를 살펴보면 대부분 중국에서 구입하여 가져온 것들이었다. 따라서 성경이 '전파'나 '전래'되었다기 보다 성경을 수용했다는 표현이 적절하다고 볼 수 있다.

『천주성교십계직전(天主教十誡直詮)』은 전형적인 교리서로 예수회 중국 선교사인 디아스(E. Diaz, 陽瑪諾, 1574~1659)가 저술한 십계명 해설서이다.

십계명의 내용과 순서는 천주교 십계명을 따르고 있으며, 특이한 것은 살인하지 말라 라는 제5계명을 설명할 때 불교의 살생금지와는 다르다는 것을 강조한 점이다. 또한 살인뿐만 아니라 살인의 원인이 되는 분노와 질투 등에 관해서도 상세히 설명하고 있다. 또한 도적질하지 말라 라는 제7계명도 강조하였는데 구체적인 사례를 들면서 설명하기도 하였다.

흥미로운 것은 세계지리에 관한 책인 『직방외기』에도 십계명(十誡)이 언급되어 있다는 점이다. 터키 나라를 소개하는 장에 아라비아를 소개하면서 '시나이' 산을 또한 소개하였다. 그리고 거기서 모세가 십계명을 받았다고 설명하였다; "오랜 옛날에 하느님이 세상 사람들에게 교훈을 전하려고 했을 때, 성인 모세를 이 산으로 불러 십계명을 내리고 돌로 된 널에 드러내었다. 왼쪽 널에 3가지 계명과 오른쪽 널에 7가지 계명, 곧 오늘날 전해오는 십계명이 이것이다."[478]

---

477 하성래, "天主歌辭研究," 98, 104.

478 Giulio Aleni, 『직방외기: 17세기 예수회 신부들이 그려낸 세계』, 98.

이외에도 십계명이 포함된 서적으로는 『기인십규(琦人十規)』가 있는데 이 책은 1584년 마테오 리치가 저술한 책으로 구약의 십계명을 한문으로 설명한 교리문답서이다.[479] 그리고 십계(十誡)는 1631년 포루투칼인 소에리오(Jonnes Soerio)가 지은 것으로 신유사옥 때 최소사는 마치 주문을 외우듯 십계를 외우면 제천한다고 하여 외웠다고 하였다.[480] 또한 『聖敎切要(성교절요)』는 르티즈(Hortis Ortiz) 신부가 1705년에 간행한 것으로 십계명이 포함되어 있는데, 1789년 이전에 한국에 들어와 읽혔다.[481]

『텬쥬십계(天主十誡)』는 원래 한글로 저술되었으며 저자도 한국인인 십계명 해설서이다.[482] 그러나 저자와 연대를 알 수 없는 점이 안타까운 점이다. 내용을 살펴보면 신학적인 설명보다 일상생활 가운데서 계명을 어떻게 실천할 수 있는지를 살피면서 죄의 유형들을 구체적으로 열거하고 있다.

『교요셔론(敎要序論)』은 십계명을 포함하고 있는데 1801년 신유박해 때 발견된 것으로 보아 그 이전에 한글로 번역된 교리서로 보인다.[483]

『주교연기(主敎緣起)』는 교리서로(1643년 간행) 보유론적(補儒論的) 입장으로 성리학을 비판하였는데, 천주교가 유교의 불완전한 점을 보완할

---

479 賈立言 編, 『漢文聖經譯本小史』, 12; 한미경, "中國語 聖書飜譯에 관한 歷史的 考察," 176.

480 배현숙, "17.8세기에 전래된 천주교서적," 25-26. 사학징의(邪學懲義)에 나타난 바에 의하면 십계를 본 사람은 19명인데 그 중 양반은 2명, 상민 16명, 천인 1명으로 주로 상민들 가운데 십계를 애송한 것으로 보인다. 『邪學懲義』 (不咸文化社 影印本), 213.

481 한국교회사연구소 편, 『한국천주교회사 1』 (한국교회사연구소, 2009), 189-190; 김형철, "개화기의 천주교, 개신교 관련 자료," 77.

482 『天主十誡』의 필사본은 한국교회사연구소에 소장되어 있다.

483 조광, 『朝鮮後期 天主敎史 硏究』, 93.

수 있다고 주장하였다. 주목할 점은 유교의 오륜을 기독교의 십계명과 같은 것으로 여겼다는 점이다. 진산사건을 계기로 1791년 11월 홍문관에 소장된 서양서적을 소각할 때 이 책이 포함되었으므로 그 이전에 조선에 들어온 것으로 보인다.[484]

천주교 관련 서적들이 중국에서 조선 땅으로 들어오면 필사자를 통해 널리 전파되었다. 1790년대에 이르면 서학서를 필사하여 생계를 유지하는 전문 필사자도 생겨났으며 그 결과 천주교 신도들은 가정에 적어도 30-40권의 필사본을 가질 수 있게 되었다.[485]

천주교 교리서가 한글로 번역된 사실은 조선정부의 기록에 의해서도 확인할 수 있는데, 1788년 조선정부는 충청도 일대에 한글로 번역된 교리서가 만연된 사실을 문제 삼은 적이 있었다.[486] 1801년 신유박해 당시 조선정부가 압수하여 소각한 천주교 서적은 모두 120종 117권 199책에 이르렀으며 이 가운데 한글로 쓰진 책은 83종 11권 128책이었다.[487] 물론 이 책 가운데는 십계명을 포함한 책이 상당수 있었을 것이다. 그리고 정약종(1760-1801)은 자신의 고공(雇工) 임대인 임태인(任太仁)에게 십계명을 가르치기도 하였다.[488]

---

484 한국교회사연구소 편, 『한국천주교회사 1』, 172-173.

485 Claude-Charles Dallet, 최석우, 안응렬 역주, 『韓國 天主敎會史 上』 (서울: 한국교회사연구소, 1980), 177.

486 『邪學懲義』, 379-386; 조광, "조선교구설정의 민족사적 의미," 『교회사연구』 4집 (1983), 101-102.

487 조광, "조선교구설정의 민족사적 의미," 90.

488 서종태, 한건 편, 『천주교신자재판기록 (상)』, 112~113: 2월 12일 任太仁 추국 "…矣身 居在忠淸道藍浦 無父母無妻子而在鄕時 保寧鄭生員 誘以邪學之好故以諺謄冊看之 于有保寧寒川洪生員樂豊 寓接於常漢金得根家 以爲汝旣無依托 與我同事云云 矣身隨往于廣州斗峴丁生員家 學得所謂十戒矣…."

십계명을 당시 성도들이 어떻게 이해하고 해석하였는지 그 실례를 1791년 순교한 윤지충의 공술(供述)에서도 발견할 수 있다. 윤지충은 심문관 앞에서 공술하였는데 십계명이 실행할 중요한 계명이라 밝히면서 제4계명을 다음과 같이 진술하였다; "부모를 효도하여 공경하라(이 계명의 해석에는 임금은 온 나라의 아버지요, 관장은 그 고을 백성들의 아버지이니, 그들도 역시 공경하여야 한다고 적혀 있습니다)."[489] 부모 공경을 효도로 설명하면서 임금에게 충성하는 것도 이 계명 안에 포함되어 있다고 해석한 것이다. 이러한 해석은 1798년 순교한 이도기의 진술과 1799년 순교한 박취득의 진술에서도 찾아 볼 수 있다; "부모께 대한 효도와 임금께 대한 충성은 제4계에 명령되어 있습니다." "제4계는 부모와 어른과 임금님과 관장을 공경하고 형제와 이웃을 사랑하라고 우리에게 명합니다."[490] 조선에서 이러한 해석을 강조한 것은 천주교도들이 임금과 부모를 무시하는(無君無父) 반역의 무리가 아니라 진정으로 임금에 충성하고 부모에게 효도하는 사람들임을 강조하기 위한 해석이라 볼 수 있다.

특히 윤지충은 십계명을 요약하기를 "천주를 만유 위에 사랑하라는 것과 모든 사람을 자기 같이 사랑하라는 것입니다"라고 하면서 십계명을 지키는 것이 하나님의 가르침을 지키는 핵심적인 실천 조항임을 강조하였다.[491]

복음서를 번역한 『셩경직히광익 I』의 "삼왕릭ㅣ죠후뎨일쥬일셩경"에도 십계명에 대해 이야기 하였다. 나이 어린 예수가 부모와 함께 예루살

489 Claude-Charles Dallet, 『韓國 天主教會史 上』 346.
490 Claude-Charles Dallet, 『韓國 天主教會史 上』, 402, 410-411.
491 Claude-Charles Dallet, 『韓國 天主教會史 上』, 346.

렘 성전에 가서 제사를 드린 누가복음 2장 42절 "쳠례날의 규구대로 ᄒᆞ고"라는 구절을 해석한 '좀'에서 십계명의 안식일 계명을 다음과 같이 해석하였다;

> 고교 규계에 ᄀᆞᆯᄋᆞᄃᆡ 므롯 사나의 대 쳠례날을 맛나거든 각각 쇽업을 파ᄒᆞ고 셩뎐에 나아가 쳠례ᄒᆞ라 ᄒᆞ니 곳 뎨 삼계 쳠례날을 직힘이니라. 이 경이 대략 두 ᄯᅳᆺ출 포함ᄒᆞ니 일을 파홈이 ᄒᆞ나히오 쳠례홈이 ᄒᆞ나히니 대개 쳠례ᄂᆞᆫ 령셩의 유익을 닐외고 파홈은 육신의 일을 아오로 긋쳐써 령셩을 유익게 홈이니...[492]

'고교 규계'란 '구약의 규정(계명)'이란 뜻이요 '쳠례날'은 '안식일'을 가리킨다. 내용을 살펴보면, 안식일에는 노동을 금하고 성전에 나아가 예배를 드림으로 영성의 유익을 도모하는 날이라 하였다. 그리고 『셩경직히광익』에는 '살인하지 말라'라는 계명을 인용한 마태복음 5장 21절이 또한 번역되어 있다.

그리고 한글로 작성된 "십계명가"는 1779년 12월 주어사 강학회 직후 정약전, 권상학, 이총억 등이 지은 것으로 "천주공경가"와 함께 숭실대학교 박물관 소장 필사본 『만천유고(蔓川遺稿)』에 전한다.[493]

---

492 『셩경직히광익 I』, 237-238.

493 "己亥 臘月 於走魚寺 講論後 丁選庵 權公相學 李公寵億 作歌寄之"

II. 예언서

1.『칠극』

『칠극』에는 다양한 성경 구절들이 인용되었는데 그 가운데 예언서로는 사사기 9장 8-15절과 이사야 66장 2절이 인용되었다. 사사기 9장 8-15절은 요담의 우화로 알려진 나무들의 이야기로서 상당히 긴 내용이지만 이해하기 쉽게 핵심적인 내용을 정리해서 그 메시지를 전달하는 형식으로 되어 있다. 다음은『칠극』에 나타나는 요담의 우화 부분이다.

> 많은 나무들이 함께 의논을 하였는데, 그것은 하나의 나무를 세워 그것을 어른으로 삼아서 그를 공경하고 높이자는 것이었다. 가장 먼저 추대된 것은 올리브였다. 올리브는 맛있는 열매가 열리고, 좋은 기름을 가진 나무였으나, 사양하면서 "나의 기름은 매우 윤택하므로 사람들에게 쓰일 것이다. 그런데 나는 나의 윤택함을 흩어서, [그것을] 너희 많은 나무들의 어른이라는 자리와 바꾸고 싶지 않다"고 하였다. 다음으로 포도를 추대하였더니 [그도] 사양하면서 "나의 열매는 매우 달고, 나의 술은 매우 맛있다. 그러니 사람들에게 쓰일 것이다. 그런데 나는 나의 단 열매와 맛있는 술을 흩어서, [그것을] 너희 많은 나무들의 어른이라는 자리와 바꾸고 싶지 않다"고 하였다. 그 뒤 얼마 되지 않아 날말에 까지 이르렀다. 날말은 가시나무에 속하

는 것인데, 꽃도 잎도 열매도 없고, 덤불지어 나며 가시만 많이 있어 하나도 쓸모가 없고 오직 땔감으로만 쓸 수 있을 뿐이었다. 그러나 [그는] 마침내 뛰어 일어나면서 "정말로 그러한가? 그렇다면 마땅히 와서 나의 그림자를 따라야 할 것이다. 그리고 오직 내가 할 것이다. 누가 감히 거스르겠는가? 그런데 만약 거스르는 자가 있다면, 나는 마땅히 불을 질러서 그를 태워 버리겠다.[494]

기름을 부어 왕을 삼는다는 이스라엘의 관습은 쉽게 이해할 수 없는 관습으로 설명이 필요하기에 '어른으로 삼아 공경'한다는 표현으로 바꾼 것을 볼 수 있다. 이와 더불어 원래 요담의 우화는 왕정을 비판하는 의도에서 나온 것인데 『칠극』에서는 교만을 비판하기 위해 활용된 것이기에 이렇게 표현을 바꾼 것으로 짐작된다. 또한 무화과나무에 관한 부분(삿 9:10-11)은 생략하였는데 아마도 당시 동양인들이 무화과나무가 어떤 나무인지 알지 못하기에 생략한 것으로 보인다. 다만 가시나무는 반드시 포함시켜야 하기에 상세히 설명하였다. 성경에는 없지만 동양인들이 알고 있는 '날말'이라는 가시나무 종류를 들면서 구체적으로 소개하였고, 쓸모없는 나무임을 자세히 설명하였다.

494 Diego de Pantoja, 『七克』, 71.

2.『셩경직히광익』

『셩경직히광익』 '셩요왕종도겸셩ᄉᆞ쳠례셩경'의 '좀'에서는 사무엘이 통치할 때 청렴결백했다는 이야기(삼상 12:1-4)를 요약하여 소개하고 있다.

> ...뉘 션지 고 셩인 사무를 좃출고 여러 히 모든 사롬을 다ᄉᆞ리니 일즉 닐너 골ᄋᆞᄃᆡ 내 모든 사롬을 다ᄉᆞ련지 오랜지라 뉘 나를 탐장에 무함ᄒᆞ리오 내 졍ᄉᆞㅣ 지극히 몱아 ᄌᆡ빅을 즐김이 업고 죵신토록 ᄌᆡ물노 법을 굽힘이 업고 옥에 인졍 ᄌᆡ물을 밧음이 업다 ᄒᆞ니 모든 사롬이 듯고 진실노 그러홈을 허ᄒᆞ니라...[495]

또한『셩경직히광익』은 복음서를 해석하면서 그 속에 포함된 예언자를 소개하기도 하였는데, 다음은 엘리야를 소개하는 내용이다;

> 또 무ᄅᆞᄃᆡ 그러면 네 에리아ㅣ냐 (에리아는 고교 션지자의 일홈이니 그 ᄉᆞ실은 봉ᄌᆡ후 데이쥬일에 뵈니라. 이 때에 에리아ㅣ 임의 세샹을 떠난지 구빅여년이어늘 국인이 이곳치 무롬은 대개 고경에 긔록ᄒᆞ엿시ᄃᆡ 에리아ㅣ 죽지 아니ᄒᆞ고 공즁으로 소사아가 그 죵적이 어ᄃᆡ 잇는지 아지 못ᄒᆞᆫ다 ᄒᆞ엿시니 헤아리건대 반ᄃᆞ시 세샹에 뵐 때 잇실지라...)[496]

---

495 『셩경직히광익 IV』, 셩요왕종도겸셩ᄉᆞ쳠례셩경, 419.
496 『셩경직히광익 I』, 예수셩탄젼데이쥬일셩경, 84-85.

엘리야는 아합 시대(주전 868-854) 선지자인데 약 900년 전이라 소개하면서 구약(고경)에 기록된 선지자라 하였다. 그리고 엘리야가 죽지 않고 하늘로 올라갔다는 사실도 이야기하였는데 '공중으로 솟아올라 그 종적이 어디 있는지 알지 못한다'고 하였다. 이처럼 죽지 않았으니 세상 어디엔가 있을 것이라 설명하는 것을 보아 승천해서 하늘나라로 갔다기보다 공중으로 올라가서 세상 다른 곳으로 갔다는 것으로 해석하였다.

그런데 엘리야를 소개한 또 다른 부분이 있다. 즉 변화산상에 나타난 엘리야를 소개한 부분(마 17장)에는 엘리야의 시대를 예수 탄생 전 1000년이라 하였다. 앞의 부분과는 100년 정도 차이를 보이고 있다. 이처럼 동일한 『셩경직ᄒᆡ광익』 안에서도 엘리야를 소개하는 부분이 통일되지 않고 차이를 보이고 있다. 그리고 엘리야가 죽은 후 부활하였다는 특이한 설명을 하였다. 엘리야를 소개한 또 다른 부분은 다음과 같다;

> 에리아ᄂᆞᆫ ᄯᅩᄒᆞᆫ 고교 셩지 셩인이라. 그 덕이 륭후ᄒᆞ매 텬쥬 ㅣ 셰샹의 머물어 그 죽기ᄅᆞᆯ 허락지 아니ᄒᆞ시고 텬신을 명ᄒᆞ야 불수뢰와 불물노써 퇴와 공즁에 올녀 락도에 두니 대략 셰샹이 멸할 ᄯᅢ에 다시 나와 사ᄅᆞᆷ을 인도ᄒᆞ다가 ᄆᆞᆺᄎᆞᆷ내 죽여 죽음의 니ᄅᆞ고 사ᄒᆞᆯ 후의 다시 살아 령셩과 육신이 다 아오로 하ᄂᆞᆯ에 오ᄅᆞᆯ지라. 그러나 네브터 이제 ᄭᆞ지 사ᄅᆞᆷ이 그 잇ᄂᆞᆫ 곳을 모로니 텬쥬 강ᄉᆡᆼ ᄯᅢ에 임의 사ᄅᆞᆷ을 ᄯᅥ난지 거의 일쳔년이라. 이 날 텬쥬 ㅣ 명ᄒᆞ야 나와 오쥬ᄅᆞᆯ 뫼시니라.[497]

497 『셩경직ᄒᆡ광익 II』, 봉ᄌᆡ후데이쥬일셩경, 7-8.

또한 『셩경직ᄒᆡ광익』 '예수셩탄젼뎨일쥬일셩경'에 누가복음 3장 본문이 나타나는데 이사야 40장 3-5절이 다음과 같이 누가복음 3장 4-6절에 인용 되어 있다;

> 마치 션지쟈 이사이아의 글에 썻시ᄃᆡ "소ᄅᆡ(요안 셩인을 ᄂᆞᆯ음이라) 들의셔 부ᄅᆞᄃᆡ 너희들아 쥬의 길흘 다ᄉᆞ리며 즈럼길을 바르게ᄒᆞ며 모든 골을 ᄎᆡ우게 ᄒᆞ고 모든 뫼와 언덕을 ᄂᆞᆺ게ᄒᆞ야 굽언거ᄉᆞᆯ 바로고 험ᄒᆞ던 거시 평탄ᄒᆞᆫ 길이 되게ᄒᆞ매 이에 모든 사ᄅᆞᆷ이 육목으로 쥬의 구원ᄒᆞ시기ᄅᆞᆯ 보리라 ᄒᆞᆷ과 ᄀᆞᆺᄒᆞ니라."(세샹 님금으로 비유ᄒᆞ건대 세샹 님금이 장ᄎᆞᆺ 나가려 ᄒᆞ면 사ᄅᆞᆷ이 각각 몬져 그 길흘 평케ᄒᆞ야 기ᄃᆞ리ᄂᆞ니 ᄒᆞ믈며 텬쥬ㅣ 장ᄎᆞᆺ ᄂᆞ리려 ᄒᆞ시매 미리 그 ᄆᆞ음을 조촐케 ᄒᆞ야 공경ᄒᆞ야 오 쥬ᄅᆞᆯ 맛지 아니면 가치 아니ᄒᆞ니 이ᄂᆞᆫ 대개 미리 요안 셩인을 드러 사ᄅᆞᆷ을 경계ᄒᆞᆫ 말ᄉᆞᆷ이 이ᄀᆞᆺᄒᆞ니라)[498]

누가복음에 인용된 이사야의 예언을 비교적 정확하게 번역하였으며 전체를 해석하는 부분이 추가되어 있다. 마치 임금이 행차하려면 미리 길을 고르게 하고 준비하는 것과 같이 하나님을 마지 하려할 때는 죄를 씻고 닦으며 공경하는 마음으로 준비를 해야 한다고 해석하였다. 그리고 이사야에는 '외치는 자의 소리'라 하였는데 누가복음에서는 '광야에서 외치는 자의 소리'라 되어 있다. 『셩경직ᄒᆡ광익』은 이 부분을 간단하게 '소리'라 번역하였고 이 소리가 세례요한의 소리라 해석하였다.

---

498 『셩경직ᄒᆡ광익 I』, 예수셩탄젼뎨일쥬일셩경, 110-113.

또한 '좀'에서는 이 말씀을 해석한 부분이 있다. 그 가운데 "뫼와 언덕을 낫게ᄒᆞ고 평케ᄒᆞ야"라는 구절을 해석한 것은 다음과 같다;

> 뫼와 언덕은 무엇고? 왈 거오ᄒᆞ야 놉기를 됴하ᄒᆞ고 스ᄉᆞ로 ᄀᆞ득히 넉이고 령신의 길을 막으니 쥬ㅣ 오시려 ᄒᆞ나 조차 드러오실 곳이 업ᄉᆞ니 ᄆᆞ옴을 겸손이 ᄒᆞ며 뜻을 억제ᄒᆞ야 평케 아닌즉 거오ᄒᆞᆫ 긔운이 웅칙ᄒᆞ니 엇지 조차 다시 텬쥬의 내림을 밧으리오.[499]

'산과 언덕'을 스스로 자신을 높이는 거만하고 교만한 마음이라 해석하였고 '평탄케 하는' 것은 마음을 겸손하게 만드는 것이라 해석하였다. 따라서 하나님이 우리에게 오시는 길을 막지 않도록 교만한 마음을 겸손하게 만들어야 함을 강조하였다.

그리고 『셩경직히광익』 복음서 본문(눅 19:46) 가운데 이사야(이 56:7)와 예레미야 구절(렘 7:11)을 인용한 곳이 있는데, 바로 아래와 같은 '셩신강림후뎨구쥬일셩경' 본문이다.

> 셩뎐에 들어가시매 비로소 게셔 사고 ᄑᆞᆯ고 ᄒᆞᄂᆞᆫ 이를 쏘차샤(그때 국인이 우양 동물을 잇그러 셩뎐에 밋쳐 제ᄒᆞ매 오직 그 편홈만 도라보고 그 도리ᄂᆞᆫ 도라보지 아냐 셩뎐 안희셔 홍정ᄒᆞ매 쥬ㅣ 그 셜만홈을 ᄎᆞᆷ지 못ᄒᆞ샤 연고로 모라 쏘ᄎᆞ시니라) 뎌들ᄃᆞ려 닐ᄋᆞ샤ᄃᆡ 경에 썻

499 『셩경직히광익 I』, 예수셩탄젼뎨일쥬일셩경, 130.

시ᄃᆡ 내 집은 긔구ᄒᆞᄂᆞᆫ 집이라 ᄒᆞ엿거ᄂᆞᆯ 너희들은 도적의 굴을 삼ᄂᆞᆫ도다 ᄒᆞ시고 때에 날마다 셩뎐에셔 ᄀᆞᄅᆞ치시더라.[500]

위의 본문은 누가복음 19장 45-46절 본문인데 중간에 작은 글씨로 내주를 달아 성전 안에서 왜 소와 양들을 매매하고 있는지 그 정황을 설명하였다. 그리고 '경에 썻시ᄃᆡ'(성경에 기록하기를)라 하면서 이사야와 예레미야 구절을 인용하였다.

또한 베들레헴에서 예수가 탄생할 것이라는 예언이 미가에 의해 선포되었다는 것을 말하였는데(마 2:6) 미가 5장 2절을 아래와 같이 인용하였다.

> 대개 션지쟈ᄅᆞᆯ (션지쟈ᄂᆞᆫ 미겨 셩인이니 오쥬 셩탄ᄒᆞ시기 젼에 이ᄅᆞᆷ이 대략 팔ᄇᆡᆨ년이니 ᄇᆞᆰ이 셩탄ᄒᆞ실 곳을 ᄀᆞᄅᆞ침이라) 인ᄒᆞ야 이ᄀᆞᆺ치 썻시ᄃᆡ 네 베름 유다의 짜히여 모든 고을에 네 ᄉᆞᆺᄒᆡ 고을이 아닐지니 너로노 조차 이라엘(이라ᄂᆞᆫ 상고 셩인이니 본국의 웃듬 조샹이 됨으로 그 일홈을 취ᄒᆞ야 본국을 이라엘이라 닐ᄏᆞ라니라) 내 ᄇᆡᆨ셩을 거ᄂᆞ리ᄂᆞᆫ 쟝슈ㅣ 나리라 ᄒᆞ니이다.[501]

예언자 미가를 미겨라 하였고 베들레헴을 베름이라 하였으며 이스라엘을 이라엘이라 하였다. 또한 본문 가운데 작은 글자로 내주를 달아 이

500 『셩경직히광익 III』, 셩신강림후뎨구쥬일셩경, 214-215.
501 『셩경직히광익 I』, 삼왕래됴셩경, 273-274.

스라엘이 조상인 야곱의 새로운 이름인 것을 설명하였는데, 예언자 미가가 예수 탄생 전 800년 시대의 인물이라 소개하였다.

마태복음 11장 10절에는 말라기 3장 1절이 인용되어 있는데 예수의 공생애가 시작되기 전에 세례요한이 먼저 활동을 시작하리라는 예언과 관련되어 인용된 것이다. 이 구절은 『셩경직히광익』의 '예수셩탄젼삼쥬일셩경' 본문에 아래와 같이 포함되어 있다.

> 셩경에 일즉이 뎌롤 가져 썻시ᄃᆡ 졍히 내 텬신을(텬신은 석국 근본 글에 골ᄋᆞᄃᆡ 안유ㅣ라 ᄒᆞ여시니 번역ᄒᆞ야 닐ᄋᆞ면 텬쥬의 ᄉᆞ쟈ㅣ 라 말이라) 너 보다가 몬져 보내여 뎌ㅣ 너희 길흘(길은 ᄆᆞ음 덕을 비유홈이라) 미리 다ᄉᆞ리리라 ᄒᆞ시다 ᄒᆞ니라 ᄒᆞ시더라.[502]

본문의 내주로 작은 글씨로 첨가된 "석국 근본 글에 골ᄋᆞᄃᆡ 안유ㅣ라 ᄒᆞ여시니 번역ᄒᆞ야 닐ᄋᆞ면" 부분은 『셩경직히』에도 나타나지 않은 구절이다. '천사'를 가리키는 '안유'란 라틴어 음역으로 짐작된다. 아마도 후대의 필사 과정 중에 라틴어 신부로부터 라틴어 지식을 얻어 첨가한 것으로 짐작된다.

또한 『셩경직히광익』 가운데는 예수의 수난을 구약에서 이미 예언하였다는 취지로 예언서 내용을 들면서 해석한 부분이 있다.

---

502 『셩경직히광익 I』, 예수셩탄젼삼쥬일셩경, 56-57.

이사이아 셩인이 긔록ᄒᆞᄃᆡ 오쥬 ㅣ 비록 무죄ᄒᆞ시나 ᄉᆞ디에 스ᄉᆞ로 니ᄅᆞ러 즁인의 죄를 쇽ᄒᆞ시리라 ᄒᆞ고 ᄯᅩ 닐ᄋᆞᄃᆡ 쥬 ㅣ 입어 원슈 사ᄅᆞᆷ을 쵹범치 아니ᄒᆞ며 그 올흠을 벽빅지 아니ᄒᆞ며 그 명을 구치 아니 ᄒᆞ샤 마치 어린 양ᄀᆞᆺ치 ᄒᆞ리라 ᄒᆞ고...[503]

이 부분은 '고난당하는 여호와의 종의 노래'에서 예언한 내용을 든 것인데 특히 이사야 53장 4-7절 내용을 상기시킨다. 그리고 스가랴가 예언한 내용(슥 13:7)도 십자가 사건을 예언한 것으로 해석하였다.

자가리아 셩인이 긔록ᄒᆞᄃᆡ 슈난ᄒᆞ실 ᄯᅢ 문도ㅣ 두려워 흣터져 양이 목쟈 없ᄉᆞᆷᄀᆞᆺᄒᆞ리라 ᄒᆞ고 ᄯᅩ 닐ᄋᆞᄃᆡ 쇠못ᄉᆞ로 쥬의 슈죡을 ᄯᅮᆯ으리ᄅᆞᄒᆞ니라.[504]

스가랴의 예언은 수난주일 본문에 두 번이나 아래와 같이 인용되어 있다; 스가랴 11장 12-13절(마 27:9), 스가랴 13장 7절(마 26:31).

경에 긔록ᄒᆞ야 ᄀᆞᆯᄋᆞᄃᆡ 내(텬쥬 셩부) 기ᄅᆞᄂᆞᆫ 쟈를(오 쥬) 치면 모든 양(종도)이다라나 흣터지리라 ᄒᆞ엿ᄂᆞ니라.[505] (마 26:31 본문에 인용된 슥 13:7)

넷적 여릐미아 예지쟈ㅣ 닐ᄋᆞᄃᆡ 삼십 은젼 ᄑᆞᆫ 갑ᄉᆞᆯ(ᄀᆞᆺ 오쥬의

---

503 『셩경직히광익 II』, 예수슈난쳠례셩경, 382-383.

504 『셩경직히광익 II』, 예수슈난쳠례셩경, 383.

505 『셩경직히광익 II』, 예수슈난쳠례셩경, 193.

풀님 닙으신 갑시라) 가져 질그릇 짜흘 사리라. 이 말이 이 때 징험 ᄒᆞ니라.[506] (마 27:9 본문에 인용된 슥 11:12-13)

그리고 스가랴 9장 9절도 마태복음 21장 5절에 인용되어 있다. 이 본문은 봉직후뎨륙쥬일셩지례의 주일의 본문으로 오늘날 종려주일에 해당하는 주일날 읽는 본문이다. 여기서는 시온을 '시완'이라 음역한 것이 주목된다.

션지쟈의 말에 닐완 "시완녀 ᄃᆞ려 닐너 골ᄋᆞᄃᆡ ᄌᆞ인롭고 어진 네 왕이 암나귀와 밋 젹은 뫼야지를 ᄐᆞ고와 너를 보시리라" 홈을 징험ᄒᆞ심이러라.[507]

또한 십자가 사건과 부활 승천한 사건을 해석할 때는, 다윗이 골리앗을 물리친 사건(삼상 17장)을 회상시키며 예수가 마귀의 세력을 이긴 사건이라 해석하였다.

다위 셩왕이라. 셩왕이 어려실 때 갑옷도 업고 창도 업시 손으로 젹은 막대를 가지고 주머니에 다ᄉᆞᆺ 돌흘 곰초고 젼장에 들어가 큰 살롬을 죽이고 도적을 이긔고 도라오니...[508]

---

506 『셩경직희광익 II』, 예수슈난졈례셩경, 273-274.
507 『셩경직희광익 II』, 봉직후뎨륙쥬일셩지례의, 138-140.
508 『셩경직희광익 II』, 예수슈난졈례셩경, 390.

복음서의 또 다른 부분에도 구약이 인용되어 있는데 예레미야 예언자의 예언이다(렘 31:15). '져셩영히치명쳠례셩경' 주일의 본문 성경인 마태복음 2장 18절에 인용되어 있는데, 헤롯이 예수 탄생 때 베들레헴에서 두 살 이하의 아기들을 살해한 장면에 등장하는 말씀이다. 『셩경직히광익』에는 예레미야를 '여릐미아'로, 그리고 라헬을 '나쓸'로, 베들레헴을 '벗드름'으로 표기하였다.

> 여릐미아 션지쟈롤 인하야 닐너시딕 소릐 하놀에 진동ᄒᆞ고 울고 톄읍홈이 만흔지라. 나쓸이 그 아돌을 울매 위로홈을 밧지 못ᄒᆞ니 대개 다 업숨이라 ᄒᆞ심을 맛치니라.(나쓸은 샹고 셩부의 일홈이니 죽은 후에 지아비 장ᄉᆞ를 벗드름에 두므로 션지 셩인이 일홈을 비러 벗드름과 그 싸겻흘 닐카르니라).[509]

3. 『직방외기』

『직방외기』에도 예언서와 관련된 내용이 있는데, 유대 나라를 소개하면서 다윗과 솔로몬과 같은 왕들의 이야기, 성전 건축과 성경에 대한 이야기를 하였으며 예언자들에 대한 이야기도 포함시켰다.[510] 이 가운데 예언자들을 소개하는 대목은 다음과 같다;

---

509 『셩경직히광익 IV』, 져셩영히치명쳠례셩경, 465-466.
510 Giulio Aleni, 『직방외기: 17세기 예수회 신부들이 그려낸 세계』, 105-107.

이 땅의 이전 성현들 가운데는 하느님으로부터 명을 받아 아직 다가오지 않은 일을 미리 알 수 있는 이들이 많이 있었다. 나라 임금들은 의심스런 일이 있으면 반드시 그들의 말에 따라서 일을 결정하였다. 그 성현들은 성의를 다해서 기도하여 이로써 하느님의 뜻을 알아냈고, 그들이 미리 알아낸 것은 빠짐없이 성경에 적어 두었는데, 이 후에 맞지 않은 적이 없었다.[511]

III. 성문서

1. 지혜문학

지혜문학은 인간의 경험을 중요하게 여긴다. 그래서 지혜문학의 내용은 삶을 살아가면서 깨달은 것들로 채워져 있다. 따라서 비록 종교와 문화가 다르다 하더라도 보편적인 인생 경험이 담겨있는 지혜문학을 이야기하면 공통점을 발견할 수 있으며 대화의 통로를 마련할 수 있다. 예를 들어 게으르지 말고 부지런해야 한다는 지혜는 다양한 종교와 문화권에서 모두 긍정적으로 이야기하는 내용이다. 따라서 종교간 대화를 하거나 선교를 시작할 때 저항을 받지 않고 이야기할 수 있는 것

511 Giulio Aleni, 『직방외기: 17세기 예수회 신부들이 그려낸 세계』, 107.

이 바로 지혜문학이다.

이러한 까닭에 16세기 말 중국에 와서 선교를 시작했던 예수회 신부들도 초기에는 지혜문학을 활용하면서 대화를 시도하였다. 그리고 17세기 초반에 조선에 소개된 성경 가운데도 지혜문학이 먼저 들어왔다. 지혜문학에는 인간의 수양을 통해서 일상의 시간과 공간 속에서 이루어지는 생활을 하나님과 연결시켜 거룩한 시간과 공간으로 바꾸려는 내용이 들어 있다. 마찬가지로 조선의 사대부들은 속(俗)을 성(聖)으로 사는 유교적 의식에 젖어 있었기 때문에 지혜의 소리를 거부감 없이 수용하였던 것이다.

또한 지혜문학은 창조신학을 바탕으로 하고 있다. 지혜는 하나님이 천지만물을 창조할 때 보조자로서 역할을 감당하였고 그 지혜는 만물 가운데 나타나 있다. 따라서 지혜는 사람을 향해서 외치고 있지만 하나님과 자연과 함께 어우러져 있는 공동체 속에서 소리치고 있는 것이다. 마찬가지로 조선의 사대부들도 초월적 질서와 인간과 자연의 우주적 연대성 속에서 사고하고 있었기 때문에 지혜문학을 거부감 없이 수용하였던 것이다.

지혜문학을 활용해서 저술한 중요한 책은 『七克(칠극)』인데 1614년 예수회 선교사인 빤또하(Diego de Pantoja, 1571-1618)에 의해 저술되었다.[512]

복음서를 번역한 책으로 알려진 『셩경직히광익』에도 지혜문학이 번역되어 있다. 『셩경직히광익』은 1790년대의 역관인 최창현(崔昌顯)에 의해 한

512 배현숙, "17.8세기에 전래된 천주교서적," 39.

글로 번역되었는데 4복음서의 30.68%가 번역되어 있다.[513] 중요한 것은 본문 외에도 주석이나 잠(箴)이 있는데 여기에 욥의 이야기와 잠언과 같은 지혜문학이 포함되어 있다.[514]

선교에 있어서 큰 장점을 가진 지혜문학이 조선에 17세기부터 소개되었음에도 불구하고 아직까지 지혜문학이 어느 정도 조선에 들여와서 읽혀지고 어떻게 수용되었는지에 대한 연구가 극히 부진하다. 비록 『기인십편』, 『칠극』, 『셩경직히광익』 등에 대한 개별적인 연구가 진행된 바 있었지만 지혜문학 인용과 수용에 초점을 맞추어 연구된 바가 없었기에 그 필요성에 부응하기 위해 본 연구가 시작된 것이다. 다만 김승혜가 『칠극』에 지혜문학적 요소가 있음을 간단히 언급한 바 있지만 지혜문학의 인용에 대해서는 깊이 연구하지 않았다.[515]

따라서 본 장의 목적은 17-18세기에 조선에 들여와서 읽혀진 서학서(西學書) 가운데 지혜문학을 인용한 『기인십편』과 『칠극』, 그리고 『셩경직히광익』 등을 분석하여 지혜문학이 어느 정도 조선에 들여와서 읽혀졌으며 어떻게 수용되었는지를 연구하려는 것이다.[516]

---

513 조화선, "'셩경직히'의 연구," 256-261.

514 조한건, "『셩경직해광익』 硏究," 65-66.

515 김승혜, "『七克』에 대한 연구-그리스도교와 신유학의 초기접촉에서 형성된 수양론," 179; 구약과 관련된 선교에 대한 다음과 같은 연구가 있지만 지혜문학에 대한 연구는 부진한 편이다; 김회권, "이사야 61장 1-11절에 나타난 선교신학: 시온과 열방의 관계에 대한 주석적 고찰," 『선교와 신학』, Vol.13 (2004), 141-170; 배희숙, "구약에 나타난 디아스포라 선교," 『선교와 신학』 16 (2005.12), 13-35; 성주진, "오경의 선교 - 선교의 언약신학적 이해," 『선교와 신학』 Vol.1 (1998), 25-43; 하경택, "아브라함과 선교: 구약성서에 나타난 선교의 모델 연구," 『선교와 신학』 Vol.29 (2012), 161-193; 최무열, "신명기의 사회적 약자 보호를 위한 제도적 장치와 그 선교적 적용에 관한 연구," 『선교와 신학』 Vol.36 (2015), 237-277.

516 지혜문학에 관한 부분은 본인의 논문을 수정 보완한 것이다; "17-18세기 한국 선교와 지혜문학: 『칠극』, 『기인십편』, 『셩경직히』를 중심으로," 297-326.

본 연구에 사용된 문헌은 『기인십편』과 『칠극』의 경우 『天學初函(천학초함)』에 포함된 『기인십편』과 『칠극』인데 번역서와 대조하면서 활용하였다.[517] 그리고 번역은 박유리(『칠극』)와 송영배(『기인십편』)의 번역을 활용하였다.[518] 또한 『셩경직히광익』은 한국교회사 연구소가 영인본으로 엮어 발행한 것을 활용하였다.

1) 『칠극』

『칠극』은 수양서로서 그 수양 방법은 사막의 수도자들의 수도방법에서 유래된 것이었다. 구체적인 내용을 보면, 『칠극』은 칠죄종(七罪宗)인 교만, 질투, 인색, 분노, 탐욕, 음란, 게으름 등을 극기하는 방안에 대해 가르치고 있다. 결국 칠죄종과 반대 되는 개념인 칠추덕(七樞德)을 추구하도록 가르친 것이다. 칠죄종과 칠추덕에 대한 것은 1791년 윤지충이 심문을 당할 때 아래와 같이 설명한 내용을 보면 조선의 선비들이 어떻게 『칠극』을 수용했는지를 알 수 있다.

> 『칠극』은 이러합니다. 교만을 이기기 위한 겸손, 질투를 이기기 위한 애덕(愛德), 분노를 이기기 위한 인내, 인색을 이기기 위한 희사의 너그러움, 탐식(貪食)을 이기기 위한 절식(節食), 음란을 위기기 위한 금욕, 게으름을 이기기 위한 근면, 이 모두가 덕을 닦는 데 도움을 줌이 명백하고 정확합니다.[519]

---

517 아세아문화사 편, 『天學初函』 (영인판) (서울: 아세아문화사, 1976).
518 Diego de Pantoja, 『七克』; Matteo Ricci, 『교우론. 스물다섯 마디 잠언. 기인십편』.
519 조광, “하느님 중심의 새로운 윤리관: 칠극(七克),” 80.

토마스 아퀴나스도 그의 『신학대전』에서 칠죄종과 칠추덕을 대비시키고 있다. 토마스 아퀴나스는 칠추덕을 신중, 정의, 자비, 강건, 절제, 순결, 온유로서 빤또하의 칠추덕과 비슷한 면이 있지만 차이를 보이고 있다.[520]

『칠극』이 많은 사람들에게 읽혀진 것은 다양하고도 신기한 이야기들이 포함되어 있었기 때문인데, 특히 호기심을 자아내는 서구의 왕들과 상인들의 이야기가 많이 포함되어 있었기 때문이다. 또한 다양한 고전과 위대한 인물들의 말도 인용되어 있는데 성경과 성인전, 그리스와 로마의 철학가들의 말을 인용하고 있다. 조광은 서학서 가운데 조선의 지식인들에게 가장 큰 영향을 준 책 가운데 하나로 『칠극』을 들었다.[521]

가. 『칠극』에 인용된 지혜문학

본 연구에서 특별히 『칠극』을 우선적으로 주목한 이유는 비록 수양서이지만 『칠극』에는 성경구절이 145회 287절 인용되었고 이러한 성경 인용문들이 17세기에 조선에 소개되었다는 사실 때문이다. 성경을 인용할 때는 "경에 이르기를(經云)" 혹은 "성경에 이르기를(聖經曰)"이라는 구절을 제시하고 그 다음 인용하곤 하였다. 인용문들은 신약에서 67회, 구약에서 46회, 그리고 외경에서 32회로 구분할 수 있다. 특히 구약의 지혜문학뿐만 아니라 신약과 외경의 지혜문학까지 인용하고 있는 점이 돋보인다. 때로는 상당히 긴 성경 이야기를 자세히 활용한 경우도 있다. 예

---

520 김승혜, "『七克』에 대한 연구-그리스도교와 신유학의 초기접촉에서 형성된 수양론," 177.

521 조광, "하느님 중심의 새로운 윤리관: 칠극(七克)," 78.

를 들면 요담의 우화(삿 9:8-15), 다니엘 이야기(단 3:1-33) 등은 상당히 긴 이야기인데 모두 자세히 수록되어 있다.[522] 한 가지 언급할 사항은, 원래 『칠극』의 저자는 성경 어느 책 몇 장 몇 절의 내용을 활용했다는 것을 표시하지 않았다. 따라서 『칠극』을 번역한 번역자(박유리)가 성경 가운데 가장 근접한 것을 찾아서 표기하였다. 본 연구자는 이러한 표기를 참고하여 책과 장.절을 결정하였다.

『칠극』에 인용된 구약성경

죄	구 약
교만	잠 27:21; 29:8; 15:1; 3:6; 22:5 욥 5:7; 삿 9:8-15; 사 66:2
질투	창 1:27 잠 17:15; 25:18: 25:23; 22:24-25; 21:24; 29:5; 17:17; 3:27-28; 전 10:8
탐욕	욥 1:21; 잠 11:25; 30:7-9; 21:13; 28:27
분노	잠 20:22; 16:32; 15:1; 3:12
탐심	잠 13:25; 23:21; 23:29-30; 31:4; 20:1; 전 10:17
음란	창 18:20-21
나태	잠 6:6-8; 6:9-11; 18:9; 28:19; 26:15; 21:25; 1:24-26 전 9:10; 5:12; 3:19-21; 단 3:1-33; 시 14:1

구약은 46회 106절이 인용되었는데 책별 빈도는 다음과 같다; 창세

522 Diego de Pantoja, 『七克』, 70-71(요담의 우화), 193-194(소자에게 물 한 그릇 주는 비유), 213-214(채무이야기), 389-390(다니엘 이야기).

기 2, 사사기 1, 욥기 2, 시편 1, 잠언 33, 전도서 5, 이사야 1, 다니엘 1회. 구약의 경우 잠언이 압도적으로 많이 인용되었다. 잠언은 33회 인용되었는데 전체 46회 가운데 72%를 차지한다. 그 다음은 전도서인데 5회 인용되었고 이러한 빈도는 11%에 해당한다. 지혜문학인 잠언과 전도서와 욥기를 합치면 40회로 전체에서 87%를 차지한다.

잠언을 인용한 부분을 분석해보면 교훈과 지혜연설이 있는 1-9장에는 불과 5회만 인용되었는데 그것도 3장과 6장만 인용되었다(3:6, 12, 27-28; 6:6-8, 9-11). 내용을 상세히 보면, 여호와를 인정하고 그의 징계가 사랑의 매임을 알려주는 내용(3:6, 12)과 자선을 격려하는 내용(3:27-28), 게으른 자를 책망하는 내용(6:6-8, 9-11) 등이 있음을 발견할 수 있다. 잠언이 28회 인용된 부분은 10-31장인데 이 부분은 다양한 격언과 교훈들로 가득 찬 부분이다.

신약은 67회 147절이 인용되었는데 책별 빈도는 다음과 같다: 마태복음 24, 누가복음 10, 요한복음 3, 마가복음1, 로마서 5, 고린도전서 8, 데살로니가후서 1, 디모데전서 1, 디모데후서 2, 갈라디아서 1, 골로새서 1, 에베소서 3, 베드로전서 4, 야고보서 1, 히브리서 1, 요한계시록 1회. 신약의 경우 마태복음을 인용한 경우가 24회로 36%를 차지하고 있다. 복음서 전체는 42회로 63%를 차지한다. 복음서를 유독 많이 인용한 이유가 무엇일까? 복음서 안에는 비유와 이야기와 가르침 등 지혜문학적인 부분이 많이 있었기 때문이다.[523]

『칠극』에서 성경을 인용한 것을 보면 직역은 드물게 나타나고, 대부

523 천사무엘, "구약 지혜 전승과 신약성서," 『구약논단』 통권 제18집 (2005), 129-132.

분 의역을 하거나 내용을 요약하고 있는 것을 볼 수 있다. 의역을 할 경우에는 해설이 첨가되어 성경본문보다 길어지는 경향이 있다. 이러한 현상이 나타난 이유는 천주교의 교황청에서 트렌트 공의회(1545-1563) 때부터 성경번역을 금지시킨 것과 관련이 있다. 이러한 금지령 때문에 성경을 정확히 번역하기보다 요약하거나 의역을 하는 경우가 많았으며 성경을 각색하여 옮겨놓은 경우도 있었다.[524] 『칠극』을 저술한 1614년에도 이러한 상황이었기에 비록 "성경(聖經)에 이르기를"이라고 하면서 저술한 내용도 정확한 번역이라기보다 요약이나 의역이 대부분이다. 그러나 핵심적인 내용을 전달하는데 집중하였기 때문에 쉽게 내용이 이해될 수 있는 장점도 있다.

의역의 경우는 잠언 6장 6-8절을 인용한 부분을 들 수 있는데, 거의 내용을 충실히 번역하고 있지만 직역하기보다 의역해서 게으른 자들에게 경고하는 내용을 명확하게 전달하려고 하였다. 이 경우 해설 형식의 첨가 부분이 들어가서 인용문의 분량은 좀 더 길어졌다. 그리고 비교하기 위해 개역개정판 본문을 첨가하였다.

> [칠극] 너희 게으른 이들아, 어찌하여 개미를 보지 않는가? 어찌하여 그것들의 행동 방식을 생각하지 않으며, 그것들의 지혜를 본받지 않는가? [그것들은] 임금도 없고, 스승도 없고, 이끌어 주는 사람도 없지만, 여름날에는 여름이 지난 뒤의 음식을

524 천주교는 1893년에 비로소 레오 13세의 성서에 관한 회칙 '프로비엔띠시무스 데우스(Providentissimus Deus)'에서 각국의 언어로 성경을 번역하는 것을 허용하였다.

갈무리할 줄 안다.[525]

[개역개정] 게으른 자여 개미에게 가서 그가 하는 것을 보고 지혜를 얻으라. 개미는 두령도 없고 감독자도 없고 통치자도 없으되 먹을 것을 여름 동안에 예비하며 추수 때에 양식을 모으느니라. (잠 6:6-8)

잠언 21장 13절의 경우에도 의역을 하였으며 분량이 성경본문보다 증가되었다. 또한 원래 3인칭 형식의 문장으로 간접화법을 사용하였는데, 일인칭 형식의 문장으로 변경하여 직접화법으로 강하게 경고하려고 한 것을 볼 수 있다.

[칠극] 너희가 [너희의] 귀를 틀어막고서 가난한 이들의 소리를 들어주지 않으면, 너희가 [나에게] 기도하더라도 나 역시 [나의] 귀를 틀어막고서 너희의 소리를 들어주지 않을 것이다.[526]

[개역개정] 귀를 막고 가난한 자가 부르짖는 소리를 듣지 아니하면 자기가 부르짖을 때에도 들을 자가 없으리라. (잠 21:13)

성경 내용을 요약한 경우도 있는데 잠언 3장 12절의 경우를 예로 들 수 있다.

---

525 Diego de Pantoja, 『七克』, 382.
526 Diego de Pantoja, 『七克』, 192.

[칠극] 내가 사랑하는 이는 반드시 꾸짖는다.[527]

[개역개정] 대저 여호와께서 그 사랑하시는 자를 징계하시기를 마치 아비가 그 기뻐하는 아들을 징계함 같이 하시느니라. (잠 3:12)

드물기는 하지만 내용을 부분적으로 잘못 이해하고 활용한 예도 있다. 즉 잠언의 아굴의 기도에는 가난하여 도둑질하게 될까 두렵다고 기록되어 있는데 『칠극』에는 부자가 욕심이 넘쳐 도둑질을 하게 될까 두렵다고 하였다.

[칠극] 저의 마음을 거짓으로부터 멀어지게 해주십시오. [지나친] 가난과 부는 둘 다 내려주지 마시고, 만족할 정도만 내려주십시오. 그러면 충분합니다. 그런데 [이는] 부가 지나치면 도둑질을 하게 되어 맹세를 어기게 될까 두려워하기 때문입니다.[528]

[개역개정] 내가 두 가지 일을 주께 구하였사오니 내가 죽기 전에 내게 거절하지 마시옵소서. 곧 헛된 것과 거짓말을 내게서 멀리 하옵시며 나를 가난하게도 마옵시고 부하게도 마옵시고 오직 필요한 양식으로 나를 먹이시옵소서. 혹 내가 배불러서 하나님을 모른다 여호와가 누구냐 할까 하오며 혹 내가 가

527 Diego de Pantoja, 『七克』, 255.
528 Diego de Pantoja, 『七克』, 175.

난하여 도둑질하고 내 하나님의 이름을 욕되게 할까 두려워함 이니이다. (잠 30:7-9)

『칠극』의 저자가 의도하는 바는 선교지의 독자들에게 좀 더 가까이 다가가서 대화하려는 것이기에 동양적 사상과 용어들을 다음과 같이 적극 활용하였다; 1) 유가의 전문용어인 군자(君子)와 소인(小人), 현자(賢者)와 불초자(不肖者) 등을 사용하였다.[529] 2) "자신의 잘못을 스스로 꾸짖고 [자신을] 자랑하지(自伐) 않는다면..."이라는 구절은 노자(老子)의 글귀 "自伐者無功"(자신을 자랑하는 이는 공이 없다)을 활용한 예라 할 수 있다.[530] 3) 사랑 장(고전 13)을 번역할 때도 사랑을 애(愛)로 번역하지 않고 인(仁)으로 번역하였다.[531] 4) 생소한 용어인 '영혼'이라는 용어를 사용하지 않고 '신령한 밝음(靈明)'이라는 용어를 사용하였다. 5) 그리스도의 고난을 따르는 것을(벧전 2:20-21) "인(仁)을 따르는 사람은 모두 반드시 박해를 받게 된다"라고 요약하였다.[532]

또한 빤또하는 요담의 우화(삿 9:8-15)인 나무 우화를 소개하였는데 아주 자세히 소개하였다. 다만 '하나님과 사람'이라는 구절에서는 '하나님'을 빼고 소개하여 신유학자들이 거부감 없이 『칠극』을 읽을 수 있도록 하였다.[533]

---

529 김승혜, "『七克』에 대한 연구-그리스도교와 신유학의 초기접촉에서 형성된 수양론," 180.

530 Diego de Pantoja, 『七克』, 33.

531 Diego de Pantoja, 『七克』, 128.

532 Diego de Pantoja, 『七克』, 48.

533 Diego de Pantoja, 『七克』, 70-71.

나. 조선 선비의 『칠극』 수용 양상

빤또하는 지식의 네 단계를 설명하면서 명조(明照), 양의(量義), 결정(決定), 명령(命令) 등으로 분류하였는데 이것은 이해에서 시작하여 자신에게 행동을 하도록 명령하는 데까지 나아가고 있다. 김승혜는 지적하기를 이러한 흐름은 실천과 행동을 강조하는, 지행합일(知行合一)의 유교전통과 일맥상통하는 면이라 하였다.[534]

그러나 내세에 천국과 지옥이 있고 내세에 보상을 받는다는 개념을 강조하는 천주교의 교리에 대해 유학자들의 비판이 쏟아졌다.[535] 즉 현세를 경시하고 자신의 이익을 도모하는 소인배의 모습이라는 비판이다. 그럼에도 불구하고 『칠극』에서 빤또하는 보상의 개념을 강조하였다. 빤또하는 보상을 바라지 않고 선을 행하라는 유교의 주장은 고상하게 보일 수는 있어도 실제 현실에서 선행을 실천할 수 있는 의지를 약화시킨다는 비판을 하면서 보상을 기대하는 것은 하나님의 뜻이라 주장하였다.[536] 그는 유교에서는 내세를 고려하지 않기 때문에 보상을 주장할 수 없지만, 천주교는 내세를 중요시 여기고 현세와 내세를 통합하여 사고한다는 점을 부각시켰다. 사실 유교에서는 현세에서 악인이 득세하고 선한 사람들이 억압과 고통 속에 있다는 어려운 문제를 명쾌하게 설명하기 힘들었기 때문에 빤또하의 주장에 일부 사대부들이 귀를 기울일 수가 있었을 것이다. 빤또하는 인간 중심적인 유교의 윤리관을 신 중심적 윤리관으로 바

534 김승혜, "『七克』에 대한 연구-그리스도교와 신유학의 초기접촉에서 형성된 수양론," 180.

535 김시준 역주, 『天主敎 傳敎 迫害史(闢衛編)』, 29.

536 Diego de Pantoja, 『七克』, 390-394.

꾸어 놓았다. 이러한 까닭에 동일하게 내세를 강조했음에도 천주교의 개념과 교리를 강조한 천주실의에 대해서는 강도 높은 비판을 가했지만, 지혜문학과 윤리관으로 접근한 『칠극』에 대해서는 비판하지 않은 기현상이 일어났다.

『칠극』에도 인간의 악한 모습과 약한 모습을 강조했지만 원죄에 대해서는 강조하지 않았다. 그리고 인간 본성의 악함을 강조하는 성악설도 강조하지 않았다. 오히려 인간의 선한 본성을 계발할 수 있는 가능성을 제시하고 하나님과 연결된 인간의 아름다움을 강조한 것이다. 이러한 논리는 인간 본성의 선함을 강조하며 인성교육에 목표를 두는 사대부의 교육론과 조화롭게 부합될 수 있었고, 오히려 새롭고 신선한 충격을 줄 수 있었다. 유교의 인성교육론은 논리적으로 정밀했지만 실천에 있어서 동기부여의 강도가 약해서 공리공론으로 흐르는 약점이 있었다. 그런데 천주교의 신 중심적 인성교육론은 보상이 명확하고 현세와 내세와 연결이 되어 있기 때문에 자발적인 실천을 할 수 있는 동기를 부여할 수 있었다.

신 중심의 윤리관을 제시한 『칠극』은 원시 유교에서, 그리고 한국의 전통적인 종교적 심성에서 찾아볼 수 있는 '하늘'을 우러러 보는 영성을 회복시키는데 공헌하였다. 한국인의 말 속에는 "하늘이 무섭지 않느냐" 혹은 "하늘이시여" 혹은 "지성이면 감천이라"는 말이 자연스럽게 흘러나온다. 마테오 리치와 빤또하를 비롯한 천주교 선교사들도 이러한 원시 유교의 하늘 숭배 심성을 되살리면서 천주교가 유교를 돕고 보완한다는 보유론(補儒論)을 역설한 것이다. 이러한 논리에 조선의 일부 사대부들도 긍정적으로 화답하였고 정약용을 비롯한 사대부들은 적극적으로 이러한 논리를 펴면서 '하늘'을 새롭게 회복하려고 하였다.[537] 조선이 건국하면서 유교를 숭상하게 되었는데 중국의 황제를 천자로 하고, 조선은 제후인 왕으로 여겼다. 이러한 논리에 따라 중국의 천자는 하늘에 제사를 드릴 수 있는 제단을 설치할 수 있었지만 조선의 국왕은 천제단을 설치할 수 없었다. 이러한 중화사상이 지배하고 있었던 시기에 조선의 사대부들은 서학 즉 천주교의 영향을 받아 '하늘'을 다시 회복하고 자주적인 사고를 시도하게 되었던 것이다.

2) 『기인십편』

『기인십편』에는 메멘토 모리(Memento mori) 신학이 강조되어 있다. 메멘토 모리는 삶이 곧 죽음을 향한 여정이기에 언제나 죽음을 염두에 두고 살라라는 중세 기독교의 가르침이다.[538] 마테오 리치는 16세기 가톨릭 선교사들이 강조했던 타오르는 지옥불의 이미지를 생생하게 전달하려고 노력하였으며 이러한 노력을 통해 가톨릭으로 개종하기를 희망하였다. 그러나 마테오 리치가 『기인십편』을 통해 이러한 신학을 강조했음에도 불구하고 중국의 유학자들은 『기인십편』을 일종의 수양론으로 수용하는 태도를 보였다. 이지조는 결론적으로 "『기인십편』의 글은 덕(을 함양하는데)에 적합한 것이지 별스런 것이 아님을 알 수 있다(有知: 十篇之於德適也, 不畸也)"라고 하면서 마테오 리치의 글을 유학자의 입장에서 일종의

537 임형택, "19世紀 西學에 對한 經學의 對應: 丁若鏞과 沈大允의 경우," 『동양학국제학술회의론문집』 Vol.5 (1995), 402-408.

538 김상근, "명말(明末) 예수회 선교사 마테오 리치에 대한 새로운 평가," 14.

수양론으로 수용하는 태도를 보여주었다.[539] 그리고 마테오 리치와 대담한 서광계(徐光啓)는 "(그것을) 기록하여 제 자신을 경계하는 첫째 잠언으로 삼으려고 합니다(將錄以爲自警之首箴)"라고 하면서 『기인십편』을 잠언으로 수용했음을 보여 주었다.[540] 『기인십편』에 인용된 성경 구절들은 다음과 같다.

『기인십편』에 인용된 성경

구 약	외경	신 약
잠 10:19(전 5:2-3); 24:16; 4:22-23(잠 19:16) 전 9:1 시 107:10(시 107:14): 90:4	집 20:1(집 20:5) 집 21:25(잠 15:2)	계 3:3(계 16:15; 마 24:43-44; 살전 5:2; 벧후 3:10) 고전 4:7; 롬 8:18 눅 12:20; 12:16 마 25:21(마 25:23); 7:14; 5:10

위의 표에서도 볼 수 있듯이 『기인십편』에서도 주로 지혜문학을 빈번히 인용하였는데 구약에서 6회, 외경에서 2회, 신약에서 8회 인용하였다. 구약에서는 잠언, 그리고 외경에서는 집회서를 주로 인용하였고, 신약에서는 복음서를 주로 인용하였다. 또한 성경을 직역하기보다 의역이 위주였고 내용을 요약하기도 하였다. 중요한 것은 성경을 인용하면서 해석을 하였다는 점이다. 시편 90편 4절의 경우, 한 절을 비교적 정확하게 인용하면서 그 의미를 분석하고 해석하였다.[541] 그 의미는 천당에서는 너무나

539 Matteo Ricci, 『교우론. 스물다섯 마디 잠언. 기인십편』, 430.
540 Matteo Ricci, 『교우론. 스물다섯 마디 잠언. 기인십편』, 141.
541 "당신 앞에서는 천년이 지나간 어제 같다."(시 90:4, 히브리어 성경[MT]).

즐겁고 행복해서 천년이 하루같이 느껴지지만 지옥에서는 더 길게 느껴진다고 해석하였다.

> 성경에서는 천당을 일컬어 "천주 어전에서 천 년은 이미 지나간 어제 하루와 같다"라고 말합니다(經謂天堂. 曰: '天主御前, 千載如已過之昨日也.').
>
> "현재 운행중인 날"이라고 말하지 않고 "이미 지나간 날"이라고 말합니다(不曰: 如現運日, 而曰: 已過之日).
>
> "오늘"이라고 하지 않고 "어제"라고 말합니다(不曰: 今日, 而曰: 昨日).
>
> [천 년이] 마치 없는 것 같으나, 그러나 그것이 매우 짧다는 것을 가리킵니다(若無有者, 然以指其短之至也).
>
> 지옥을 일러서 '긴 하루에 심한 고통'이라고 합니다(謂地獄曰: '大日甚苦'也).[542]

그리고 성경 안에서도 해석이 일어난다는 점을 아래와 같이 지적하였다. 잠언 10장 19절과 집회서 20장 1절을 해석한 것이 집회서 21장 25절이라는 것이다.

> 천주의 성경에선 이렇게 말했습니다: (天主聖經曰)
>
> "말이 많으면 허물이 없을 수 없다. 자기 혀를 단속할 수

---

542 Matteo Ricci, 『교우론. 스물다섯 마디 잠언. 기인십편』, 309.

있는 것이 곧 지극한 지혜다."라고 했습니다.

또 이렇게 말했습니다.

"어리석은 자가 말을 하지 않으면 사람들이 그를 현자라고 생각할 것이다."

그것을 해석한 사람이 이렇게 말했습니다. (釋之者 曰)

"어리석은 자가 말을 하지 않으면 현자와 다를 바 없다. 오직 혀와 말소리만이 그의 어리석음[을 드러내는] 징표가 될 뿐이다."[543]

3) 『셩경직희광익』

『셩경직희광익』은 1636년에 저술된 『聖經直解(성경직해)』와 1740년에 선교사 마이야(De Mailla)가 저술한 『聖經廣益(성경광익)』을 함께 번역한 것이다. 『聖經直解』가 성경을 이해하기 위한 책이었다면 『聖經廣益』은 성경을 실생활에 적용시키려는 목적이 있었다. 『聖經直解』는 주일과 축일의 복음성경을 한문으로 번역하고 구절마다 작은 글자 2행으로 주석을 첨부하였다. 그리고 잠(箴) 항목을 설정하여 묵상을 유도하였다. 이 책들은 1790년대의 역관인 최창현(崔昌顯)에 의해 처음으로 한글로 번역되었다. 1801년 신유박해 때 기록된 邪學徵義(사학징의) 부록에는 당시 압수된 천주교 서적 목록 중에 6책의 『셩경직희광익』이 있었으며 『셩경직희』 4책도 있었다.

『聖經直解』는 선교사 디아스(Emmanuel Diaz)가 세바스티아노

543 Matteo Ricci, 『교우론. 스물다섯 마디 잠언. 기인십편』, 182.

(Sebastianus Barradius, 1542-1615)의 "4복음 공관해설서"를 참조하였으며 부분적으로 번역하였고 디아스 자신의 견해를 첨가한 것이다.[544] 『聖經直解』가 조선에 들어온 것은 1762년 전이었을 것으로 보인다. 왜냐하면 사도세자(1735-1762)가 조선시대 화첩 『中國歷史繪模本(중국역사회모본)』의 서문을 기록하였는데 그 가운데 『聖經直解』를 언급하였기 때문이다.[545]

한글로 번역된 『셩경직히광익』의 내용을 보면 성경 본문과 주해, 그리고 묵상자료 등으로 구성되어 있는 초기 해설성경이었다. 『셩경직히광익』을 주목하는 이유는 비록 발췌 성경이지만 천주교 초기 공동체에서는 매 주일 『셩경직히광익』을 읽고 지도자가 해석을 했기 때문이다. 초기 공동체에서 가장 학식과 덕이 뛰어난 회장을 선출하였는데, 회장은 주일과 첨례날을 맞이하여 『셩경직히광익』에서 해당일의 성경을 준비하여 읽고, 신자들에게 풀이해 주었다.[546] 달레(Dattet)도 "그날 복음의 해석을 듣습니다"라고 기술하였듯이 이러한 모습은 성경 읽기와 해석이 제도화 되었다는 것을 보여주는 것이다.[547]

그리고 『셩경직히광익』이 한글로 번역되었기 때문에 한자를 모르는 사람이라도 쉽게 읽을 수 있고 외울 수 있었으며 입으로도 전해질 수 있었다. 이러한 까닭에 천주교 지도자들인 조선의 선비들이 위축되었던 1784년 이후에 오히려 조선에 천주교인이 급속히 증가한 것으로 보인다.

『셩경직히광익』에 인용되고 있는 성경 가운데 지혜문학에 해당하는

544 조한건, "『셩경직해광익』 硏究," 7.
545 한국교회사연구소 편, 『한국천주교회사1』, 227, 318.
546 조한건, "『셩경직해광익』 硏究," 86.
547 Claude-Charles Dallet, 최석우, 안응렬 역주, 『韓國 天主敎會史 下』 (서울: 한국교회사연구소, 1981), 252.

성경구절이 나타난 부분은 다음과 같다;

예수셩탄ᄌᆞ시지셩경	잠언 21:30
예수셩탄텬명지셩경	전도서 9:12
삼왕릐됴후뎨ᄉᆞ쥬일셩경	욥기 1:1-2:10
셩모승텬쳠례셩경	아가 6:10

이 가운데 '삼왕릐됴후뎨ᄉᆞ쥬일셩경'의 해석 부분인 좀(箴)에는 욥기 1장 1절-2장 10절 부분이 인용되어 있는데 그 인용문은 아래와 같다;

> 요버 셩인은 부귀가 이샹ᄒᆞ고 ᄌᆞ손이 번다ᄒᆞ고 몸이 강샹ᄒᆞ야 셰복이 극진ᄒᆞ더니 후의 도적이 냑대 삼천과 쇼 일쳔과 나귀 오ᄇᆡᆨ을 겁탈 ᄒᆞ야 가고 즉시 불이 나려 양 칠쳔을 죽이고 또 ᄆᆡᆼ렬ᄒᆞᆫ ᄇᆞ람이 ᄉᆞ면으로 니러나 집이 문득 문허져 그 ᄌᆞ식 열 사ᄅᆞᆷ이 눌녀 다 죽고 마귀 또 그 몸을 더럽게 ᄒᆞ야 온 몸의 죵긔가 나니 니마로브터 발ᄭᆞ지 압흐지 아닌 곳이 업ᄂᆞᆫ지라.
>
> 슬프다 ᄇᆡᆨ가지 환난이 ᄒᆞᆫ 날에 모드히ᄃᆡ 셩인이 의연이 ᄎᆞᆷ아 견ᄃᆡ고 ᄶᆞ희 업ᄃᆡ여 쥬끠 샤례ᄒᆞ야 닐ᄋᆞᄃᆡ 내 셰샹의 드러 올 ᄯᆡ에 젹신으로 ᄐᆡ에셔 나고 셰샹을 ᄇᆞ릴 ᄯᆡ에도 젹신으로 무덤에 들지라. 쥬ㅣ 나를 금세의 복을 주어계시더니 쥬ㅣ 오날날에 다아ᄉᆞ시니 내 복이 쥬로 말ᄆᆡ암아 오고 ᄯᅩᄒᆞᆫ 쥬로 말ᄆᆡ암아 간지라. 쥬의 거륵ᄒᆞ신 일홈을 ᄒᆞᆼ샹 밧드러 크게 영화로옴이 이

실노 원이로소이다 ᄒᆞ니...[548]

위의 내용을 보면 욥기 1장 1절-2장 10절을 요약하여 인용하였음을 알 수 있다. 천상에서 일어난 일들은 모두 생략하고, 또 욥의 대화도 생략하였다. 핵심적인 것은 이러한 고난을 받아도 원망하지 아니하고 하나님을 찬양하였다는 사실을 강조한 것이다. 그리고 이 인용문 후에 "슬프다 요버 ᄀᆞᆺ한이 오쥬의 ᄎᆞᆷ 뎨ᄌᆞㅣ 오쥬의 환난을 조ᄎᆞᆺ다 홀진뎌"[549]라고 하면서 욥과 같은 인물이 바로 참 제자요 그리스도의 고난에 동참한 삶을 산 귀감이 되는 인물이라 칭찬하였다.

2. 시편

16세기 말부터 천주교 신부들이 중국에서 선교를 시작하면서부터 천주교 관련서적들과 교리서들이 한문으로 저술 간행되기 시작하였으며 조선에도 들어왔다. 1608년 마테오 리치가 저술하였으며 1801년 이전에 조선에 들어온 『畸人十篇(기인십편)』에는 시편을 인용한 부분이 있는데 시편 90편 4절의 경우 아래와 같이 인용하면서 해석도 하고 있다.[550]

---

548 『셩경직히광익 I』, 385-386. 『셩경직히광익』에는 띄어쓰기가 되어 있지 않지만 읽기에 도움이 되도록 띄어쓰기를 하였다.

549 『셩경직히광익 I』, 386.

550 Matteo Ricci, 『교우론. 스물다섯 마디 잠언. 기인십편』, 309; 經謂天堂, 曰: '天主御前, 千載如已過之昨日也.' 不曰: 如現運日, 而曰: 已過之日. 不曰: 今日, 而曰: 昨日. 若

성경에서는 천당을 일컬어 "천주어전에서 천년은 이미 지나간 어제와 같다(天主御前, 千載如己過之昨日也)."라고 말합니다.

"현재 운행중인 날"이라고 말하지 않고 "이미 지나간 날"이라고 말합니다.

"오늘"이라고 하지 않고 "어제"라고 말합니다.

[천 년이] 마치 없는 것 같으나, 그러나 그것이 매우 짧다는 것을 가리킨 것입니다.

시편 90편 4절을 번역하면 "당신(하나님) 앞에서는 천년이 지나간 어제 같다"라고 번역할 수 있는데 『畸人十篇(기인십편)』에서는 비교적 정확하게 인용하고 있다. 그리고 천당이 얼마나 즐겁고 행복한 곳인지에 대해 이 시편 구절을 인용하면서 '오늘'이 아니라 이미 경험하였으며 빠르게 지나가 버린 '어제'에 주목하여 해석하였다. 즉 천당의 날은 너무도 행복한 날들이기에 매우 짧고 빠르게 지나간다고 해석한 것이다.

그리고 1614년 예수회 신부 빤또하(D. Pantoja, 龐迪我, 1571-1618)에 의해 저술되었으며 18세기 상반기에 조선에 들어 온 『七克(칠극)』에서 시편 72편 12-14절과 시편 57편 4절이 인용되었다.[551] 그리고 1595년에 저술되어 1614년 이전에 이미 조선에 들여온 『交友論(교우론)』에도 시편이 소개되었는데 시편 23편 4절; 90편 4절; 107편 10, 14절 등이다.[552]

또한 1624년 삼비아시(Francis Sambiasi, 畢方濟, 1582-1649)에 의해 저

無有者, 然以指基短之至也.

551 Diego De Pantoja, 『七克』, 81, 118.

552 Matteo Ricci, 『교우론. 스물다섯 마디 잠언. 기인십편』, 302, 309.

술되었으며 18세기 초에 조선에 들어온 『靈言蠡勺(영언여작)』에 시편 46편 10절과 119편 96-99절, 그리고 시편 94편 17절 등의 내용이 나타난다.[553] 마지막으로 쁘와로(Louis de Poirot, 1735-1814) 신부에 의해 번역된 『達味聖詠(달미성영)』이 있는데 필사본으로 남아있다.[554]

19세기에는 개신교 선교사들에 의해 구약 전체가 한문으로 번역됨으로 인해 한문 시편 전체가 전해져 읽혀졌다.[555] 비록 조선에서는 박해가 심한 때이기는 하지만 비공식적으로 한문성경이 전해지곤 하였다.[556]

1790년대의 역관인 최창현(崔昌顯)에 의해 한글로 번역된 『셩경직히광익』에는 복음서가 번역되어 있는데 시편이 함께 번역된 부분이 있다. 『셩경직히광익』에 인용된 시편은 다음과 같다; 시편 22편 1절(막 15:34=마 27:46); 35편 19절(요 15:25); 69편 4절(요 15:25); 78편 2절(마 13:35); 91편 11-12절(마 4:6); 110편 1절 (마 22:44); 118편 25-26절(마 21:9); 118편 26절(마 23:39).

이 가운데 예를 든다면, 시편 22편 1절의 경우 마태복음 27장 46절(= 막 15:34)에 인용되어 다음과 같이 번역되어 있다; "우리 텬쥬 우리 텬쥬 눈 엇지 누를 ㅂ리고 가시눈고"[557]

---

553 Franciscus Sambiasi, 『영언여작』, 171, 182.

554 徐宗澤 編著, 『明淸間耶蘇會士譯不提要』(世紀出版集團上海書店出版社, 2010), 14.

555 개신교 선교사들에 의해 번역된 한문성경에 대해서는 다음의 논문을 참조바람; 이환진, "19세기와 20세기의 중국어성서," 413-499.

556 1839년 7월 25일 우의정 이지연이 다음과 같이 말하자 대왕대비가 동의했다는 기록이 있다; "요즈음 서학의 무리를 잡아들임을 보면 북경서 책을 사오지 못하는 법이 있음에도 불구하고, 국경에서 이를 금함이 엄하지 않아 요망된 책이 흘러 들어오니... 이를 범하는 자는 국경에서 처단하자." 유홍렬, 『한국천주교회사』(가톨릭출판사, 1962), 329-330.

557 『셩경직히광익 II』, 예수수난쳠례셩경, 351.

그리고 시편 110편 1절이 마태복음 22장 44절에 인용되어 있는데 이 부분도 다음과 같이 번역되어 있다;

> 닐너 골ᄋᆞ샤ᄃᆡ 그런즉 엇지ᄒᆞ야 다위 셩신의 믁계로 뎌를 쥬ㅣ라 닐ᄏᆞ러 닐ᄋᆞᄃᆡ "쥬ㅣ (데일위 텬쥬 셩부를 ᄀᆞᄅᆞ침이라) 오쥬 ᄃᆞ려 (데이위 구셰쟈 셩ᄌᆞ를 ᄀᆞᄅᆞ침이라) 닐ᄋᆞ샤ᄃᆡ 네 내 올흔 편에 안자 내 네 원슈롤 네 발아래 두기를 기ᄃᆞ리라 ᄒᆞ시다" ᄒᆞ엿ᄂᆞ뇨(다 셩부의 말솜이니 오쥬 승텬ᄒᆞ신 본 날에 셩부ㅣ 우편에 안치시고 골ᄋᆞ샤ᄃᆡ 여긔 안자 말셰 긔훈을 기ᄃᆞ리라. 내 네 원슈를 항복 밧아 싸희 업ᄃᆡ여 네 놉흠을 알며 네 날과 ᄒᆞᆫ 텬쥬 셩인 줄을 알게 ᄒᆞ리라 ᄒᆞ심이라)(마태복음 22:43-44).[558]

이 부분은 괄호 안에 해석도 첨가되어 있는 것을 볼 수 있다. 시편의 말씀을 해석하였는데, 성부 하나님이 성자 예수에게 하신 말씀으로 해석하였다. 그리고 그 날짜도 예수 승천 때라 해석하였다.

또 다른 부분이 있는데, 예수가 광야에서 시험을 받았을 때 마귀가 시편을 인용하면서 예수를 유혹하는 장면이; 경에 또 썻시ᄃᆡ 뎌 (데일위 텬쥬 셩부ㅣ라) 그 텬신을 명ᄒᆞ샤 손으로 너를 븟들어 네 발을 돌 우희 샹치 말게 ᄒᆞᆫ다 ᄒᆞ엿ᄂᆞ니라. (시 91:11, 12).[559]

기독교가 강조한 것은 천국과 부활이었기에 장례예식은 무엇보다

---

558 『셩경직힉광익 III』, 셩신강림후뎨십칠쥬일셩경, 415-416.
559 『셩경직힉광익 I』, 봉지후뎨일쥬일셩경, 636.

중요하였다. 특히 천주교에서는 연옥을 인정하고 죽은 자를 위해 성도들이 함께 기도하는 연도 기도를 드렸는데 이 때 시편으로 기도를 드렸다. 이러한 시편이 포함되었으리라 짐작되는 한글번역판 『수진일과』가 1791년부터 발견되기 시작하였다.

『袖珍日課(수진일과)』는 예수회 중국선교사 디아스(E. Diaz, 陽瑪諾, 1574-1659)가 1638년 에 편찬한 것인데, 이 책은 예수회 중국선교사 롱고바르디(N. Longobardi, 龍華民 1559-1654)가 저술하여 1602년 출간한 기도서인 『天主聖教日課(천주성교일과)』를 토대로 하여 편찬한 것이다.[560] 『袖珍日課(수진일과)』에는 연도기도문인 성영(시편)이 포함되어 있었으며 1791년 신해박해 때 천주교인들이 이 책을 소지하고 있었기 때문에 그 이전에 이미 조선에 들어왔음을 알 수 있다.[561] 특히 중요한 것은 1791년 이전에 『袖珍日課(수진일과)』가 한글로 번역되었다는 기록이 있는데 다음 두 가지의 기록을 통해 확인할 수 있다.

첫째, 이승훈이 1798년 북경 선교사들에게 보낸 다음과 같은 편지에서 확인할 수 있다; "1786년...이 모임에서 제가 미사 성제를 드리고 견진성사를 거행하도록 결정이 되었습니다... 예절은 여러 책과 시과경(時課經)에 있는 대로 하되, 좀 삭제도 하고 첨가도 했습니다. 경문은 우리 기도서에서 택했습니다."[562]

여기서 '우리 기도서'란 기도문을 한글로 번역한 것으로 보이는데 한글번역본 『수진일과』 혹은 『천주경과』였을 것으로 짐작된다. 최윤환도

560 '수진'이란 휴대하기 쉬운 소형이라는 의미이다.
561 주은경, "한국 천주교 연도와 상장례 문화," 36.
562 최석우, "이승훈 관계 서한 자료,", 173.

이승훈이 보낸 편지의 '우리 기도서'를 한글로 번역된 기도문으로 보았다.[563]

둘째, 1791년 체포되어 심문을 받은 정인혁의 다음과 같은 진술에도 『수진일과』를 가지고 있었다는 내용이 들어 있다; "책은 수진 1책, 절요 상 1권, 실의 2책, 자증 4책을 역시 필공에게서 빌려다가 보았는데... 수진 1책 및 한글로 가려 뽑아 번역한 수진일과도 아울러 가지고 갔습니다."[564] 이 진술에서 "한글로 가려 뽑아 번역한 수진일과(諺書抄飜袖珍)"가 나타나며 이것이 바로 한글로 『수진일과』를 번역한 증거라 볼 수 있다. 따라서 『수진일과』에 포함된 시편도 당연히 한글로 번역되었을 것으로 보인다. 적어도 1791년 이전에 시편 중 일부분이 한글로 번역되어 있었고 실제 장례에서 사용하였을 것으로 짐작된다.[565]

1801년 신유박해 때 윤현의 집에서는 『향슈보본명셩』이 발견되었는데 하성래는 『向예슈報本聖詠誦』의 오기로 보았다.[566] 그리고 윤현의 집에서 『향례주셩영송(向예슈聖詠誦)』이 발견되었는데 성영(聖詠)은 구약성서의 시편을 가리키기에 기도와 전례를 위해 시편이 한글로 번역되어 사용된 것으로 짐작된다. 이 시편 번역의 경우 중국에서 1771년경 번역되었던 『聖詠續解(성영속해)』를 번역한 것으로 짐작된다.[567] 『聖詠續解(성영속해)』는 플로리옹 바르(Florianus Bahr, 1706-1771)에 의해 번역된 것으로 시편 번역

---

563 崔允煥, "天主聖教功課의 原本," 41-42.

564 『邪學懲義』 "정인혁공초," 77-78. 정인혁은 1791년 11월 11일 체포되어 심문을 받았다.

565 방상근, "연령회(연령회)," 『교회와 역사』 제308호 (2001), 9.

566 하성래, "한국 천주교회의 한글 번역 활동," 504.

567 하성래, "한국 천주교회의 한글 번역 활동," 504, 516.

과 주석이 실려있다.[568]

1801년 신유박해 때 시편 기도문이 포함된 『天主聖教日課(천주성교일과)』를 한글로 번역한 책들이 발견되었는데, 김희인의 집에서 발견된 책 가운데는 『셩교일과(聖教日課)』, 『공경일과(恭敬日課)』가 있고, 윤현의 집에서는 『셩교일과(聖教日課)』, 『텬쥬셩교일과』, 『년옥도문(煉獄禱文)』 등의 기도문들이 발견되었다.[569] 윤현의 부인 임조이는 자신의 집에 감추어둔 책들은 모두가 한글로 번역한(諺翻)책이었다고 진술한 적이 있었다.[570]

주목할 만한 것은 1801년 신유박해 때 윤현의 집에서 발견된 『텬쥬셩교일과』라는 기도서와 1838년 앵베르(L. J. M. Imbert, 范世亨, 1796-1839) 주교가 번역하고 다블뤼(M. N. A. Daveluy, 安敦伊, 1818-1866) 주교가 1862년에 간행한 한글 기도서인 『텬쥬셩교공과』와의 관련성이다. 중요한 것은 『텬쥬셩교공과』 책의 내표지에 '텬쥬셩교일과'라는 제목이 그림으로 장식되어 있다는 사실이다. 따라서 텬쥬셩교공과는 이미 1801년 이전에 한문 음독으로 번역되었거나 혹은 한글로 번역되어 있는 것을 1862년에 수정 혹은 새롭게 번역하여 간행했을 수도 있다. 앵베르 주교는 1837년 한국에 입국하여 1839년 순교하였기 때문에 박해시기에 심혈을 기울여 번역하고 편찬할만한 여유가 없었다. 따라서 1801년 신유박해 이전에 번역된 『텬쥬셩교일과』를 일부 수정하여 편찬했을 가능성이 있다.[571] 『텬쥬셩교공

---

568 하성래, "한국 천주교회의 한글 번역 활동," 504.

569 『년옥도문(煉獄禱文)』은 『셩교일과(聖教日課)』와 『텬쥬셩교일과』의 연옥도문 항목에 있는 것과 동일한 내용이다.

570 『邪學懲義』 "任召史空草," 210; 조광, 『조선후기 사회와 천주교』 (경인문화사, 2010), 202.

571 강영애, "가톨릭 상장례 노래인 연도(위령기도)의 변모양상," 『우리신학』 6 (2008), 85.

과』에는 제일권 만과에 "성영 제 일백 이십 구"편(시 130편)으로 기도하도록 되어 있고, 제 이권에는 "다위 성왕의 통회 성영" 즉 시편 51편으로 기도하도록 되어 있다.[572] 따라서 시편 130편과 51편은 1801년 신유박해 이전부터 한글로 번역되어 기도문으로 사용되었을 것으로 짐작된다.

1801년 신유박해 이전에 이미 한글로 천주교 서적들이 번역되었다는 것은 『正祖實錄(정조실록)』과 『日省錄(일성록)』에도 나타난다. 1787년 4월 이사렴(李師濂)이 "시골의 우맹(愚氓)들까지 한문이나 언문으로 번역된 책들을 돌려본다"고 하였으니 한글로 번역하는 일은 1787년 이전부터 성행했음을 알 수 있다.[573] 또한 1788년 이경명(李景溟)도 "지극히 우매한 전맹(田氓)이나 아무 것도 모르는 촌맹(村氓)이라 할지라도 그 책을 언문으로 베껴 신명처럼 받들며 죽어도 회오하지 아니한다"고 하였다.[574] 한글로 번역된 신앙서적은 1835년경에는 이미 보편화되었는데 1835년 체포된 이호영은 말하기를 "성교를 위하여서는 한문을 알 필요가 없습니다. 우리말로 번역된 책이 있습니다. 저는 언문을 알 수 있으므로 이것을 배우는데 아무 곤란도 없었습니다"고 진술하였다.[575]

천주교 신도들이 박해를 이겨나갈 수 있었던 힘의 원천은 이처럼 기도문을 많이 읽었고 외우고 있었던 것에서 찾을 수 있다. 성도들 가운데는 기도문을 모두 암송하는 성도도 있었다. 1850년 10월 1일 최양업

---

572 崔允煥, "天主聖教功課의 原本," 55-56, 73; 하성래, "한국 천주교회의 한글 번역 활동," 521, 공과란 광의로는 매일의 기도를 의미하고 협의로는 주일과 축일 및 기타의 기도문을 수록한 기도서를 의미한다.

573 『日省錄』 12책, 정조 11년 4월 27일 갑자, 588; 조광, 『조선후기 사회와 천주교』, 259.

574 『正祖實錄』 12년 8월 2일 신묘

575 유홍렬, 『한국천주교회사』, 320.

신부가 르그레즈와(P. L. Legregeois) 신부에게 보낸 편지에 "조선에서는 일상도문(Manuale christianorum, 성교공과)이 짧지 아니한데, 바르바라는 그것을 모두 암송했습니다."라고 전하였다.[576] 이러한 기도문은 널리 읽혀졌고 많이 암송되었던 것이다.

3. 다니엘

다니엘 3장 1-33절의 이야기가 『칠극』에 자세히 소개되어 있다. 게으름을 책망하는 부분에 소개되어 있는데 선을 닦는 일에 게으르지 않고, 어려운 일을 만날 때 좌절하지 않고 용기 있게 나아가도록 하며, 하나님께 정성을 다해 섬기도록하기 위해 이 이야기를 소개하였다. 그리고 이야기를 번역하여 소개할 때 이해하기 쉽게 잘 요약하여 소개하였다.

따라서 '총독과 수령과 행정관과 모사와 재무관과 재판관과 법률사와 각 지방 모든 관원' 등을 간단하게 '선비'로 번역하여 이야기를 단순화 시키고 이해하기 쉽게 만들었다. 그리고 다니엘서 3장에는 이스라엘 청년들의 이름을 '사드락, 메삭, 아벳느고'라 하였지만 원래의 이스라엘 이름인 '다니엘(達尼), 하나니야(亞納), 아자리야(亞維)'로 번역하여 이 내용이 성경의 다니엘서에 나타나는 이야기임을 알 수 있게 해주었다.

또한 신상 앞에 엎드려 절하는 것을 "그런데 이는 그 나라 사람들이

576 Claude-Charles Dallet, 『韓國 天主敎會史 下』, 164.

하느님(上帝)을 섬기는 예와 똑같은 것이었다."고 친절하게 설명하여 이 이야기의 핵심이 무엇인지 독자가 알 수 있게 해주었다. 비록 게으름을 책망하기 위해 이 이야기를 인용하여 소개하였지만 저자의 숨은 의도는 성경 가운데 다니엘서의 핵심적 메시지인 "우상을 숭배하지 말라"라는 뜻을 알려주려는 것이 있었음을 보여주는 것이다. 다음은 『칠극』에 나타난 다니엘서의 내용이다.

> 옛날 느부갓네살이라는 큰 임금이 있었는데, [그는] 참으로 교만한 임금이었다. 그는 서울에 황금을 녹여서 자신의 동상을 세우게 하고, 날짜를 정하여 서울의 모든 선비와 백성들에게 동상을 만들어 놓은 곳에 모여서, 음악이 울리면 모두 이마가 땅에 닿을 정도로 엎드리게 하였다. 그런데 이는 그 나라 사람들이 하느님(上帝)을 섬기는 예와 똑같은 것이었다. 그 임금의 뜻은 바로 자신을 하느님(天主)으로서 모시게 하려는 것이었다. 그런데 [그는] 나라 사람들 가운데 [이를] 따르지 않는 사람이 있을까 걱정하여, 동상의 곁에 큰 구덩이를 파고 그 속에 불을 지펴 놓고서, 명령을 따르지 않는 이가 있으면 바로 그 속으로 던져 버렸다. 그래서 나라 사람 가운데는 감히 [그 명령을] 따르지 않는 이가 없었는데, 오직 다니엘(達尼), 하나니야(亞納), 그리고 아자리야(亞維), 세 젊은이만은 큰 덕을 가진 선비였으므로 [그것을] 따르지 않았다. 임금은 [그들을] 불러서 까닭을 물어보았다. 이에 [그들은] "저희들이 하늘과 땅, 그리고 사람과 사물의 주인으로서 [존중하고 있고], 나아가 모든 사람이 가장 존중하여야 할 것은 오직 하느님(上帝)뿐입니다. 그런

데 임금님이 이렇게 하는 것은 바로 하느님(天主)의 존귀한 자리를 넘보는 것이니, [그] 죄는 큽니다. 그래서 저희는 감히 임금님의 도리에 맞지 않는 명령을 따르지 않았습니다. 그런데 임금님은 어찌하여 그것을 괴이하게 여기십니까?" 라고 하였다. [이 말을 들은] 임금은 크게 성을 내고서 "나는 [너희를] 불구덩이 속으로 던져 넣으라고 명령할 것이다. 그러면 누가 다시 너희를 [그 속에서] 건져내어 주겠는가?"라고 하였다. 그러나 [그들은] "[저희들은] 하느님(天主)을 믿습니다. 그러니 [하느님은 저희들을] 건져내어 주려고 할 것입니다. 그리고 가령 [하느님이] 저희들을 건져내어 주지 않는다고 하더라도, [저희들은] 하느님(天主)을 넘보는 임금님의 명령은 따르지 못하겠습니다"라고 대답하였다. 이에 임금은 곧 그들을 [불구덩이 속으로] 던지라고 명령하였다. 그리하여 [그들은] 모두 활활 타오르는 불길 속으로 던져졌는데, 움직임에 전혀 불편해 하는 것이 없었고, 신체와 의복은 조금도 불에 타지 않았다. [이를 본] 임금은 그것을 매우 이상스럽게 생각하였다.

[임금은] 마침내 스스로 그의 죄를 인정하고서, 곧 그의 동상을 헐어 버리게 하고, 하느님(天主)인 상제(上帝)를 공경히 섬겼다. 그리고 아울러 이제부터 그의 아래에 있는 [모든] 나라의 신하들과 백성들은 모두 하느님(天主)인 상제(上帝)를 믿어 그의 도움을 빌고 공경히 받들어야 한다고 명령하였다.[577]

577 Diego de Pantoja, 『七克』, 389-390.

그리고 『셩경직히광익』의 '셩신강림후뎨이십ᄉᆞ쥬일셩경' 본문에 다니엘 9장 27절과 11장 31절과 12장 11절이 나타나는데 이는 마태복음 24장 15절에 인용되어 있기 때문이다. 이때부터 '다니엘'이란 이름이 사용되었으며 오늘날까지 그 이름을 그대로 사용하고 있다.

> …예수ㅣ 뎨ᄌᆞ들 ᄃᆞ려 닐ᄋᆞ시ᄃᆡ 너희들이 셰샹을 크게 패케 ᄒᆞᄂᆞᆫ 악인을 보거든 다니엘 션지쟈의 닐ᄋᆞᆫ바 셩좌의 안즈리라 ᄒᆞᆫ 자ㅣ니 닑은 자ㅣ 알니라.[578]

제4장 외경 번역과 해석

천주교가 이 시기에 먼저 들어왔기 때문에 조선에 외경이 소개되었다. 『칠극』에 외경이 32회 34절 인용되었는데, 분석해 본다면 집회서가 압도적인 30회 인용되었고, 지혜서가 2회 인용되었다.

『칠극』에 인용된 외경

죄	외경
교만	집 10:13; 10:14; 3:20; 7:5; 13:1; 지 6:8

578 『셩경직히광익 III』, 셩신강림후뎨이십ᄉᆞ쥬일셩경, 543-544.

질투	집 30:1; 28:13; 28:13; 28:9; 9:11-12; 19:10; 9:10; 27:27; 27:16; 6:14
탐욕	집 12:8; 13:3; 14:1; 7:32
분노	집 6:2; 2:1-2; 2:4; 11:25
탐심	집 19:2; 18:32; 31:16
음란	집 21:15; 5:4; 16:3 지 3:13-14
나태	집 5:7

『칠극』에 소개된 외경 가운데 집회서 3장 18절과 지혜서 3장 13-14절을 보면 성경을 직역하기보다 의역하여 내용의 핵심을 전달하는 모습을 볼 수 있다. 비교를 위해 공동번역개정판을 함께 첨가한다.

> [칠극] 성서(天主經)에 "너희의 지위가 높으면 높을수록 모든 일을 더욱 겸손히 하여야 하나님(天主)은 너희를 총애하실 것이다."[579]
>
> [공동번역개정판] 훌륭하게 되면 될수록 더욱더 겸손하여라. 주님의 은총을 받으리라 (집회 3:18)
>
> [칠극] 성서에 하나님(天主)이 정덕(貞德)을 지키는 이에게 일러 "너는 [자신을] 시들은 나무라고 말하지 말라. 나는 나의 성(城) 안에 네가 앉을 보좌를 마련해 두었다. 그리고 네게는 자식을 가진 이들보다 훨씬 아름다운 명예를 내려주겠다"고 한

579 Diego de Pantoja, 『七克』, 76.

말씀이 있다.[580]

[공동번역개정판] 자식을 낳지 못하지만 흠이 없는 여자, 죄가 되는 잠자리를 모르는 여자는 행복하다. 그런 여자는 하느님의 심판 날에 자식을 얻을 것이다. 고자로서 자기 손으로 죄를 짓지 않으며 주님을 거슬러 악한 생각을 품지 않는 사람은 행복하다. 주님은 그의 믿음을 보시고 큰 상을 내리실 것이고 주님의 성전 안에 제일 좋은 자리를 주실 것이다. (지혜 3:13-14)

『기인십편』에도 외경이 인용되어 있다.

[기인십편] 천주의 성경에서는 이렇게 말했습니다... "어리석은 자가 말을 하지 않으면 사람들이 그를 현자라고 생각할 것이다."[581]

[공동번역개정판] 때에 맞지 않는 책망이 있고 현명함을 드러내 주는 침묵이 있다...침묵을 지켜 현명함이 드러나는 사람이 있는가 하면 끊임없이 지껄임으로써 남에게 미움을 사는 사람도 있다. (집회 20:1, 5)

외경 가운데 토비트가 1730년 한문으로 번역되었는데 성경으로 출

580 Diego de Pantoja, 『七克』, 362.
581 Matteo Ricci, 『교우론. 스물다섯 마디 잠언. 기인십편』, 182.

판된 것이 아니고 훈위신편(訓慰神編)이라는 성인전기소설(聖人傳記小說) 형식으로 출판되었다. 이 책이 조선에 들어왔는지는 확인되지 않지만 『칠극』이 수양서적으로 널리 읽혀졌음을 볼 때 수양을 중시하는 소설이기에 조선에서 읽혀졌을 가능성이 높다. 당트르콜 신부는 이 책 서문에서 번역 동기와 번역의의를 기술하였는데 주인공 토빗이 겸비하고 있는 아홉 가지 덕목(九要)을 분석하여 토빗의 신앙생활을 본받으라고 권면하였다.[582] 아홉 가지 덕목은 "誠, 智, 廉, 勇, 實, 和, 恒, 義, 謙"로 『칠극』의 일곱 가지 덕목과도 유사한 면이 있다.

당시에는 교황청이 성경을 번역하는 것을 금지시켰기 때문에 성인전기소설이라는 형식을 통해 성경 내용을 전했던 것이다. 번역자는 예수회 선교사 프랑스와 자비에르 당트르콜(Francois Xavier d'Entrecolles, 殷弘緖, 1663~1741)인데, 자신의 설명과 비평을 더하여 번역하여 소설 형식을 취하였다. 사실 토비트 자체가 유대인들의 '디아스포라 傳奇小說(a Diaspora Romance)'이었기에 소설이라는 형식을 취할 때 자연스럽게 어우러졌던 것이다.

책 내용을 살펴보면 14장 전체를 번역하였고, 권위 있는 유가 경전체인 『詩經(시경)』의 시가체를 차용하였다. 이 가운데 아들 토비야가 축복하는 내용이 제8장에 나타나는데 그 축복문은 다음과 같다;

> 維皇上主, 仰賜鑒原, 유황상주시여! 감찰 해량해 주시기를 바라

---

582 嗚淳邦, "천주교(天主教) 예수회선교사 프랑스와 자비에르 당트르콜의 성인전기소설(聖人傳記小說) 《훈위신편(訓慰神編)》 연구(研究)," 中國語文學誌, Vol.64 (2018), 145.

나이다!

我祖我宗, 大聖大德, 나의 조상이시여! 거룩하시고 덕이 높으시니,

欽承主命, 莫敢懈弛。주님의 명령 받드는데, 감히 해이해질 수 있겠는가!

主之全能, 主之全善, 주님의 전능하심과 주님의 선하심은

上天下地, 物物可徵。하늘로부터 땅 끝까지, 사물마다 증빙할 수 있네!

肇造亞黨, 黃土為身, 처음 아담을 지으실 때, 진흙으로 몸을 빚으셨고,

再造厄娃, 以成厥配。다시 하와를 지으시어 그의 배필로 삼으셨네.

我今婚娶, 是所由來, 내가 지금 아내를 맞은 것은 유래가 있는 것이니,

非因慾想, 惟主是知。욕망 때문이 아니라는 것을 오직 주님께서 아시네.

願生肖子, 曁諸孫曾, 닮은 자식 낳기를 바라고 자손 번성하기를 바라니,

協同贊主, 迄于無窮。영원무궁토록 (자손들과) 함께 주님 찬미하리라![583]

583 鳴淳邦, "천주교(天主教) 예수회선교사 프랑스와 자비에르 당트르콜의 성인전기소설(聖人傳記小說)《훈위신편(訓慰神編)》연구(研究)," 135. 한글번역은 鳴淳邦의 번역을 일부 수정한 것이다.

제5장 신약성경 번역과 해석

I. 복음서

1.『셩경직히광익』

『셩경직히광익』은 단순한 번역서가 아니다. 여러 책에서 번역한 것을 적절히 편집하여 만들어진 책이며 군데군데 조선의 독자들을 위해 해석한 부분이 첨가되어 있다. 이러한 번역과 편집과 해석을 주도한 사람은 최창현으로 알려져 있는데 최창현은 중인이었지만 총회장의 역할을 감당하였다. 그는 덕망 있고 훌륭한 인품으로 성도들로부터 많은 존경을 받은 인물이었는데, 황사영은 그의 인물됨을 다음과 같이 소개하였다.

> 그가 천명에 순종하고 다른 사람에게 겸손함은 자연스럽게 나오는 것이므로, 남보다 뛰어나거나 다른 점도 없었고, 또한 흠잡을 행동도 없었습니다. 덕망이 교우들 가운데서 제일 높았으므로, 그를 사랑하고 신뢰하지 않는 이가 없었습니다.[584]

또한 최창현은 기독교의 핵심적인 메시지를 해석하여 가르치는 능력

584 황사영, 『황사영백서』 한국천주교회고전총서5, 49.

이 탁월하였는데 황사영은 다음과 같이 전하고 있다;

> ...몇 마디 말을 더 들으면 가슴이 시원하게 활짝 열리게 하였으며, 도리의 강론도 자세하고도 분명하여 깊은 맛이 있었습니다. 비록 예사롭게 말하며, 듣기 좋게 말하려고 하지 않아도 사람들이 다 즐겨 듣고 싫증이 나지 않고 사람의 마음 속 깊이 들어가므로, 듣는 사람에게 신심의 유익함이 아주 많았습니다.[585]

『셩경직히광익』은 신약의 복음서를 대신하고 있었다. 『셩경직히광익』의 복음서 본문의 원본은 『聖經直解』인데 『聖經直解』는 복음서를 정확하게 번역한 성서였다. 『聖經直解』를 저술할 당시에는 로마 교황청이 한문성경으로 번역하는 것을 허락할 시기였기 때문에 성경 번역을 시도했던 것이다.

복음서를 번역한 것 가운데 예를 들어 성탄 전 대강절기에 읽는 요한복음 1장 24-28절(요한이 그리스도를 예고함)의 경우, 이 구절을 읽으면 마태복음 3장 11-12절, 마가복음 1장 7-8절, 누가복음 3장 15-18절을 읽는 효과를 얻을 수 있다. 따라서 『셩경직히광익』이 복음서의 30.68%를 인용하고 있다는 것은 복음서 전체를 대부분 소개하고 있다고 보아도 무방하다. 특히 여타 교리서와는 다르게 번역이 정확하여 성경 내용을 가감 없이 올바르게 전달한 공로가 크다 할 것이다. 특이한 점은 『셩

585 황사영, 『황사영백서』 한국천주교회고전총서5, 49.

경직히광익』의 본문에 복음서가 아닌 고린도전서 11장 20-32절이 큰 글자로 필사되어 첨부되어 있다는 사실이다. 이 부분은 『셩경직히』에도 나타나지 않는다.

『셩경직히광익』에서 본문에 대한 해석은 주로 '잠' 부분에 나타나는데 한문본 『聖經直解』에서 한글로 번역할 때 조선의 독자들을 의식해서 내용을 생략하기도 하고 단순화시키기도 하였다. 그리고 독자들이 알기 쉽도록 풀이하여 설명하려는 노력을 보이기도 하였다. 주목할 점은 해석 부분인 '잠'에는 복음서 이외의 내용들이 가득 들어 있다는 사실이다. 신약과 구약 곳곳의 내용을 활용하면서 복음서를 해석했기 때문에 이러한 내용들이 포함된 것이다.

『셩경직히광익』에는 서문이 없고 '텬쥬 예수그리도 쥬일 셩경'이라는 목차로 시작된다. 이 부분은 '하나님, 예수, 그리스도, 주일, 성경'에 대해서 각기 간략하게 설명한 것인데, 이 내용을 살펴보면 당시 구약과 신약을 어떻게 보았는지를 알 수 있다. 아래는 '셩경' 부분을 인용하면서 그 내용을 분석하려고 한다.

> 석국 근본 글에 닐ᄋᆞᄃᆡ 에완여랴ㅣ라 ᄒᆞ엿시니 번역ᄒᆞ야 닐ᄋᆞ면 복된 쇼식이라. 이에 텬쥬 강ᄉᆡᆼᄒᆞ신 후 친히 젼ᄒᆞ야써 세샹 사ᄅᆞᆷ을 뵈신바ㅣ니 곳 새교ㅣ라. 대개 쳔쥬ㅣ 임의 셩교와 (셩교ᄂᆞᆫ 텬셩의 교ㅣ니 원조적브터 믜서 셩인 ᄭᆞ지니ᄅᆞ니 샹고적 교ㅣ라.) 셔교 (셔교난 믜스 셩인이 십계룰 밧아써 셰샹 사ᄅᆞᆷ의게 젼ᄒᆞᆫ 것ㅣ니 즁고적 것 ㅣ니라) 두 교로써 셩인을 죵죵이 일너 셰샹 사ᄅᆞᆷ을 ᄀᆞᄅᆞ치심이 간단치 아니ᄒᆞ시ᄃᆡ 다만 셰샹 사ᄅᆞᆷ이 빠져 미혹ᄒᆞ야 도리룰 거ᄉᆞ리고 교훈을 어긔ᄂᆞᆫ 쟈ㅣ 날노 더옥 만흐니 이에 텬쥬ㅣ 인ᄌᆞ로

불샹이 넉임을 더ᄒᆞ샤 몸소 강ᄉᆡᆼᄒᆞ야 사ᄅᆞᆷ이 되샤 친히 복된 쇼식을 젼ᄒᆞ야써 세샹 사ᄅᆞᆷ을 뎨셩ᄒᆞ신 거시니 텬쥬의 홍은이 이에 셔 큼이업도다. 혹이 닐ᄋᆞᄃᆡ 복된 쇼식이라 닐옴은 엇짐이뇨.

금구 셩인이 답왈 므롯 오 쥬의 허락ᄒᆞ신 바 모든 죄의 샤ᄒᆞ심과 셩춍의 주심과 모든 덕의 모힘과 다못 사ᄅᆞᆷ이 살앗실 때 천쥬의 ᄌᆞ의 (의ᄌᆞ눈올흔 아ᄃᆞᆯ이라) 놉ᄒᆞᆫ 위에 오ᄅᆞᆷ을 엇고 죽은 후에 반ᄃᆞ시 영고를 면ᄒᆞ고 영복을 누리ᄂᆞᆫ 모든 이ᄀᆞᆺᄒᆞᆫ 류ㅣ ᄀᆞ초 셩경에 실닌고로 복된 쇼식이라 닐ᄏᆞᄅᆞ니라.

또 무ᄅᆞᄃᆡ 엇지ᄒᆞ야 새교ㅣ라 닐ᄋᆞᄂᆞ뇨 왈 고교ㅣ라 ᄒᆞ고 신교ㅣ라 ᄒᆞᆷ은 곳 션후 ᄎᆞ례를 닐ᄋᆞᆫ 뜻이니 대개 즁고적을 당ᄒᆞ야 텬쥬ㅣ 십계를 드리워 믜서 셩인을 명ᄒᆞ야 세샹 사ᄅᆞᆷ의게 젼ᄒᆞ야 닐너준 힝ᄒᆞ야 직희게 ᄒᆞ시니 이때ᄂᆞᆫ 즁국 칙력으로 샹왕 조을 칠년 임인년이오 오쥬 강ᄉᆡᆼ 때에 니ᄅᆞ러 즁국 칙력으로ᄂᆞᆫ 셔한 ᄋᆡ뎨 원슈이년 경신년이니 샹거ㅣ 일쳔오ᄇᆡᆨ십구년이라 그런고로 뎌ᄂᆞᆫ 고교ㅣ 라 닐ᄋᆞ고 이ᄂᆞᆫ 신교ㅣ 라 닐ᄋᆞ니라.

또 무ᄅᆞᄃᆡ 고교와 신교의 다ᄅᆞᆷ이 엇더ᄒᆞ뇨 왈 샹거ㅣ 멀기 심ᄒᆞ야 가히 서로 비기지 못ᄒᆞᆯ지라. 이제 두어 ᄉᆞᆺ촐 닐ᄋᆞᄂᆞ니 ᄒᆞ나ᄒᆞᆫ 고교ᄂᆞᆫ 텬신이 텬쥬의 명을 밧들어 믜서의게 젼ᄒᆞ매 믜서ㅣ 본국 사ᄅᆞᆷ의게 드리우고 신교ᄂᆞᆫ 텬쥬ㅣ 친히 세우시고 입으로 세샹 사ᄅᆞᆷ의게 젼ᄒᆞ니 바로 셩인이 ᄀᆞᆯᄋᆞ샤ᄃᆡ 텬쥬ㅣ 녯적은 홍샹 션지셩인을 좀좀이 닐ᄋᆞ샤써 명을 사ᄅᆞᆷ의게 반포ᄒᆞ시고 그후ᄂᆞᆫ 이에 그 셩ᄌᆞ의 입으로써 친히 우리를 ᄀᆞᄅᆞ쳐 말ᄉᆞᆷ ᄒᆞ시다 ᄒᆞ시니 고교 신교ㅣ 다 비록 큰 은혜나 신교ᄂᆞᆫ 더욱 묘ᄒᆞ고 긔이ᄒᆞ도다.

둘ᄒᆞᆫ 고교ᄂᆞᆫ 잠간 교ㅣ오 신교ᄂᆞᆫ 영원ᄒᆞᆫ 긴 교ㅣ니 오 쥬ㅣ

베드루 종도 ᄃᆞ려 닐너 골ᄋᆞ샤ᄃᆡ (셩교회롤 디옥의 문이 능히 쳐 문희치지 못ᄒᆞ리라 ᄒᆞ시니 마치 닐ᄋᆞ시ᄃᆡ) 내 교ᄂᆞᆫ ᄆᆞᆺ춤이 업ᄂᆞᆫ 교ㅣ라 ᄒᆞ시니 풀어 골ᄋᆞᄃᆡ ᄆᆞᆺ춤이 업단 쟈ᄂᆞᆫ 곳치고 ᄡᅳ허질 때 업슴이니 대개 셰샹으로 더브러 홈ᄭᅴ 힝ᄒᆞ야 쟝ᄅᆡ에 영영히 다시 다른 교롤 세우지 아니ᄒᆞ야 셰샹이 잇시면 반ᄃᆞ시 멸치 아니ᄒᆞ고 셰샹이 다 ᄒᆞ여야 이에 긋침이니라.

혹이 무ᄅᆞᄃᆡ 텬쥬ㅣ 임의 고교롤 곳치시기롤 미리 뎡ᄒᆞ야 계시면 엇지 몬져 셰우시뇨 왈 써 신교의 길흘 열으심이라 안스딩 셩인이 골ᄋᆞᄃᆡ 고교 의례와 졔ᄂᆞᆫ 다 오 쥬의 쟝찻 오실 모샹이니 쥬ㅣ 임의 오신 후ᄂᆞᆫ 반ᄃᆞ시 아오로 둘거시 아니니라.

세흔 고교ᄂᆞᆫ 신교의 그림ᄌᆞ와 모샹이니 엇지하야 그림ᄌᆞ라 ᄒᆞᄂᆞ뇨 그림ᄌᆞ란 온젼이 사롬의 몸을 의지ᄒᆞ야 움즉인다 홈이 되고 사람의 몸은 온젼이 령혼을 의지ᄒᆞ야 움즉임다 홈이 되나니 고교의 번하홈이 온젼이 신교의 아름다움 의방ᄒᆞᆫ고로 신교의 그림ᄌᆞㅣ라 ᄒᆞ나니라 엇지ᄒᆞ야 모샹이라 ᄒᆞ고 ᄯᅩ 고교의 몸씻기ᄂᆞᆫ 례ᄂᆞᆫ 곳 신교의 령혼 씻기ᄂᆞᆫ 모샹이오 그 고양으로 졔ᄒᆞᄂᆞᆫ 례ᄂᆞᆫ 곳 오쥬 슈난ᄒᆞ시ᄂᆞᆫ 모샹이니라

네흔 고교와 신교 두가지 교ㅣ 강홈과 약홈이 ᄌᆞ연이 다ᄅᆞ니 바로 셩도ㅣ 골ᄋᆞ샤ᄃᆡ 사롬이 고교롤 힘써 직희면 그 ᄆᆞ옴의 거륵홈을 구ᄒᆞ여도 가히 엇지 못ᄒᆞ리라 ᄒᆞ시고 ᄯᅩ 닐ᄋᆞ시ᄃᆡ 희싱의 피만 만코 사롬의 ᄆᆞ옴을 씻지 못ᄒᆞ리라 ᄒᆞ시니 일노 보건대 고교의 약ᄒᆞᆫ 줄을 알거시오. 신교ㅣ 즉 큰 능력을 ᄀᆞ초앗시니 사롬이 진실노 그 례롤 준힝ᄒᆞ고 그 규구롤 직희면 무숨 죄롤 솔으지 못ᄒᆞ며 무숨 더러옴을 조출케 못ᄒᆞ리오. 곳 통회ᄒᆞ고 고히홈의

거륵ᄒᆞᆫ 례ᄅᆞᆯ 힝ᄒᆞᆫ즉 죵젼의 죄악을 즉시 풀어 그 ᄆᆞ옴이 다시 조촐ᄒᆞᆷ을 엇고 또 셩춍을 닙으니 무슴 강ᄒᆞᆷ이 이ᄀᆞᆺᄒᆞ리오.

다ᄉᆞᆺ ᄉᆞᆫ 고교ᄅᆞᆯ 조차 엇ᄂᆞᆫ 바 갑흐심이 셰복 ᄯᆞᄅᆞᆷ이니 텬쥬ㅣ 고교 사ᄅᆞᆷᄃᆞ려 닐ᄋᆞ시ᄃᆡ 너희들은 나의 말을 조차면 ᄯᆞ우희 기ᄅᆞᆷ짐과 살짐이 곳 드러ᄂᆞᆫ 갑흠이 되리라 ᄒᆞ시고, 또 닐ᄋᆞ시ᄃᆡ 너희들이 내 명령을 공슌이 밧들면 너희 후ᄉᆞㅣ 반ᄃᆞ시 번셩ᄒᆞ고 너희 ᄯᆞ에 ᄒᆞᆼ샹 졋과 ᄭᅮᆯ이 흐ᄅᆞ리라 ᄒᆞ시니, 벌나 셩인이 탄식ᄒᆞ야 ᄀᆞᆯᄋᆞᄃᆡ 슬프다 고교ㅣ 심히 즁ᄒᆞᆫ 멍에 ᄀᆞᆺᄒᆞ야 메기 지극히 어려오니 멍엔 즉 무겁고 갑흠은 경ᄒᆞᆫ지라. 멍에 무거옴은 교규의 번극ᄒᆞᆷ이 오갑ᄉᆡ ᄀᆞᄇᆡ야옴은 셰복의 젹고 엿흠이라. 신교의 갑흠인즉 놉고 크도다. 셩춍과 셩ᄋᆡ와 쵸셩의 묘ᄒᆞᆫ 모든 덕으로써 사ᄅᆞᆷ의게 더으시고 텬국 영원ᄒᆞᆫ 복으로써 허락ᄒᆞ시니 셩경에 실은 바 진복 팔단이 이라ᄒᆞ고 쥬ㅣ 일죽 고로옴 밧ᄂᆞᆫ 쟈ᄅᆞᆯ 위로ᄒᆞ야 닐ᄋᆞ시ᄃᆡ 너ㅣ 진실노 의ᄅᆞᆯ 위ᄒᆞ야 고난을 밧으면 맛당이 긱거ᄒᆞᆯ지니 쟝ᄎᆞᆺ 텬복으로써 네 고로옴의 갑흐심이 되리라 ᄒᆞ시니라.

여ᄉᆞᆺ ᄉᆞᆫ 고교ᄂᆞᆫ 계명이 번다ᄒᆞ야 소임이 즁ᄒᆞ고 신교ᄂᆞᆫ 계명이 간략ᄒᆞ야 소임이 경ᄒᆞ니 베드루 셩인이 ᄀᆞᆯᄋᆞ샤ᄃᆡ 고교의 즁ᄒᆞᆷ이여 우리 조샹과 우리 무리 능히 이긔지 못ᄒᆞᆫ다 ᄒᆞ시니 와스딩 셩인이 물어 ᄀᆞᆯ아ᄃᆡ 즁하ᄂᆞᆫ 쟈ᄂᆞᆫ 계명이 ᄀᆞ장 번다ᄒᆞᆫ 연고ㅣ니 혜건대 륙ᄇᆡᆨ십삼 됴목이오 신교의 계명은 간략ᄒᆞ야 불과 쥬ᄅᆞᆯ 밋고 ᄇᆞ라고 ᄉᆞ랑ᄒᆞᆷ과 사ᄅᆞᆷ을 ᄉᆞ랑ᄒᆞᆼ ᄄᆞᄅᆞᆷ이니 그 소임이 경치 아니냐.

닐곱은 고교ᄂᆞᆫ ᄒᆞᆫ나라 희교ㅣ며 ᄉᆞᄉᆞ로온 교ㅣ오 신교ᄂᆞᆫ 만국의 교ㅣ며 공번된 교ㅣ니 긔이ᄒᆞ다 신교의 광대홈이여 텬하의 대쇼와 존비와 지우롤 다들어 ᄒᆞᆫ나토 그 가온대 드리지 아님이 업ᄂᆞ니라. 혹이 무ᄅᆞᄃᆡ 복음과 다못 셩경이 엇지 다ᄅᆞ뇨 왈 셩경은 도모지 일홈이니 혹 텬쥬ㅣ 친히 입으로 닐ᄋᆞ신바와 혹 텬신이 쥬롤 ᄃᆡ신ᄒᆞ야 젼ᄒᆞᆫ 바와 혹 션지 셩인이 텬쥬의 좀좀이 니ᄅᆞ심을 엇 뷘 바롤 다셩경이라 닐ᄏᆞᆺ고 오직 오 쥬ㅣ 셰샹에셔 몸소 ᄀᆞᄅᆞ치신 말ᄉᆞᆷ과 몸소 ᄒᆡᆼᄒᆞ신 일을 셩ᄉᆞ롤 명ᄒᆞ야 긔록ᄒᆞ야써 후셰에 닐ᄋᆞ신 거술 이에 복음이라 닐ᄏᆞᄅᆞ니 셩경 즁일분이 되ᄂᆞ니라.

도 무ᄅᆞᄃᆡ 복음을 긔록ᄒᆞᆫ 셩ᄉᆞㅣ 몃위뇨 왈 네 위니 ᄒᆞ나흔 마두 종도ㅣ오 ᄒᆞ나흔 말구셩인이오 ᄒᆞ나흔 루가 셩인이오 ᄒᆞ나흔 요왕종도ㅣ 니라. 녯적에 텬쥬ㅣ 요왕종도의 령신 눈을 열어 주샤 보니 텬쥬 좌젼에 네 즘승이 잇시니 긔이ᄒᆞ야 ᄒᆞ난은 봉ᄀᆞᆺ고 ᄒᆞ난은 사롬ᄀᆞᆺ고 ᄒᆞ난은 소야지 ᄀᆞᆺ고 ᄒᆞ난은 ᄉᆞᄌᆞᄀᆞᆺᄒᆞᄃᆡ 그 즘승마다 날ᄀᆡ 여ᄉᆞᆺ식이 잇고 만ᄒᆞᆫ 눈을 ᄀᆞ초아 놉히 소ᄅᆡᄒᆞ야 텬쥬롤 칭양ᄒᆞ야 골ᄋᆞᄃᆡ 거륵ᄒᆞ시다 거륵ᄒᆞ시다 거륵ᄒᆞ시다 쥬의 영광이 팔방에 ᄎᆞ ᄀᆞ득ᄒᆞ시다 ᄒᆞ야 그 소ᄅᆡ 때때 긋치지 아니ᄒᆞ야 영영이 오래이 ᄀᆞᆺ다 ᄒᆞ니 풀어 골ᄋᆞᄃᆡ 이 네 위 셩ᄌᆞ의 모샹이라.

봉은 요왕 셩ᄉᆞ롤 모샹홈이니 대개 그 ᄆᆞ음의 ᄉᆡᆼ각이 쵸월ᄒᆞ야 긔록ᄒᆞᆫ바ㅣ 오 쥬의 텬쥬 셩이 무시지시에 텬쥬 셩부씌 난밧쟈ㅣ 엇더ᄒᆞ심을 긔록ᄒᆞ야 봉이 놉히 날아 쳥텬에 다흠ᄀᆞᆺ홈을 ᄀᆞᄅᆞ침이니라.

사롬은 마두 셩ᄉᆞ롤 모샹홈이니 대개 그 긔록ᄒᆞᆫ 바ㅣ 오 쥬

의 인셩을 긔록홈을 ᄀᆞᄅᆞ침이오

소야지ᄂᆞᆫ 루가 셩ᄉᆞᄅᆞᆯ 모샹홈이니 대개 오 쥬ㅣ 마치 길들고 조출ᄒᆞᆫ 희싱 ᄀᆞᆺᄒᆞ야 셩가 희생의(십ᄌᆞ가 샹에 ᄌᆞ긔ᄅᆞᆯ) 드려 졔헌ᄒᆞ야써 사ᄅᆞᆷ의 죄ᄅᆞᆯ 쇽ᄒᆞ심을 긔록홈이오,

ᄉᆞᄌᆞᄂᆞᆫ 말구 셩ᄉᆞᄅᆞᆯ 모샹함이니 대개 요안밥지스다 셩인이 셰샹을 ᄇᆞ리고 숨어 닥ᄃᆞ시 놉히 소ᄅᆡᄒᆞ야 사ᄅᆞᆷ을 인도ᄒᆞ야 쥬ᄅᆞᆯ 알게 ᄒᆞ기ᄅᆞᆯ 마치 ᄉᆞᄌᆞㅣ 산에 잇서 밍렬히 소ᄅᆡ 홈 ᄀᆞᆺ홈을 긔록홈이오,

또 네히 다 여ᄉᆞᆺ 날개ᄅᆞᆯ ᄀᆞ초아 형상이 놉히나ᄂᆞᆫ 자 ᄀᆞᆺ홈은 엇짐이뇨 왈 ᄒᆞ나 ᄒᆞᆫ 사ᄅᆞᆷ으로 네 셩ᄉᆞ의 셩경에 긔록ᄒᆞᆫ 바 ㅣ 라. 하ᄂᆞᆯ 덕의 아ᄅᆞᆷ다옴과 하ᄂᆞᆯ 복의 모힘이 되여 졀연이 싸희 ᄌᆞᆷ기고 써러지지 아님을 뵘이오 ᄒᆞ나 ᄒᆞᆫ 사ᄅᆞᆷ으로 네 셩ᄉᆞ의 셩경이 젼파홈이 마치 ᄲᆞ른 새 신속히 날아 오래지 아니ᄒᆞ야 두루 셰샹에 ᄀᆞ득홈을 뵘이니라.

쏘 네히 눈이 만ᄒᆞᆫ 자난 엇지오 왈 에완여랴ㅣ 사ᄅᆞᆷ으로 ᄒᆞ여곰 령신의 눈을 널니 열어 두루 이왕과 현ᄌᆡ와 미ᄅᆡ의 모든 도리ᄅᆞᆯ 보아 밋게 홈을 뵘이니라. 쏘 쌔쌔 소ᄅᆡᄅᆞᆯ 놉히ᄒᆞ야 텬쥬ᄅᆞᆯ 칭양하ᄂᆞᆫ 자ᄂᆞᆫ 엇지오 왈 셩ᄉᆞ의 셩경이 무비 텬쥬ᄅᆞᆯ 찬양ᄒᆞ야 사ᄅᆞᆷ으로 ᄒᆞ여곰 오 쥬의 영광을 알아 쏘ᄒᆞᆫ 맛당이 쌔쌔 찬양홈을 마지 아님을 뵘이니라.[586]

586 『셩경직히광익 I』, 7-22.

『셩경직히광익』의 '셩경'에서는 기본적으로 성경을 '고교'와 '신교'로 나누었는데 이들은 구약과 신약을 가리킨다. 당시에 성경을 '고경'과 '신경'으로 구분한 것과는 차이가 있는 표현이다. 아마도 기독교를 시대별로 나누었다는 의미로 이러한 표기를 한 것으로 보이는데 성경에 대해서 이야기하고 있었기에 실상은 구약과 신약을 가리킨 것으로 보인다. 그리고 신교(신약)를 '복음' 혹은 '복된 쇼식'이라 하고 복음서가 성경의 중심임을 분명히 하였다. 고교(구약)는 모세에게 명하여 전한 것이라 하였는데, 좀 더 설명하기를 하나님께서 친히 하신 말씀과 천사가 전한 말씀과 선지자가 본 것을 기록한 것이라 하였다. 그리고 신교(신약)는 성자 예수의 입으로 친히 가르친 것으로 복음이라 하였는데 그 핵심으로 마태복음, 마가복음, 누가복음, 요한복음 등을 들었다.

따라서 성경을 복음서를 중심으로 설명하였는데 구약은 신약의 모상이요 그림자라 소개하였다. 그리고 자연스럽게 구약의 단점을 들면서 신약의 장점을 부각시켰다. 이러한 구약과 신약의 비교는 일곱 차례나 진행되었는데 그 내용들을 정리하면 다음과 같다.

1) 예수 탄생 후 1519년을 기준으로 구약과 신약을 나누었는데, 구약은 천사가 하나님의 명을 받들어 모세에게 전한 것을 이스라엘 사람들에게 주었고, 신약은 하나님께서 친히 세우셨는데 성자 예수의 입으로 세상 사람들에게 가르쳐 말씀하신 것이라 하였다. 구약과 신약 모두 은혜지만 신약이 '더욱 묘하고 기이하다'면서 신약 중심임을 밝혔다. 이러한 내용을 통해 알 수 있는 것은 참조한 서적이 1519년 이후에 저술된 것이라는 점이다. 그리고 구약은 기본적으로 모세를 통해서 전해진 하나님의 말씀으로 보았음을 알 수 있다.

2) 베드로의 말을 인용하였는데, 구약은 잠깐의 내용이지만 신약은

끝이 없는 영원한 내용으로 구성되어 있다고 하면서, 구약의 의례와 제사는 예수의 모상이요 신약의 길을 여는 역할을 하였다고 했다. 따라서 예수 오신 후는 구약을 "반드시 아울러 둘 것이 아니니라"고 결론을 맺었다. 이러한 결론은 구약이 일시적이고 임시적임을 가리키며 구약을 약화시키는 말이다.

3) 구약을 신약의 그림자로 보았고 신약의 모상이라 하였다. 예를 들어 구약에서 물로 몸을 씻는 정결례는 신약의 영혼을 씻는 것의 모상이요 그림자라는 것이다. 이러한 견해로 인해 구약 원래의 의미를 밝히려고 노력하기보다 구약이 신약의 보조적인 기능을 하는 것으로 보게 되었다.

4) 바울 서신을 인용하였는데, 구약의 희생제물의 피가 사람의 마음을 씻지 못한다고 하면서, 신약이 죄를 용서받고 깨끗하게 되는 길을 제시할 수 있다고 하였다. 요약하면 구약은 약하고 신약은 강하다고 하였다.

5) 구약의 말씀을 지키면 이 땅에서 복을 받는다고 하는데 구약의 멍에는 너무 무겁다고 하였다. 반면 신약의 말씀은 지키기 가볍고, 약속은 영원하여 마태복음의 팔복과 같이 하늘의 복이 약속되어 있다고 하였다.

6) 베드로의 말을 인용하였는데, 구약이 요구하는 것은 613개의 계명인데 비해 신약이 요구하는 것은 예수를 믿고 사랑하고 사람을 사랑하는 정도로 간단하며 가볍다고 하였다. 다섯 번째와 여섯 번째의 내용은 구약이 너무 많은 것을 요구하며 그 모든 것을 지키기에는 역부족임을 강조하였다. 이러한 시각은 시대적인 상황을 감안하지 않은 평가이며, 구약의 핵심적인 메시지를 밝히려 하지 않고 외면적인 형태만 주목하기

때문에 야기된 평가라 할 수 있다.

7) 구약은 이스라엘 사람들을 위한 사사로운 것이지만 신약은 만국 사람을 위한 공공적인 것이라 하였다. 그리고 성경 가운데 복음을 구별 하였는데, 복음은 예수께서 가르치신 것과 몸소 행동하신 내용이라 하여 성경의 다른 부분과 차별화 시켰다.

위에서 든 일곱 가지의 내용을 요약해본다면 성경에는 복음서가 핵심이며, 구약보다 신약이 핵심이고 구약은 그림자에 불과하다는 것이다. 결국 예수님의 가르침과 행동을 중시하는 분위기에서 기독론적 해석이 전면에 부각되었고 구약은 과도하게 소외되었으며 평가절하 되어버렸다. 천주교 초기에 박해가 계속되는 상황에서 예수님의 말씀과 수난이 메시지의 중추를 이룬 것은 당연하지만 구약을 경시하는 풍조가 이러한 상황에서 시작되었다는 점을 주목할 필요가 있다.

그런데 이러한 시각으로 인해 구약을 경시한 경향은 있지만 신약을 부각시키기 위해서 구약을 다양하게 소개한 면도 있다. 따라서 『성경직히광익』에는 구약 본문이 포함되어 있기도 하고 구약을 해석한 내용도 많이 포함되어 있다.

마지막으로, 복음을 중시했기 때문에 복음서를 이루는 4복음서에 대한 소개로서 마감을 하였다. 복음서를 소개할 때 사람은 마태복음을, 사자는 마가복음을, 송아지는 누가복음을, 봉이라는 새는 요한복음을 모상한 것이라 설명하였다.[587] 이러한 분류는 에스겔(1:1-4)과 요한계시록

587 『성경직히광익』에서는 요한복음, 마태복음, 누가복음, 마가복음 순으로 기술되어 있지만 『성경직히』에서는 마태복음, 마가복음, 루가복음, 요한복음 순으로 기술되어 있다.

(4:6-7)에 나타나는 형상들을 참조하여 제롬(St. Jerome, 347-420)이 복음서를 분류한 것인데, 복음서의 핵심 내용을 동물의 형상과 행동으로 쉽게 전하려는 의도로 이러한 분류를 활용한 것으로 볼 수 있다.

한 가지 주목할 것은 '복음'을 '에완여랸'로 번역하고 세례 요한을 '요안밥지스다'로 번역하였다는 점이다. 인쇄본 『셩경직히』에서는 '복음'과 '요안세쟈'로 번역되어 있으나 『셩경직히광익』에서는 이처럼 원어를 음역하였다. 그런데 한문본 『聖經直解』[588]에는 '保第斯大' 즉 '밥지스다'에 해당하는 용어가 있으므로 『셩경직히광익』이 원래 초기 번역본임을 확인할 수 있다.

『셩경직히광익』에는 주일마다 읽을 수 있는 복음서가 번역되어 있다. 복음서 별로 정리하면 다음과 같다.

마태복음 1:1-16; 2:1-12; 2:13-18; 4:1-11; 4:18-22; 5:1-12a; 5:20-24; 6:16-21; 6:24-33; 7:15-21; 8:1-13; 8:23-27; 9:1-8; 9:18-26; 11:2-10; 13:24-30; 16:13-19; 17:1-9; 18:23-35; 20:1-16; 21:1-9; 22:1-14; 22:15-21; 22:34b-46; 23:34-39; 24:15-35; 26:31-27:56; 28:18-20

마가복음 7:31-37; 8:1, 5-10; 16:1-7; 14:27-15:41; 16:15-18

---

588 陽瑪諾 譯 (1636?明刻本) 聖經直解. https://www.scribd.com/document/75372081/%E9%99%BD%E7%91%AA%E8%AB%BE-%E8%AD%AF-1636-%E6%98%8E%E5%88%BB%E6%9C%AC-%E8%81%96%E7%B6%93%E7%9B%B4%E8%A7%A3-%E5%8D%B71-5-%E5%85%B115%E5%8D%B7 (2018. 9.29 검색)

누가복음 1:26-38; 1:39-47; 2:1-14; 2:15-20; 2:21; 2:22-32; 2:33-40; 2:42-52; 3:1-6; 5:1-11; 6:36-42; 7:11-16; 8:4-15; 10:23-27; 10:38-42; 11:14-28; 12:35-40; 14:1-11; 14:15-24; 15:1-10; 16:1-9; 17:11-19; 18:9-14; 18:31-43:31-35; 19:41-47a; 21:25-33; 22:31-23:49; 24:13-35; 24:36-47

요한복음 1:1-14; 1:19-28; 2:1b-11; 3:1-15; 3:16-21; 4:46b-53; 6:1-15; 6:55-58; 8:46-59; 10:1-10; 10:11-16; 13:1-15; 14:15-31a; 15:17-25; 15:26-16:4 16:5-14; 16:16-22; 16:23b-30; 18:1-19:37; 19:31-35a; 20:19-31; 20:24-29; 21:19b-24

『성경직히광익』 가운데 몇 주일의 예를 살펴보면 다음과 같다. 그리고 필요할 경우 『성경직히광익』과 비교하기 위해 『성경직히』의 본문도 함께 제시할 것이다. 아래는 '예수셩탄젼데삼쥬일셩경'의 본문인 마태복음 11장 2-10절이다;

유시에 요안이 옥에셔 그리스도 힝젹을 드르매 두 뎨ᄌᆞᄅᆞᆯ 보내여 예수ᄭᅴ 무ᄅᆞᄃᆡ 너ᄂᆞᆫ 그 올 사ᄅᆞᆷ이(쟝ᄎᆞᆺ 올쟈ㅣ) 냐 혹 마치 우리 등이 다ᄅᆞᆫ 이 오기ᄅᆞᆯ 보람나그하냐 (기ᄃᆞ리랴)? 예수ㅣ ᄃᆡ답ᄒᆞ야 ᄀᆞᆯᄋᆞ샤(뎌들의게 닐ᄋᆞ시)ᄃᆡ 도라가 요안의게 드ᄅᆞᆫ 바ᄅᆞᆯ(와 본 바)ᄅᆞᆯ 고ᄒᆞ라. 쇼경이 보고 아즌방이 힝ᄒᆞ고 난(라)창이 조ᄎᆞᆯᄒᆞ고 귀막힌 이 듯고 죽엇던 이 다시 살고 가난ᄒᆞᆫ 이 복음을 밧고 또 사ᄅᆞᆷ이 나ᄅᆞᆯ 괴이히 보지 아닛ᄂᆞᆫ 이ᄂᆞᆫ 진복쟈ㅣ 라 ᄒᆞ시고

둘(뎌들)이 도라간 후에(가매) 예수ㅣ 비로소 요안을 가져 모

든 이 ᄃᆞ려 닐ᄋᆞ샤ᄃᆡ 너희등이 무ᄉᆞᆷ 거ᄉᆞᆯ 들희 나가 무어ᄉᆞᆯ 보나냐(나가 무어ᄉᆞᆯ 보더냐)? 바람의(에) 흔덕이(들니)ᄂᆞᆫ 갈대냐? ᄆᆞᆺᄎᆞᆷ내 무ᄉᆞᆷ(어)거ᄉᆞᆯ 나가 보나(더)냐 브드러온 옷ᄉᆞᆯ 닙은 자ㅣ(사ᄅᆞᆷ이)냐 뎌 브드러온 옷ᄉᆞᆯ 닙은 이들은 왕궁에 잇ᄂᆞ니라. ᄆᆞᆺᄎᆞᆷ내 무ᄉᆞᆷ(어) 거ᄉᆞᆯ 나가 보나(더)냐 션지쟈ㅣ냐 (그러타) ᄯᅩᄒᆞᆫ 너희ᄃᆞ려 닐ᄋᆞᄂᆞ니 션지쟈의(에)셔 크게 나으니라. 대개 뎌ᄂᆞᆫ 다른 사람이 아니라 셩경에 일직이 뎌ᄅᆞᆯ 가져(긔록ᄒᆞᆫ 바쟈ㅣ니) 썻시치셩히(나ㅣ 이에) 내 텬신을 너브다가(네 압희) 몬져 보내여 뎌ㅣ 너희(네) 길ᄒᆞᆯ 미리 다ᄉᆞ리리라 ᄒᆞ시다 ᄒᆞ니라 ᄒᆞ시더라.[589]

오늘날 번역한 성경과 비교할 때도 손색이 없을 정도로 거의 정확하게 번역되어 있다. 괄호 안에 있는 것은 본문 오른 쪽에 추가하여 기록한 '또 다른 읽기'인데 자세히 살펴보면 '또 다른 읽기'가 『성경직히』의 번역과 동일함을 발견할 수 있다. 필사하면서 오류가 발생하여 읽기가 힘들었던 부분인데 나중에 또 다른 필사본을 보았던지 혹은 인쇄되어 출판된 『성경직히』를 보고 첨가하여 읽기에 도움을 주고자 한 것으로 짐작된다.

본문을 시작하기 전에 본문을 소개하는 부분이 있는데 '요한'을 필사본인 『셩경직히광익』은 '요안밥지스다 셩인'이라 하였고, 인쇄본 『성경직히』에는 '요안 셰쟈 셩인'이라 번역하였다. 그러나 제자 요한은 언제나 '요왕 종도'로 표기하였다.

---

589 『셩경직히광익 I』, 45-56.

성경 본문을 제시하면서 중간 중간에 해석, 즉 '주'을 첨부하였는데 그 내용이 본문보다 더 많은 분량이다. 그런데 그 해석은 『聖經直解』의 해석을 정확히 번역한 것이 아니다. 오히려 조선 신자들의 상황에 맞게 생략하여 축약한 것을 볼 수 있다. 또한 조선의 신자들이 이해하기 쉽게 풀이한 곳도 있다.[590] 특히 11장 5절의 내용이 이사야(61:1)의 예언을 인용한 것임을 밝혀놓아 신약과 구약의 연결성도 밝혀주고 있다. 그리고 '구약'을 '고경'이라, '신약'을 '신경'이라 표기하고 있다.

다음의 본문은 '봉ᄌᆡ젼뎨삼쥬일셩경'의 본문인 마태복음 20장 1-16절인데 비교적 정밀하게 번역되어 있다.

> 유시에 예수ㅣ 문뎨ᄌᆞᄃᆞ려 이 비유ᄅᆞᆯ 닐ᄋᆞ샤ᄃᆡ 천국은(셩교회ᄅᆞᆯ ᄀᆞᄅᆞ침이라) 마치 집 쥬인이 새벽에 나가 품군을 사 포도수풀로 보냄 ᄀᆞᆺᄒᆞ니 품군마다 갑ᄉᆞᆯ ᄒᆞᆫ돈식 뎡ᄒᆞ야 뎌들을 보내여 그 포도수풀노 보내고 ᄉᆞ시초에 나가 저재에 한가로이 셧ᄂᆞᆫ 몃 사ᄅᆞᆷ을 보고 닐너ᄀᆞᆯᄋᆞᄃᆡ 너희들도 ᄯᅩᄒᆞᆫ 내 포도수풀노 가라 맛ᄀᆞᆺ게 너ᄅᆞᆯ 갑ᄉᆞᆯ 주리라 ᄒᆞ니 뎌들이 이게 가고 오시 정과 신시 초에 다시 나가 ᄯᅩᄒᆞᆫ 이ᄀᆞᆺ치 ᄒᆞ고 거의 유시초에 나가 셧ᄂᆞᆫ 몃 사ᄅᆞᆷ을 보자 닐너 ᄀᆞᆯᄋᆞᄃᆡ 너희 무리ᄂᆞᆫ 엇지 ᄒᆞᆫ야 죵일 한가로이 여긔셧ᄂᆞ뇨 ᄀᆞᆯᄋᆞᄃᆡ 사ᄂᆞᆫ이 업더이다 ᄀᆞᆯᄋᆞᄃᆡ 너희들도 ᄯᅩᄒᆞᆫ 내 포도수풀에 가라 ᄒᆞ고 져물기의 ᄆᆞᆺ촌 후에 쥬인이 ᄀᆞ음아는쟈 ᄃᆞ려 닐ᄋᆞᄃᆡ 품군을 불너 갑ᄉᆞᆯ 주ᄃᆡ 나죵 온이 브터 시작ᄒᆞ야 처

---

590 조한건, "『셩경직해광익』 研究," 48-50.

음 온 이의게 ᄆᆡᆺᄎᆞ라ᄒᆞ니 유시초에 니ᄅᆞᆫ쟈ㅣ 나아와 다ᄒᆞᆫ돈식 밧ᄂᆞᆫ지라 처음 온쟈ㅣ 나아와 스ᄉᆞ로 헤아리ᄃᆡ 더두터히 밧으리라 ᄒᆞ엿더니 ᄯᅩᄒᆞᆫ 한돈식 밧으매 쥬인을 ᄶᆞ지져 ᄀᆞᆯᄋᆞᄃᆡ 뎌들은 후에와 공부ㅣ 반시ᄌᆡᆨ쁜이오 우리들은 온 날의 즁홈과 ᄯᅳ거옴을 졋거ᄂᆞᆯ 뎌들을 우리등의게 일톄로 하냐냐 쥬인이 그 ᄒᆞ나ᄃᆞ려 닐ᄋᆞᄃᆡ (뎌들은 후에와 공부ㅣ 반시직 쁜이요 우리등은 온 날의 즁홈과 ᄯᅳ거옴을 졋거ᄂᆞᆯ 뎌들을 우리등의게 일톄로 하냐냐 쥬인이 그 ᄒᆞ나ᄃᆞ려 닐ᄋᆞᄃᆡ) 벗아 내 불의ᄅᆞᆯ 네게 ᄒᆞ지아니니 네 나와 더브러 ᄒᆞᆫ돈식 뎡치 아니ᄒᆞ엿더냐 너희 갑만 밧아갈지어다 녀후에 온 쟈ᄅᆞᆯ 너와 갓치주고져ᄒᆞ니 엇지 나ᄒᆞ고져 ᄒᆞᄂᆞᆫ 바ㅣ 네게 가치 아니ᄒᆞ리오 네 눈이 사오나옴이오 나난 착ᄒᆞᆷ이 아니냐 ᄒᆞ니라 (마치 닐ᄋᆞᄃᆡ 네 공젼이 호리도 젹지 아니ᄒᆞᆫ지라 내 ᄌᆡ물을 내 임의로 사ᄅᆞᆷ을 줄지니 네 엇지 눈을 브리히나ᄂᆞᆫ ᄒᆞᆷ이라) 비유ᄅᆞᆯ ᄆᆞᆺᄎᆞ시매 쥬ㅣ 종드ᄅᆞᆯ 경계ᄒᆞ시ᄃᆡ 이ᄂᆞᆫ 몬져ㅣ후ㅣ되고 후ㅣ 몬져ㅣ 됨이니 대개 쳥ᄒᆞᆫ 쟈ᄂᆞᆫ 만흐ᄃᆡ ᄲᅡ히ᄂᆞᆫ 쟈ᄂᆞᆫ 젹음이라 ᄒᆞ시더라.[591]

'하나님 나라'인 '쳔국'에 작은 글자가 첨가되어있는데 '셩교회를 ᄀᆞᄅᆞ침이라'고 주를 달아 해석한 것이 주목된다. 문제가 되는 점은 필사할 때 『셩경직히광익』의 경우 오류를 범하기 쉬운 현상 중 하나인 중복오사(重複誤寫, dittography) 현상이 있다. 아마도 이는 필사의 경우 종종 발견되는 필사자의 단순한 실수로 여겨진다.

591 『셩경직히광익 I』, 449-459.

다음의 내용은 중복오사 부분이다; "뎌들은 후에와 공부ㅣ 반시직 ᄲᅮᆫ이요 우리등은 온 날의 즁ᄒᆞᆷ과 쓰거옴을 젓거ᄂᆞᆯ 뎌들을 우리등의게 일톄로 하냐냐 쥬인이 그 ᄒᆞ나ᄃᆞ려 닐ᄋᆞᄃᆡ." 그리고 마지막에 "대개 쳥ᄒᆞᆫ 쟈ᄂᆞᆫ 만ᄒᆞᄃᆡ ᄲᅡ히ᄂᆞᆫ 쟈ᄂᆞᆫ 젹음이라 ᄒᆞ시더라"라는 구절은 마태복음 22장 14절("청함을 받은 자는 많되 택함을 입은 자는 적으니라")인데 여기에 첨가되어 있다.

또한 '봉ᄌᆡ후뎨ᄉᆞ쥬일셩경'인 요한복음 6장에 나타난 오병이어 기적 사건을 해석한 것을 보면 다양하게 분석하고 성경의 다른 사건과 연결시켜 해석한 것을 볼 수 있다. 본문 가운데 작은 글자로 주를 다는 형식으로 해석한 것인데 그 내용은 다음과 같다;

> 혹이 의심ᄒᆞᄃᆡ 젹은 떡 다ᄉᆞᆺ개로 엇지 오쳔 사ᄅᆞᆷ을 ᄇᆡ불니시리오 왈 ᄇᆡ불닌 수가 오쳔 ᄲᅮᆫ 아니라 대개 경에 오직 사나희만 긔록ᄒᆞ고 그 밧긔 부인과 아ᄒᆡ 만히 잇ᄉᆞ니 이긔여 혜지 못할지라. 쥬ㅣ 젼능ᄒᆞ시니 셩젹을 힝코져 ᄒᆞ시매 혹 젼혀 업ᄂᆞᆫ 가온대 홀연이 떡과 고기ᄅᆞᆯ 문ᄃᆞ심은 당초에 텬디 만물을 일우ᄃᆡ 다ᄅᆞᆫ ᄌᆡ료ᄅᆞᆯ 비지 아니코 문드심 ᄀᆞ치 하실거시오 혹 긔운으로 ᄯᅥᆨ과 고기ᄅᆞᆯ 문드심이 가치 아닐바ㅣ 업사리라.[592]

해석한 내용을 살펴보면, 우선 5,000이라는 숫자는 남자만 헤아린 숫자임을 밝히고 실제는 여자와 아이들까지 합하면 훨씬 더 많은 사람

592 『셩경직ᄒᆡ광익 II』, 봉ᄌᆡ후뎨ᄉᆞ쥬일셩경, 102.

들이 먹은 것으로 해석하였다. 그리고 천지창조 때 무에서 유를 창조한 것을 상기시키며 이 기적이 하나님의 창조 사건과 같은 기적임을 강조하였다. 또한 광야에서 만나가 내린 사건과 같은 기적적인 사건임을 상기시켰다.

매주일 성경 본문을 제시한 것 가운데 가장 방대한 분량을 제시한 주일은 '예수슈난쳠례성경' 주일인데 복음서 본문과 해석까지 합하면 모두 215면이나 되는 분량이다.[593] 보통 복음서 가운데 한 복음서 본문만 제시하는데 이 주일에는 사복음서 본문을 모두 제시하였다(마 26:31-27:56; 막 14:27-15:41; 눅 22:31-23:49; 요 18:1-19:37). 이렇게 수난주일을 강조한 것은 조선에서 성도들이 수많은 박해와 핍박을 견뎌야 했던 상황과 무관하지 않다. 성도들은 수난주일 성경을 읽고 외우면서 그 모진 박해를 이겨내었던 것이다.

2. 『천주강생언행기략』

1635년 알레니(Giulio Aleni, 艾儒略, 1582-1649) 신부가 저술한 『天主降生言行紀略(천주강생언행기략)』은 예수의 생애를 중심으로 165개의 항목으로 구성되어 있는데 복음서에 나타나지 않은 에데사(厄得撒)의 왕 아브가르(亞加罷錄)의 이야기도 포함되어있다.[594] 이 책은 1782년

---

593 『셩경직히광익 II』, 예수슈난쳠례셩경, 189-402.

594 알레니의 전집이 영인본으로 출판되었다. 艾儒略, 『艾儒略 漢文著述全集: The Collection of Jules Aleni's Chinese Works』, ed. 葉農, 2 vols. (桂林: 广西师范大

이전에 이미 연행사(燕行使)를 통해 도입되어 있었는데, 1782년(정조 6년)에 규장각에서 강화도 소재 외규장각으로 이봉된 도서목록에 포함되어 있었다.[595]

알레니는 이 책에서 4복음서를 조화시킨 조화본문을 제시하였는데 직역이 아니라 의역이었으며 복음서의 개요를 전달하는 면에 치중하였다. 그리고 성경 본문 번역과 함께 관주를 달아 성경 본문을 설명하고 해석하였다. 이 가운데 광야에서 40일 금식 후 마귀에게 시험받은 복음서 조화 본문을 소개하면 다음과 같다;

> 耶穌四十日大齋驅魔誘試 第二
>
> 제2. 예수가 사십일 금식하고 마귀의 유혹을 물리치다
>
> 耶魔欲試之。乃假爲修士容 就而誘以饕曰。耶蘇領洗之後。卽趨深山四十晝夜。 一粒不食 滴不飮 如是嚴齋方餓。爾倘爲天主 胡不化石爲餌而濟饑乎。耶蘇曰。經云 人不惟受養於飮食 更受養於聖言 出諸上主之親論者。
>
> [눅 4:1] 예수가 세례를 받은 후, [마 4:2; 막1:13] 곧이어 산을 찾아가 사십주야를, [마 4:2] 곡식 할 톨 먹지 않고 물 한 방울 마시지 않으며 엄히 금식하여 바야흐로 굶주렸다. [마

学出版社, 2011).

595 소순태, 『신약 4복음서들을 하나로 묶은 복음성경(福音聖經)인 화합 복음서의 한 종류 "천주강생언행기략" 1635년 등의 이벽 성조의 "성교요지" 근거 문헌들의 발굴과 사료분석 연구 보고서/비망록(備忘錄)』, 210.

4:1; 막 1:13; 눅 4:2]사악한 마귀가 그를 시험하고자하여, 이에 거짓으로 남자의 얼굴을 갖추어 탐심으로 꾀어 말했다.[마 4:3; 눅 4:3] 네가 만일 하나님(천주)이면 어찌 돌로 음식을 만들어 굶주림에서 벗어날 수 없느냐? [마 4:4; 눅 4:4] 예수가 말하였다. 성경에 이르기를 사람은 음식만을 받아먹음이 아니라 도리어 하늘의 하나님이 친히 말씀하신 것에서 나온 모든 거룩한 말씀을 받아먹는다.

次誘以午 乃携耶蘇 至都城聖殿之頂 曰。經云 主命其天神 護爾於諸塗。手捧扶爾 不致蹶躓也。爾何不踏空而下 以試之乎。耶蘇曰 經云天主之能 非可作意試者。

[마 4:5; 눅 4:9] 그 다음 교만으로 꾀고자 예수를 도성 성전 꼭대기에 이끌어 말하였다. [눅 4:10] 성경에 이르기를 하나님이 천사에게 명령하여 너를 모든 괴로움에서 지키시고, [마 4:6; 눅 4:11] 너를 손으로 받들어 도와 넘어지지 않으리라 하셨다. [마 4:6; 눅 4:9] 너는 어찌하여 공중에 발을 딛어 그것을 시험하지 않느냐? [마 4:7; 눅 4:12] 예수가 말하였다. 성경에 이르기를 하나님의 능력은 시험하지 말라 하였다.

次誘以貪 乃引躋高山之巓 陳天下萬國於前曰。此皆吳所統者 爾能屈己拜我 吳其授爾。耶蘇始叱之曰。娑殫(譯言欺罔人之邪魔也) 去。經云 惟宜欽崇一天地之主而專祇之。娑殫於我何有哉。耶蘇退其三攻 而魔遂遯。

[눅 4:9] 이후에 탐심으로 꾀려 이끌어 높은 산꼭대기에

올라 천하 만국을 그 앞에 늘어놓고 말하였다. [마 4:8-9; 눅 4:5-7] 이것이 모두 내가 다스리는 것이다. 네가 몸을 굽혀 나에게 절할 수 있으면 내가 너에게 이것을 주겠다. [마 4:10] 예수가 비로소 꾸짖으며 말하였다. [마 4:10] 사탄아 떠나가라(번역하면 흉악하고 거짓된 마귀란 뜻). [마 4:10; 눅 4:8] 성경에 이르기를 오직 마땅히 하늘과 땅의 주만 공경하고 존숭하고 오로지 그만 공경하라 하였다. 사탄아. 그 밖에 또 무엇이 나에게 있으리요? [마 4:11; 눅 4:13] 예수가 그 세 가지 공격을 물리치니 마귀가 드디어 달아났다.

(吳主容此魔試 政以示人魔誘多端 攻伐不已。而我必當以欽主命 崇經肯敵勝之也。) 天神至 顯像進食 耶蘇享焉。今教中每年春時大齋四十日 蓋本于此。

(나의 주가 이 마귀의 시험을 용납하심은 사람에게 마귀의 유혹이 다양하고 그 공격을 끊임없이 물리쳐야 함을 사람에게 보여 가르치기 위함이다. 따라서 나는 반드시 마땅히 주의 명령을 공경해야 하고 성경을 존숭하고 반드시 그것을 대적하여 이겨야 한다.) [마 4:11; 막1:13] 천사가 이르러 나타나 음식을 드리니 예수가 이에 잡수셨다.지금 가르침 중에 매년 봄에 40일을 금식하도록 하는데 모두 이를 근본으로 하는 것이다.。

위의 조화본문은 마태복음 4:1-11, 마가복음 1:12-13, 누가복음 4:1-13 등을 조화시킨 본문인데 1796년 베이징판(京都)의 본문이며, 한글로

번역한 부분은 필자가 첨가시킨 것이다.[596]

3.『교요서론』

『교요서론(教要序論)』은 머리말격인 '자서(自敘)'에서 밝혔듯이 천주교 교리를 요약한 것이다.[597] 따라서 내용을 살펴보면 교리를 배우려고 하는 사람들을 위해 교리를 체계적으로 정리한 것임을 알 수 있다.『교요서론』은『천주실의』가 간행된 후 74년 만에 간행된 것으로『천주실의』이후 가장 영향력을 끼친 교리서라 할 수 있다.

『교요서론』은 4부로 구성되어 있는데 제1부는 '천주는 무엇인가?'이며, 제2부는 '천주 십계'이고, 제3부는 사도신경을 해설하는 형식으로 구성되었다. 제3부 가운데 예수에 관한 부분은 '신경(2)'에서 '신경(7)'까지인데 세부적으로는 7-34장 부분에 포함되어 있다. 특히 예수 탄생에 관한 내용이 자세히 기록되어 있고, 병자를 고치고 오병이어의 기적을 행했다는 등 예수의 사역에 관해서도 소개하고 있다. 다른 교리서와 마찬가지로 예수 수난 이야기와 부활 이야기를 상세히 전하고 있다. 가끔 '신경(『교요서론』 한문본에는 '聖經')에 닐은바'라고 밝히면서 "전능하신 천주 성부의 오른편에 앉으시니..."라고 성경 인용을 명확하게 밝힌 경우도 있다.[598]

---

596 主教湯亞立山准,『天主降生言行紀略』(京都: 始胎大堂藏板, 天主降生一千七百九十六年), 67-68.

597 Ferdimand Verbiest, 노용필 역,『교요서론(教要序論)』, 25.

598 Ferdimand Verbiest, 노용필 역,『교요서론(教要序論)』, 138.

또한 『교요서론』 제4부는 천주경, 성모경, 십자성호경 등을 해석한 부분과 성수를 받는 법도에 관한 부분으로 구성되어 있다. 그런데 한글 번역본 『교요셔론』에는 제4부가 누락되어 있다. 아마도 십자성호경 부분이 조선의 관습에서 보면 낯설고 십자가를 긋는 행동으로 인해 쉽게 천주교인인 것을 발각당할 위험이 있기에 삭제한 것으로 보인다. 또한 성모경은 마리아에 관한 것인데 쉽게 이해되기 어려운 부분이기에 번역하지 않은 것으로 보인다. 더구나 성수를 받는 법도는 불교의 의식과 유사하여 혼란을 야기시킬 가능성이 있다고 본 듯하다.[599]

한문본 『교요서론』 제4부에는 '천주경'이라 부르는 주기도문(마 6:9-13; 눅 11:2-4)이 해석되어있다. 그런데 이 부분은 한문본 『교요서론』에는 있지만 한글번역서인 『교요셔론』에는 번역되어 있지 않다. 『교요서론』의 '주기도문'은 다음과 같다.

> 在天我等父者 我等願爾名見聖 爾國臨格 爾旨承行于地 如于天焉 我等望爾 今日與我 我日用糧 而免我債 如我亦免負我債者 又不我許陷于誘感 乃救我于凶惡 亞孟 (재천아등부자 아등원이명견성 이국임격 이지승행우지 여우천언 아등망이 금일여아 아일용양 이면아채 여아역면부아채자 우불아허함우유감 내구아우흉악 아맹)[600]
>
> [번역] 하늘에 계신 우리 아버지께서 우리들이 당신 이름이 거룩히 되기를 원하며 당신 나라가 임하시며 당신의 뜻이 하늘

599 Ferdimand Verbiest, 노용필 역, 『교요서론(教要序論)』, 240-241.
600 Ferdimand Verbiest, 노용필 역, 『교요서론(教要序論)』, 176-184.

에서와 같이 땅에서와 같이 이뤄지소서. 우리들은 당신께서 오늘 우리에게 무리가 일용할 양식을 주시기를 바라며, 나 또한 나에게 빚 지은 자를 놓아 주듯이 우리의 빚을 면하게 하시고, 또 내가 유혹에 빠지지 않게 하시고 마침내 나를 흉하고 악함에서 구해주소서 아멘

그런데 한문본 주기도문(천주경) 번역과 해석에 있어서 한 가지 주목할 대목은 "나 또한 나에게 빚 지은 자를 놓아 주듯이 우리의 빚을 면하게 하시고"라고 번역하여 해석한 부분이다. 이 구절을 해석하면서 "빚을 진 자는 때때로 셈을 하여 헤아려 때를 맞춰 전부를 갚고자 하는 데에 힘써서 그 모자라는 수를 빨리 없애야 할 것이다."라고 하였다.[601] 이러한 해석을 통해 게으르지 말고 날마다 하나님께 용서해 주시기를 간구해야 한다는 기도 생활을 권면하며 강조하였다. 또한 현재 『개역개정』에서 번역하듯이 "우리가 우리에게 죄 지은 자를 사하여 준 것같이 우리 죄를 사하여 주시옵고"라고 번역하지 않고 헬라어 원문의 의미를 살려 '빚'으로 번역한 것을 주목할 필요가 있다.

601 Ferdimand Verbiest, 노용필 역, 『교요서론(敎要序論)』, 181-182.

4. 『주교요지』

『주교요지』는 처음부터 한글로 작성된 교리서인데 예수의 탄생과 사역, 그리고 재림과 심판에 대해서도 상세히 설명하고 있다. 이 가운데 예수탄생에 대해서 한층 더 상세히 이야기하고 있는데 마리아가 '아이몸(童貞)'으로 예수의 모친이 되었다는 동정녀 탄생 이야기, 가브리엘 천사와의 대화, 태어난 날짜 등에 대해 이야기하고 있다. 또한 밤에 하늘에는 천사들이 찬양하고 목자들이 경배한 사실, 동방의 세 왕이 경배한 사실도 이야기하였다. 그리고 8일 만에 할례를 받은 이야기와 사람이지만 동시에 천주임을 설명하였다.

그리고 예수 탄생과 사역을 이미 구약에서 예언했다는 해석을 통해 구약과 신약의 관계를 아래와 같이 설명하고 있다.

> 이러므로, 천주 세상에 나리시기 전에 속죄하실 말씀을 미리 원조(元祖)에게 이르시고 그 후에 여러 성인(聖人)을 대대로 보내시어, 세상에 나려 속죄하실 말씀을 전파하여 성경에 기록하게 하시니, 천주 아무 때에 나심과 아무 땅에 나리심과 그 행실과 사전의 어떠하심을 다 성경에 자세히 말씀하셨더니, 과연 성경에 하신 말씀과 같아, 그 나신 때와 나리신 땅과 평생에 하신 일이 다 낱낱이 서로 맞아, 호발(毫髮)도 틀리지 아니한지라.[602]

602 정약종, 『주교요지』, 63.

또한『주교요지』는 33년 동안 이 땅에 계시면서 하신 예수의 사역을 나열하고 있는데 수난 사건에 대해서는 상세하게 이야기하고 있다. 그리고 부활과 부활 후 일어난 일도 상세히 전하고 있다. 부활 후 막달라 마리아와 도마와 제자들에게 보이신 사건, 올리브 산에서 승천하신 사건들도 상세히 전하고 있다. 특히 도마 사건을 상세히 전했는데 그 가운데 도마가 말한 내용을 비교적 정확하게 전하였다. 아래와 같이『개역개정』과 비교해 볼 때 거의 정확하게 전하고 있음을 확인할 수 있다.

> [주교요지] 내 눈으로 두 손에 못 박히신 자취를 보지 못하고 내 손을 그 상하신 가슴에 넣어 보지 못하면 반드시 믿지 못하리라.[603]
>
> [개역개정] 내가 그의 손의 못 자국을 보며 내 손가락을 그 못 자국에 넣으며 내 손을 그 옆구리에 넣어 보지 않고는 믿지 아니하겠노라. (요 20:25)

그리고 예수의 신성과 인성의 결합을 설명하면서, 나무에 살구 가지를 접붙임한 것과 같다고 아주 쉽게 이해할 수 있도록 설명하였다.[604] 또한 예수를 하나님과 사람 사이에 위치한 '거간', 혹은 '사다리'로도 설명하였는데, 예수가 만민의 맏이로서 아우들이 저지른 죄를 마치 자기가 지은 죄처럼 빌어 용서를 받도록 했다고 설명하였다.[605]

---

603 정약종,『주교요지』, 77.
604 정약종,『주교요지』, 66.
605 정약종,『주교요지』, 67.

5.『칠극』

신약은 비교적 일찍부터 조선에 알려졌다.『성경광익직히』를 통해 신약의 내용이 많이 전해졌으며 예수님의 이야기가 담긴 복음서의 내용이 교리서를 통해 전해졌다. 그런데『칠극』은『성경광익직히』보다 더 이른 시기에 조선에 전해졌으며 선비들의 세계에서 환영을 받은 책이었다.『칠극』에 신약에서 67회 147절이나 인용되었다는 것은 상당한 분량의 신약 내용이 전달 된 것이다.

그런데 이 가운데 복음서는 42회로 신약 전체 중 63%를 차지한다. 복음서 책별 인용 빈도는 다음과 같다: 마태복음 24, 누가복음 10, 요한복음 3, 마가복음1, 신약의 경우 마태복음을 인용한 경우가 24회로 36%를 차지하고 있다.『칠극』은 수양서이기에 잠언을 비롯한 지혜문학이 많이 인용되었다. 그런데『칠극』의 저자가 복음서를 유독 많이 인용한 이유가 무엇일까? 복음서 안에는 비유와 이야기와 가르침 등 지혜문학적인 부분이 많이 있었기 때문이다.[606] 예를 들어『칠극』에서도 인용된 누가복음 12장 16-20절은 부자에 관한 예수의 비유인데 이 내용은 지혜문학인 집회서 11장 18-19절의 내용과 매우 유사하다. 따라서 누가복음 저자가 집회서의 내용을 활용한 것으로 추정된다.[607] 이처럼 복음서 내용 가운데는 지혜문학적인 부분이 많이 포진해 있다.

『칠극』에 인용된 복음서는 다음과 같다

606 천사무엘, "구약 지혜 전승과 신약성서," 129-132.
607 천사무엘,『구약외경의 이해』(천안: 한국신학연구소, 1996), 131.

죄	신 약(복음서)
교만	눅 18:9-14; 1:53; 6:20; 17:10 마 6:3-4; 6:1; 5:16
질투	마 5:10; 25:40; 5:46-47; 22:39; 눅 6:32-34 요 13:35; 15:12; 12:25
탐욕	마 5:3; 6:24-34; 25:34-35; 25:41-46; 25:34-40;19:21; 19:29 눅 6:38; 33:34
분노	눅 6:37-38; 6:32-35 마 5:23-24; 18:35; 18:23-34; 6:14-15; 5:43-46; 5:10; 5:10-12
음란	마 13:18-23; 5:8; 22:30
나태	막 13:32-37 눅 12:16-20

이 가운데 직역한 경우로는 마태복음 5장 16절 인용을 들 수 있는데, '성경에 이르기를(經曰)'이라 시작하고 있다.

> [칠극] 너희의 밝고 환한 것을 남들 앞에 드러내어서 [그들에게] 너희의 착한 행실을 보여 주어, 하늘에 계신 너희 아버지를 찬미하게 하여라.[608]
>
> [개역개정] 이같이 너희 빛이 사람 앞에 비치게 하여 그들로

608 Diego de Pantoja, 『七克』, 62.

> 너희 착한 행실을 보고 하늘에 계신 너희 아버지께 영광을 돌리게 하라. (마 5:16)

특히 이 가운데 '하늘에 계신 너희 아버지(在天爾等父者, 재천이등부자)'라는 구절은 신유학의 윤리체계를 하나님과 연결시키는 구절이다. 또한 이 구절은 주기도문의 '하늘에 계신 우리 아버지(在天我等父者, 재천아등부자)'라는 구절을 연상시키는 구절이기도 하다.

그런데 복음서의 '씨뿌리는 비유'(마 13:18-23)를 다음과 같이 특이하게 활용하기도 하였다.

> 한 지아비와 한 지어미의 정결을 지킨 이들은 하나를 뿌리면 서른 개를 거두어들이게 될 것이고, 홀아비와 홀어미의 정결을 지킨 이들은 하나를 뿌리면 예순 개를 거두어들이게 될 것이고, 동정의 몸의 정결을 지킨 이들은 하나를 뿌리면 백 개를 거두어들이게 될 것이다.[609]

음란하지 않고 정절을 지키는 것이 중요하다는 것을 강조하는 내용에 씨 뿌리는 비유가 활용된 것이다. 때로는 특별한 용어일 경우 주를 다는 경우가 있다. 예를 들어 '예수(耶蘇)'라는 단어가 처음 나타날 때 '天主降生名號' 즉 '하나님이 사람의 몸을 입고 이 세상에 온 분'이 예수라

609 Diego de Pantoja, 『七克』, 353-354.

는 주를 달아 설명한 것이다.[610]

또한 분량이 많은 이야기도 인용되고 있다. 채무탕감 이야기(마 18:23-35), 그리고 소자에게 물 한 그릇 주는 비유(마 25:31-46) 등은 긴 이야기지만 자세히 인용되어 있다. 다음은 채무탕감 이야기를 비교한 것인데 긴 이야기지만 상당히 정확하게 인용되어 있음을 발견할 수 있다.

> [칠극] 어떤 신하가 임금에게 헤아릴 수 없는 빚을 졌는데, [그것을] 갚지 못하였다. 그래서 임금은 [그와] 그의 처자를 모두 팔아버리게 하였다. 이에 그 신하는 무릎을 꿇고 부탁드리며, "저에게 시일을 늦추어 주신다면 모두 갚아드리겠습니다"라고 하였다. [이 말을 들은] 임금은 그를 불쌍히 여겨서 모두 놓아 주었다.
>
> [그] 신하는 길을 나섰다가 그의 동료를 만났는데, [그는] 그에게 백금의 빚을 지고 있는 사람이었다. 그래서 그는 [그를] 붙들고서 그에게 [돈을 돌려주기를] 요구하였다. 그런데 이 사람 역시 무릎을 꿇고 부탁하며, "나에게 시일을 늦추어 준다면 모두 갚아드리겠습니다"라고 하였다. 그러나 그는 [그 말을] 들어주지 않고 그를 잡아 묶어 감옥에 가두어 버렸다. 곁에서 [이를] 지켜보던 이들은 [모두 그 신하에 대하여] 성을 내었고 [그 사람을 위하여] 근심하였다. 그리하여 그 일을 임금에게 아뢰었더니, 임금은 크게 성을 내어, 그를 잡아들이게 하고서 "나

610 Diego de Pantoja, 『七克』, 36.

뻔 벼슬아치로다! 너는 나에게 [너를 용서해 주기를] 빌었다. 그래서 나는 너를 용서해 주었다. 그런데 너는 어찌하여 그를 불쌍히 여겨주지 않았는가? 그렇다면 나도 너를 불쌍히 여겨줄 수 없다"고 하였다. 그리고는 마침내 [그를] 형벌을 맡은 관리에게 맡겨 [그의 빚을] 모두 갚게 하였다.

너희가 참된 마음으로 남을 용서하지 않는다면, 하나님(天主)이 너희에게 베풀어 주는 것도 이와 다름이 없을 것이다. 그러니 너희가 남에게 원수를 갚으려고 한다면, 하나님(上帝)은 [너희의] 죄를 이미 용서해 주었더라도 그것을 다시 곧 갚아줄 것이다.[611]

6.『기인십편』

비교적 정확하게 성경을 인용한 경우가 있다. 산상수훈 가운데 8복 부분이 있다는 것을 이야기 하면서 제8복을 정확히 인용한 것이다.

[기인십편] 천주의 경전에는...일찌기 현세의 참된 복 여덟가지로 사람들을 가르쳤습니다... 지금은 오직 여덟 번째를 서술하겠습니다..."옳은 일을 하다가 곤경을 당하는 사람은 참으

611 Diego de Pantoja,『七克』, 213-215.

로 복되다. 그는 이미 천상의 나라를 얻었다."[612]

[개역개정] 의를 위하여 박해를 받은 자는 복이 있나니 천국이 그들의 것임이라. (마 5:10)

그런데 아래의 내용은 마태복음 7장 14절을 인용하는 것으로 보이지만 완벽하고 정확한 인용은 아니다.

[기인십편] 성경이 말하기를, "하늘의 길은 좁으며 하늘의 문은 낮으니, 들어가는 사람이 드물다."[613]

[개역개정] 생명으로 인도하는 문은 좁고 길이 협착하여 찾는 자가 적음이라. (마 7:14)

다음은 이 세상에서 부자로서 산다는 것은 잠시 찰나의 즐거움을 얻을 수 있지만 죽을 때는 아무 유익도 얻을 수 없다는 사실을 강조하면서 성경을 인용한 부분이다. 그런데 정확하게 인용하기보다 누가복음(12:16-21)에 나타나는 '부자의 비유'를 활용한 것으로 보인다.

[기인십편] 『성경(聖經)』에서 말한 "재화를 가진 사람이 잠에서 깨고 나면 수중엔 아무 것도 남지 않게 된다"는 것입니다.[614]

612 Matteo Ricci, 『교우론. 스물다섯 마디 잠언. 기인십편』, 332-333.
613 Matteo Ricci, 『교우론. 스물다섯 마디 잠언. 기인십편』, 330.
614 Matteo Ricci, 『교우론. 스물다섯 마디 잠언. 기인십편』, 153.

또 다른 예로, 비슷한 것 같지만 내용상 다소 동떨어진 경우에 성경이 활용된 경우도 있다. 달란트 비유(마 25:14-30)에서 충성한 종에게 격려하는 구절을 천국으로 들어갈 수 있게 된 것이라는 문맥에 활용한 것이다.

> [기인십편] 성경에는 처음으로 하늘의 문으로 나아간 사람에게 이렇게 말합니다: "착한 종아 너의 충성이 너를 주님의 즐거움으로 들여보냈다."[615]
>
> [개역개정] "착하고 충성된 종아 네가 적은 일에 충성하였으매 내가 많은 것을 네게 맡기리니 네 주인의 즐거움에 참여할지어다." (마 25:21, 23)

이 외에도 이사야 9장 2절을 인용한 마태복음 4장 16절을 활용한 경우도 있다.[616]

7. 『직방외기』

『職方外紀(직방외기)』는 세계 인문지리서인데 그 가운데 예수와 그의 제자들의 활동과 행적이 소개되어 있다. 베들레헴에서 하

615 Matteo Ricci, 『교우론. 스물다섯 마디 잠언. 기인십편』, 296.
616 Matteo Ricci, 『교우론. 스물다섯 마디 잠언. 기인십편』, 302.

나님이 사람으로 태어나 33년간 가르치다가 승천하였는데 눈 먼 사람의 눈을 뜨게 해주기도 하고 죽은 사람을 살리는 등 다양한 기적과 위대한 일을 했다고 소개하였다. 이어서 예수의 제자들의 행적과 활동도 소개하였다. 이 가운데 예수를 소개하는 내용 중 한 부분을 인용해본다면 다음과 같다;

> 성경에 있는 가장 큰 일은 '예수가 태어나서 사람들을 죄에서 구하여 벗어나게 하고, 영원히 하늘나라에 오를 수 있을 길을 열어 줄 것이다'라는 것이다. 예언은 매우 자세하였고 후에 과연 이스라엘의 베들레헴 땅에 하느님이 사람으로 태어났다. 이름을 '예수'라 하였는데, 이는 말을 바꾸면 '인류를 괴로움으로부터 구제하는 사람(救世主)'이라는 것이다. 그는 33년 동안 세상에 살면서 사람들을 가르치고 이끌어서 착한 데로 나아가게 하였다.[617]

그리고 예수의 가르침을 네 가지로 요약하여 설명하였는데 기독교의 중요한 교리를 요약하였다.[618] 이 가운데 하나님에 관한 부분에는 다음과 같은 내용이 포함되어 있다; "하늘과 땅 사이에 지극히 높고 지극히 위대하여 사람과 사물의 진실한 주제자이며 큰 아버지가 되는 이는 단지 그 한 분만이 있고 둘이 있을 수 없는데, 한 분은 바로 하느님(天主)인 상제

---

617 Giulio Aleni, 『직방외기: 17세기 예수회 신부들이 그려낸 세계』, 107.
618 Giulio Aleni, 『직방외기: 17세기 예수회 신부들이 그려낸 세계』, 109-112.

(上帝)일 뿐이다... 우리가 마땅히 공경하고 두려워해야 하며, 사랑하고 우러러 받들어 따라야 할 이는 오직 한 분의 하느님이 있을 뿐이다."[619] 또한 이집트 편에는 어릴 때 예수가 이집트에 다녀간 사실도 소개하였다.[620]

II. 사도행전과 서신서와 계시록

1.『셩경직히광익』

'봉지져데이쥬일셩경'의 해석 부분인 '좀'에서 '츰음으로써 결실ᄒᆞ나니라'는 구절을 해석한 부분인데 로마서 12장 20절(네 원수가 주리거든 먹이고 목마르거든 마시게 하라 그리함으로 네가 숯불을 그 머리에 쌓아 놓으리라)을 인용하면서 참고 사랑하는 마음으로 원수를 은혜로 갚으라고 권면하는 부분이다. 로마서 구절을 거의 정확히 번역하고 있지만 '숯불을 머리에 쌓다'라는 은유를 숯불의 붉은 빛보다 숯불의 뜨거움을 강조하고 있다. 그래서 본문을 번역할 때도 숯불의 '뜨거움'을 첨가하여 아래와 같이 번역하였다;

619 Giulio Aleni,『직방외기: 17세기 예수회 신부들이 그려낸 세계』, 109.
620 Giulio Aleni,『직방외기: 17세기 예수회 신부들이 그려낸 세계』, 218.

> 바로 셩도ㅣ ᄀᆞᆯᄋᆞ샤ᄃᆡ, 네 원슈ㅣ ᄇᆡ곱하 목말나 ᄒᆞ거든 네 가히 밥먹이고 물 먹일지니 네 밥과 물이 반ᄃᆞ시 쓰거운 숫 같ᄋᆞ야 그 머리로 쓰거이 ᄉᆞᆯ으리라 ᄒᆞ시니 마치 닐ᄋᆞ시ᄃᆡ ᄋᆡ덕은 쓰거온 숫치 타 네 원슈의 ᄆᆞᄋᆞᆷ이 ᄉᆞ랑이 업서 ᄅᆡᆼᄒᆞ다가도 오직 네 춤아 은혜로 해 갑흠을 보면 그 ᄆᆞᄋᆞᆷ이 졈졈 더워 비로소 너를 ᄉᆞ랑ᄒᆞ리니 엇지 크게 유익ᄒᆞ지 아니랴.[621]

원래 이 은유는 구약성경 잠언 25장 21-22절에 나타난 것이다; "네 원수가 배고파하거든 음식을 먹이고 목말라하거든 물을 마시게 하라. 그리 하는 것은 핀 숯을 그의 머리에 놓는 것과 일반이요 여호와께서 네게 갚아 주시리라." 즉 원수를 원수로 갚지 않고 오히려 사랑으로 감싸줄 때 원수가 부끄러워 '핀 숯'처럼 얼굴이 벌겋게 달아오르는 모습을 묘사한 것이다.

그런데 『셩경직ᄒᆡ광익』에서는 숯의 뜨거움을 강조하여 원수의 차가운 마음이 눈 녹듯이 녹아 따뜻하게 된다는 것으로 해석한 것이다. 핀 숯을 머리 위에 놓으면 피부가 타기 때문에 극한적인 고통을 느낄 수밖에 없는데 뜻밖에도 그 보다는 따뜻한 온기에 주목하면서 마음이 따뜻하게 된다고 해석한 것이다. 원수라도 부끄러움을 느낀다고 보기보다 그 마음에 긍정적인 변화가 온다는 점을 주목하면서 해석한다는 사실이 중요하다.

또한 그 누구도 그리스도의 사랑에서 성도를 끊을 수 없다는 로마

---

621 『셩경직ᄒᆡ광익 III』, 봉ᄌᆡ젼데이쥬일셩경, 552-553.

서 8장 35-39절을 요약한 구절이 『셩경직ᄒᆡ광익』 '셩신강림후뎨십이쥬일 셩경'의 해석 부분에 아래와 같이 나타난다;

> 반로 셩도ㅣ ᄀᆞᆯ아샤ᄃᆡ 용밍ᄒᆞ다 ᄋᆡ덕의 용밍홈이여 셰상 환난이 핍박ᄒᆞ야 주림과 헐버숨과 위급홈과 니ᄒᆞᆫ 칼날이 능히 쳐도 능히 내 ᄋᆡ덕을 이긔지 못ᄒᆞ고 ᄉᆡᆼᄉᆞ와 현ᄌᆡ와 쟝ᄅᆡ 모든 거시 다 능히 내 ᄋᆡ덕을 ᄲᆡ앗지 못ᄒᆞᆫ다 ᄒᆞ시니라.[622]

그리고 유명한 사랑 장 고린도전서 13장 전체가 요약된 부분이 있다. '셩신강림후뎨십이쥬일셩경'의 해석 부분인 '좀'에 아래와 같이 요약되어 있다.

> 반로 셩도ㅣ ᄀᆞᆯ아샤ᄃᆡ 셜ᄉᆞ 내 ᄋᆡ덕이 업ᄉᆞ면 비록 능히 텬신과 만국 말을 ᄒᆞ여도 내 소ᄅᆡ 마치 터진 북소리 ᄀᆞᆺ고 비록 미ᄅᆡᄅᆞᆯ 알고 셩경 심오ᄒᆞᆫ 뜻을 통달ᄒᆞ고 내 ᄌᆡ물을 다ᄒᆞ야 가난ᄒᆞᆫ 사ᄅᆞᆷ을 구졔ᄒᆞ고 비록 만가지 고로옴을 밧아 치명ᄒᆞ여도 다 무익ᄒᆞ다 ᄒᆞ시니라.[623]
>
> 반로ㅣ ᄀᆞᆯ아샤ᄃᆡ ᄎᆞᆷ기로써 ᄒᆞ며 인ᄌᆞ홈으로써 ᄒᆞ며 ᄉᆞ욕으로 말며 투긔치 말고 거ᄉᆞ리지 말며 놉흔 거ᄉᆞᆯ 탐치 말고 ᄂᆞᄅᆞᆷ의 계교 만치 말며 촉범ᄒᆞ야 셩내게 말며 ᄉᆞᄅᆞᆷ의 악을 ᄉᆡᆼ각지 말고

---

622 『셩경직ᄒᆡ광익 III』, 셩신강림후뎨십이쥬일셩경, 280.

623 『셩경직ᄒᆡ광익 III』, 셩신강림후뎨십이쥬일셩경, 280-281.

> 션을 ᄉᆡᆼ각ᄒᆞ며 ᄌᆞ긔의 거즛거ᄉᆞᆯ 즐겨말고 ᄎᆞᆷ된 거ᄉᆞᆯ 즐겨ᄒᆞ며 일을 쳐치ᄒᆞ기ᄅᆞᆯ 졍으로써 ᄒᆞ고 사ᄅᆞᆷ 밋기ᄅᆞᆯ 의리로써ᄒᆞ고 사ᄅᆞᆷ의 ᄇᆞ라ᄂᆞᆫ 거ᄉᆞᆯ 헛되게 아니ᄒᆞ야 용납지 아닌 바ㅣ 업서야 이거시 ᄋᆡ덕이라 ᄒᆞ시니...[624]
>
> ... 바로 셩도 ㅣ ᄀᆞᆯ아샤ᄃᆡ 이제 신덕과 망덕과 ᄋᆡ덕이 잇시ᄃᆡ 홀노 ᄋᆡ덕이 영존ᄒᆞ야 멸치 아닛ᄂᆞᆫ다 ᄒᆞ시니라[625]

주목할 만한 점은 『셩경직ᄒᆡ』에는 없지만 필사본인 『셩경직ᄒᆡ광익』에 고린도전서 11:20-32 본문이 큰 글자로 필사되어 첨부되어 있다는 사실이다. 큰 글자로 필사된 이러한 형식은 해석이나 요약이 아니라 성경본문에 해당한다는 뜻이다. 매주일 복음서 본문을 앞에 큰 글자로 제시하는 것이 일반적인 모습인데 이처럼 바울 서신이 추가 되어 있는 것은 여기서만 나타나는 현상이다. 아마도 성만찬을 이해하기 위해서는 고린도전서 11장 본문을 읽는 것보다 더 중요한 일은 없다고 판단했기 때문이라 여겨진다. 그러나 후대 인쇄본인 『셩경직ᄒᆡ』에는 이 부분이 누락되어 있는 것을 보면 바울서신을 추가하는 것이 일관성 결여라 여겼던 것 같다.

> 셩바로 종도ㅣ 거린도 고을에 주신 경셔
>
> 어진 형아 너희 무리 다 모혓시나 쥬의 만찬은 보아 먹지 못하고 이에 감히 자긔의 만찬을 먹으니 이 주린 쟈도 잇고 취

624 『셩경직ᄒᆡ광익 III』, 셩신강림후데십이쥬일셩경, 316-317.
625 『셩경직ᄒᆡ광익 III』, 셩신강림후데십이쥬일셩경, 283-284.

ᄒᆞᆫ 쟈도 잇나니라. 슬프다 엇지음식 ᄒᆞᆯ 곳이 업ᄉᆞ리오. 마난후 텬쥬 당을 만홀이 ᄒᆞ야 붓그럽게 ᄒᆞᄂᆞᆫ도다. 내 엇지ᄒᆞ야 너ᄃᆞ려 이 일을 말ᄒᆞ 나뇨. 아름답게 하고져 ᄒᆞᄃᆡ 나ᄂᆞᆫ 감히 아름답게 못ᄒᆞ니, 대개 내 쥬씌 밧ᄌᆞ와 너희 무리게 주노라. 이에 오쥬 예수 잡히임 닙으시던 져녁의 썩을 가져 샤례ᄒᆞ시고 싸긔여 ᄀᆞᆯᄋᆞ샤ᄃᆡ 네 령ᄒᆞ야 먹으라 이거시 곳 내 톄니 너희 무리ᄅᆞᆯ 위ᄒᆞ야 쟝찻 너희 무리게 부치나니 이ᄅᆞᆯ 힝ᄒᆞ매 나ᄅᆞᆯ ᄉᆡᆼ각ᄒᆞᆷ이 가ᄒᆞ니라 ᄒᆞ시고, ᄯᅩ 만찬을 ᄆᆞᆺᄎᆞ시매 잔을 가져 ᄀᆞᆯᄋᆞ샤ᄃᆡ 이거시 곳 새로 미쳐주ᄂᆞᆫ 내 혈이니 므롯 마시매 나ᄅᆞᆯ ᄉᆡᆼ각ᄒᆞᆷ이 가ᄒᆞ니라 ᄒᆞ시니, 너희 무리 므롯 이 썩을 먹고 이 잔은 마심은 곳 쥬의 죽으시던 긔약이니라면 제 쟝찻 오실 줄을 뵈심이라. 만일 모물(?)하고 먹거나 모물하고 령ᄒᆞ면 곳 쥬의 경톄와 셩혈의 죄인이 되리니 므롯 사ᄅᆞᆷ이 이 썩을 먹으며 이 잔을 마시고져 ᄒᆞ거든 모ᄅᆞᆷ즉이 스ᄉᆞ로 궁구ᄒᆞᆯ지어다. 대개 모물ᄒᆞ고 마시고 먹어 쥬의 셩톄ᄅᆞᆯ ᄇᆞᆰ히지 못ᄒᆞ면 곳 마시고 먹음이 죄악이라, 고로 너희 즁의 병도 만코 약함도 만코 아로 잠도 만흐니라. 만일 내 스ᄉᆞ로 심판ᄒᆞ면 심판 닙음을 닐외지 아니ᄒᆞᆯ거시니 심판을 닙은 즉 쥬의 칙벌을 밧을 지라. 셰샹과 ᄒᆞᆫ가지로 ᄌᆞᆷ기여 ᄲᅡ짐은 면ᄒᆞᆯ지어다.[626]

고린도전서 11장을 번역한 것을 살펴보면, 성경 본문으로 정확하게 번역하려던 의지를 찾아볼 수 있고, 성만찬을 먹고 마실 때 반드시 유념

626 『셩경직ᄒᆡ광익 II』, 예수건뎡셩례대례셩경, 173-187.

해야 할 사항으로 제시되어 있다.

또한 고린도전서 3장 16절이 '예수건뎡셩례대례셩경' 해석 부분에 인용된 적도 있다; "반로 종도ㅣ 교우ᄅᆞᆯ 경칙ᄒᆞ야 ᄀᆞᆯᄋᆞᄃᆡ 우리 무리ᄂᆞᆫ 다 오쥬의 궁뎐이라 오쥬ᄂᆞᆫ 극히 빗나시고 마귀ᄂᆞᆫ 극히 어두오니 ᄒᆞᆫ가지로 머므ᄅᆞ시리오 ᄒᆞ니라."[627]

고린도전서 12장 12-26절은 몸은 하나인데 많은 지체가 있지만 그리스도 안에서 한 몸이 되라고 권면한 부분인데 이 장의 핵심을 요약한 것이 '셩신강림후뎨십이쥬일셩경'의 'ᄌᆞᆷ' 부분에 나타난다.

> 반로 셩도ㅣᄀᆞᆯᄋᆞ샤ᄃᆡ 너희 무리 ᄒᆞᆫ가지로 ᄒᆞᆫ 몸이 되야 ᄆᆡ양 각각 서로 지톄되니 가히 다ᄅᆞᆫ 지톄의 번삭ᄒᆞᆷ을 ᄎᆞᆷ고 용셔ᄒᆞ라 ᄒᆞ시니 대개 닐ᄋᆞᄃᆡ 몸의 지톄 비록 귀ᄒᆞ고 쳔ᄒᆞᆷ이 ᄎᆞ례 잇시나 놉흔 것과 ᄂᆞᄌᆞᆫ 것과 큰 것과 젹은 것과 긴것과 자ᄅᆞᆫ 거시 서로 의지 ᄒᆞ고 서로 호위ᄒᆞ야 ᄇᆡᆨ지 ᄉᆞ이에 우연이 셔로 샹ᄒᆞᆷ이 잇서도 샹ᄒᆞᆷ을 밧ᄂᆞᆫ 쟈 ㅣ 노ᄒᆞ지 아니코 해ᄅᆞᆯ 밧아도 보복지 아냐 녯졍을 일치 아니ᄒᆞ니 우리 사ᄅᆞᆷ이 다 맛당이 갓하라 ᄒᆞ심이라.[628]

그리고 디모데전서 5장 23절이 '셩모승텬쳠례셩경' 해석 부분인 'ᄌᆞᆷ'에 나타나는데 바울의 가르침을 간략하게 요약하여 활용하였다; "반로

---

627 『셩경직히광익 II』, 예수건뎡셩례대례셩경, 165.
628 『셩경직히광익 III』, 셩신강림후뎨십이쥬일셩경, 298-299.

셩도ㅣ ᄀᆞᆯᄋᆞ샤ᄃᆡ "술이 약과 ᄀᆞᆺᄒᆞ니 병을 의지ᄒᆞ야 쓸거시라."[629]

또한 디모데후서 4장 8절도 '예수셩탄젼데ᄉᆞ쥬일셩경'(누가복음 21:25-33)의 해석 부분인 '졈' 에 나타나는데 역시 아래와 같이 디모데후서를 요약하여 활용하였다;

> 바로 셩도ㅣ ᄀᆞᆯᄋᆞ샤ᄃᆡ 내가 내 원슈를 잘 ᄃᆡ뎍ᄒᆞ야 덕의 길노 잘 다ᄅᆞ면 쥬ㅣ 덕을 표ᄒᆞᄂᆞᆫ 면류를 예비ᄒᆞ야 심판ᄒᆞᄂᆞᆫ 긔약이 니ᄅᆞ면 반ᄃᆞ시 내 머리에 더ᄒᆞ시리니 이 엇지 내ᄒᆞᆫ 사ᄅᆞᆷ의 ᄇᆞ람이리오 므ᄅᆞᆺ 덕을 힝ᄒᆞᄂᆞᆫ 사ᄅᆞᆷ이 다 쥬의 오샤 심판ᄒᆞ시매 반ᄃᆞ시 다 일제히 면류밧기를 ᄉᆞ모ᄒᆞ니라 ᄒᆞ시니라[630]

위의 내용은 '졈'에서 해석한 부분인데 "대개 너희 등의 진복(구완홈)이 갓가왓(오)나니라"(눅 21:28b) 부분을 해석하는 가운데 디모데후서 4장 7-8절을 인용하면서 해석한 것이다. 번역을 보면 의역했다고 할 수 있다. 우선 7절의 "나는 선한 싸움을 싸우고 나의 달려갈 길을 마치고 믿음을 지켰으니"라는 부분을 "내가 내 원슈를 잘 ᄃᆡ뎍ᄒᆞ야 덕의 길노 잘 다ᄅᆞ면"이라 번역하였다. 즉 전투하듯 노력하여 승리한다는 이미지를 '덕의 길'로 간다는 수양의 이미지로 번역하였다는 점이다. 수양을 중요시 여기는 동양 사상적인 해석과 번역을 시도하였음을 알 수 있다. 두 번째 주목할 부분은 "내게 주실 것이며"라는 구절을 "이 엇지 내 ᄒᆞᆫ 사ᄅᆞᆷ의 ᄇᆞ람

629 『셩경직히광익 III』, 셩모승텬쳠례셩경, 727.
630 『셩경직히광익 I』, 예수셩탄젼데ᄉᆞ쥬일, 35-36.

이리오"라고 번역하여 감동과 감탄의 의미를 포함시킨 부분이다. 마음의 감동과 감성을 중요시여기는 번역임을 알 수 있다.

또한 야고보서 1장 12절이 인용된 부분이 있다. '예수셩탄젼뎨삼쥬일셩경'의 본문인 마태복음 11장 가운데 "요안이 옥에셔"(2절) 부분을 중심으로 해석한 'ᄌᆞᆷ' 부분에서 야고보서를 인용한 것이다. 다만 "주께서 자기를 사랑하는 자들에게 약속하신" 부분은 생략되어 있음을 발견할 수 있다.

> 야고버종도 ㅣ ᄀᆞᆯᄋᆞ샤ᄃᆡ, 의연이 고난의 시험 ᄒᆞᆷ을 당ᄒᆞᄂᆞᆫ 사ᄅᆞᆷ이 진복쟈ㅣ라 하니 대개 시험을 ᄆᆞᆺᄎᆞ매 샹싱의 복 면류ᄅᆞᆯ 밧음이 반ᄃᆞᆺᄒᆞᆷ이라 ᄒᆞ시니라[631]

그리고 행함을 강조하는 야고보 2장 15-16절도 '셩신강림후뎨십이쥬일셩경'의 'ᄌᆞᆷ' 부분에 나타난다.

> 야고버 종도 ㅣ ᄀᆞᆯ아ᄃᆡ 내 형뎨와 ᄌᆞᄆᆡ 헐버셔 의샹이 업고 긔갈ᄒᆞ야 음식이 업거ᄂᆞᆯ 내 브ᄃᆡ 구제치 아니ᄒᆞ고 ᄒᆞᆫ갓 입으로만 ᄀᆞᆯᄋᆞᄃᆡ 닙히고 먹이노라 ᄒᆞ면 내 말이 무ᄉᆞᆷ 유익ᄒᆞ리오...[632]

---

631 『셩경직희광익 I』, 예수셩탄젼뎨삼쥬일셩경, 64-65.
632 『셩경직희광익 III』, 셩신강림후뎨십이쥬일셩경, 302-303.

2. 『칠극』

『칠극』에 인용된 서신서들을 살펴보면 다음과 같다

죄	신 약
교만	벧전 2:20-21; 5:5 약 1:17
질투	고전 4:5; 13:4-5; 13:1-3; 12:12-17 롬 12:15; 13:10; 요일 3:18
탐욕	딤전 6:10; 골 3:5-6
분노	벧전 2:20(2회) 롬 12:19; 8:28; 8:18 히 12:6; 딤후 3:12; 살후 1:5
탐심	고전 6:8-10 엡 5:18
음란	고전 6:9; 7:28; 7:4 엡 5:5; 갈 5:19-21
나태	딤후 3:12 엡 5:16

위의 표에서 빈도를 살펴보면 전체 29회 중 로마서(5회)와 고린도전서(8회)가 13회로 45%를 차지했다. 『칠극』에는 성경을 직접 인용하는 경우도 있지만 요약하여 전달하는 경우가 많다.

『칠극』에서 사랑을 이야기한 고린도전서 13장 1-5절을 인용한 부분이 있는데 거의 대부분의 내용을 전하고 있다. 순서를 보면 성경을 인용한다는 뜻으로 '성경(經)에'로 시작하고, 그 다음 4-5절 내용이 먼저 나타나며 1-3절이 뒤를 따르는 모습이다. 그리고 '사랑'이라 번역하지 않고

'인(仁)' 혹은 '덕(德)'이라 번역하였다.

> 성경(經)에 "어질면 반드시 참고, 반드시 자애로우며, 결코 질투하지 않고, 오만하지 않으며, 결코 함부로 행동하지 않고, 복수하지 않는다. 그리고 이 덕이 없으면 모든 덕은 다 헛된 것이니, [그것은 덕인] 듯 하더라도 실제는 [덕이] 아니다." 라고 하였다.
>
> 그리고 또 "비록 천지의 깊은 이치를 완전히 그리고 환히 알고, 또 그것으로 미래까지도 완전히 헤아릴 수 있다고 하더라도, 인(仁)이 빠져 있다면, [그것은] 종이나 경과 같은 악기와 다를 것이 없다. 그리고 비록 나의 모든 재물을 흩어서 그것으로 가난한 이들을 보살펴 주었다고 하더라도 인이 빠져 있다면, 나에게 이익 될 것이 없다." 고 하였다.[633]

또한 로마서 13장 10절을 인용한 부분이 있는데 아래와 같다. 비교를 위해 개역개정판도 첨부한다;

> [칠극] 성경(經)에 "남을 참되게 사랑하는 것은 악한 일을 하지 않는 것이다."라는 말씀이 있다.[634]
>
> [개역개정] 사랑은 이웃에게 악을 행하지 아니하나니 그러

633 Diego de Pantoja, 『七克』, 128.
634 Diego de Pantoja, 『七克』, 139.

므로 사랑은 율법의 완성이니라. (롬 13:10)

그리고 요한일서 3장 18절도 아래와 같이 인용하였다;

[칠극] 성경(經)에 "나의 아들들아, [너희는] 다만 입으로만 사랑하지 말고 실제로 사랑을 베풀어라."는 말씀이 있다.[635]

[개역개정] 자녀들아 우리가 말과 혀로만 사랑하지 말고 행함과 진실함으로 하자. (요일 3:18)

또한 디모데전서 6장 10절도 아래와 같이 인용하였다.

[칠극] 성경(經)에 "재물을 욕심내는 것은 모든 악의 뿌리이다"라는 말씀이 있다.[636]

[개역개정] 돈을 사랑함이 일만 악의 뿌리가 되나니 이것을 탐내는 자들은 미혹을 받아 믿음에서 떠나 많은 근심으로써 자기를 찔렀도다. (딤전 6:10)

그리고 『칠극』에는 "성경에 기록되어 있는 것"이라면서 길게 특정한 주제를 설명하는 경우가 있는데 성경 내용이 활용되고 있는 경우가 있다. 예를 들어 부활이라는 주제를 설명한 경우인데, 육신의 부활을 이야

635 Diego de Pantoja, 『七克』, 139.
636 Diego de Pantoja, 『七克』, 147.

기하면서 부활 후 천국에서 일어날 일이라며 4가지를 들었다; 첫째, 다시 죽지 않고 상처도 입지 않으며 "해를 입지 않는다." 둘째, 태양과 짝할 수 없을 정도로 "밝고 빛난다." 셋째, 육신은 정신을 따라 가고 싶은 데로 신속히 이동할 수 있는데 "신처럼 빠르다." 넷째, 산을 뚫고 바위 속으로 들어갈 수 있을 정도로 "정신으로 꿰뚫는다."[637]

이 내용은 성경에서 이야기하는 부활의 핵심을 요약한 것이라 할 수 있으며 고린도전서 15장 35-58절의 내용을 요약한 것으로 보인다. 특히 셋째와 넷째의 기록은 신령한 몸으로 다시 살아난다는 내용을 독특하게 해석한 것으로 보인다. 그리고 둘째의 내용은 어린 양의 혼인잔치에 참석하는 부활한 성도의 빛나는 세마포 옷을 이야기하는 요한계시록 19장 8절을 가리키는 것으로 짐작된다.

3. 『기인십편』

『기인십편』에는 사람의 생명이 유한하고 언제 죽을지 알 수 없는 것임을 이야기하면서 고린도 후서 4장 7절을 인용하였는데 사람을 깨어지기 쉬운 '질그릇'이라 아래와 같이 비유하였다;

> [기인십편] 바오로 성인은 사람의 신체와 정신에 대해 '우리가 우연히 금이나 패물을 얻어 그릇에 저장해 둔 것'이라 말

637 Diego de Pantoja, 『七克』, 432-433.

했습니다. 그렇다면 이 신체는 질그릇 같으니 부서지기 쉬운 것입니다. 어찌 어린아이와 노인의 구별이 있겠습니까?[638]

[개역개정] 우리가 이 보배를 질그릇에 가졌으니 이는 심히 큰 능력은 하나님께 있고 우리에게 있지 아니함을 알게 하려 함이라. (고후 4:7)

그리고 사람이 언제 죽을 지는 아무도 모른다는 점을 이야기 하면서 성경을 인용하였다. 그런데 인용된 성경은 주로 재림의 시기에 대해서 말한 것이다(살전 5:2; 벧후 3:10; 계 3:3; 16:15; 마 24:43-44).

[기인십편] 성경은 말하기를...지켜라. 미래는 도둑과 같다. 도둑은 주인이 방심한 때를 엿보고 있다.[639]

[개역개정] 주의 날이 밤에 도둑 같이 이를 줄을 너희 자신이 자세히 알기 때문이라. (살전 5:2)

또한 로마서를 인용하였는데 문자적인 정확한 인용에 치중하기보다 핵심적인 내용을 이해할 수 있도록 하였다.

[기인십편] 바오로 성인은 이렇게 말했습니다: "순식간의 가벼운 수고가 우리들에게 무궁하고 소중한 즐거움을 가져다

638 Matteo Ricci, 『교우론. 스물다섯 마디 잠언. 기인십편』, 128.
639 Matteo Ricci, 『교우론. 스물다섯 마디 잠언. 기인십편』, 111.

준다."[640]

[개역개정] ...현재의 고난은 장차 우리에게 나타날 영광과 비교할 수 없도다. (롬 8:18)

640 Matteo Ricci, 『교우론. 스물다섯 마디 잠언. 기인십편』, 332.

제1장 시대적 배경

제2장 한국에서 수용한 기독교서적과 한국인의 저술

제3장 천주교의 구약성경 번역과 해석

제4장 천주교의 신약성경 번역과 해석

제5장 개신교의 성경 번역과 해석

제3부

19세기 성경 번역과 해석

제3부

19세기 성경 번역과 해석

제1장 시대적 배경

조선의 경우 19세기는 박해의 시대였다. 신유박해(1801년), 기해박해(1839년), 병인박해(1866년) 등으로 천주교는 처음부터 박해를 이겨내는 신앙으로 무장할 수밖에 없었다. 그래서 신약가운데는 예수님의 수난사화를 귀중히 여겼고 구약에서는 다니엘서, 그리고 중간시대 경전인 마카비서 등 박해시대의 성경 이야기를 많이 읽고 외웠다.

한글로 번역된 신앙서적은 1835년경에는 이미 보편화되었는데 1835년 체포된 이호영은 말하기를 "성교(聖教)를 위하여서는 한문을 알 필요가 없습니다. 우리말로 번역된 책이 있습니다. 저는 언문을 알 수 있으므로 이것을 배우는데 아무 곤란도 없었습니다"고 진술하였다.[641] 천주교 신도들이 박해를 이겨나갈 수 있었던 힘의 원천은 이처럼 한글로 번역된 기도문을 많이 읽었고 외우고 있었던 것에서 찾을 수 있다. 성도들 가운데는 기도문을 모두 암송하는 성도도 있었다. 1850년 10월 1일 최양업 신부가 르그레즈와(P. L. Legregeois) 신부에게 보낸 편지에 "조선에서는 일상도문(Manuale christianorum, 성교공과)이 짧지 아니한데, 바르바라는 그것을 모두 암송했습니다."라고 전하였다.[642] 이러한 기도문은 널리 읽혀졌고 많이 암송되었던 것이다. 이러한 기도문에는 성경 내용이 포함되어 있었으며 성경은 박해를 이겨내는 중추적인 힘이 되었다.

조선 천주교의 특징은 신부가 오기 전에 이미 천주교 문서를 수용하여 자체적으로 해석하였고 이어서 신앙공동체가 형성되었다는 사실이다. 그 후 조선의 천주교는 신부 영입을 위해 노력하였는데, 이여진이 1811년과 1813년 두 차례 신부 영입을 위해 북경을 다녀왔다. 그리고 정하상이 1816년에, 유진길이 1824년에 북경을 다녀왔다.

그 결과 주문모 신부가 1794년에, 유방제(파치피코) 신부가 1834년에, 그리고 모방 신부가 1836년 1월에 조선에 입국했다. 1839년 기해박해로 인해 앵베르 주교와 모방 신부와 샤스탕 신부가 순교하고, 그 후임으로 페레올 주교, 다블뤼 신부, 김대건 신부 등이 입국하였으며, 1846년에는 최양업 신부가 입국하였다.

동아시아의 경우 19세기는 격동의 시대였다. 유럽 제국주의가 밀물처

641 유홍렬, 『한국천주교회사』, 320.
642 Claude-Charles Dallet, 『韓國 天主敎會史 上』, 164.

럼 동양으로 밀려오던 시대였으며 아시아 여러 나라들은 제국주의에 맞설 준비를 할 여유도 없이 먹혀버리는 기막힌 시대였다. 다만 일본만은 메이지 유신을 거쳐 오히려 제국주의의 대열에 합류할 준비를 하고 있었다. 중국의 청나라는 아편전쟁(1842년)으로 인해 유럽 제국주의 앞에 무릎을 꿇었으며, 조선은 열강의 침략에 저항하며 쇄국주의를 견지하였다.

그러나 조선은 파국을 향해 질주하고 있었다. 왕실의 통치는 표류하고 있었고 탐관오리들의 탐욕과 착취는 극에 달하고 있었다. 마지막 숨을 쉬고 있는 먹잇감을 향해 달려들 듯 외세는 틈만 노리고 있었다. 대내적으로 전염병, 가뭄, 홍수 등으로 민생은 피폐해져 갔으며 대외적으로는 외세의 경제적 수탈이 기다리고 있었다. 이로인해 1862년 임술민란이 일어났다.

쇄국정책을 더 이상 견지할 수 없는 상황에 이르러 19세기 말 외국과의 통상조약을 체결하면서 조선은 문호를 개방할 수밖에 없었다. 1876년 일본과(병자수호조약), 그리고 1882년 미국과의 통상조약(조미수호통상조약) 체결로 조선은 천주교에 대해 묵인하는 태도를 보였으며 1886년 프랑스와의 통상조약으로 조선 선교의 자유를 얻게 되었다. 1885년에는 개신교 선교사로 언더우드와 아펜젤러가 제물포항으로 들어왔다. 이 때 그들은 이미 이수정이 일본에서 한글로 번역한 성경을 들고 들어왔다.

1880년대부터 만주와 일본으로부터 한글로 번역된 성경이 들어왔으며 권서의 활동도 활발해지기 시작하였다. 만주에서 로스와 조선의 선비들이 번역한 한글성경은 1882년부터 위험을 무릅쓴 권서인들에 의해 서간도 한국촌(김청송), 의주 일대(백홍준), 서울(서상륜), 황해도(서경조) 등지에서 판매되거나 배포되었다. 이 한글 성경은 1883년 부산에서도 판매되기 시작했으며, 1884년에는 스코틀랜드 성서공회 일본 총무 톰슨(A. J. Thomson)과 미우라(三浦) 부부가 부산 부근 마을에서 아무런 방해를 받지 않고 장터에서 성경을 판매할 수 있었다.[643] 이 시대 권서는 한글 성경뿐만 아니라 한문성경도 함께 판매하였다.[644] 권서의 활동은 참으로 놀랄만한데 1899년 경우 46,121권의 성경이 판매되었다.[645]

한문성경은 중국에서 19세기 초반부터 본격적으로 번역되기 시작했다. 중국에서는 개신교 선교사들이 신구약성경을 한문으로 번역하여 간행하였고 선교사들은 조선 주위를 맴돌며 한문성경을 전하려고 시도하였다.

19세기는 또한 민란의 시대이기도 하였다. 중국에서는 각종 민란이 일어났고 조선에도 19세기 후반에 여러 민란이 일어났다. 그런데 성경을 활용한 민란이 일어난 것이 또한 새로운 면이었다. 중국에서는 1850년 태평천국의 난이 일어났는데 기독교 농민운동이라 할 정도로 성경을 경전으로 인정하며 일어났다. 그리고 조선에서는 동학이 일어나 서학을 배척하는 듯하지만 실상 성경의 영향을 많이 받고 있었다. 동학의 교주 최시형은 한 때 천주교 신자였으며, 동학의 간부가 1894년 신약성경을 소지하고 그 내용을 설명한 경우도 있었다.[646] 중국이나 조선에서 희망을

643 이만열, "로스역 성경 간행과 한국 초대교회," 『존 로스 선교사 한글성경 출간 130주년 기념강연집』 (한국기독교역사연구소와 양화진문화원, 2012), 12.

644 이만열, "한국의 기독교 수용과 그 특징,", 15. 서상륜은 권서로서 수 천 권에 달하는 한글 성서 이외에도 200권의 한문성서를 배포하였다. Annual Report of the British and Foreign Bible Society for 1887, p.272. 최성일 편역, 『존 로스의 중국선교방법론』, 54, 각주 33.

645 이만열, "勸書에 관한 연구," 『동방학지』 65집 (1990), 125.

646 박성주, "東學의 창도와 기존 宗教와의 관계," 『동학연구』 28집 (2010), 42. 이영호, "황해도 동학농민군과 기독교 선교사의 접촉과 소통," 『한국기독교와 역사』 34호

찾지 못한 백성들은 성경에서 희망을 찾으려고 하였으며 이러한 이유로 인해 성경은 읽혀졌고 전파되기도 하였다.

제2장
19세기 한국에서 수용한 기독교서적과 한국인의 저술

19세기 한국 성경 번역과 해석의 역사를 연구하려면 천주교와 개신교를 구분하여 연구할 필요가 있다. 19세기 조선은 박해가 연속되는 땅이었다. 이어지는 박해 가운데 신앙의 힘을 불어넣을 수 있었던 것은 성경을 포함한 교리서들과 기도생활이었다. 연도기도서에 포함되어 있었던 시편은 말씀살이와 기도생활을 이어주는 든든한 끈이었다. 이 시기 조선 정부는 천주교 서적을 금지했지만 해마다 밀사들이 북경에 다녀왔으며 그럴 때 마다 천주교 서적들을 구해와서 읽었다.

이 시기의 특징 가운데 중요한 것은 필사뿐만 아니라 목판인쇄와 활판인쇄를 활용하여 출판하였다는 점이다. 번역뿐만 아니라 번역된 성경이 인쇄물을 통해 광범위하게 전파된 시기이기도 하다.

(2011), 30.

고무적인 것은 19세기에 이르러 개신교 선교사들에 대거 중국에 입국하면서 성경번역은 큰 진척을 보였다. 한문으로 번역된 이 번역본들은 한글 성경 번역에 지대한 영향을 미쳤다. 처음에는 단편성경을 주로 번역하였다. 19세기 최초의 한문 신약성경은 모리슨 역(Morrison version, 1814년)이다. 런던선교회 개신교 선교사로 1806-1834년 동안 활동한 모리슨(James Morrison)과 1813년부터 런던선교회 선교사로 중국에서 활동한 밀른(William Milne)에 의해 1813년 신약이 번역되어 1814년에 출판한 것이다. 그리고 이들은 구약번역을 1819년에 완성하여 말라카에서 『신천성서(神天聖書)』라는 이름으로 1823년에 출판하였다.[647]

그런데 1년 전인 1822년에 마쉬만(Joshua Marshman, 1768-1837)과 라싸르(Joannes Lassar)가 신구약 전체를 한문으로 번역하여 『聖經全書(성경전서)』라는 이름으로 출판하였다.[648] 마쉬만은 히브리어에 정통한 영국 침례회 선교사였는데 1799년부터 중국에 선교를 시작하였으며 한문성경을 번역하였다. 그리고 라싸르는 마카오에서 태어난 아르메니안 사람으로 통역관으로 활동했는데 마쉬만과 함께 한문성경을 번역하였다. 이들은 신약전체와 구약의 상당부분을 함께 번역하였는데 인도의 세람포어에서 출판되었다.

그 후 중국에 들어 온 개신교 선교사들도 많아졌고, 새로운 성경번역에 대한 요구가 일기 시작하자 모리슨 역본의 개역이라 여길 수 있

647 이환진, "19세기와 20세기의 중국어성서," 433.

648 이환진, "19세기와 20세기의 중국어성서," 427-432; 한미경, "중국어 성서번역에 관한 역사적 고찰," 『서지학연구』 제13집 (1997), 181-184.

는 또 다른 번역인 사인조역본(四人組譯本)이 출판되었다.[649] 즉 영국인 메드허스트(W. H. Medhurst, 1796-1857), 네델란드인 귀츨라프(Karl F. A. Gützlaff, 1803-1851), 미국인 브리지맨(E. C. Bridgman, 1801-1831), 스코틀랜드인 모리슨의 아들인 존 모리슨(John R. Morrison) 등이 협력하여 성경을 번역한 것이다. 신약은 1837년에 『新遺詔書(신유조서)』라는 이름으로 출판되었고, 구약은 1840년에 출판되었다.[650]

그리고 한문성경 대표역본이 1852년에 『新約全書(신약전서)』라는 이름으로 출판되었다. 구약은 메드허스트(W. H. Medhurst)와 그의 동료가 번역한 것이 있는데 신구약 합본인 대표역본성경으로 1854년 출판되었다.[651] 대표역본은 문장의 이론을 중시하였기 때문에 문리역(文理譯, Wenli Version)이라고 불려지기도 했으며 초기 한글성서번역의 저본으로 사용되기도 하였다. 그 후 브리지만.컬벗슨(Elijah C. Bridgman, Michael S. Culbertson) 구약 번역본이 1863년에 출판되었다.[652] 그리고 1868년에는 고다드 역본이 출판되었다. 20세기에 들어와서 1907년에는 화합문언역본(Uion Wenli Version)이 출판되어 대표적인 중국어 성경으로 자리매김하였다.

주목할 것은 이러한 한문성경이 조선에 들어왔다는 공식적인 기록이 있다는 것이다. 귀츨라프(Karl F. A. Gützlaff, 1803-1851) 목사가 1832년 황해도 장산곶에 한문성경을 전달하였고, 토마스 (R. J. Thomas, 1839-1866)

---

649 이환진, "19세기와 20세기의 중국어성서," 437.
650 송강호, 『중국어성경과 번역의 역사: 중국성경연구』, 137-142.
651 이환진, "19세기와 20세기의 중국어성서," 444-447.
652 이환진, "19세기와 20세기의 중국어성서," 448-451.

목사가 1865년 황해도 옹진 자라리에서 2개월 반 동안 선교하며 한문성경을 나누어 주었다.[653] 그리고 동지사로 중국에 온 박규수에게도 한문성경을 주었다. 토마스 목사는 또 다시 한국에 왔는데 1866년 미국 상선을 타고 대동강에서 한문성경을 나누어 주고 순교하였다.[654] 또한 윌리암슨(A. Williamson) 목사가 1867년 북쪽 국경 근방인 만주 지역에서, 그리고 콜벳(Hunter Corbett) 목사가 황해도 연안에서 한문성경을 전했고 마티어(C. W. Mateer) 목사가 1868년에 대동강에서 한문성경을 전했다.[655]

이처럼 비록 조선 정부가 천주교 서적에 대한 금수조치를 취했지만 비공식적인 교류를 통해 천주교 서적이 들어올 수 있었다. 따라서 개신교 선교사들이 번역한 한문성경도 비공식적인 통로를 통해 19세기에 조선에서 읽혀졌을 가능성이 충분하다. 특히 만주와 일본에 체류하고 있었던 한국인들은 한문성경을 자유롭게 읽을 수 있었고 이로 인해 기독교인이 된 사례도 있었다.[656]

이 시기에 연구할 중요한 천주교 문헌들 가운데 『고경』(『고셩경』), 『셩교감략』 등이 있다. 그리고 주목할 만한 것은 시편 8편(129[130], 50[51], 112[113], 118[119], 23[24], 148, 149, 150편)이 번역되어 있는 『텬쥬셩교례규(天主聖敎禮規)』인데 천주교 장례에 관한 예식서로서 1865년에 상·하 2책의 목판본으로 간행되었다는 사실이다.[657] 인쇄되기 전 상당기간 필사본으로

---

653 리진호, 『한국 성서 백년사 I』 (대한기독교서회, 1996), 88-89.

654 이응호, "성서연구: 한국 성경 번역사 6", 52.

655 박창환, "한글성서 번역사," 150-151.

656 대표적으로 만주에서는 백홍준, 일본에서는 이수정이 세례를 받았다. 한문성경이 읽혀진 정황에 대해서는 다음의 논문을 참조바람; 정중호, "한문성경기(漢文聖經期)와 성경 해석," 94-98.

657 하성래, "한국 천주교회의 한글 번역 활동," 525. 천주교에서는 불가타역을 따라 시

전해진 이 시편들이 박해를 받고 있었던 한국 신자들에게 큰 힘이 되었다. 또한 한글로 번역된 이 시편들이 후대에 번역된 시편들에게도 영향을 미쳤다. 시편은 신자들 사이에 널리 전파되면서 장례식 때 불리는 전통선율의 연도기도로 정착하게 되었다.[658] 이처럼 시편은 기도로 수용되었으며 동시에 찬송으로도 발전할 수 있는 여지를 주었다.

또한 한국어로 미사를 드리는 것은 교황청의 비준을 받지 못한 상태였다. 따라서 라틴어나 중국어로 성경을 읽고 해석을 하면서 미사를 드렸을 터인데 이러한 상황에서는 한문 독음을 한글로 기록한 기도문이 암송되었는데 그 안에는 성경 내용도 포함되어 있었다.[659] 그런데 문서의 경우에는 천주교 서적을 한글로 번역할 수 있었고 신도들이 쉽게 그 내용을 읽을 수 있었다. 따라서 이러한 과정을 거쳐 천주교 서적과 성경이 한글 발전에 지대한 기여를 했다. 또한 박해시기에도 곳곳에서 소규모의 예배 모임이 있었는데 이 때 모임을 주도하는 회장이 성경을 낭독하고 해석했다는 사실은 한국 성경 해석사 가운데 주목할 만한 것이다. 이러한 경우는 한국어로 예배가 진행되었다.

19세기 말 개신교에서 한글로 번역한 신약 성경으로는 1882년 로스(John Ross)가 번역한 것과, 1885년 이수정이 번역한 것이 있다. 그리

편의 순서를 정했기 때문에 MT를 따르는 개신교회의 순서와 차이가 난다. 개신교의 시편 순서는 괄호 안에 표시되어 있다.

658 강영애, "가톨릭 상장례 노래인 연도(위령기도)의 변모양상," 94; 주은경, "한국 천주교 장례예식서를 통해 본 장례문화와 연도(煉禱)의 노래문화,"『한국음악사』제 40집 (2008), 598.

659 하성래, "한국 천주교회의 한글 번역 활동," 489-491.

고 『성경도설』, 『구약공부』, 『죠션크리스도인회보』[660], 『미이미교회강례』[661], 『의경문답(義經問答)』, 『위원입교인규됴(爲願入教人規條)』[662], 『照萬民光』(1894), 『舊約撮要』(1899) 등에 성경이 부분적으로 번역된 것을 발견할 수 있으며 『시편촬요』[663]의 경우는 시편 가운데 62편이나 번역되었다. 이들을 분석하면 개신교 성경 수용사를 밝힐 수 있을 것이다.

특히 천주교 성경 번역이 개신교 번역에 어느 정도 영향을 미쳤을 것이라 짐작되는데 그 구체적 상황을 추적할 필요가 있다. 그리고 흥미로운 것은 이 시기에 중국에 온 선교사들이 대부분 만주어를 먼저 배우고 그다음 한문을 배웠다는 사실이다. 한글로 신약성경을 번역한 로스도 예외가 아니었다. 만주는 한국의 역사적 영토이기에 주목 할 수밖에 없다. 한국어와 친연성이 있는 만주어 번역과 만주어 기독교 서적이 한국 성경 번역과 해석에 일정부분 영향을 미쳤을 가능성이 있다.

한글로 성경을 번역하는 것은 한자를 주로 사용했던 조선에서는 새로운 변경을 개척하는 일이었다. 천주교와 개신교의 성경번역 사업은 또 다른 측면에서 볼 때 한글 활용과 발전의 역사라 할 수 있다. 훈민정음이 창제되었으나 한글은 소외되었고 천시되었기에 발전할 수 없었다. 그런데 천주교는 한글의 유용성을 간파하고 한글을 선교에 적극 활용하여 한글 발전에 기여하였다. 다음은 최양업 신부가 1851년 10월 18일자로

---

660 민영진, "『죠션크리스도인회보』에 연재된 구약," 116-117.

661 Henry G. Apenzeller, 『미이미교회강례』 (삼문출판사, 1890), 21-22.

662 Samuel Austin Moffet, 『위원입교인규됴(爲願入教人規條)』 (연세대학교 학술정보원 소장본, 1895), 30-31. 윤춘병, "초기 한국 기독교 문헌에 기록된 한글판 구약," 『기독교사상』 340호 (1987.4), 132.

663 김중은, "구약 국역사에서 알렉산더 피터스(彼得)의 위치와 의의," 『구약논단』 27집 (2008), 163.

르그레즈 신부에게 보낸 편지인데 한글이 얼마나 배우기 쉽고 선교에 유용한지에 대해 자세히 전하고 있다.

> 한글이 교리 공부하는데 매우 유용합니다. 우리 나라 알파벳은 10개의 모음과 14개의 자음으로 구성되어 있는데, 배우기가 아주 쉬워서 열 살 이전의 어린이라도 글을 깨칠 수가 있습니다. 이 한글이 사목자들과 신부님들의 부족을 메우고 강론과 가르침을 보충하여 줍니다. 쉬운 한글 덕분으로 세련되지 못한 산골에서도 신자들이 빨리 천주교 교리를 배우고 구원을 위한 훈계를 받을 수 있습니다[664]

한글이 선교에 유용한 것을 미리 발견한 천주교는 교리서와 기도문, 그리고 발췌 성경을 한글로 번역하기 위해 한글을 깊이 연구하였다. 그 결과 19세기에는 한글 사용을 위한 사전과 문법책을 편찬하기에 이르렀다.

『한불자전(韓佛字典)』의 본래 제목은 『한불ᄌᆞ뎐 韓佛字典, DICTIONNAIRE CORÉEN-FRANÇAIS』이다. 이 사전은 프랑스 선교사 리델(Felix-Clair Ridel, 1830~1884)과 천주교 신도 최지혁(崔智爀)과 권치문(權致文)의 협력으로 편찬되었으며 1880년 일본 요코하마에서 출판되었다.[665] 리델 주교는 병인교난(1866) 때 조선을 탈출하여 만주 짜코우(岔溝)에서 이 책을 저술하였다.[666]

---

664 "최양업 신부의 서한," 137. 최석우 신부 수품 50주년 기념 사업위원회편, 『한국천주교회사의 성찰』, 514에서 재인용.

665 한국민족대백과사전 http://encykorea.aks.ac.kr/Contents/Index?contents_id=E0007115 (2020.8.20. 확인)

666 짜코우(岔溝)는 만주 지역에 있는 요녕성(遼寧省) 장하시(莊河市) 소재 마을 이름이

흥미로운 것은 이와 동일한 시기에 동일한 지역인 만주에서 개신교 선교사인 로스가 한글을 배우고 있었고 한글에 관한 책을 저술하면서 한글로 성경을 번역하고 있었다는 사실이다. 개신교 선교사 로스는 성경을 한글로 번역하기 위해 1877년 한국어 문법책인 『Corean Primer』부터 완성하였다.

『한불자전(韓佛字典)』의 내용은 Ⅰ. 사전부(Partie lexieographigue), Ⅱ. 문법부(Partie geographigue), Ⅲ. 지리부(Partie geographique)의 3부로 구성되어 있다. 사전부의 기술 형식을 보면 아래와 같이 단어를 대응하는 방식이었다.

> 형리, HYENG-RI. 刑吏, Secretaire du mandarin, commi...
>
> 칠보산, TCHIL-PO-SAN. 七寶山. Mont. Prov. de HAM-KYENG

한글을 먼저 쓰고 그 발음을 알파벳으로 표기하고 한자를 쓴 후 대역어인 프랑스어를 적었다. 이러한 대역사전(對譯辭典)은 한글의 문자, 음운, 문법을 구명하는 자료로서의 가치가 큰 것으로 천주교에서 이룩한 중요한 공헌이라 할 수 있다. 특히 처음으로 가로쓰기를 시도했다는 점을 주목할 필요가 있다.

한걸음 더 나아가 1881년에는 이 대역사전이 『조선어문법 Grammaire coreenne』과 함께 편찬되기도 하였다. 『조선어문법 Grammaire coreenne』도 리델 주교가 원고를 작성한 것인데 서양의 문법체계로 기

며 천주교 조선 선교의 거점이었고 최양업 신부의 첫 사목지 중 한 곳이다.

술된 최초의 한국어 문법서이다. 내용을 보면 서설, 제1부 품사론, 제2부 구문론, 부록 등으로 구성되어 있으며 천주교 신자 김여경, 최지혁, 권치문 등이 협력하였다.

일찍부터 한글의 중요성과 귀중함을 발견하고 한글 사용과 발전에 기여한 천주교와, 만주와 일본에서 선교사가 입국하기 전에 먼저 한글로 성경을 번역한 개신교는 모두 한글 발전에 공헌했을 뿐만 아니라 한글을 선교 현장에 적극 활용하여 크고 충실한 열매를 거둔 사례라 할 수 있다. 개신교의 경우 한글성서와 교육과 의료를 결합하여 민중들에게 신속히 선교하는 모범을 보여 주었다.

마지막으로 덧붙일 것은 인쇄에 관한 것이다. 번역도 중요하지만 대량으로 보급하기 위해서는 인쇄소가 설치되어야 하는데 박해가 심했던 조선 시대에는 공개적으로 인쇄소를 설치할 수 없었다. 그런데 비밀리에 설치된 인쇄소가 있었다. 1859년 11월 7일자로 베르뇌 주교가 교황청에 보낸 편지에 "인쇄소를 차려서 출판하게 했습니다"라고 전하였기에 이를 근거로 1859년에는 인쇄소가 설치되었다고 볼 수 있다.[667] 보다 더 중요한 것은 이 인쇄소가 목판 인쇄뿐만 아니라 활자를 주조하여 인쇄했다는 것이다. 이처럼 교리서와 기도서에 포함된 성경이 한글로 번역되었을 뿐만 아니라 인쇄되어 널리 보급되었는데, 8편의 시편이 번역된 『텬쥬셩교례규』도 이 때 인쇄되었다. 그러나 비밀은 탄로났고 1866년 병인박해 때 인쇄소의 판본은 압수 소각되었다.[668] 다시 서울에 천주교 인쇄소인 성

667 하성래, "한국 천주교회의 한글 번역 활동," 517.
668 하성래, "한국 천주교회의 한글 번역 활동," 516-525.

서활판소(聖書活版所)가 설치된 것은 자유로운 선교가 허용된 1886년이었으며 활판본으로 대량으로 출판하게 되었다. 여기서 1892-1897년에 9권으로 출판된 『성경직히』는 천주교회의 성경으로 널리 보급되었다. 4년 후 개신교도 인쇄를 시작했는데 1890년 삼문출판사(三文出版社)가 문을 열어 본격적으로 문서선교 활동을 이어갔다.

제3장 천주교의 구약성경 번역과 해석

I. 『고경』(『고셩경』)과 『셩교감략』[669]

19세기에 한문으로 번역된 구약성경은 여러 경로를 통해 한국인에게 전해져 읽혀졌으며, 한글로 번역된 『고경』(『고셩경』)과 『셩교감략』을 통해서도 널리 읽혀졌다. 한글로 번역된 성경은 비록 발췌 번역 혹은 요약된 번역형태로 읽혀졌지만 한국인은 『고경』과 『셩교감략』

669 이 부분은 본인의 다음 논문을 부분적으로 수정하여 재작성한 것이다; 정중호, "19세기 구약성경 번역과 해석의 역사 - 『고경』(『고셩경』)과 『셩교감략』을 중심으로," 『神學思想』 168 (2015), 7-41.

을 통해 구약의 내용을 알 수 있었다. 그리고 이 책들은 개신교의 구약 번역보다 적어도 10여년 전에 번역되고 전달되었다.

그리고 인명과 지명 용어를 비교함으로 확인할 수 있었던 것은 천주교 성경 번역에서 번역한 용어를 개신교 성경번역 시 많이 활용한 것을 발견할 수 있었다. 그리고 천주교의 요약되고 해설이 첨부된 『고경』(『고셩경』)과 『셩교감략』이 한국 기독교인에게 구약내용을 전파할 수 있었으며 구약 해석에 영향을 미쳤을 것으로 짐작된다.

1. 『고경』과 『고셩경』

『고경』은 한국에서 발견되었는데 뮈텔(Journal de Mgr. Mutel, 閔德孝) 주교가 소장한 것이며 『고셩경』이라는 이름으로도 필사되어 있었다. 『고경』의 필사본에 'Eug. Richard'로 기록되어 있어 원 소장자가 리샤르 선교사임을 알 수 있다. 제8대 조선교구장인 뮈텔 주교는 1890-1932년 동안 한국에서 사목활동을 하였다.

『고경』의 원 소장자인 선교사 리샤르(Pierre Eugene Richard 1842-1880)는 필사본을 소장하고 있었는데 이 필사본은 적어도 1880년 이전에 작성된 것이다. 왜냐하면 리샤르는 파리 외방전교회원 선교사로 1867년 12월 15일 조선으로 떠났으나 박해가 심해 입국하지 못하고 만주 차쿠(岔溝)에서 선교사업을 한 후 1880년 9월 28일 선종하였기 때문이다. 따라서 『고경』은 만주지역에서 번역된 것으로 짐작된다. 아마도 만주 혹은 중국에 머물던 조선인 신자에 의해 번역된 것으로 보인다. 1880년 이전이면 만주지역에서 존 로스가 복음서를 번역한 것 보다 더 이른 시기에 구약이 부분적으로 한글로 번역되고 해석되었다고 볼 수 있다.

『고경』은 필사본으로 남아있는데 번역본인지 처음부터 한글로 작성된 것인지는 불분명하다. 만일 번역본이면 예수회 신부인 루이 드 쁘와로(Louis de Poirot, 賀清泰)의 『古新聖經(고신성경)』을 참조하여 번역했을 가능성이 있다. 쁘와로 신부는 1790년 이전에 한문성경과 만주어로 된 만문성경(滿文聖經)을 번역하였으며 창세기를 '造成經之總論(조성경지총론)'이라 하였다.[670] 그러나 『古新聖經(고신성경)』은 인쇄되지 못하고 필사본으로 전달되었다. 그리고 『고경』은 단순한 번역이 아니라 성경 내용을 요약하기도 하고 해석한 부분도 있기 때문에 『古新聖經(고신성경)』을 보았다 하더라도 참조에 그쳤을 가능성이 있다.

『고경』과 『고셩경』은 거의 동일한 필사본이다. 다만 몇 가지 면에서 차이를 보이고 있다. 우선 『고셩경』 마지막 부분에는 『고경』에 있었던 창세기 28장 15절 이하 37장 20절까지의 내용이 누락되어 있다. 그리고 주목할 것은 한자어를 한글로 바꾼 부분이다. 즉 『고경』의 'ᄌᆞᆼ자'를 『고셩경』에서는 '맛아ᄃᆞᆯ'로 그리고 'ᄎᆞ자'를 '둘ᄌᆡ아ᄃᆞᆯ'로 변경하였다.[671] 그리고 『고경』의 '즁대ᄒᆞᆫ은혜'를 『고셩경』에서 '큰은혜'로 변경하였다.[672] 그리고 쉬운 한자어로 변경한 부분도 있다. 『고경』의 '셜ᄒᆞᆫᄒᆞᆯ마ᄋᆞᆷ'을 『고셩경』에서는 '복수ᄒᆞᆯ마ᄋᆞᆷ'으로 변경하였다.[673]

또 다른 차이가 있는데 문장을 부분적으로 변경하여 이해하기 쉽게

---

670 徐宗澤, 『明淸間耶蘇會士譯著提要』(世紀出版集團, 2010), 13.

671 한국교회사연구소, 『고신성경문답 고셩경 고경』 한국교회사연구자료 제20집 (한국교회사연구소, 1986), 『고경』, 425; 『고셩경』, 251. 이하 『고경』 혹은 『고셩경』으로 표기함.

672 『고경』, 381; 『고셩경』, 167.

673 『고경』, 426; 『고셩경』, 253.

만든 것이다. 하나님께서 가인에게 말씀하시는 부분에서, 『고경』에서는 "네마음에잇눈악령을네가만일막으려ᄒᆞ면악령이너를잇그러범죄케못하고압복ᄒᆞ리라"고 되어 있는데 『고셩경』에서는 "네마음의잇눈악령이너로잇그러범죄케못ᄒᆞᆯ거시니만일막고시부면압복ᄒᆞ리라"고 간단하고 명료하게 만들어 쉽게 이해할 수 있도록 변경하였다.[674]

이와 같이 변경된 것을 보아 『고셩경』은 『고경』의 내용을 보다 더 쉽고 빠르게 이해할 수 있도록 수정한 것으로 볼 수 있다. 따라서 『고셩경』은 『고경』보다 후대의 필사본으로 추정할 수 있다. 아마도 만주나 중국에서 번역된 『고경』을 전달받아 부분적으로 수정한 것으로 보인다.

『고경』은 문답식으로 되어 있는데 처음 부분(1-44a장)은 성교(聖敎), 교우(敎友), 교리(敎理), 천주(天主), 삼위일체, 천지창조, 마귀, 영혼과 육신, 원조의 범죄, 인류의 조상 등에 대한 문답으로 구성되어 있다. 나머지 부분(44b-107장)은 창세기 4장 2절부터 37장 20절까지를 번역하거나 요약하고 해설하였다. 그런데 이 부분도 아담이 범죄 후 예수 강생하기 전까지 사람들이 천주를 충성으로 섬겼느냐 라는 질문에 길게 답하는 형식으로 되어 있다. 전체의 분량을 살펴볼 때 대부분의 내용이 창세기의 내용임을 알 수 있다. 앞의 문답 부분에도 창세기 2-3장의 내용이 대부분을 차지하고 있고 나머지 부분과 더불어 창세기 2-37장의 내용으로 구성되어 있다. 창세기 4:2-37:20를 요약하여 소개한 내용 가운데 발췌번역한 부분이 있는데 다음과 같다.

674 『고경』, 426; 『고셩경』, 254.

창 4:9-15a(44-46장)

창 6:5-8(50장)

창 8:20-9:1(56-57장)

창 12:1-3(66장)

창 18:1b-33(68-75장)

창 19:1-13(77-79장)

창 22:15-18(85장)

창 23:3-13(86장)

창 24:27, 31b-35(92-93장)

창 24:64-65; 22-26a, 27-34(96-99장)

27:1-23, 30-41; 28:11b-15(101-107장)[675]

『고경』의 발췌번역본의 한 예로서 창세기 4장 9-15절을 분석해보면 다음과 같다.

> 텬쥬ㅣ 불너 닐ᄋᆞ시ᄃᆡ 네 아ᄋᆞ 아벨이 어ᄃᆡ 잇ᄂᆞ냐 가인이 교만이 반말노 ᄃᆡ답ᄒᆞ긔 나ㅣ 모르고 나ㅣ 동싱 즉힐 본분업서 ᄒᆞ니 ᄭᅮ지ᄌᆞ시ᄃᆡ 너ㅣ 무ᄉᆞᆷ 일ᄒᆞ엿ᄂᆞ냐 네 동싱의 혈이 내게 브ᄅᆞ지진다. 네 아ᄋᆞ의 되를 ᄯᅡ히 삼켯신즉 네가 ᄯᅡ흘 몹시 문ᄃᆞ렷시니 ᄯᅡ흔 네게 몹시ᄒᆞ야 ᄋᆞ모리 슈고로이 ᄯᅡ흘 뒤져도 곡식을 못거둘거시오 싱젼에 쉴 디방을 못 엇어 ᄉᆞ방으로 유리ᄒᆞ리라 ᄒᆞ신

675 『고경』, "해제," 26-27.

ᄃᆡ 가인이 회두치 아니ᄒᆞ고 더욱 실망ᄒᆞ야 말ᄒᆞᄃᆡ 내 죄가 극즁ᄒᆞ니 아므ᄃᆡ리도 샤홈을 엇지 못ᄒᆞ야 누구던지 나를 맛나면 죽일 거시오 또 몹시되야 싱전에 류리ᄒᆞᆯ거시니 엇지 ᄒᆞ리오 텬쥬ㅣ 또 닐ᄋᆞ시ᄃᆡ 그러치 아니리라. 너를 죽이난 이 잇스면 너의셔 칠ᄇᆡ나 벌을 더밧으리라.[676]

분량 면에 있어서 『고경』과 현대 역본인 『개역개정』본은 거의 비슷하며 내용도 거의 동일하기에 발췌 번역한 부분으로 볼 수 있다. 그런데 중간 중간 『고경』은 창세기를 요약하기도 하고 해설을 첨부하기도 하였다. 『고경』은 가인이 회개하지 않았다는 점을 강조하였고 심지어 하나님께 반말로 대답했다고 해석하여 한국의 정서를 반영하는 해석을 하였다. 또한 땅이 아벨의 피를 받았다는 대목을 땅이 죄를 삼켰다고 번역하면서, 땅으로부터 가인이 저주를 받았다는 표현보다 가인이 땅을 못쓰게 만들었기 때문에 땅이 생산하지 않게 되었다는 의역을 하여 독자가 쉽게 이해할 수 있도록 안내하고 있다.

그러나 이처럼 성경 내용을 상세히 전달하는 부분도 있지만 성경의 몇 장을 간단하게 한 줄로 요약하는 부분도 있다. 홍수 이야기의 경우 구약에서는 두 가지 이야기로 되어 있으나 한 가지 이야기로 줄였다. 『고경』은 기본적으로 연대를 이야기할 때 기원전 4천 년 전에 천지가 창조되었다는 계산을 바탕으로 구약을 해석하였다.[677] 예를 들어 창조부터 노

676 『고경』, 427-429 『고경』에서는 띄어쓰기가 없으나 이해할 수 있도록 띄어쓰기를 하였음.
677 『고경』, 425.

아의 홍수까지는 1,200여년이라 계산을 하여 해석을 하였다.[678] 그리고 노아의 아들 셋이 예수의 조상이 되었다는 점을 강조하여 구약과 신약을 연결하는 해석을 하였다.[679] 또한 창세기 6장의 '하나님의 아들'을 셋의 후손으로 해석하고 '사람의 아들'을 가인의 후손으로 해석하였다.[680]

특이한 점은 극심한 인종차별적인 해석도 있다는 점이다. 『고경』에서는 노아가 벌거벗고 잠들었을 때 맏아들 가나안이 웃었으므로 책망하였는데 그로인해 흑인이 노예가 되었다고 해석하였다.

> ...맛아ᄃᆞᆯ 가나안으로 그 아비ᄃᆡ신으로 ᄭᅮ지ᄌᆞ시ᄃᆡ 몹시되야 그 ᄌᆞ손들이 놈의 종이 되리라 ᄒᆞ셧더니 그 말ᄉᆞᆷ이 지금 ᄭᆞ지 마ᄌᆞ와 즉금 곳 흑인이 그 ᄌᆞ손이니 질박미련ᄒᆞ고 무례ᄒᆞ야 셩교에 들기 ᄆᆡ오 어렵고 다ᄅᆞᆫ 사ᄅᆞᆷ만 못ᄒᆞ니라.[681]

또한 아시아와 '조선'이 언급되었는데 조선은 노아의 아들 셈의 후손이라 하였다: "셈의 ᄌᆞ손은 그 디방브터 동편에 번셩ᄒᆞ야 즁국과 안남 ᄋᆡᆯ본 됴션 등쳐에 ᄎᆞ고 야펫의 ᄌᆞ손은 셔편으로 가고..."[682]

---

678 『고경』, 431.
679 『고경』, 431.
680 『고경』, 431-432.
681 『고경』, 440-441.
682 『고경』, 442.

2. 『셩교감략』

『셩교감략(聖教鑑略)』은 북경교구장 들라플라스(Delaplace, 田類斯) 주교가 1866년 신·구약성경의 주요 대목을 뽑아 요약하여 번역하고 해석한 것이다. 구체적인 형식을 보면, 사건과 주제별로 해당 구약 본문을 요약하여 번역하고 그 다음 문답형식으로 내용에 대해 얼마나 이해하고 있는지를 묻고 중요한 대목을 어떻게 해석하였는지를 물었다. 구약 본문을 번역할 때 직역하기보다 의역을 하였고 때로는 요약하기도 하고 해설을 첨가하기도 하였다.

『셩교감략』은 한글로 번역하여 당시 조선교구의 보좌주교였던 블랑(J. Blanc, 白圭三, 1844-1890) 신부에 의해 1883년에 간행되었는데 원래 단권을 상.하 두 권으로 번역하였다. 서문에서 밝혔듯이 보고 듣는 사람으로 하여금 내용을 기억하기 쉽고 이해하기 쉽게 하여 어린이들까지도 쉽게 교리를 터득할 수 있도록 저술한 것이었다.[683]

『셩교감략』은 상권 전체가 271면인데 그 가운데 창세기는 101면이 할애되었다. 『고경』에서 창세기 4-37장을 62면에 번역한 것과 비교할 때 셩교감략의 번역이 결코 빈약하지 않다. 따라서 19세기 조선의 성도들은 『고경』과 더불어 『셩교감략』의 창세기 번역을 통해 창세기의 내용을 많이 알 수 있었다.

상권은 구약성경 내용인데 전체 50장으로 되어 있다. 그 중 전반부

683 한국교회사연구소, 『셩교감략』 한국교회사연구자료제20집 (한국교회사연구소, 1986), 8-9. 이하 『셩교감략』으로 표기함 .

인 1-24장은 창세기로, 그리고 후반부인 25-50장은 출애굽기에서 시작하여 성문서까지 이어지고 있다. 상권의 목차를 보면 성경의 내용, 특히 창세기의 내용이 많이 포함되어 있는 것을 볼 수 있다. 상권의 목차 가운데 중요한 장을 선별하여 적어보면 다음과 같다.

> 뎨일쟝은 텬쥬ㅣ 텬디와 신인과 만물을 조셩ᄒᆞ심을 의론홈이라.
>
> …
>
> 뎨십일쟝은 텬쥬ㅣ아 바람을 빠샤 셩조룰 삼으심을 의론홈이라.
>
> …
>
> 뎨이십ᄉᆞ쟝은 야곱의 식구가 에집도로 이ᄉᆞ홈을 의론홈이라.
>
> 뎨이십오쟝은 모이스룰 살녀 기룸을 의론홈이라.
>
> …
>
> 뎨삼십ᄉᆞ쟝은 다위 셩왕을 의론홈이라.
>
> …
>
> 뎨삼십팔쟝은 도비아 부ᄌᆞ 두 셩인을 의론홈이라.
>
> …
>
> 뎨사십쟝은 다니엘과 그 동모 ᄋᆞ희들의 담박ᄒᆞᆫ 모든 덕을 의론홈이라.
>
> …
>
> 뎨사십구쟝은 마가베 나라 일흠을 의론홈이라.
>
> 뎨오십쟝은 고셩인 션지쟈룰 의론홈이라.

창세기의 경우 일부분을 제외하고 거의 전부를 요약하여 번역하고 해설하였다. 1-24장에 걸쳐 번역하였는데 제1장은 창세기 1장을, 제2장은 창세기 2장을, 제3-4장은 창세기 3장을 번역하고 해설하였다. 그리고 가인이 아벨을 죽인 이야기인 창세기 4장 1-12절의 내용을 『셩교감략』 제5장에서 거의 번역하였는데 다만 9절을 번역하지 않았다. 그리고 번역한 후 문답을 통해 내용을 정리하고 해석하였다. 특이한 것은 각장 제목 다음에는 반드시 연대기를 기술한 점이다. 천지창조를 주전 4천년으로 하고 각 장에 연대를 표시하였는데 가인과 아벨의 사건은 주전 3,812년이라 하였다. 천지창조를 기원전 4천년으로 해석한 것은 『고경』과 동일하지만 『셩교감략』은 사건별로 구체적으로 아래와 같이 년도를 밝혔다.

> 뎨오장은 가인이 아벨을 뮈워ᄒᆞ야 죽임을 의론ᄒᆞᆷ이라
> 조셩후 일빅이십팔년이오 강싱젼 삼쳔팔빅칠십이년이라

> 아담과 에와 두 사ᄅᆞᆷ이 디당에셔 나아와 셰샹에 드러오매 힘을 다ᄒᆞ야 심을 때 심으고 거둘 때 거둔 후에야 이에 먹을 거시 싱기더니 후에 아ᄃᆞᆯ 둘흘 나흐니 맛아ᄃᆞᆯ의 일홈은 가인이라 심셩이 착ᄒᆞ지 못ᄒᆞ야 농ᄉᆞ로 ᄌᆞ싱하고 둘재 아ᄃᆞᆯ의 일홈은 아벨이라 심셩이 착ᄒᆞ고 슌량ᄒᆞ야 양치기로 업을 삼더니 ᄒᆞ로ᄂᆞᆫ 형뎨 두 사ᄅᆞᆷ이 ᄒᆞᆫ가지로 물건을 드려 텬쥬끠 졔ᄉᆞ하라싀 쥬ㅣ 가인이 착지아닌 ᄆᆞ음을 뮈워ᄒᆞ샤 그 드리ᄂᆞᆫ 바 졔물 밧지 아니시고 그 아오 아벨의 드리ᄂᆞᆫ 졔ᄂᆞᆫ ᄆᆞ음에 깃버ᄒᆞ시니 가인이 심히 투긔ᄒᆞ거ᄂᆞᆯ 쥬ㅣ가인 ᄃᆞ려 닐너ᄀᆞᆯᄋᆞ샤ᄃᆡ 너ㅣ엇지ᄒᆞ야 네 동싱을 뮈워ᄒᆞᄂᆞ냐 너도 만일 착ᄒᆞᆫ 노ᄅᆞᆺ슬 ᄒᆞ면 반ᄃᆞ시 샹을 밧을

거시오 그러치 아니면 벌을 밧으리라 ᄒᆞ시니 가인의 착지 못ᄒᆞᆫ ᄆᆞ음으로 이 ᄆᆞᆰ솜을 드ᄅᆞ매 더 옥분을 내더라 ᄒᆞ로ᄂᆞᆫ 동ᄉᆡᆼ을 꾀와 밧흐로 ᄃᆞ리고 가셔 아모도 모로게 ᄆᆞᆾᄎᆞᆷ내 죽이고 뎌의 악ᄒᆞᆫ ᄆᆞ음은 오히려 풀니지 아니ᄒᆞ엿시니 이에 비로소 살인ᄒᆞᆫ 데일사ᄅᆞᆷ이 되니라 텬쥬ㅣ 이에 가인을 꾸지져 ᄀᆞᆯᄋᆞ샤ᄃᆡ 네 동ᄉᆡᆼ 아벨의 죄업시 죽은 피가 내 압희 홀너 소ᄅᆡᄒᆞ야 벌을 구ᄒᆞᄂᆞᆫ도다 ᄌᆡ앙과 고로온 셰샹에 네가 아모리 등에 뚬이 흐ᄅᆞ도록 슈고롤하고 가족이 덕도록 심어도 오히려 거두ᄂᆞᆫ 고로움이 또 잇실거시오 너ㅣ 또ᄒᆞᆫ 보텬하에 류리ᄒᆞ야 ᄃᆞᆫ니리라 ᄒᆞ시니 가인이 이 벌을 당ᄒᆞᆫ 후에 쥬롤 떠나 감히 갓가이 못ᄒᆞ매 몸이 ᄒᆞᆼ샹 떨니여 무셥고 ᄆᆞ음이 평안ᄒᆞᆯ 때가 업서 ᄉᆞ방으로 도라ᄃᆞᆫ니며 일평ᄉᆡᆼ을 고롭게 살앗시니 이 벌은 처음 살인ᄒᆞᆫ 연고ㅣ러라[684]

위의 내용을 분석해 보면, 가인과 아벨의 제사에 있어서 차이는 '착한 마음'이 있었느냐는 것으로 해석되어 있다. 또한 문답에서 설명하기를 이 '착한 마음'을 '덕'이라 표현하였다.[685] 즉 제물보다 평소의 삶에 있어서 덕을 펴고 착하게 살았느냐가 중요하다는 것이다. 이러한 해석은 『고경』에서 제물을 강조한 것과는 차이가 있는 해석이다. 또한 하나님이 가인에게 충고하신 말씀을 상선벌악(賞善罰惡)이라는 주제로 해석한 것은 『고경』」의 해석과 유사하다. 그리고 가인이 땅에서 저주를 받았다는 내

684 『셩교감략』, 47-50. 원본에는 띄어쓰기가 없으나 쉽게 읽을 수 있도록 띄어쓰기를 하였음.
685 『셩교감략』, 51.

용을 아담이 받은 죄와 유사하게 표현하였다. 즉 아무리 수고하여 농사를 지어도 죄인에게는 땅이 생산물을 내지 않는다는 것이다.

또한 문답에서 이 사건을 예수의 죽음과 연결하여 해석하였는데 아벨이 죄 없이 죽은 것은 장차 예수의 죄 없는 죽음을 예표한 것이요, 살인자 가인은 예수를 죽일 자들의 예표라 해석하였다.[686] 이처럼 『셩교감략』에서는 곳곳에서 문답을 통해 창세기를 기독론적으로 해석하였는데 아래의 번역과 해설에서도 기독론적인 해석을 찾아볼 수 있다. 즉 아브라함에게 주신 약속 가운데 구세주의 탄생까지 포함시키고 있는 것을 볼 수 있으며, 요셉을 예수의 모상이라 해석하고 다니엘이 예수 탄생을 예언하였다고 해석하였다.

> 집안 식구ᄅᆞᆯ 다리고 고향을 떠나라 네 ᄌᆞ손이 번셩ᄒᆞ야 수ᄅᆞᆯ 헬 길이 업ᄉᆞᆯ거시오 또 ᄒᆞᆫ 구셰쥬ㅣ 쟝ᄎᆞᆺ 네 ᄌᆞ손즁에셔 나리라 ᄒᆞ시니[687]
>
> 문 요셉은 누구ᄅᆞᆯ 모샹하ᄂᆞ뇨
>
> 답 예수 그리스도ᄅᆞᆯ 모샹ᄒᆞᄂᆞ니라[688]
>
> 뎨사십ᄉᆞ쟝은 다니엘이 구셰쥬ㅣ나실 때ᄅᆞᆯ 미리 말ᄒᆞᆷ을 의론ᄒᆞᆷ이라.[689]

686 『셩교감략』, 51-52.
687 『셩교감략』, 81.
688 『셩교감략』, 118.
689 『셩교감략』, 245.

또한 『고경』과 마찬가지로 셈의 자손이 한국으로 왔다는 해석을 하고 있다. 특히 아시아를 언급하면서 유다 지역도 포함시키고 있다.

> 심의 ᄌᆞ손은 아시아에셔 사니 곳 유더아와 인두와 안남과 즁원과 일본과 죠션 등 나리히오 감의 ᄌᆞ손은 아프리가에셔 사니 에집도와 모든 흑인 등 나라히오 야펫의 ᄌᆞ손은 으로바에셔 사니 이다리아와 이스바니아와 부랑시아와 앙글니아와 열마니아와 아라사 등 나라히니라[690]

『고경』과 마찬가지로 함의 자손이 노예가 되었다는 것은 지금도 보아 알 수 있는 일이라 하면서 이것은 함(감)이 받은 벌 때문이라 해석하였다. 여기서는 '흑인'이라는 말을 사용하지는 않았지만 앞의 셈의 분포 지역을 이야기할 때 '흑인'이라는 말이 들어 있는 것으로 보아 『고경』과 마찬가지로 인종차별적인 해석을 하고 있다는 것을 알 수 있다.

> 야펫은 심의 집에 ᄒᆞᆫ가지로 잇서 ᄌᆞ손이 번셩ᄒᆞ고 또ᄒᆞᆫ 감의 ᄌᆞ손을 노복으로 부리리라ᄒᆞ니 노에가 그 아ᄃᆞᆯ을 꾸짓고 강복ᄒᆞᄂᆞᆫ 말이 그 후에 ᄂᆞᆺᄂᆞᆺ치 틀리지 아니ᄒᆞ야 지금 감의 ᄌᆞ손들이 ᄉᆞ면으로 흣허져 대개 쳔역ᄒᆞᄂᆞᆫ 죵이 되엿ᄂᆞ니라[691]

---

690 『셩교감략』, 77-78.
691 『셩교감략』, 72-73.

『셩교감략』의 후반부인 25-50장은 출애굽기에서 시작하여 전기예언서의 내용인 여호수아와 사사기, 다윗, 남북분열, 유다 멸망 등의 역사로 이어진다. 25-27장과 29장에서는 출애굽기를 번역하고 해석하였으며 특이하게 욥기를 28장에 배치하였다. 욥기는 서문인 욥기 1-2장을 요약하여 번역하였는데 욥을 성인으로 받들면서, 원망하지 않고 괴로움을 인내한 욥을 칭송하는 내용으로 되어 있다.

제29장에 십계의 경우 천주교의 십계 순서에 따라 우편 석비에 3계명, 좌편 석비에 7계명이 새겨져 있다고 해설하였는데, 언약궤 안에 십계를 둔다고 하면서 아론의 지팡이가 아닌 모세의 지팡이를 둔다는 실수도 하였다; "언약미즌 궤롤 문다라 십계보셕 두 판과 긔이훈 맛나와 밋 모이스의 집힝이롤 그 아희보비로이 너허써...".[692] 그리고 민수기 가운데는 광야 시대의 발람에 대해서 번역하고 해석하였는데 요약하기도 하였다.

『셩교감략』 후반부에는 다니엘과 외경 등이 포함되어 있다. 여기서 발견할 수 있는 것은 외경을 구약(『고경』)에 포함시키고 있는데 천주교는 이 부분을 제2경전으로 인정하기 때문이다.[693]

왜 성문서와 외경 가운데 다니엘과 욥기, 그리고 외경인 마카비서가 포함되었는가? 선별된 이 책들은 모두 고통과 박해를 이겨낸 인물들에 관한 것인데 특히 제28장은 8명의 순교자에 관한 것이다. 따라서 박해시대를 이겨낼 수 있는 내용을 특별히 선택한 것임을 알 수 있다.

욥기는 28장에 배치하였다. 욥기를 144-149면에 걸쳐 요약하여 번역

692 『셩교감략』, 152-153.
693 『셩교감략』, 273.

하고 해석하였는데 주로 욥기 서문인 욥기 1-2장을 요약하여 번역하였다. 욥기를 성인으로 받들면서, 원망하지 않고 괴로움을 인내한 욥을 칭송하는 내용으로 되어 있다.

40-44장에는 다니엘서가 요약 번역되어 있고 해설되어 있다. 구약 가운데서 특별히 다니엘이 선택되고 5장에 걸쳐 상세히 번역되고 해설 된 이유를 알 수는 없지만 외경을 보면 짐작되는 바가 있다. 외경의 내용이 38장과 46-49장에 걸쳐 4장에 나타나있다. 토비트와 마카비 등 박해와 고난 가운데서도 신앙심을 잃지 않고 용감하게 투쟁하며 인내한 이야기를 포함시켰다.[694] 즉 다니엘과 외경은 박해와 고난 가운데서 승리하는 메시지이기에 선택되고 강조된 것이다.

3. 인명과 지명 비교

인명과 지명 용어를 비교함으로 확인하려는 것은 천주교 성경 번역에서 번역한 용어를 개신교 성경번역 시 많이 활용했는가 하는 것이다. 이러한 비교를 통해 궁극적으로 발견하려는 것은 천주교의 요약되고 해설이 첨부된 『고경』(『고셩경』)과 『셩교감략』이 구약내용을 전파하는데 있어서 어느 정도 영향을 미쳤는가 하는 것이다.

비교할 책들은 천주교의 책들인 『고경』과 『셩교감략』, 그리고 개신

694 토비트가 한문으로 번역되었는데 프랑소와 드앙뜨르콜 (Francois D'Entrecolles 1663-1741)이 『訓慰神編』이라는 이름으로 간행하였다. 이 책은 토비트와 주석으로 이루어졌다. 이환진, "19세기와 20세기의 중국어성서," 418-420.

교 책들인 『구약공부』와 『회보』와 『구약』이다. 『구약공부』는 1893년 2월 존스(G. H. Jones) 선교사가 번역하여 2권으로 발간한 책이다. 그리고 『회보』는 『죠션크리스도인회보』를 가리키는데 아펜젤러(H. G. Appenzeller) 선교사가 1897년 2월 2일 창간한 주간신문이다. 마지막으로 개신교의 본격적인 번역본인 『구약』은 1906년의 『시편』과 『창셰긔』, 1907년의 『삼우엘젼』과 『삼우엘후』, 그리고 1908년의 『츌애굽긔』와 『렬왕긔샹』과 『렬왕긔하』 등을 가리키는데, 두 단어(발남, 발낙)의 경우는 1911년의 『구약전서』와 비교하였다.

『고경』	『성교감략』	『구약공부』	『회보』	『구약』
아담	아담		아담	아담
에와	에와			해와
가인	가인			가인
아벨	아벨			아벨
셋	셋			셋
헤녹	에녹			에녹
나멕	라맥			레멕
유발				유발
야펫				야펫
감	감			함
셈	심			셈
노에	노에			노아
야곱	야곱	아각 雅各		야곱
아바람	아바람	아빅랍한 亞伯拉罕	아브라함	아브라함
놋				롯
르벡가	레벡가			리브가

『고경』	『성교감략』	『구약공부』	『회보』	『구약』
나반				라반
나겔				라헬
	아아론	아륜 亞倫		아론
	에집도	인급 埃及	애급	애굽
	예루사름	야로살링 耶路撒冷	예루살렘	예루살넴
	이사이	야셔 耶西		이새
엘리에셀	엘네아살	이리아살 以利亞撒		엘니에서
	에프라임	이법련 以法連		에브라임
이사악	이사악	익살 益撒		이삭
이슴아엘				이스마엘
소도마				소돔
	이사이아	이싀아 以賽亞		이사야
이스라엘	이스라엘	이식렬 以色列	이스라엘	이스라엘
에사우	에사오	이소 以掃		에서
	요단	요단 約但		요단
	요셉	요셥(요압) 約押		요셉
	유다	유태 猶太	유태	유다
	레위			레위
헷				헷
엡론				에브론
가나안	가나안	가남 迦南		가나안
	나단	나단 拿單	나단	나단
	모아빗	마압 摩押		모압
	모이스	마셔 摩西	모셔(모세)	모세
	마듸안	미뎐 米田		미듸안
바벨논				바벨론

『고경』	『셩교감략』	『구약공부』	『회보』	『구약』
	넵후달리	납대리 納大利		납달니
	벳드름	백리홍 佰利恒	벳네헴	벳을네헴
	벤사민	변아민 便雅憫	변야민	벤야민
	발나암	파란 巴蘭		발남(1911년)
	발낙	파륵 巴勒		발낙(1911년)
사라	사라	산랍(살랍) 撒拉		사라
	사뮈엘	살모이 撒母耳	사무엘	삼우엘
	사로몬	소라문 所羅門	솔노문	솔노몬
소도마		소다마 所多馬		소돔
	단	단 但		단
	다위	대벽 大闢	짜윗	다윗
	사윌		사울노	사울

인명과 지명을 비교하여 발견할 수 있는 것은 『고경』과 『셩교감략』은 거의 유사함을 알 수 있다. 그리고 『고경』과 『셩교감략』에서 사용한 용어가 『죠션크리스도인회보』의 용어와 유사한 것을 발견할 수 있다. 따라서 『죠션크리스도인회보』에 게재된 구약본문은 『고경』과 『셩교감략』을 읽고 그 용어를 활용했을 가능성이 있다. 그리고 『고경』과 『셩교감략』에서 번역한 용어를 『구약』에도 사용한 경우가 빈번하다는 점이다.[695]

695 참고로 1891년 개신교에서 번역한 『성경도설』에 나타난 인명과 지명은 다음과 같다. 괄호 안은 『개역개정』의 번역 용어이다; 아담(아담), 이바(하와), ᄀᆞ은(가인), 아빌(아벨), 노아(노아), 롯(롯), 아브라함(아브라함), ᄒᆡ가(하갈), 이스마일(이스마엘), 이삭(이삭), 리베가(리브가), 야곱(야곱), 이쇼(에서), 요셥(요셉), 모시(모세), ᄋᆡ곱(애굽), 이살일(이스라엘), 아론(아론), 바란(발람), 요아스(여호수아), 예리고(여리고), 삼손(삼손), 나오미(나오미), 보이스(보아스), 룻(룻), 한나(한나), 사무엘(사무엘), 다빗(다윗), 골리아(골리앗), 쇼로(사울), 압사롬(압살롬), 쇼로문(솔로몬), 시바(시바), 이

『고경』에 번역된 용어를 『구약』에서 동일하게 활용한 예를 살펴보면 다음과 같다; 아담, 아벨, 가인, 셋, 유발, 셈, 가나안, 사라, 헷, 야곱, 이스라엘, 요셉. 그리고 유사한 경우에는 먼저 『고경』의 용어를 쓰고 『구약』의 용어는 괄호 안에 넣었다; 에와(해와), 혜녹(에녹), 나멕(레멕), 노에(노아), 야펫(야벳), 바벨논(바벨론), 아바람(아브람, 아브라함), 이슴아엘(이스마엘), 소도마(소돔), 놋(롯), 이사악(이삭), 엘리에셀(엘니에서), 나반(라반), 르벡가(리브가), 예사우(에서), 나겔(라헬). 특이한 것은 『고경』에서 번역된 용어인 '이슴아엘'을 1891년 개신교에서 번역한 『성경도설』에서 활용하고 있다는 사실이다. 그리고 1906년에 개신교에서 번역한 『창셰긔』에서는 '이스마엘'로 번역하였다. 또한 『고경』에서는 '엘리에셀'로 번역하였고 『셩교감략』에서는 '엘네아살'로 번역하였는데, 1906년에 개신교에서 번역한 『창셰긔』와 1911년에 번역한 『구약전서』에서는 '엘니에서'로 번역하였다. 그런데 현재는 『고경』에서 사용한 '엘리에셀'로 번역하고 있다.

『셩교감략』에 번역된 용어를 『구약』에서 동일하게 활용한 예를 살펴보면 다음과 같다; 아담, 아벨, 가인, 셋, 에녹, 이스라엘, 요단, 요셉, 유다, 레위, 가나안, 사라, 야곱, 발낙, 단. 그리고 유사한 경우에는 먼저 『셩교감략』의 용어를 쓰고 『구약』의 용어는 괄호 안에 넣었다; 에와(해와), 레맥(레멕), 노에(노아), 야펫(야벳), 심(셈), 아바람(아브람, 아브라함), 소도마(소돔), 아아론(아론), 예루사름(예루살렘), 이사이(이새), 이사악(이삭), 엘네아살(엘니에서), 아사이아(이사야), 에사오(에서), 모아빗(모압), 모이스(모세),

리아(엘리야), 이리사(엘리사), 요벳(요벳), 세뱃(세뱃), 예리미(예리미야), 단이엘(다니엘), 요나(요나).

발나암(발남), 레벡가(리브가), 다위(다윗), 사월(사울), 사뮈엘(삼우엘).

그리고 『구약공부』의 경우 한문성경인 대표본의 용어를 한국어로 읽는 발음을 그대로 사용하여 발음을 왜곡시킨 것을 발견할 수 있다. 중국에서 한문성경으로 번역할 때 원래 저본의 발음을 유지하기 위해 한자 용어를 선택하였는데, 『구약공부』 번역자는 중국어의 음가(音價)를 사용하지 않고 한글의 한자독음을 그대로 표기하였다. 이러한 번역 형태는 1890년대 한글 번역본에서 공통적으로 보이는 현상이었다. 이러한 번역 형태는 『의경문답』에서도 유사하게 나타나는데 인명과 지명이 『구약공부』와 거의 동일하다. 예를 들어 저본의 '다윗'을 유지하기 위해 중국어로 '다위'로 발음되는 大闢을 한문성경에서는 사용했는데 『구약공부』에서는 한국어 읽기인 '대벽'이라는 발음을 잘못 사용한 것이다. 『구약공부』는 대표본 한문성경의 용어를 주로 사용하였다.[696]

천주교는 성경을 직접 번역할 수 없으니 교리서라는 형태 속에 가능하면 성경 본문의 내용을 많이 요약하여 전달하려는 의도가 있었다. 그러나 개신교에서는 성경을 별도로 번역할 수 있으니 교리서에 성경본문을 요약 번역하려고 하지 않고 성경의 책명과 장절을 제시하면서 성경을 찾아 읽도록 안내하였다.

---

696 이환진, "『성경전서』(1911년)의 번역 대본 고찰- 시편(85:10-13)과 잠언(1:1-7)과 욥기(1:20-2:6)를 중심으로," 『성경원문연구』 제27호 (2010.10), 74-75.

II. 『텬쥬셩교례규(天主聖教禮規)』

시편의 경우는 장례예식 때 연도(煉禱) 기도문에 포함되어 있었기 때문에 구약의 그 어느 부분보다 먼저 번역되었다. 1865년에 한글로 간행된 『텬쥬셩교례규(天主聖教禮規)』에는 시편 여덟 편이 번역되어 있다.[697] 그리고 1801년 윤현의 집에서 발견된 『향례주셩영송(向예슈聖詠誦)』은 시편을 한글로 번역한 것으로 짐작된다.[698]

1. 『텬쥬셩교례규(天主聖教禮規)』의 시편 기도문[699]

시편이 가장 많이 번역되어 있는 『텬쥬셩교례규(天主聖教禮規)』는 천주교 장례에 관한 예식서로서 다블뤼(M. N. A. Dableuy, 安敦伊) 주교가 라틴어본인 『로마예식서(Rituale Romanum)』를 토대로, 한문본인 『聖教禮規(성교예규)』를 번역한 것으로 알려져 있다. 그런데 다블뤼 주교는 『聖教禮規(성교예규)』 전체 5권 가운데 3권만 선택하여 번역하였고, 단순한 번역이 아니라 한국 실정에 맞게 저술한 것이라 볼 수 있

---

697 M. N. A. Dableuy, 『텬쥬셩교례규(天主聖教禮規)』 (연세대학교 학술정보원 소장본, 1887); 강영애, "가톨릭 상장례 노래인 연도(위령기도)의 변모양상," 79-101; 주은경, "한국 천주교 연도와 상장례 문화,"; 주은경, "한국 천주교 장례예식서를 통해 본 장례문화와 연도(煉禱)의 노래문화," 589-622.

698 하성래, "한국 천주교회의 한글 번역 활동," 516.

699 이 부분은 본인의 다음 논문을 부분적으로 수정하여 재작성한 것이다: 정중호, "19세기 이전 시편 번역과 해석의 역사," 『구약논단』 56집 (2015), 65-90.

다.[700] 이 책은 1865년에 상·하 2책의 목판본으로 간행되었다.[701] 이 책의 목판 일부가 절두산 순교 기념관에 소장되어 있으며 1887년에는 2권 1책의 활판본으로 간행되었다. 특히 제2권에는 성영(시편) 129(130), 50(51), 112(113), 118(119), 23(24), 148, 149, 150편 등이 번역되어 있다.[702]

이 시편들이 초기에 번역된 이유는 이 시편들이 '연도기도문'으로 드려졌기 때문이다. 우선 '연도기도문'에 대해 간략히 소개한다면, 연도(煉禱)는 연옥에 있는 죽은 영혼의 구원을 위해 하나님께 드리는 기도다. 이러한 연도와 연옥에 관한 교리는 외경 마카베오서를 바탕으로 형성되었다(마카베오하 12:38-45). 연옥에 관한 교리가 교회에서 공식적으로 선포된 때는 1274년 제2차 리용 공의회였으며 이로서 이 교리는 널리 전파되었고 신자들의 생활 속에 정착하게 되었다.[703] 그러나 개신교는 외경을 경전으로 인정하지 않기 때문에 연옥에 관한 교리를 인정하지 않는다. 비록 개신교에서는 인정하지 않는 연도기도문에 포함되어 있지만 이 8편의 시편은 한국 시편 번역사에 있어서는 중요한 사건일 수밖에 없다.

연도기도문에 포함된 8편의 시편은 130, 51, 113, 119, 24, 148, 149, 150편 등이 번역되어 있는데 119편의 경우에는 1-16절 부분만 번역되어 있다. 시편 130편과 51편의 경우, 1801년 신유박해 이전부터 한글로 번역

700 강영애, 『한국 천주교 상장례노래 煉禱』 (민속원, 2007), 71.
701 하성래, "한국 천주교회의 한글 번역 활동," 525.
702 이처럼 연도기도문으로 시편을 활용하듯이 시편은 주제적인 관련성을 주목하면서 혹은 활용되는 범주로도 읽을 수 있다. 김성수, "문맥으로 시편 25-33편 읽기," 『구약논단』 48집 (2013), 68-69; 예언서에서도 시(詩)이면서 기도인 시편을 발견할 수 있다. 김상래, "요나의 기도(욘 1:17-2:10)에 묘사된 요나의 성격 이해," 『구약논단』 53집 (2014), 238.
703 강영애, 『한국 천주교 상장례노래 煉禱』, 57-58.

되어 기도문으로 사용되었을 것으로 짐작된다.[704] 아래는 『텬쥬셩교례규』의 시편 번역문 중 일부인데 원래는 띄어쓰기를 하지 않았지만 쉽게 읽을 수 있도록 띄어쓰기를 하였으며, 작은 글씨로 해설을 붙인 부분이 있는데 쉽게 구분하기 위해 괄호 안에 넣었다.[705] 괄호 안의 숫자는 현재 『개역개정본』의 시편 편수를 표시한 것이다.

> 셩영 뎨이십삼 (시 24)
>
> 대디와 원만ᄒᆞ게 실닌 만물이며 온 텬하와 거긔 거ᄒᆞᄂᆞᆫ 모든쟈ㅣ 다 쥬ᄭᅴ 쇽ᄒᆞ엿도다
>
> 쥬ㅣ 창ᄒᆡ 우희 셰우신 거시오 모든 강하 우희 비뎡ᄒᆞ신 거시로다
>
> 쥬의 산으로 뉘 능히 오ᄅᆞ며 그 거륵ᄒᆞ신 쳐소에 뉘 능히 류련홀고
>
> 행실이 무죄ᄒᆞ고 ᄆᆞ음이 정결ᄒᆞ야 제 싱명을 헛되이 밧지 아니ᄒᆞ며 놈을 ᄭᅬᄒᆞ야 허셔롤 내지 아닌쟈ㅣ로다
>
> 이런이가 쥬ᄭᅴ 강복홈을 밧을거시오 저롤 구ᄒᆞ시ᄂᆞᆫ 텬쥬ᄭᅴ 긍련히 넉이심을 닙으리로다
>
> 이런 사ᄅᆞᆷ은 쥬롤 셩실이 ᄎᆞᆺᄂᆞᆫ류ㅣ오 야곱의 텬쥬의 셩용을 근결이 ᄎᆞᆺᄂᆞᆫ류ㅣ로다
>
> (이러므로 오쥬와 ᄒᆞᆫ가지로 능히 텬당쥬의 산으로 영화로이 오ᄅᆞ리라)
>
> 슈문쟝들아 너희 문을 떠들며 영원ᄒᆞᆫ 문이여 열닐지어다 영광의

704 정중호, "19세기 이전 시편 번역과 해석의 역사," 『구약논단』 56집 (2015), 74.
705 민아오스딩 감쥰, 『텬쥬셩교례규』 (京城, 1887). 논문의 지면 제한으로 인해 4편만 게재하였음.

님군이 들어가시리로다

이 영광의 님군이 뉘시뇨 강용ᄒᆞ시고 능ᄒᆞ신 쥬ㅣ시오 젼쟝에 능ᄒᆞ신 쥬ㅣ시로다

슈문쟝들아 너희 문을 떠들며 영원ᄒᆞᆫ 문이여 열닐지어다 영광의 님군이 들어가시리로다

이 영광의 님군이 뉘시뇨 력능의 쥬ㅣ (력능은 텬신픔을 닐옴이라) 이 영광의 님군이시로다

셩영 뎨 오십 (시 51)

텬쥬여 네 ᄌᆞ비ᄒᆞ심을 크게 베프샤 나를 긍련이 녁이쇼셔

또 네 만코만ᄒᆞᆫ ᄌᆞ비ᄒᆞ심을 가져 내 죄악을 샤ᄒᆞ야 업시ᄒᆞ쇼셔

내 죄악을 싯고 더 씻ᄉᆞ시고 내 죄의 더러온 거ᄉᆞᆯ 조츨케하쇼셔

나ㅣ 임의 내 죄악을 아ᄂᆞ니 내 죄ᄒᆞᆼ샹 나를 ᄃᆡᄒᆞ야잇ᄂᆞ이다

나ㅣ 홀노 네게 죄를 범ᄒᆞ고 네 압희셔 악을 지엇ᄂᆞ이다

네 말ᄉᆞᆷ의 올흠이 나타날 거시오 또ᄒᆞᆫ 너와 맛셔ᄂᆞᆫ 무리의 항복ᄒᆞᆷ을 밧으시리로다

나ᄂᆞᆫ 죄악에셔 삼기고 내 모친이 나를 죄즁에 ᄇᆡ엿ᄂᆞ이다

너ᄂᆞᆫ 진실ᄒᆞᆷ을 ᄉᆞ랑ᄒᆞ시니 과연 네 지혜의 심오ᄒᆞ고 은밀ᄒᆞᆫ 거ᄉᆞᆯ 내게 열어 주셧ᄂᆞ이다

너ㅣ이소보로(이소보ᄂᆞᆫ 풀 일흠이니 고교 샤죄ᄒᆞᄂᆞᆫ 례에 이소보로 희싱의 피를 죄인의게 ᄲᅮ리ᄂᆞ니라) 내게 ᄲᅮ리쇼셔 나ㅣ 곳조 조츨ᄒᆞ리이다 나를 싯기쇼셔 나ㅣ 곳 눈에셔 더 희리로소이다 내게 ᄲᅮ리쇼셔 나ㅣ 곳조 조츨ᄒᆞ리이다 나를 싯기쇼셔 나ㅣ 곳 눈에셔 더 희리로소이다

너ㅣ 내 귀에 깃븐 소ᄅᆡᄅᆞᆯ (샤죄ᄒᆞ시ᄂᆞᆫ 허락) 들니시리니 곳스러졋던 내 ᄒᆡ골이(통회홈으로 육신이 다 느러졋다 말) 다시 니러나 용약ᄒᆞ리이다

네 얼골을 두루혀 내 죄ᄅᆞᆯ 보지 말으시고 내 모든 죄악을 샤ᄒᆞ야 업시 ᄒᆞ쇼셔

텬쥬여 조출ᄒᆞᆫ ᄆᆞ음을 내게 새로 내시고 내심신을 바로고 새롭게 ᄒᆞ쇼셔

나ᄅᆞᆯ 네 압희셔 내치지 말으시고 또 네셩신을 앗지 말으쇼셔

네 구ᄒᆞ시ᄂᆞᆫ 락을 내게 도로 주시고 또 네셩춍으로써 나ᄅᆞᆯ 견고케 ᄒᆞ쇼셔

인ᄒᆞ야 내가 너ㅣ ᄇᆞᆰ아 힝ᄒᆞ시ᄂᆞᆫ 길흘 악ᄒᆞᆫ쟈ᄅᆞᆯ ᄀᆞᄅᆞ치리니 악ᄒᆞᆫ 무리ᄂᆞᆫ 네게 회두ᄒᆞ리이다

텬쥬 나ᄅᆞᆯ 구ᄒᆞ시ᄂᆞᆫ 텬쥬여 나ᄅᆞᆯ 혈죄에 (살인ᄒᆞᆫ 죄라) 구ᄒᆞ쇼셔 곳 내 혀ㅣ 네의 덕을 찬양ᄒᆞ리이다

쥬여 내 입을 열어주쇼셔 곳 내 입이 너ᄅᆞᆯ 찬양ᄒᆞ리이다

너ㅣ 만일 졔ᄅᆞᆯ 원ᄒᆞ셧더면 나ㅣ 드렷시릿마ᄂᆞᆫ 희싱은 네 즐기지 아니시리이다

텬쥬의 즐기시ᄂᆞᆫ 졔ᄂᆞᆫ 크게 셜워ᄒᆞᄂᆞᆫ ᄆᆞ음이라 통회ᄒᆞ고 겸손ᄒᆞᄂᆞᆫ ᄆᆞ음은 쥬여 너ㅣ ᄇᆞ리지 아니시리이다

쥬여 네 인ᄌᆞᄒᆞ신 ᄆᆞ음으로 은혜ᄅᆞᆯ 시온의게 (시온은 예루사름 셩의 ᄒᆞᆫ 곳 일흠이라) 베프샤 예루사름의 셩을 짓고 견고케 ᄒᆞ쇼셔

그때에 의로옴의 졔와 긔구ᄒᆞᄂᆞᆫ 례물과 찬미ᄒᆞ고 공경ᄒᆞᄂᆞᆫ 졔ᄅᆞᆯ 너ㅣ 흠향ᄒᆞ시리니 이때에ᄂᆞᆫ ᄇᆡᆨ셩들이 네 졔ᄃᆡ 우희 감샤ᄒᆞᄂᆞᆫ 희싱을 만히 두어 드리리이다

셩영 뎨 일ᄇᆡᆨ이십구 (시 130)[706]

쥬여 나ㅣ 깁고 그윽ᄒᆞᆫ 곳에셔 네게 부ᄅᆞ지지ᄂᆞ이다 쥬여 내 소ᄅᆡ롤 굽어드ᄅᆞ쇼셔

네 귀롤 기우리샤 내 ᄀᆞᆫ구ᄒᆞᄂᆞᆫ 소ᄅᆡ롤 드ᄅᆞ쇼셔

쥬여 너ㅣ 만일 죄악을 ᄉᆞᆯ피시면 쥬여 뉘 능히 당ᄒᆞ리잇가

쥬여 ᄌᆞ비ᄒᆞ심이 네 ᄆᆞ음에 잇ᄉᆞ며 또 네 훈명을 인ᄒᆞ야 너롤 기ᄃᆞ렷ᄂᆞ이다

내 령혼이 쥬의 말ᄉᆞᆷ을 인ᄒᆞ야 기ᄃᆞ렷시며 내 령혼이 쥬끠 ᄇᆞ랏ᄂᆞ이다

새벽으로브터 밤되기에 니ᄅᆞ도록 이스라엘이 (고교ᄇᆡᆨ셩을 닐ᄏᆞᆺᄂᆞᆫ 말) 쥬끠 ᄇᆞ랄지어다

불샹이 넉이심이 쥬의 ᄆᆞ음에 잇ᄉᆞ며 구쇽ᄒᆞ시ᄂᆞᆫ 은혜 또ᄒᆞᆫ 그 ᄆᆞ음에 츙만ᄒᆞ심이로다

인ᄒᆞ야 이스라엘을 제 모든 죄악에셔 친히 구쇽ᄒᆞ시리로다

셩영 뎨일ᄇᆡᆨ오십(시 150)

그 거륵ᄒᆞ신 쳐소에 쥬롤 찬숑홈이여 그 견강ᄒᆞ신 좌에 쥬롤 찬숑홀지어다

쥬의 권능을 찬숑홈이여 쥬의 무량이 크심대로 찬숑홀지어다

호긔롤 불어 쥬롤 찬숑홈이여 현악으로 (현악은 줄노ᄆᆞᆫᄃᆞᆫ 풍류라) 뎌롤 찬숑홀지어다

706 『천주성교공과』 1887년판의 성영 129편과 정확하게 동일하다.

도고의 (도고는 북죵류라) 소릐로 쥬룰 찬숑홈이여 고슬과 풍금으
로 뎌룰 찬숑홀지어다
금셩으로 (쇠로 믄둔 풍류라) 쥬룰 찬숑ᄒᆞ고 희락ᄒᆞ는 풍류로 뎌룰
찬숑홈이여 함셩들은 다 쥬룰 찬숑홀지어다

『텬쥬셩교례규(天主聖教禮規)』에 수록된 8편의 시편을 분석하여 정리하면 다음과 같다;

1) 표제 생략 – 129(130)편의 경우 "성전에 올라가는 노래"라는 표제가 생략되어 있다. 이처럼 모든 시편의 표제가 생략되어 있다. 연도 기도문으로 사용되고 있기에 시편의 역사적 배경 등 기도 이외의 내용임을 알려주는 표제를 의도적으로 생략한 것으로 짐작된다.

2) 해설 첨가 – 지명과 인명은 특별히 옆줄을 그어 표기하였다. 그리고 외래어 혹은 이해하기 어려운 구절 등 생소한 단어와 구절일 경우 작은 글씨로 아래와 같이 해설을 첨가하였다;

129(130)편 - 이스라엘이 (고교 빅셩을 닐컷는 말)

23(24)편(내용에 대한 해설) - 이러므로 오쥬와 훈가지로 능히 텬당쥬의 산으로 영화로이 오ᄅᆞ리라. 력능의 쥬ㅣ (력능은 텬신품을 닐옴이라)

148편 - 젹슈ㅣ (젹슈는 싸힌물이라 말)

50(51)편 - 이소보로(이소보는 풀 일흠이니 고교 샤죄ᄒᆞ는 례에 이소보로 희싱의 피룰 죄인의게 뿌리ᄂᆞ니라)

깃븐 소릐룰 (샤죄ᄒᆞ시는 허락)

ᄒᆡ골이(통회홈으로 육신이 다 느러졋다 말)

혈죄에 (살인훈 죄라)

시온의게 (시온은 예루사름 셩의 훈 곳 일홈이라)

150편 - 현악으로 (현악은 줄노문돈 풍류라)

도고의 (도고는 북죵류라)

금셩으로 (쇠로 문돈 풍류라)

3) 직역보다 의역을 선호 – 118(119)편의 경우 '행위가 온전하여'를 '셰상길에 무들미 업시'로 의역하였다. 이처럼 시편의 내용을 충실히 번역하였지만 직역이 아니라 의역을 선호하여 번역하였다. 또한 50(51)편에 '번제'라는 어려운 용어를 피하고 쉽게 이해할 수 있는 용어로 풀어 번역하였다; "번제와 온전한 번제"(19절)라는 구절을 "긔구ᄒᆞ는 례물과 찬미ᄒᆞ고 공경ᄒᆞ는 졔"라고 번역하였다. 그리고 112(113)편에는 "해 돋는 데에서부터 (해) 지는 데에까지"(3절)를 "동으로브터 셔에 니ᄅᆞ히"로 알기 쉽게 번역하였다.

4) 존칭어 - '여호와'를 '쥬'라고 번역하고, 하나님을 '텬쥬'라고 번역하는데, 하나님을 향해 '당신'이라고 부를 때 '너' 혹은 '네'라고 번역하여 존칭어를 사용하지 않은 면이 특이하다.

5) 의도적으로 본문을 변경하여 번역한 경우가 있다;

'셀라'(23[24]편)와 '할렐루야'(112[113], 149, 150편)를 생략하고 번역하지 않았다.

129(130)편 - "새벽으로브터 밤되기에 니ᄅᆞ도록"은 "파수꾼이 아침을 기다림보다 내 영혼이 주를 더 기다리나니 참으로 파수꾼이 아침을 기다림보다 더하도다" 부분을 축약하여 번역한 것이다.

112(113)편 - '여호와의 종들'을 'ᄋᆞ희들'로 번역하여 유아장례식에 사용하였다.

6) 129(130)편과 50(51)편의 끝에 연도기도를 위해 한 절을 추가함 - "쥬여 망쟈의게 기리 평안홈을 주쇼서 영원훈 빗치 뎌의게 빗최여지이다".

『천주성교공과』의 129(130)편에는 "쥬여 망쟈들의게 기리 평안홈을 주쇼셔 영원호 빗치 뎌희게 빗최여지이다. 망자들이 평안홈에 쉬여지이다. 아멘"이 첨가 되어 있다.

7) 한자를 전혀 사용하지 않고 전체를 한글로 번역하며 어려운 한자일 경우 해설을 첨가하였다. 예를 들면 시편 148편의 경우 '젹슈ㅣ(젹슈는 싸힌물이라 말)'이라는 형식으로 해설하였다.

8) 번역분량 – 각 시편은 본문 전체를 번역하였는데 118(119)편의 경우 16절까지만 번역하였다.

9) 기타 – 149편에 '모임'을 '못거지' 등 당시의 통용 언어로 번역하였다. 또한 시편을 완전히 한글로 번역하였지만 한자어를 사용한 경우가 많았다. 예를 들면 '우리 주'를 '오쥬,' 하나님의 '얼굴'을 '셩용,' '바다'를 '창해'로 번역하였다(23[24]편).

이러한 연도기도문이 시편으로 되어 있었기에 장례식 때도 자연스럽게 시편을 함께 외우는 일이 일어났다. 1860년 경 다블뤼 주교는 장례식 때 한글로 번역된 시편을 한국인의 가락에 맞추어 큰 소리로 외우면서 행진을 했다는 사실을 다음과 같이 전하고 있다;

> 조선말로 된 장례식 기도문과 예절을 공포한 뒤로 많은 신자가 외교인을 상관하지 않고 그것을 공공연히 행하기 시작했습니다. 이곳 조선에서 대낮에 십자가를 앞세우고 참석자는 각기 촛불을 들고 성영(聖詠)을 큰 소리로 외우면서 동네 길을 지

나가는 장례 행렬을 펼친다는 것을 상상하시겠습니까?[707]

장례식 때 십자가를 앞세우고 촛불을 들고 성영(시편)을 외면서 큰 길을 지나가는 장례행렬은 그 예절이 매우 점잖고 아름다워 이를 보고 개종하는 자도 있었다고 한다. 또한 장례예식의 연도(煉禱)로서 드려진 시편은 신자들 사이에 널리 전파되면서 상가에서 불리는 전통선율의 연도로 정착하게 되었다.[708] 이와 같이 여러 성도들이 밤을 새우면서, 혹은 장례행렬 가운데서 한 목소리로 기도로 드려진 시편은 음악적인 요소가 가미되어 정착하게 되었는데 흔들어주고, 꺽어주고, 밀어주는 시김새로 표현되었다. 한국 연도의 가창형식은 그레고리오 성가에서 사용된 교창형식과 답창형식을 한국의 전통음악에서 사용된 상여소리의 선.후창 방식과 융합한 결과라 할 수 있다. 그리고 천주교 장례예식에는 두 사람이 선소리를 하게 되어 있는데 한 명은 계의 선소리를, 한 명은 응의 선소리를 하였다. 그리고 신자들은 대응창법으로 계와 응을 하였다.[709]

이처럼 시편을 포함한 기도문으로 기도를 드릴 때 조선에서는 일찍부터 한국 전통의 가락으로 기도를 드리는 관습이 자리를 잡았다. 예를 들어 1801년 신유박해 때 여주에서 순교한 이중배(李中培)가 부활절 때 '알렐루야' 기도문을 바가지 장단에 맞추어 기도드렸다는 기록이 있다.[710]

---

707 Claude-Charles Dallet, 『韓國 天主敎會史 上』, 348-349.

708 강영애, "가톨릭 상장례 노래인 연도(위령기도)의 변모양상," 94; 주은경, "한국 천주교 장례예식서를 통해 본 장례문화와 연도(煉禱)의 노래문화," 598.

709 주은경, "한국 천주교 장례예식서를 통해 본 장례문화와 연도(煉禱)의 노래문화," 598.

710 Claude-Charles Dallet, 『韓國 天主敎會史 上』, 458.

2. 『텬쥬셩교례규』의 시편과 『시편촬요』와 『시편』(1906)의 비교

연도기도문으로 활용된 8편의 시편들은 초기에 한글로 번역되었기에 그 특징에 대해 더 깊이 연구할 필요가 있다. 그리고 이어서 번역된 한글 시편 번역에 어떤 영향을 미쳤는지에 대해서도 파악할 필요가 있다. 이에 8편의 시편들을 『시편촬요』와 1906년 번역된 『시편』과 비교하여 혹시 8편의 시편이 개신교 시편 번역에 어떠한 영향을 미쳤는지를 파악하려한다.

그리고 비교할 『시편촬요』는 장로회신학도서관 소장본으로서 [촬요]로 표시하고, 『구역』으로는 1906년 요코하마에서 인쇄된 번역된 『시편』 단권 번역본인데 출판연도를 따라 [06]으로 표기하였다.[711] 그리고 [개정]은 1998년 개정하여 현재 사용하고 있는 『성경전서개역개정』판을 가리킨다. 또한 히브리어 성경은 [히]로 표기하고, 라틴어 불가타역은 Clementine Vulgate(1598)인데 [VUC]로 표기하였다.[712] 그리고 연도기도문 8편 가운데 24, 51편만 비교 분석하였다. 또한 연도기도문 시편 번역문의 경우 원래는 띄어쓰기를 하지 않았지만 쉽게 읽을 수 있도록 띄어쓰기를 하였으며, 작은 글씨로 해설을 붙인 부분이 있는데 쉽게 구분하기 위해 괄호 안에 넣었다.

---

711 A. A. Peters, 『시편촬요』 (장로회신학도서관 소장본, 1898); The Bible Committee of Korea ed. 『시편』, (『韓國聖經大全集』 15, [한국교회사문헌연구원, 2002] 영인본) (Yokohama: The Fukuin Printing Co. LTD, 1906 대한 광무 십 년 병오).

712 『시편』(1906)의 저본이 될 수 있는 히브리어 성경은 『긴스버그 구약』(1894)이라 볼 수 있다.

24:1

[연도] 대디와 원만ᄒᆞ게 실닌 만물이며 온 텬하와 거긔 거ᄒᆞᄂᆞᆫ 모든쟈ㅣ 다 쥬ᄭᅴ 쇽ᄒᆞ엿도다

[촬요] 一 ᄯᅡ와 ᄯᅡ헤 ᄀᆞ득ᄒᆞᆫ 것과 셰샹과 셰상에 사ᄂᆞᆫ 이가 여호와ᄭᅴ 쇽ᄒᆞ엿도다

[06] 一 ᄯᅡ와 그 풍셩ᄒᆞᆫ 거시 여호와의 거시오 셰샹과 밋 그 가온ᄃᆡ 거하ᄂᆞᆫ쟈가 ᄯᅩᄒᆞᆫ 그러ᄒᆞ도다

24편뿐만 아니라 모든 [연도]는 표제를 생략하고 번역하지 않았다. 왜냐하면 시편을 연도기도문으로 드리고 있는 상황이기에 시편의 성격이나 역사적 배경을 굳이 밝힐 필요가 없었던 것이다. 그리고 [연도]는 순수 한글로 번역하였지만 대디(大地), 만물(萬物), 텬하(天下) 등 한자 용어를 많이 사용했다. 또한 [연도]는 하나님을 '쥬'라고 번역했으나 [촬요]와 [06]은 '여호와'로 번역하였다. [연도]와 [06]의 유사한 점이 있는데, [촬요]에서는 '사ᄂᆞᆫ 이'로 한글을 사용한데 비해 [연도]와 [06]은 '거ᄒᆞᄂᆞᆫ 모든쟈'와 '거하ᄂᆞᆫ쟈'로 한자어를 사용했다. 마지막으로, 모두 [히]에 충실한 번역이지만 [히]의 시적인 표현과 어순을 따른 것은 [06]의 번역이 가장 가깝다.

24:2

[연도] 쥬ㅣ 창ᄒᆡ 우희 셰우신 거시오 모든 강하 우희 ᄇᆡ덩ᄒᆞ신 거시로다

[촬요] 二 대개 여호와가 ᄯᅡ 터를 바다들 우헤 닥그시고 강들 우헤 ᄯᅡ흘 셰우셧도다

[06] 二 대개 바다 우에 싸 터를 잡으시고 큰 물 우에 셰우셧
도다

[연도]는 창ᄒᆡ(蒼海), 강하(江河), ᄇᆡ뎡(比定) 등 한자어를 많이 사용하였다. 그리고 [히]에는 대명사로 하나님을 가리켰는데 [06]은 대명사조차 사용하지 않았고, [연도]와 [촬요]와 [개정]은 대명사를 사용하는 대신에 1절에 나타나는 '쥬' 혹은 '여호와'를 사용하였다. [히]의 '참으로'에 해당하는 '키'라는 단어를 [촬요]와 [06]은 '대개'로 번역했으나 [연도]와 [개정]은 번역하지 않았다.

24:3
[연도] 쥬의 산으로 뉘 능히 오ᄅᆞ며 그 거륵ᄒᆞ신 쳐소에 뉘 능
히 류련ᄒᆞᆯ고
[촬요] 三 누가 여호와의 산에 올나 가며 누가 그 거륵ᄒᆞᆫ 곳에
서리오
[06] 三 여호와의 산에 올나갈쟈가 누구며 그 거륵ᄒᆞᆫ 곳에 설
쟈가 뉘리오

[연도]는 능(能), 처소(處所), 류련(流連) 등의 한자어를 사용하였다. 또한 [연도]는 '뉘 능히'라는 구절을 반복하면서 [히]의 시적인 감각을 잘 살려 번역하였다. 연도를 할 때는 장절의 구분이 없이 통절 형식으로 하며, 두 팀으로 나누어 계와 응으로 주고받는다. 이 때 계는 한 사람이 할 때도 있고 여러 사람이 함께 할 수도 있다. 이러한 교환창 방식은 공

동으로 참여하는 정신을 고취시킬 수 있는 장점이 있다.[713] 사제나 독창자가 주관할 때는 다른 사람들이 관람자의 위치에 있지만, 기도를 공동이 주관할 때는 참여하는 신자들이 보다 더 적극적으로 기도를 드리게 된다. 특히 상을 당한 집주인과 같은 참여의식을 가질 수 있게 하는 기도 형태로서 그 자발성이라는 동력이 있었기에 한국에 180여 년간 이어올 수 있게 되었다.

> 24:4
>
> [연도] 행실이 무죄ᄒᆞ고 ᄆᆞ음이 정결ᄒᆞ야 제 싱명을 헛되이 밧지 아니ᄒᆞ며 놈을 꾀ᄒᆞ야 허셔롤 내지 아닌쟈ㅣ로다
>
> [촬요] 四 손이 ᄭᅢᆨ긋ᄒᆞ며 ᄆᆞ음이 쳥결ᄒᆞ며 령혼을 허탄홈에 맛기지아니ᄒᆞ고 속여 밍셰ᄒᆞ지아니ᄒᆞᆫ 이로다
>
> [06] 四 손이 ᄭᅢᆨ긋ᄒᆞ고 ᄆᆞ음이 정결ᄒᆞ며 허탄ᄒᆞᆫ 딕에 뜻을 붓치지 아니ᄒᆞ고 거ᄌᆞᆺ 밍셰를 ᄒᆞ지아니ᄒᆞᆫ 쟈로다

[연도]는 행실(行實), 무죄(無罪), 싱명(生命), 허셔(虛恕) 등 한자어를 많이 사용하였다. 그리고 [히]의 '네페쉬'는 사람 전체를 가리키는 단어인데 [연도]는 '싱명'이라 번역하였고 [촬요]는 '령혼'이라 번역하였으며 [06]과 [개정]은 '뜻'이라 번역하여 [연도]의 번역이 가장 '네페쉬'에 가까운 번역을 하였다. [히]의 '라샤웨'는 '헛된 것에'라는 뜻인데 [연도]는 '헛되이'라고 한글고 번역한 반면 [촬요], [06], [개정]은 '허탄'이라는 한자어를 사

713 강영애, "가톨릭 상장례 노래인 연도(위령기도)의 변모양상," 95-96.

용하였다.

24:5

[연도] 이런이가 쥬끠 강복홈을 밧을거시오 저롤 구ᄒᆞ시는 텬쥬끠 긍련히 넉이심을 닙으리로다

[촬요] 五 이 사롬이 여호와씌 복을 밧고 저롤 구원ᄒᆞ시는 하ᄂᆞ님씌 올흠을 밧으리로다

[06] 五 이 사롬은 여호와씌 복을 엇고 저를 구원ᄒᆞ시는 하ᄂᆞ님이 의롭다 ᄒᆞ시리로다

[연도]는 [VUC]의 '그'라는 대명사를 '이런이'로 번역했는데 [촬요]와 [06] 모두 이러한 번역을 따라 '이 사롬'이라 번역하였다. [연도]와 [촬요]와 [06]은 [히]도 따르지 않고 영어번역도 따르지 않는 독특한 번역으로 [촬요]와 [06]이 [연도]의 번역을 따랐을 가능성이 높다. 그리고 [연도]는 '여호와'를 언제나 '쥬'로 번역하고 '하나님'을 '텬쥬'로 번역하였다.

24:6

[연도] 이런 사롬은 쥬롤 셩실이 ᄎᆞᆺ는류ㅣ오 야곱의 텬쥬의 셩용을 근졀이 ᄎᆞᆺ는류ㅣ로다

(이러므로 오쥬와 ᄒᆞᆫ가지로 능히 텬당쥬의 산으로 영화로이 오ᄅᆞ리라)

[촬요] 六 여호와롤 ᄎᆞ고 야곱의 하ᄂᆞ님의 얼골은 구ᄒᆞ는 이의 ᄃᆡ가 이러ᄒᆞ도다 (셸나)

[06] 六 이는 쥬를 차자 구ᄒᆞ는 족쇽이며 야곱의 하ᄂᆞ님의 낫출 구ᄒᆞ는쟈로소이다 (셀나)

[히]의 '야곱'은 호격으로 별도로 번역해야 하는 단어이며 KJV도 호격으로 번역하였는데, 모두 '야곱(의 하나님)' 형태로 번역하였다. 따라서 이것은 [연도]의 번역을 따랐을 가능성이 있다. 그리고 후대 번역보다 [연도]의 번역이 [히]의 시적인 번역을 더 성실하게 따른 것으로 볼 수 있다. 이것은 함께 기도하는 연도기도의 특성상 시적이며 음악적인 요소를 중요하게 여겼기 때문이다. [연도]는 (이러므로 오쥬와 호가지로 능히 텬당쥬의 산으로 영화로이 오루리라)라는 후렴구 형식을 작을 글씨로 첨가하여 기도이며 노래인 점을 해설하였다. 후렴구는 망자의 영혼이 '천당'으로 오르기를 바라는 [연도]의 목적을 강조한 해설 부분이라 할 수 있다. 또한 연도기도를 위해 한 절을 추가하는 경우도 있는데, 130편과 51편의 끝에 한 절을 추가하기도 하였다. 즉 "쥬여 망쟈의게 기리 평안홈을 주쇼셔 영원흔 빗치 뎌의게 빗최여지이다". 그리고 『천주성교공과』의 130편에는 "쥬여 망쟈들의게 기리 평안홈을 주쇼셔 영원흔 빗치 뎌희게 빗최여지이다. 망자들이 평안홈에 쉬여지이다. 아멘"이 첨가 되어 있다. 마지막으로 [연도]는 음악 부호로 짐작되는 '셀라'를 번역하지 않았다.

24:7

[연도] 슈문쟝들아 너희 문을 떠들며 영원흔 문이여 열닐지어다 영광의 님군이 들어가시리로다

[촬요] 七 문들아 너희 머리롤 들며 영원흔 지게문들아 드리여라 영화로온 님금이 드러가시리로다

[06] 七 문들아 너희 머리를 들지어다 영원흔 문들아 들지어다 영광의 님군이 드러가시리로다

[연도]는 [VUC]를 따라 'principes'를 슈문쟝(守門將)이라는 단어로 번역하였다. '문'으로 번역된 처음의 단어 '샤아르'가 '성문'을 가리키는 단어이며, '페타흐'는 성안 건물의 입구를 가리키는 것으로 보인다. '페타흐'는 '입구'라는 뜻을 가진 단어인데 [촬요]는 '지게문'으로 번역했다. 지게문은 마루와 방 사이의 문이나 부엌의 바깥문으로 흔히 돌쩌귀를 달아 여닫는 문이다.

24:8

[연도] 이 영광의 님군이 뉘시뇨 강용ᄒᆞ시고 능ᄒᆞ신 쥬ㅣ시오 젼쟝에 능ᄒᆞ신 쥬ㅣ시로다

[촬요]八 영화로온 님금이 뉘시뇨 강ᄒᆞ시며 용밍ᄒᆞ신 여호와시오 싸홈에 용밍ᄒᆞ신 여호와시로다

[06] 八 영광의 님군이 뉘시뇨 건장ᄒᆞ시고 용밍계신 여호와시오 젼쟝에 용밍계신 여호와시로다

[촬요]와는 다르게 [연도]와 [06]이 유사하다. '영광의 님군이 뉘시뇨'라는 구절이 정확하게 동일하다. 이러한 현상은 7-9절에 계속해서 4회나 반복된다. 만일 [06]이 [촬요]를 참조했다면 '님금'이라는 당시의 현대어를 사용했을 것이다. 그러나 [06]은 [연도]를 참조했기 때문에 상대적으로 고어(古語)인 '님군'이라는 용어를 선택한 것이라 짐작된다. 크게 보면 임금은 님굼>님군>님검>님금>임금의 순으로 바뀌는 과정을 거쳤다고 볼 수 있지만 그 단계는 명확하지 않고 님군과 님금이 함께 사용된 시기도 있었다.

또한 [촬요]에서 '영화'라는 단어를 사용했지만 [06]은 [연도]의 구

절을 참조했기 때문에 '영광'이라는 용어를 선택해서 사용하였을 것으로 보인다. [06]이 참고했을 것으로 짐작되는 『쉐레쉐브스키 쉬운 문리역(1902)』에는 '尊榮之王'으로 번역되어 있다.[714] 그리고 '전장에'라는 용어도 [연도]와 [06]이 동일하지만 [촬요]는 다르다.

24:9

[연도] 슈문쟝들아 너희 문을 떠들며 영원훈 문이여 열닐지어다 영광의 님군이 들어가시리로다

[촬요]九 문들아 너희 머리롤 들며 영원훈 지계문들아 머리롤 드러라 영화로온 님금이 드러가시리로다

[06] 九 문들아 너희 머리를 들지어다 영원훈 문들아 들지어다 영광의 님군이 드러가시리로다

[히]는 두 번째 구절에 '스우'로서 '들어라'의 뜻이다. 7절에는 '히나스우'로서 그 뜻은 수동형(니팔형)인 '들릴지어다'의 뜻이기에 9절과는 차이가 있다. 그러나 [연도]와 [개정]이 7절과 동일하게 번역하였다.

24:10

[연도] 이 영광의 님군이 뉘시뇨 력능의 쥬ㅣ (력능은 텬신픔을 닐

---

714 『쉐레쉐브스키 쉬운 문리역(1902)』은 김경수가 편찬한 바 있다. 김경수 편, 『1912년에 발간된 한문성경』 (서울: 이화문화출판사, 2010), 599; 이환진은 구역 번역의 대본을 한문성경 『브리지만-컬벗슨역(1864)』과 RV(1881)로 추정했지만 『쉐레쉐브스키 쉬운 문리역(1902)』에서도 빌려왔다고 결론을 맺었다. 이환진, "『성경전셔』(1911년)의 번역 대본 고찰- 시편(85:10-13)과 잠언(1:1-7)과 욥기(1:20-2:6)를 중심으로," 51.

옴이라) 이 영광의 님군이시로다

[촬요] 十 영화로온 님금이 뉘시뇨 만군의 여호와는 곳 영화로온 님금이시로다 (셀나)

[06] 十 이 영광의 님군이 뉘시뇨 만유의 여호와시니 이는 곳 영광의 님군이시로다 (셀나)

[촬요]와는 다르게 [연도]와 [06]이 유사하다. '영광의 님군이 뉘시뇨'라는 구절과 '영광의 님군이시로다'라는 구절이 이 정확하게 동일하다. 그리고 [연도]는 전체를 한글로 번역하며 어려운 한자일 경우 해설을 첨가하였다. [연도]는 '력능'이라 번역하면서 "력능은 텬신픔을 닐옴이라"는 해설을 추가하여 독자의 이해를 도왔다. [연도]는 148편의 경우 '젹슈ㅣ (젹슈는 싸힌물이라 말)'이라는 형식으로 어려운 한자를 해설하기도 하였다.

51:1

[연도] 텬쥬여 네 ᄌ비ᄒ심을 크게 베프샤 나롤 긍련이 녁이쇼셔 또 네 만코만흔 ᄌ비ᄒ심을 가져 내 죄악을 샤ᄒ야 업시ᄒ쇼셔

[촬요] 一 하ᄂ님이어 쥬의 은혜를 조차 나롤 불샹이 녁이시고 쥬의 ᄌ비ᄒ심이 넓음을 조차 내 죄악을 지어 업게 ᄒ옵쇼셔

[06] 一 하ᄂ님이어 인ᄌᄒ심을 좃치샤 나를 긍휼히 녁이시며 긍휼이 만흐심을 좃치샤 나의 모든 범죄흠을 업시ᄒ여주옵쇼셔

[연도]는 [히]의 '헤세드'와 '라하밈'을 구별하지 않고 모두 '자비'로 번역하였다. [히]의 '헤세드'를 [촬요]는 '은혜'로, [06]과 [개정]은 '인자'

로 번역하였다. 그리고 [히]의 '라하밈'은 아기를 품고 있는 '자궁'을 가리키는 '레헴'에서 나온 단어로서 무조건적이며 지극한 사랑을 표현하는 단어이다. [06]과 [개정]에는 '긍휼'로 번역했는데 [연도]와 [촬요]는 '자비'로 번역했다.

51:2

[연도] 내 죄악을 싯고 더 씻ᄉᆞ시고 내 죄의 더러온 거ᄉᆞᆯ 조촐케 하쇼셔

[촬요] 二 내 허물에셔 나롤 온젼히 씨스시고 내 죄에셔 나롤 정결케 ᄒᆞ옵쇼셔

[06] 二 나의 악홈을 몱아케 씻기시며 나의 죄를 ᄭᆡᆨ긋케 ᄒᆞ여주옵쇼셔

다른 번역본들은 '죄'를 씻어주시기를 간구했지만 [촬요]는 '나 자신'을 씻어주시기를 간구했다. 그리고 [연도]는 '말끔히 씻다'라는 구절을 '싯고 더 씻ᄉᆞ시고'라고 번역하였다.

51:3

[연도] 나ㅣ 임의 내 죄악을 아ᄂᆞ니 내 죄홍샹 나롤 ᄃᆡᄒᆞ야잇ᄂᆞ이다

[촬요] 三 대개 내 죄악을 내가 알며 내 죄가 홍샹 내 압헤 잇숩ᄂᆞ이다

[06] 三 대개 내가 나의 범죄홈을 아오니 내 죄가 홍샹 내 압헤 잇ᄂᆞ이다

[히] '네게드'라는 단어는 '...을 대하여' 혹은 '앞에'라는 뜻인데 [연도]만 '대하여'라고 번역하고 다른 번역본들은 '앞에'라고 번역하였다. [연도]가 더 적합한 번역을 하였다.

> 51:4
>
> [연도]나ㅣ 홀노 네게 죄롤 범ᄒᆞ고 네 압희셔 악을 지엇ᄂᆞ이다 네 말솜의 올흠이 나타날 거시오 또ᄒᆞᆫ 너와 맛셔ᄂᆞᆫ 무리의 항복홈을 밧으시리로다
>
> [촬요] 四 내가 죄롤 홀노 쥬ᄭᅴ만 범ᄒᆞ고 악으로 보시ᄂᆞᆫ 거술 힝ᄒᆞ엿스니 쥬ᄭᅴ셔 말솜ᄒᆞ실 ᄯᅢ에 공의로오시며 심판ᄒᆞ실 ᄯᅢ에 쳥빅ᄒᆞ셧솝ᄂᆞ이다
>
> [06] 四 오직 쥬ᄭᅴ만 내가 범죄ᄒᆞ엿고 쥬의 압헤셔 악ᄒᆞᆫ 일을 힝ᄒᆞ엿스니 쥬ᄭᅴ셔 말솜ᄒᆞ실 ᄯᅢ에 의로오시다 ᄒᆞ고 국문ᄒᆞ실 ᄯᅢ에 션ᄒᆞ시다 ᄒᆞ리이다

[연도]의 번역 '네 압희셔 악을 지엇ᄂᆞ이다'라는 구절은 [06]과 비슷하나 [촬요]는 '악으로 보시ᄂᆞᆫ 거술 힝ᄒᆞ엿스니'라고 다르게 번역하였다. [연도]의 후반부 번역 "네 말솜의 올흠이 나타날 거시오 또ᄒᆞᆫ 너와 맛셔ᄂᆞᆫ 무리의 항복홈을 밧으시리로다"는 불가타와도 다르게 번역한 것으로 이해하기 쉽게 의역을 한 것이다. "Tibi soli peccavi, et malum coram te feci; ut justificeris in sermonibus tuis, et vincas cum judicaris." [VUC]

51:5

[연도] 나는 죄악에셔 삼기고 내 모친이 나를 죄즁에 ᄇᆡ엿ᄂᆞ이다

[촬요] 五 볼지어다 내가 허물 즁에셔 나고 내 어마니가 죄 즁에셔 나를 슈틔ᄒᆞ엿ᄉᆞᆸᄂᆞ이다

[06] 五 볼지어다 내가 날 때에 죄악이 잇고 내 어머니가 나를 잉틔ᄒᆞ엿슬 때에 내게 죄가 잇섯도다

[연도]만 한글로 'ᄇᆡ엿ᄂᆞ이다'라고 번역하고 나머지는 모두 한자어를 사용하여 '수태' 혹은 '잉태'로 번역하였다. 그러나 [연도]만 '모친'으로 번역하고 나머지는 모두 '어머니'로 번역하였다. 또한 [06]의 경우만 태아에게 죄가 있다고 번역하였고 나머지는 누가 죄 가운데 있었는지 분명하게 번역하지 않았다.

51:6

[연도] 너는 진실홈을 ᄉᆞ랑ᄒᆞ시니 과연 네 지혜의 심오ᄒᆞ고 은밀ᄒᆞᆫ 거ᄉᆞᆯ 내게 열어 주셧ᄂᆞ이다

[촬요] 六 볼지어다 쥬ᄭᅴ셔 ᄆᆞ음 속에 진리 잇ᄂᆞᆫ 거ᄉᆞᆯ 깃버ᄒᆞ시고 나의 숨기ᄂᆞᆫ 속에 지혜를 ᄭᆡᄃᆞᆺ게 ᄒᆞ시겟ᄉᆞᆸᄂᆞ이다

[06] 六 쥬ᄭᅴ셔 즁심에 진실홈을 원ᄒᆞ시니 나로 ᄒᆞ여곰 나의 은밀ᄒᆞᆫ 즁심에 지혜를 알게 ᄒᆞ시리이다

[연도]는 [VUC]를 따라 '알게 하십니다'라는 히브리어 구절을 '열어 주셧ᄂᆞ이다'라고 번역하였다. "Ecce enim veritatem dilexisti; incerta et occulta sapientiae tuae manifestasti mihi.[VUC]

51:7

[연도] 너ㅣ이소보로(이소보는 풀 일홈이니 고교 샤죄ᄒᆞᄂᆞᆫ 례에 이소보로 희싱의 피롤 죄인의게 뿌리ᄂᆞ니라) 내게 뿌리쇼셔 나ㅣ 곳졷 조촐ᄒᆞ리이다 나를 싯기쇼셔 나ㅣ 곳 눈에셔 더 희리로소이다

[촬요] 七 우슬초로 나롤 죄에셔 닥그옵쇼셔 곳 내가 ᄭᆡᆨ긋홀 거시오 나롤 씨셔주옵쇼셔 곳 내가 눈 보다 더 희겟ᄉᆞᆸᄂᆞ이다

[06] 七 우슬초로 나를 ᄭᆡᆨ긋게 ᄒᆞ쇼셔 곳 내가 졍홀 거시오 나를 씻기쇼셔 곳 내가 눈 보다 더 희겟ᄂᆞ이다

다른 번역본에 '우슬초'로 번역한 히브리어 '에조브'를 라틴어 성경(VUC)에 hyssopo로 음역했는데 [연도]는 '이소보'라 음역하고 이 풀에 대해 설명하였다. 이처럼 생소한 외래어를 [연도]는 해설하기도 하였다.

[연도] 너ㅣ 내 귀에 깃븐 소릐롤 (샤죄ᄒᆞ시ᄂᆞᆫ 허락) 들니시리니 곳 스러졋던 내 ᄲᅧ골이(통회홈으로 육신이 다 느러졋다 말) 다시 니러나 용약ᄒᆞ이다

[촬요] 八 날노 ᄒᆞ여곰 깃븜과 즐거움을 들니우샤 쥬씌셔 부지르신 ᄲᅧ롤 깃버ᄒᆞ게 ᄒᆞ옵쇼셔

[06] 八 나로 즐거옴과 깃븐 소릐를 듯게 ᄒᆞ샤 ᄌᆞ걱그신 ᄲᅧ가 즐겁게 ᄒᆞ시옵쇼셔

[연도]는 '즐거워하다'를 '용약(踊躍)ᄒᆞ이다'로 한자어로 번역하였다.

51:9

[연도] 네 얼골을 두루혀 내 죄를 보지 말으시고 내 모든 죄악을 샤ᄒᆞ야 업시 ᄒᆞ쇼셔

[촬요] 九 쥬의 얼골을 내 죄의게 ᄀᆞ리우시고 내 모든 허물을 지어 업게 ᄒᆞ옵쇼셔

[06] 九 낫츨 ᄀᆞ리워 내 죄를 보지마르시며 내 모든 악을 업시 ᄒᆞ여주옵쇼셔

[연도]와 [06]이 거의 동일하게 번역하였다. 특히 첨가구절인 '보지 말으시고'로 번역한 부분이 일치하며 히브리어 성경보다 불가타 역에 가깝다. [연도]의 '두루혀'는 '돌려'라는 뜻이며 불가타역에 가깝다. Averte faciem tuam a peccatis meis, et omnes iniquitates meas dele. (VUC, 당신의 얼굴을 나의 죄에서 돌려주십시오, 그리고 내 모든 죄악을 없애 주십시오)

51:10

[연도] 텬쥬여 조출ᄒᆞᆫ ᄆᆞ음을 내게 새로 내시고 내심신을 바로고 새롭게 ᄒᆞ쇼셔

[촬요] 十 하ᄂᆞ님이어 내게 정결ᄒᆞᆫ ᄆᆞ음을 지으시고 내 속에 굿셴 심령을 새롭게 ᄒᆞ옵쇼셔

[06] 十 하ᄂᆞ님이여 나를 위ᄒᆞ샤 ᄒᆞᆫ 졍ᄒᆞᆫ ᄆᆞ음을 지으시며 내 속에 정직ᄒᆞᆫ 심령을 새롭게 ᄒᆞ시옵쇼셔

[개정] 10 하나님이여 내 속에 정한 마음을 창조하시고 내 안에 정직한 영을 새롭게 하소서

[연도]는 '영'([히]의 '루아흐')을 '심신'으로 번역하였다. 그리고 '창조하다'를 '새로 내시고'라고 번역하였다.

51:11

[연도] 나룰 네 압희셔 내치지 말으시고 또 네셩신을 앗지 말으쇼셔

[촬요] 十一 쥬 압헤셔 나룰 보내지 마옵시고 쥬의 셩령을 내게셔 빼앗지 마옵쇼셔

[06] 十一 나를 쥬 압헤셔 쏫차 내지마옵시며 쥬의 셩신을 내게셔 거두어 가지 마시옵쇼셔

[연도]와 [06]이 동일하게 '셩신'이라 번역하였는데 [촬요]는 '셩령'이라 번역하였다. [연도]는 '그리고'라는 연결사를 번역했고, '취하다'의 뜻으로 '앗지'라고 번역하여 가장 [히]를 잘 번역하였다.

51:12

[연도] 네 구ᄒᆞ시는 락을 내게 도로 주시고 또 네셩춍으로써 나룰 견고케 ᄒᆞ쇼셔

[촬요] 十二 쥬의 구원ᄒᆞ심의 깃븜을 내게 회복ᄒᆞ시고 즐겁게 좃는 심령을 주심으로 나룰 붓드쇼셔

[06] 十二 구원의 즐거옴을 내게 다시 주시며 나를 붓드샤 슌죵홀 심령을 주시옵쇼셔

[연도]는 락(樂), 셩춍(聖寵), 견고(堅固) 등 한자어를 사용했으나, 오

히려 '회복'이라는 단어는 한글로 '도로 주시고'라고 번역함. 연결사 '또'를 번역하였다. 특히 '자원하는 영'을 [연도]는 하나님의 '성총'으로 번역했으나 다른 모든 번역은 사람의 '심령'이라 번역함. 참고로 KJV는 'thy free spirit'로 하나님의 영이라 번역했다.

51:13

[연도] 인ᄒᆞ야 내가 너ㅣ 붉아 힝ᄒᆞ시눈 길흘 악ᄒᆞᆫ쟈롤 ᄀᆞᄅᆞ치리니 악ᄒᆞᆫ 무리눈 네게 회두ᄒᆞ리이다

[촬요] 十三 그 때에 나눈 쥬의 도로 죄악짓눈 쟈들을 ᄀᆞᄅᆞ치고 죄인들은 쥬씌로 도라가겟습ᄂᆞ이다

[06] 十三 그러ᄒᆞ면 내가 범법ᄒᆞ쟈의게 쥬의 길을 ᄀᆞᄅᆞ치리니 죄인이 쥬씌로 도라가리이다

[연도]는 '회두(回頭)'라는 한자어를 사용하였는데 천주교 교리서에 자주 나오는 단어이며 '돌아가다'는 뜻이다. 그리고 [연도]는 '길'이라는 단어를 '붉아 힝ᄒᆞ시눈 길'이라 첨가하여 번역하였다.

51:14

[연도] 텬쥬 나롤 구ᄒᆞ시눈 텬쥬여 나롤 혈죄에(살인ᄒᆞᆫ 죄라) 구ᄒᆞ쇼셔 곳 내 혀ㅣ 네의 덕을 찬양ᄒᆞ리이다

[촬요] 十四 하ᄂᆞ님이어 나롤 구원ᄒᆞ시눈 하ᄂᆞ님이어 피롤흘니눈 죄에셔 나롤 건지쇼셔 이에 내 혀가 쥬의 공의로오심을 노래ᄒᆞ겟습ᄂᆞ이다

[06] 十四 하ᄂᆞ님이여 나를 구원ᄒᆞ시눈 하ᄂᆞ님이여 피 흘닌 나를

죄에셔 나ᄅᆞᆯ 건지쇼셔 내 혀로 쥬의 공의를 놉히 노래ᄒᆞ리이다

[연도]는 '피흘림'을 '혈죄(血罪)'라고 번역하고 '살인ᄒᆞᆫ 죄라'는 해설을 첨부하였다. 그리고 [연도]는 [히]의 '츠다카'를 '덕(德)'이라 번역하였는데 다른 번역본들은 모두 '(공)의'라고 번역하였다.

51:15
[연도] 쥬여 내 입을 열어주쇼셔 곳 내 입이 너ᄅᆞᆯ 찬양ᄒᆞ리이다
[촬요] 十伍 쥬여 내 입셜을 여러주쇼셔 내 입이 곳 쥬ᄅᆞᆯ 찬미ᄒᆞᆷ
을 젼ᄒᆞ겟습ᄂᆞ이다
[06] 十伍 쥬여 내 입셜을 열어주시옵쇼셔 ᄯᅩᄒᆞᆫ 내 입이 쥬롤를
찬숑ᄒᆞ야 반포ᄒᆞ겟ᄂᆞ이다

[연도]와 [06]이 연결사를 '곳'과 'ᄯᅩᄒᆞᆫ'으로 번역하였으나 다른 번역본들은 생략하였다.

51:16
[연도] 너ㅣ 만일 제ᄅᆞᆯ 원ᄒᆞ셧더면 나ㅣ 드렷시릿마ᄂᆞᆫ 희ᄉᆡᆼ은 네
즐기지 아니시리이다
[촬요] 十六 대개 쥬ᄭᅴ셔 제ᄉᆞᄅᆞᆯ 깃버아니ᄒᆞ심이어 만일 깃버ᄒᆞ
신즉 내가 드리겟습ᄂᆞ이다 쥬ᄭᅴ셔 번제ᄅᆞᆯ 됴화아니ᄒᆞ심이어
[06] 十六 대개 쥬는 제ᄉᆞ를 절기지아니ᄒᆞ시니 즐기셧스면 내가
드렷스리이다. 쥬는 번제를 깃버아니ᄒᆞ시ᄂᆞ이다

[연도]는 '화목제'를 '졔(祭)'로 번제를 '희싱(犧牲)'으로 번역하였다. 다른 번역본은 모두 '제사'와 '번제'로 번역했다.

51:17

[연도] 텬쥬의 즐기시ᄂᆞᆫ 졔ᄂᆞᆫ 크게 셜워ᄒᆞᄂᆞᆫ ᄆᆞᄋᆞᆷ이라 통회ᄒᆞ고 겸손ᄒᆞᄂᆞᆫ ᄆᆞᄋᆞᆷ은 쥬여 너ㅣ ᄇᆞ리지 아니시리이다

[촬요] 十七 하ᄂᆞ님의 졔ᄉᆞᄂᆞᆫ ᄋᆡ통ᄒᆞᄂᆞᆫ 심령이 로쇼이다 하ᄂᆞ님이어 ᄋᆡ통ᄒᆞ고 샹ᄒᆞᄂᆞᆫ ᄆᆞᄋᆞᆷ을 쥬씌셔 업슈이 넉이지아니ᄒᆞ시겟ᄉᆞᆸᄂᆞ이다

[06] 十七 하ᄂᆞ님의 졔ᄉᆞᄂᆞᆫ 샹ᄒᆞᆫ 심령이니 하ᄂᆞ님이여 샹ᄒᆞ고 통회ᄒᆞᄂᆞᆫ ᄆᆞᄋᆞᆷ을 경홀히 넉이지아니ᄒᆞ시겟ᄂᆞ이다

[연도]와 [06]이 모두 '통회'라는 단어로 번역하였는데 [촬요]는 'ᄋᆡ통'이라 번역하였다.

51:18

[연도] 쥬여 네 인ᄌᆞᄒᆞ신 ᄆᆞᄋᆞᆷ으로 은혜ᄅᆞᆯ 시온의게 (시온은 예루사름 셩의 ᄒᆞᆫ 곳 일홈이라) 베프샤 예루사름의 셩을 짓고 견고케 ᄒᆞ쇼셔

[촬요] 十八 쥬의 깃븜으로 은혜ᄅᆞᆯ 씨욘에 베프시고 예루살렘의 셩을 세우쇼셔

[06] 十八 쥬의 쳐분을 ᄯᆞ라 시온에셔 션을 힝ᄒᆞ시며 ᄯᅩ 예루살넴의 셩을 싸흐쇼셔

[연도]는 '시온'에 대해 해설하였다. 그리고 [연도]와 [06]이 '시온'으로 음역하였는데 [촬요]는 '씨욘'으로 음역하였다.

51:19

[연도] 그때에 의로옴의 졔와 긔구ᄒᆞᄂᆞᆫ 례물과 찬미ᄒᆞ고 공경ᄒᆞᄂᆞᆫ 졔ᄅᆞᆯ 너ㅣ 흠향ᄒᆞ시리니 이때에ᄂᆞᆫ ᄇᆡᆨ셩들이 네 졔ᄃᆡ 우희 감샤ᄒᆞᄂᆞᆫ 희ᄉᆡᆼ을 만히 두어 드리리이다

[촬요] 十九 그 ᄯᅢ에 쥬ᄭᅴ셔 올흔 졔ᄉᆞ와 번졔와 번희졔ᄅᆞᆯ 깃버ᄒᆞ시겟슴이어 그 ᄯᅢ에 규의 졔단에 슈소ᄅᆞᆯ 드리겟ᄉᆞᆸᄂᆞ이다

[06] 十九 이에 쥬ᄭᅴ셔 의로온 졔ᄉᆞ 곳 번졔와 온젼히 불살오ᄂᆞᆫ 졔ᄉᆞ를 즐기시리니 그 ᄯᅢ에 사ᄅᆞᆷ이 슈소를 쥬의 단에 드리겟ᄂᆞ이다

[연도]는 "의로옴의 졔와 긔구ᄒᆞᄂᆞᆫ 례물과 찬미ᄒᆞ고 공경ᄒᆞᄂᆞᆫ 졔"로 번역하였다.

* 『텬쥬셩교례규』의 시편과 『시편촬요』와 『시편』(1906)을 비교한 결과 요약

1) 『텬쥬셩교례규』 시편의 특징

[연도]의 특징에 대해서 추가할 수 있는 것은, [연도]가 수수하게 한글을 사용하였다는 점과 [연도]가 노래인 점을 염두에 둔 시적인 번역이라는 점이다.

비록 [연도]가 한글로 번역했지만 단어 사용에 있어서는 한자어를

많이 사용했다. 그래서 어려운 한자 혹은 생소한 외래어일 경우 괄호 안에 작은 글씨로 해설을 첨가하여 독자가 쉽게 이해할 수 있도록 도왔다. 이러한 해설의 관습은 [촬요]에도 나타나는데 [촬요]의 말미에 어려운 한자를 한글로 설명하며 해설하는 내용을 첨가하였다. 그러나 [연도]는 때로 [촬요]나 [06]보다 더 순수한 한글을 사용하는 경우도 있었다. 일반적으로 널리 통용되는 용어들을 사용함으로서 신분의 차별 없이 누구나 함께 시편을 노래 부를 수 있었다는 점이 중요하다.

예를 들어 24편 4절의 경우, [히]의 '라샤웨'는 '헛된 것에'라는 뜻인데 [연도]는 '헛되이'라고 한글로 번역하였다. 그러나 [촬요], [06], [개정]은 '허탄'이라는 한자어를 사용하였다. 그리고 51편 5절의 경우, [연도]만 한글로 '뵈엿ᄂᆞ이다'라고 번역하고 나머지는 모두 한자어를 사용하여 '수태' 혹은 '잉태'로 번역하였다. 또한 119편 1절의 경우, '행위가 온전하여'를 '세샹길에 무들미 업시'로 의역을 하였는데 이해하기 쉬운 순수 한글 표현을 사용하였다. 그리고 149편 1절의 경우, '모임'을 당시에 '잔치 모임'이라는 의미가 포함된 '못거지'로 번역하여 성도들의 모임이 흥겨운 모임임을 표현하였다.

또한 [연도]는 기도이면서 함께 합송하는 노래이기 때문에 음악적이며 시적인 표현을 활용하여 번역하는 경향이 있다. 그리고 쉽게 이해할 수 있도록 의역을 한 부분도 있다. 또한 연도기도라는 형식과 목적을 위해 한 절을 추가하는 경우도 있다.

예를 들어 24편 6절의 경우, 후대 번역보다 [연도]의 번역이 [히]의 시적인 번역을 더 성실하게 따른 것으로 볼 수 있다. 이것은 함께 기도하는 연도기도의 특성상 시적이며 음악적인 요소를 중요하게 여겼기 때문이다. 또한 [연도]는 해설 형식으로 후렴구 형식을 첨가하기도 하였다.

또한 연도기도를 위해 한 절을 추가하는 경우도 있는데, 130편과 51편의 끝에 한 절을 추가하기도 하였다.

그리고 51편 4절의 경우, [연도]의 후반부 번역 "네 말숨의 올흠이 나타날 거시오 또훈 너와 맛셔눈 무리의 항복홈을 밧으시리로다"는 불가타와도 다르게 번역한 것으로 이해하기 쉽게 의역을 한 것이다.

[연도]는 장례식 때 밤을 새우면서, 혹은 장례행렬 가운데서 한목소리로 기도를 드렸는데 한국의 전통 가락과 결합하여 찬송으로서 불려졌다.[715] 따라서 [연도]는 천주가사와 더불어 한국 찬송의 시원을 마련하였다고 할 수 있는데 시편을 활용하여 시편 찬송으로 시작하였다는 점이 중요하다.

2) 『시편』(1906)이 『텬쥬셩교례규』 시편의 번역을 참고했을 가능성

가장 주목할 만한 것은 [연도]와 [06]이 서로 유사하거나 공통점이 많다는 사실이다. [촬요]가 [06]에 영향을 미쳤을 것이라는 점은 이미 알려진 주장이지만 [연도]가 [06]에 영향을 미쳤을 것이라는 주장은 새로운 것이다.[716] 우선 24편 7-9절에서 [촬요]와는 다르게 [연도]와 [06]이 동일하다. '영광의 님군이 뉘시뇨'라는 구절이 정확하게 4회나 반복해서 동일하게 번역되어 있다. 그리고 51편 18절에서, [연도]와 [06]이 '시온'으로 음역하였는데 [촬요]는 '씨욘'으로 음역하는 차이를 보였다. 또한 24

715 강영애, "가톨릭 상장례 노래인 연도(위령기도)의 변모양상," 94; 주은경, "한국 천주교 장례예식서를 통해 본 장례문화와 연도(煉禱)의 노래문화," 598.

716 김정우, "우리말 초기 『시편』 번역본들(『시편촬요』[1898], 『셩경젼셔』[1911])과 『개역』(1938)의 대본 문제와 번역 특징 및 그 수용 과정에 대한 기초 연구," 『성경원문연구』 제28호 (2011), 28.

편 5절에서 [연도]는 [VUC]와 [히]도 따르지 않고 '그'라는 대명사를 '이런이'로 번역했는데 [촬요]와 [06] 모두 이러한 번역을 따르고 있는 것을 볼 수 있다.

그리고 51편 9절의 경우 [연도]와 [06]이 [촬요]와는 다르게 한 구절을 첨가하였는데 동일하게 '보지 말으시고'로 번역하였다. 또한 24편 1절의 경우, [연도]는 '거ᄒᆞᄂᆞᆫ 모든쟈'로 [06]에는 '거하는쟈'로 [촬요]와는 다르게 거의 동일하게 번역하였다. 그리고 130편 1절에서는, [연도]와 [06]은 단순히 '깊은데서'([촬요], [개정])가 아니라 '깁고 그윽ᄒᆞᆫ 곳에셔'와 '깁흔 웅덩이에셔'로 비슷하게 의역을 하고 있다. 이 외에도 24편 6절과 51편 4, 11, 12, 15, 17절, 등에서 [촬요]와는 다르게 [연도]와 [06]이 유사하거나 동일하게 번역한 것을 확인할 수 있었다.

따라서 시편 24편과 51편을 [연도], [촬요], [06] 등으로 비교해 볼 때 유독 [연도]와 [06]이 [촬요]와는 다르게 유사하거나 동일한 번역을 하고 있는 12절을 위와 같이 발견할 수 있었다. 또한 이러한 현상은 130편 1절에도 발견할 수 있었다. 이러한 발견을 통해 주장할 수 있는 것은 [06]이 [연도]의 번역을 참고했을 것이라는 점이다.

제4장 천주교의 신약 번역과 해석

I. 『셩경직히』

19세기의 『셩경직히광익』 필사본이 발견되었는데 이것은 18세기의 『셩경광익직히』와 유사할 것으로 짐작된다. 『셩경직히광익』의 존재는 신유박해(1801년) 때 이미 드러났으며, 1853년 프랑스 신부인 이(李, Joseph Ambroise Maistre, 1808-1857년) 신부가 로마포교성성에 보낸 서한에서도 발견된다. "한글로 쓰인 것으론 요리문답, 사사성경강론집.. 들이다"라고 보고한 것이다.[717] 18세기본과 다른 점은 라틴어 성경을 번역하여 첨가한 부분이 있다는 것인데 주목할 만한 것이다.[718] 그리고 『셩경직히광익』에서 4복음서와 예수 수난에 관한 구절을 편집한 『聖經마두』, 『聖經말구.누가』, 『聖經요안』, 『聖經슈난』도 계속 필사되어 전해졌다.[719]

그리고 19세기 말(1892-1897년)에는 활판본으로 인쇄된 『셩경직히』가 있었는데 이것은 『셩경직히광익』을 수정 보완한 것이다. 19세기에 최종 보완된 『셩경직히』에는 성경을 소개하는 부분, 즉 '성경관'을 피력한

717 최석우, 『한국교회사의 탐구』 (서울: 한국교회사연구소, 1982), 68.
718 조한건, "『셩경직해광익』 硏究," 11-13, 19.
719 성서와함께 편집부, "1. 성서와의 만남(1784-1881)," 『성서와함께』 129호 (1986. 12), 31.

부분이 있는데 주로 복음서를 강조하면서 구약과 신약을 비교하여 설명하였다. 이에 그 본문을 제시하면서 핵심적인 내용을 간명하게 밝히려 한다.

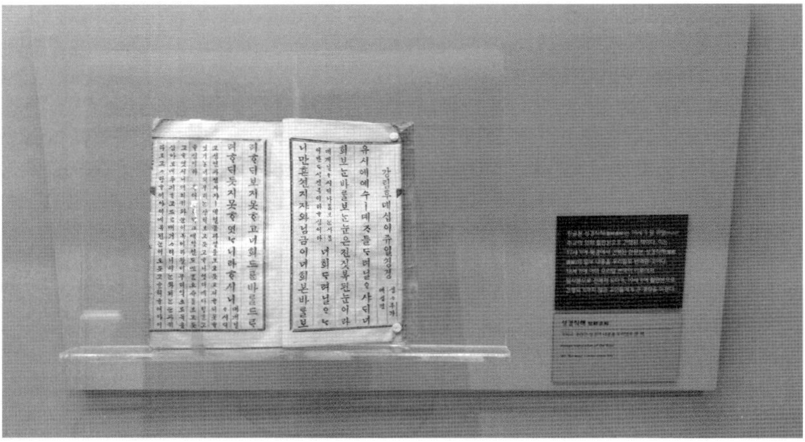

그림 2 『셩경직히』[720]

추가로 지적할 점은 『셩경직히』가 용어 사용에 있어서 『셩경직히광익』과 차이를 보여주고 있다는 점이다. 즉 『셩경직히광익』의 '에완여랸'를 '복음'이라 바꾸고, '요안 밥지스다'를 '요안 셰쟈'로 바꾸었다. 그리고 사람 이름도 바꾸었는데 '믜서'를 '모이서'로 바꾸었다. 또 다른 차이는, 『셩경직히광익』에는 요한복음, 마태복음, 누가복음, 마가복음 순으로 기

720 성경직히 (국립중앙박물관-서예 소장본) https://commons.wikimedia.org/wiki/File:%EC%84%B1%EA%B2%BD%EC%A7%81%ED%95%B4(1).jpg (2020. 10. 18 확인)

술되어 있지만 『셩경직히』에는 마태복음, 마가복음, 누가복음, 요한복음 순으로 기술되어 있다.

다음은 『셩경직히』의 서문이다. 이 서문에는 주로 『셩경직히』를 어떻게 사용해야 할지 그 지침을 밝혀놓았다. 이 서문을 통해 당시 성경이 어떻게 읽혀지고 있었는지를 짐작할 수 있다.

셩경직히 셔

므릇 사름이 긔과쳔션ᄒᆞ야 규계를 직희며 덕을 닥글법을 ᄇᆡ호려 ᄒᆞ면 ᄆᆡ양 셔칙을 보고 완미홈에 잇ᄉᆞ니 이제 셔칙 즁에 셩경ᄀᆞᆺ혼거시 업ᄉᆞᆫ즉 셩경이 졍히 교우의 근본 칙이라. 대개 예수의 거륵ᄒᆞ신 교훈과 도타온 표양이 복음에 명명히 실녓시니 이를 가져 죰심ᄒᆞ야 입에 외오고 ᄆᆞ음에 묵샹ᄒᆞ면 가히 그 오묘한 뜻을 ᄉᆞᄆᆞᆺ고 그 신통ᄒᆞᆫ 효험을 힘닙어 덕힝 언덕에 오를지라. 일노 인ᄒᆞ여 미사즁 셩경을 볼 때에 모든 교우들이 셔셔 듯고 ᄒᆞ여곰 그 귀에 드른 바와 ᄆᆞ음에 ᄆᆡᆺ는 바 도리를 힝실에 올기려홈이오 일노 인ᄒᆞ야 셩경 보기를 ᄆᆞᆺᄎᆞ매 탁덕이 그 말숨을 의지ᄒᆞ야 도리를 강론홀 서가 히피홀 악과 가히 힝홀 션을 오 쥬 예수ㅣ 친히 ᄒᆞ신 말숨과 친히 힝ᄒᆞ신 표양을 ᄯᆞ라 교우를 뵈인지라.

그러나 동국엔, 탁덕의 수가 젹고 교우ㅣ ᄉᆞ방에 훗허져 쥬일과 쳠례날에 능히 미사를 참예ᄒᆞ고 도리 강론홈을 듯는 이가 십분의 일도 되지 못ᄒᆞ니 이는 졍히 셩경에 닐ᄋᆞ신바 ᄋᆞ희들이 음식을 구ᄒᆞᄃᆡ 논화줄 이가 업다 ᄒᆞ심과 ᄀᆞᆺᄒᆞ니 엇지 참혹지 아니리오. 처음브터 니런 폐를 업시ᄒᆞ고 교우의게 요긴ᄒᆞᆫ 도리를 ᄀᆞᄅᆞ치려 ᄒᆞ야 죠션 쥬교와 신ᄉᆞ들이 힘을 다ᄒᆞ야 쥬일과 쳠례 셩경을 언문으로 번역ᄒᆞ고 그 끗ᄋᆡ 한문 셩경직ᄒᆡ와 셩경광익에셔 요긴ᄒᆞᆫ 잠과 묵샹 뎨목을 내어 교우의게 주엇시나 번역ᄒᆞᆫ 공부ᄂᆞᆫ ᄒᆞᆫ 사ᄅᆞᆷ이 ᄒᆞᆫ거시 아닌즉 쳥탁의 ᄃᆞ롬이 업지 못ᄒᆞ고 또 등셔ᄒᆞᆯ 때 마다 오ᄌᆞ 락셔 ㅣ 졈졈 더ᄒᆞ고 또 서역ᄒᆞᄂᆞᆫ 공부 ㅣ 더ᄃᆡ고 귀ᄒᆞ야 셩경을 작만ᄒᆞᆫ 교우 ㅣ몃치 못되ᄂᆞᆫ지라. 이러므로 나 ㅣ 쥬교 위에 잇서 교우의 원의ᄅᆞᆯ ᄎᆡ오고져 ᄒᆞ야 즉시 셩경을 쥰ᄒᆞ야 판각ᄒᆞᄂᆞᆫ 공부ᄅᆞᆯ 니ᄅᆞ켯시나 늣게야 이제 ᄒᆞᆫ질 ᄎᆡᆨ을 문ᄃᆞ러 교우의게 반포ᄒᆞᄂᆞ니 이ᄂᆞᆫ 젼에 잇던 셩경과 대동쇼이ᄒᆞ니 셩경 대문은 본문에 ᄃᆡᄒᆞ야 더옥 맛ᄀᆞᆺ게 번역ᄒᆞ고 좀은 간략ᄒᆞ야 더옥 보기 쉽게 ᄒᆞ고 문ᄌᆞᄅᆞᆯ 풀고 락셔ᄅᆞᆯ 깁고 오ᄌᆞ 곳치기ᄅᆞᆯ 힘썻시ᄃᆡ 학문에 부족ᄒᆞ고 국문에 눌눌ᄒᆞ야 엇지 다 ᄆᆞ음대로 되엿시리오 더고나 홍용 ᄉᆞ무에 번삭ᄒᆞ야 여러ᄒᆡ 만에 ᄆᆞᆺᄎᆞᆺ시니 그 여일치 못ᄒᆞ고 완젼치 못ᄒᆞᆷ이 또 ᄒᆞᆫ ᄌᆞ연ᄒᆞᆫ지라.

이 ᄎᆡᆨ의 쳔루ᄒᆞᆷ을 혐의치 말고 이 목의 아ᄅᆞᆷ다음과 구졀의 잘 꿈임을 ᄎᆞᆺ지 말고 오직 셩경 곳게 ᄑᆞᆷ과 도리의 바ᄅᆞᆫ 뜻을 구ᄒᆞᆯ지니 쥬일과 쳠례날 마다 그 당ᄒᆞᄂᆞᆫ 셩경 뎨목을 보고 듯거나 묵샹ᄒᆞ고 완미ᄒᆞ면 가히 령혼 빗최ᄂᆞᆫ 신광과 모병 다ᄉᆞ리ᄂᆞᆫ 약과 덕ᄒᆡᆼ에 나아가게 ᄒᆞᄂᆞᆫ 효험을 엇을 거시오 나의 본분이 응당 이 모든 교우ᄅᆞᆯ 친히 ᄀᆞᄅᆞ칠거시로ᄃᆡ ᄒᆞᆯ일업시 ᄆᆞ음대로 밋지 못ᄒᆞᄂᆞᆫ 결ᄒᆞᆷ을 이 ᄎᆡᆨ의 반포ᄒᆞᆷ으로 기울가ᄒᆞ노니 모든 예형들은 이 ᄎᆡᆨ에셔 신익을 취ᄒᆞᆷ이 나의 ᄇᆞ람이오 다ᄒᆡᆼ이로라.[721]

721 『셩경직해』, 3-7.

서론은 『셩경직히』를 출판한 신부가 독자인 교우들에게 당부하는 형식으로 되어 있으며 이 책이 소수의 교우들에게는 읽혀질 수 있지만 대부분의 교우들에게 낭독될 것으로 짐작하고 안내하였다. 그래서 '보라'는 말도 있지만 '외우고 묵상하라(입에 외오고 ᄆᆞ음에 묵샹ᄒᆞ면)'고 신신당부를 하였다. 따라서 천주교인들이 성경을 많이 외우면서 신앙생활을 지속하였을 것으로 짐작된다. 이처럼 누구나 외우면서 묵상할 수 있도록 일상생활 언어인 한글(언문)로 번역하여 배포하였던 것이다.

『셩경직히』를 출판한 이유를 밝혔는데 그 이유는 신부(탁덕)가 너무 적어서 신도들의 십분의 일도 감당하기 어렵기 때문이라 하였다. 주일이나 축일에 마땅히 신부가 집례를 하고 강론을 해야 하지만 그럴 수 없기 때문에 대신에 '성경'인 『셩경직히』를 낭독하고 묵상하도록 안내하였다. 특이한 것은 성경을 읽거나 외우거나 묵상할 때 영혼에 빛이 비춰지고 덕행을 실천할 수 있게 될 뿐만 아니라 병을 치유하는 약이 될 수 있다고 격려한 것이다; "셩경 뎨목을 보고 듯거나 묵샹ᄒᆞ고 완미ᄒᆞ면 가히 령혼 빗최ᄂᆞᆫ 신광과 모병 다ᄉᆞ리ᄂᆞᆫ 약과 덕힝에 나아가게 ᄒᆞᄂᆞᆫ 효험을 엇을 거시오".

실제 『셩경직히』가 어떻게 사용되었을까? 1836-1839년 간 조선에서 사목 활동을 한 모방(Pierre Philibert Maubant, 1803-1839년) 신부는 당시 신부가 집례할 수 없는 곳에는 회장들을 세워 성경을 낭독하고 해석하도록 지도하였다. 물론 당시에는 『셩경직히광익』을 읽었을 것이지만 『셩경직히』를 읽는 모습을 짐작할 수 있게 하는 대목이다.

> ... 할 수 있는 곳에 회장들을 세워 추일과 축일에 신자들을 모으게 하였다. 이 모임에서는 공동으로 기도를 드리고, 교리문

답과 복음성경과 성인전기 등을 몇 대목 읽고, 그런 다음 대개는 마을에서 가장 능력있고 학식 있는 교우인 회장이 낭독한 대목을 해석하였다.[722]

다음은 1923년의 규정으로 『회장직분』에 나오는 규정이지만 19세기의 성경읽기 관습을 짐작할 수 있는 내용이다. 이 규정을 보면 남녀교우들이 한 자리에 앉지 않고 간막이를 한 후 나누어 앉아 성경 곧 『성경직히』를 보았음을 알 수 있다.

> 쥬교의 명령이 엇던 공소를 물론ᄒᆞ고 ᄆᆡ쥬일과 ᄆᆡ파공쳠례날에 회쟝과 교우ㅣᄒᆞᆫ 곳에 모혀 쳠례신공을 드리고 셩경을 볼 것이오 공소에 만일 셩당이나 강당이 잇거든 거긔 모힐 것이며 셩당과 강당이 업ᄂᆞᆫ 공소에는 공소집이나 혹 다른 맛당ᄒᆞᆫ 집에 모혀 ᄒᆞᆯ 것이로ᄃᆡ 이런 일을 도모지 회쟝이 작뎡ᄒᆞ야 쥬관ᄒᆞᆯ 것이며 모혀 신공ᄒᆞᆯ ᄯᆡ에 부득불 남녀교우ㅣ 간막이 ᄒᆞᆫ 각자리에 잇슬지니라.[723]

『셩경직히』는 『셩경직히광익』을 수정 보완한 것이다. 따라서 큰 차이는 없지만 부분적으로 새롭게 번역한 곳이 있는데 그 가운데 '셩모승텬

---

722 Claude-Charles Dallet, 최석우, 안응렬 역주, 『韓國 天主敎會史 中』(서울: 한국교회사연구소, 1980), 335.

723 재단법인 한국교회사 연구소, 『회장직분』, 『회장』 한국교회사 연구자료 제 26집(영인본), 2006, 243-244쪽.

쳠례셩경'의 '좀' 부분에 포함된 디모데전서 5:23 번역을 비교해보자. 다음의 번역들을 비교해 볼 때 『셩경직히광익』 번역을 『셩경직히』에서 보다 더 정확하고 새롭게 번역하여 『개역개정』과 가까운 번역이 된 것을 알 수 있다.

『셩경직히광익』

반로 셩도ㅣ 골ᄋᆞ샤ᄃᆡ "술이 약과 ᄀᆞᆺᄒᆞ니 병을 의지ᄒᆞ야 쓸거시라"ᄒᆞ시니[724]

『셩경직히』

"네 비위 약ᄒᆞ고 병들기를 자조ᄒᆞ니 물만 마시지 말고 약간 술을 쓰라" ᄒᆞ여시...[725]

『개역개정』

...물만 마시지 말고 네 위장과 자주 나는 병을 위하여는 포도주를 조금씩 쓰라...

다음은 『셩경직히』 봉직졔데이쥬일셩경 '좀' 부분에서 로마서 12장 20절(네 원수가 주리거든 먹이고 목마르거든 마시게 하라 그리함으로 네가 숯불을 그 머리에 쌓아 놓으리라)을 인용하여 원수에게 인내하며 사랑으로 대하라

724 『셩경직히광익 III』, 727.
725 『셩경직히 IV』, 653.

고 해석하는 부분인데 『셩경직히광익』을 어떻게 수정하였는지를 살펴볼 것이다.

『셩경직히광익 I』

밧로 셩도 ㅣ 골ᄋᆞ샤ᄃᆡ 네 원슈ㅣ 빅곱하 목말나 ᄒᆞ거든 네 가히 밥먹이고 물먹일지니 네 밥과 물이 반ᄃᆞ시 쓰거운 숫갓ᄒᆞ야 그 머리를 쓰거이 솔으리라 ᄒᆞ시니 마치 닐ᄋᆞ시ᄃᆡ ᄋᆡ덕은 쓰거운 숫치라 네 원슈의 ᄆᆞ음이 ᄉᆞ랑이 업서 링ᄒᆞ다가 오직 네 촘아 은혜로 해롤 갑흠을 보며 그 ᄆᆞ음이 졈졈 더워 비로소 너를 ᄉᆞ랑ᄒᆞ리니 엇지 크게 유익ᄒᆞ지 아니랴[726]

『셩경직히』

밧로 종도ㅣ 골ᄋᆞ샤ᄃᆡ 네 원슈ㅣ 빅곱하 ᄒᆞ거든 밥먹이고 목말나 ᄒᆞ거든 물 마시오라 이러케 홈이 숫불을 그 머리 우희 덥허씌옴과 ᄀᆞᆺ다 ᄒᆞ시니 마치 닐ᄋᆞ시ᄃᆡ ᄋᆡ덕은 뜨거온 숫불이라 네 원슈의 ᄆᆞ음이 ᄉᆞ랑이 업서 링ᄒᆞ다가 오직 네 춤ᄂᆞᆫ 덕이 은혜로써 원슈 갑흠을 보고 그 ᄆᆞ음이 졈졈 더워 비로소 너를 ᄉᆞ랑ᄒᆞ리니 엇지 크게 유익지 아니리오[727]

큰 차이는 없지만 로마서 12장 20절을 인용하는 부분에서 차이를

726 『셩경직히광익 I』, 552-553.
727 『셩경직히 I』, 414.

보이고 있다. 『셩경직히광익』에서는 보다 더 의역하는 경향이 있다. 즉 '밥과 물'을 강조하여 이들이 머리를 뜨겁게 만든다고 하였다. 그러나 『셩경직히』는 보다 더 정확하게 성경을 번역하는 것을 볼 수 있다.

II. 성교감략

『성교감략』 하권은 신약성경의 내용으로 구성되어 있는데(1-27장) 교회사도 함께 수록되어 있다(28-32장). 특히 당나라 시대에 전파된 동방기독교인 경교(景教, Nestorianism)로부터 청나라에 이르기까지의 중국 천주교회사가 포함되어 있다. 그리고 들라플라스의 한문본 『聖教鑑略』에는 없었던 한문으로 된 경교비문이 한글 번역본에 포함되어 있다. 다음의 목차는 일부분을 추려 뽑은 것이다.

데일쟝은 셩모ㅣ령보ᄒᆞ심을의론홈이라

데이쟝은 셩모ㅣ셩부엘니사벳을가보심을의론홈이라

데삼쟝은예수ㅣ거륵히탄싱ᄒᆞ심을의론홈이라

...

데십오쟝은예수 ㅣ 나귀롤타고예루사름에나아가심을의론홈이라

...

데이십일쟝은예수ㅣ 승텬ᄒᆞ싊르의론홈이라

...

뎨이십오쟝은반로종도ㅣ 귀화ᄒᆞ심을의론홈이라

…

뎨이십륙쟝은사마리아ᄇᆡᆨ셩과밋외교인이귀화홈을의론홈이라

뎨이십칠쟝은종도들이텬하에ᄂᆞᆫ화힝ᄒᆞ야교를젼ᄒᆞ심을의론홈이라

뎨이십팔쟝은공스당딩황뎨봉교홈을의론홈이라

뎨이십구쟝은셩교ㅣ 처음으로당나라에젼홈을의론홈이라

…

뎨삼십이쟝은쳥나라셩교를의론홈이라

다음은 십자가 사건 가운데 체포당하고 심문당하는 광경을 소개한 부분을 살펴보자

뎨십구쟝은예수ㅣ 못박혀죽으심을의론홈이라 강싱후삼십삼년이라

날이 붉으매 악당이 예수를 비라도 아문으로 압송ᄒᆞ니 때에 유다스ㅣ오쥬를 임의 죽일 문안으로 결단홈을 알고저ㅣ잘못홈을 뉘워ᄒᆞ야 삼십은젼을 가져 악당괴슈의게 돌녀보내고 스ᄉᆞ로 목ᄆᆡ여 ᄇᆡ터져 죽으니라 비라도ㅣ예수를 사힉ᄒᆞ야 그 무죄ᄒᆞ심을 알고 헤로더의 권에 쇽홈이라 ᄒᆞ야 그 아문으로 보내여 국문케ᄒᆞ니 헤로더ㅣ 예수의 일홈을 일죽 드룬지라 이목에 쾌ᄒᆞᆫ 일을 힝홈을 보고져 ᄒᆞ더니 이에 예수를 보고 깃거ᄒᆞ야 만흔 말노써 무ᄅᆞᄃᆡ 오쥬 ㅣ 믁믁히 ᄒᆞᆫ 말숨도 ᄃᆡ답홈이 업ᄉᆞ시니 헤로더ㅣ 업수이녁여 흰 옷ᄉᆞᆯ 닙혀 도로 비라도의게 보내니 비라도ㅣ 예수를

노하 보내고져ᄒᆞ되악당들이...[728]

예수를 체포하여 심문하고 십자가형에 처하라는 재판과정을 요약하여 소개하는 대목이다. 형식을 보면, 제목을 제시하면서 그 때가 나이 삼십임을 작은 글자로 보충하여 설명해주고 있다. 그리고 인명은 옆줄을 그어(세로로 기록하기에) 구별하였다. 또한 인명은 개신교 성경의 인명과 아주 유사함을 볼 수 있는데 개신교 성경 번역시 천주교의 인명 번역을 참조했을 가능성이 있다; 예수, 비라도(빌라도), 헤로더(헤롯), 유다스(유다).

그런데 이 내용은 마태복음, 마가복음, 누가복음, 그리고 요한복음에 모두 기록되어 있는데 그 가운데 누가복음(22:47-23:26)의 내용을 소개하고 있다. 헤롯(헤로더)에게 끌려가서 심문당하는 과정은 누가복음에만 기술되어 있다. 특이한 것은 대제사장이 예수를 체포하고 길게 심문하는 과정이 있는데 그 부분은 의도적으로 삭제한 것으로 보인다. 아마도 천주교의 지도자들과 대제사장이 동일시 될 것을 염려해서 삭제한 것으로 보인다.

그리고 『성교감략』은 중간 중간 히브리어와 헬라어가 나타나면 용어를 해설하기도 하였다. 즉 '바스과'와 '그리스도'를 해설하였다.

문 바스과ᄂᆞᆫ 무ᄉᆞᆷ 뜻이뇨

답 번역ᄒᆞ야 말ᄒᆞ면 지나가다 말이니 이 날에 유더아 사ᄅᆞᆷ이 에

728 『성교감략』 하권 45.

집도국에셔 나아가 홍히롤 건넛ᄂᆞ니라[729]

그리스도ᄂᆞᆫ 번역ᄒᆞ야 말ᄒᆞ면 기름바롬을 밧은쟈ㅣ라 뜻이니라[730]

제5장 개신교의 성경 번역과 해석

1881년 『예수셩교문답』과 『예수셩교요령』 등이 한글로 작성된 최초의 개신교 전도 문서인데 로스 선교사에 의해 작성되었고 만주에서 인쇄되었다. 『예수셩교문답』은 성경의 주요 교리를 요약한 교리문답서인데 로스가 스코틀랜드 교회 『요리문답서』를 요약 번역하였으며 조선 사람들이 이해하기 쉽게 적절하게 수정하였다. 『예수셩교요령』은 신약을 소개한 4페이지의 짧은 소책자인데 매킨타이어가 번역하였다.[731]

일본에서도 전도문서의 번역이 진행되었는데 1885년 『랑자회기』가 이수정에 의해 번역되었다. 이수정은 1883-1884년에 한문으로 출판된 『천도소원』과 『랑ᄌᆞ회기』를 번역하였는데 나중에 아펜젤러와 스크랜튼

729 『셩교감략』, 142-143.
730 『셩교감략』, 180.
731 이만열, 『한국 기독교 수용사 연구』 (서울: 두레시대, 1998), 71-72.

등에게 전달되었다.[732] 『랑주회기』는 누가복음 15장의 '탕자의 비유'를 풀어쓴 것이다.

그리고 1894년에 간행된 『예수교 문답』은 언더우드가 펴낸 교리서인데 170문답 중 40여 문답이 구약에 관한 부분이다. 그리고 언더우드는 1895년에는 성경문답을 간행했는데 72문답 가운데 36문답이 구약에 관한 것이며 주로 창세기 내용으로 구성되어 있다. 또한 『훈ᄋ진언』은 스크랜톤(M. F. Scranton)이 1891년 번역 발간한 어린이용 요약성경인데 복음서 요약과 창세기 1-3장을 싣고 있다.[733]

개신교 성경 번역은 1882년부터 로스 선교사와 이수정에 의해 시작되었는데 천주교의 영향은 무엇일까? 성경 번역에 대해 논의하면서 개신교보다 300년이나 앞서서 들어온 천주교의 영향에 대해 언급이 별로 없다는 사실은 놀라운 일이다. 1446년 세종대왕이 한글을 창제했지만 1894년 갑오경장 때까지 조선의 공식 문자는 한글이 아니라 한문이었다. 이러한 상황에서 천주교는 교리서와 기도서와 부분적인 성경을 한글로 번역하거나 작성하여 한글 보급에 크게 이바지하였다. 그리고 성경의 생소한 단어들을 여러 문헌들을 통해 한글로 번역하여 한글 성경 번역의 기초를 다듬어 놓았고 실제로 많은 부분을 이미 번역하였다. 그 가운데 대표적인 경우가 신약 복음서의 30.68%를 번역한 『셩경직히』다.

이러한 상황에서 1882년 개신교의 한글 번역 성경이 태어났다. 먼저 만

---

732 R. S. Maclay, "Commencement of the Korea Methodist Episcopal Mission," Gospel in all Lands. Nov.1896, 500. 이만열, 『한국 기독교 수용사 연구』, 121에서 재인용.

733 윤춘병, "초기 한국 기독교 문헌에 기록된 한글판 구약," 134-135.

주에서 한글 번역을 시작한 스코틀랜드 로스 선교사가 있었고, 그 다음 일본에서 한글 성경을 번역한 이수정의 번역 활동이 있었다. 이어서 1885년부터 언더우드와 아펜젤러 선교사가 한국에 입국한 이후 국내에서 번역활동이 시작되었다. 그리고 중요한 것은 만주나 일본이나 국내에서도 한국 번역가들의 활동이 지대했다는 사실이다. 만주에서도 조선 선비들이 먼저 한문성경을 번역했으며 로스는 수정하는 역할을 담당하였다. 일본은 물론 한국인 이수정이 번역했으며, 국내에서도 한글이 서툰 서양 선교사들에게 한국어를 가르친 한국 선비들이 번역을 주도할 수밖에 없었다.

한국 선비들이 한글로 번역할 때 당면할 수밖에 없는 수 많은 생소한 성경 용어들을 어떻게 번역했을까? 이제껏 천주교에서 번역해왔던 한글 성경이나 교리서들을 참고했으리라는 것은 쉽게 짐작할 수 있다. 로스의 경우 프랑스 신부가 저술한 '한불자전'을 활용해서 많은 도움을 받았다. 이미 한국 천주교가 이룩한 한글 번역의 토대 위에 로스도 한글로 성경을 번역한 것이다.

특히 국내에서 서양 선교사들과 함께 번역했던 조선의 선비들 가운데 천주교인들이 있었다는 사실을 주목할 필요가 있다. 성경 번역에 열정적이었던 아펜젤러와 함께 번역 활동을 한 조한규(본명은 조성규, 1867-1902)는 천주교인이었으며 그는 성경 번역 일로 인해 목포로 가던 도중에 아펜젤러와 함께 사고를 당해 순직하였다. 조한규는 1893년 이후 아펜젤러와 함께 일을 시작했는데 당시 배재학당 한문교사였으며 아펜젤러의 어학선생이기도 하였고 비서 역할도 하였다.[734] 중요한 것은 조한규가 한

734 장춘식, "개신교 선교초기의 한국인 성서 번역자 조한규," 『대학과 선교』 Vol.4

글로 성경을 번역하는 일에 공식적으로 함께 참여했다는 것이다. 천주교인이었던 조한규가 성경을 번역할 때 이미 한글로 번역된 천주교 성경을 참고했으리라는 것은 자연스러운 모습이다.

성경번역에 열정을 기울인 언더우드의 경우도 천주교인인 송덕조가 번역 활동에 함께 참여하였고 어학선생의 역할도 하였다. 그리고 언드우드가 '하나님'을 '텬쥬(天主)'로 번역한 것도 천주교인인 송덕주의 영향일 것이라 짐작된다. 또한 언더우드는 천주교의 『한불자전』에 기초를 둔 『영한자전』을 1890년 편찬하였으며, 이어 『한영문법』도 저술하였다. 게일도 이창직의 도움을 받아 1895년 『한불자전』에 기초를 둔 『한영자전』을 편찬하였다.

천주교의 한글 성경 번역의 전통이 개신교에 영향을 주었다는 것은 국내 선교사들 중심의 한글 성경이 어원을 밝혀서 적는 문어(文語) 전통, 즉 천주교의 전통을 택했다는 것을 볼 때 확연해진다.[735] 비교해 본다면, 만주에서 번역된 로스의 번역은 서북지역 사투리 중심으로 구어(口語) 중심의 번역을 했다는 점과 비교할 수 있다. 그리고 한글 맞춤법도 천주교에서 이루어 놓은 방식을 활용하였다. 예를 들면 "종성표기에서 구어(口語) 중심의 소리나는 대로 연철(連綴)하기보다는 어원을 살려 분철(分綴)하는" 방식이 그런 예로 볼 수 있다. 즉 '부슬'을 '붓술'로, '양달ᄒᆞ믄'을 '양달홈은'으로, 그리고 'ᄒᆞ미라'를 '홈이라'로 표기하는 방식은 천주교의 전통을 따른 것이다.[736]

(2002), 317-319.

735 대한성서공회 편, 『대한성서공회사. 1,조직.성장과 수난.』, 210.

736 대한성서공회 편, 『대한성서공회사. 1,조직.성장과 수난.』, 226.

이 외에도 개신교 선교사가 한국에서 활동할 때 이들을 도운 사람들 가운데 천주교인이 있었다. 알렌 선교사의 부인의 하녀로 도왔던 천주교인이 있었으며 이미 기독교에 대해 알고 있었던 천주교인들이 선교사 주위로 쉽게 다가올 수 있었던 것이다.[737] 특히 이미 프랑스 신부들과 함께 동역했던 천주교인들은 통역할 수 있는 능력이 있었기에 서양 선교사들과 쉽게 동역할 수 있었다. 이러한 천주교인들의 도움은 자연스럽게 한글 성경 번역에 천주교의 영향으로 나타날 수 있었던 것이다.

춘원 이광수는 한글 발전에 기여한 기독교의 공헌점을 아래와 같이 요약해주었다.

> 한글도 글이라는 생각을 朝鮮人에게 준 것은 실로 耶穌敎會외다. 귀중한 新舊約과 讚頌歌가 한글로 飜譯되며, 이에 비로소 한글의 權威가 생기고 또 普及된 것이요. 昔日에 中國經傳의 諺解가 있었으나 그것은 普及도 아니 되었을 뿐더러 飜譯이라 하지 못하리만큼 拙劣하였소. 소위 吐를 달았을 뿐이었소. 그러나 聖經의 飜譯은 毋論 아직 不完全하지마는 純朝鮮말이라 할 수 있소. 아마 朝鮮글과 朝鮮말이 眞正한 意味로 高尙한 思想을 담는 그릇이 됨은 聖經의 飜譯이 最初 일 것이요. 만일 後日에 朝鮮文學이 건설된다 하면 그 文學史의 第一項에는 新舊約의 飜譯이 記錄될 것이외다.[738]

737 대한성서공회 편, 『대한성서공회사. 1,조직.성장과 수난.』, 217
738 이광수, "耶穌敎의 朝鮮에 준 恩惠," 『靑春』 9 (1917, 7), 17; 김희보, "춘원 문학과 성서," 그리스도교와겨레문화연구회 편, 『한글성서와 겨레문화』 (서울: 기독교문사,

I. 개신교의 구약성경 번역과 해석

한글로 번역된 구약성경의 효시는 『시편촬요』로 알려져 있다. 『시편촬요』는 시편 발췌번역본으로 유대인 개종자 알렉산더 피터스(A. A. Peters)에 의해 번역된 것으로 1898년 62편을 번역하였다.[739] 유대인인 피터스는 히브리어 성경을 참조하여 원문에 충실한 번역을 하려고 노력하였고 쉬운 한글로 번역하였다.[740] 시편 23편 첫 부분이 다음과 같이 번역되어 있다.

> 데이십삼편 다빗이 지은 시라.
>
> 一 여호와눈 나의 목쟈가 되셧스니 내게 부죡홈이 업스리로다.[741]

그러나 그 이전에 『성경도설』과 『구약공부』에 이미 구약성경이 부분적으로 번역이 되어 있었고, 『죠션크리스도인회보』, 『미이미교회강례』, 『의경문답(義經問答)』, 그리고 『위원입교인규됴(爲願入教人規條)』에도 구약성경이 부분적으로 번역되어 있다. 예를 들면, 『미이미교회강례』는 아펜셀러의 저서로 1890년에 발행되었는데 시편 39편과 90편, 그리고 욥기 4:1, 19:

1985), 4.

739 김중은, "구약성서 국역사," 『신학사상』 22집 (1978), 434-476; 김중은, "최초의 구약 국역선구자 알렉산더 피터스(A. A. Peters, 彼得)," 『교회와신학』 13 (1981), 29-42.

740 김중은, "구약 국역사에서 알렉산더 피터스(彼得)의 위치와 의의," 163.

741 『시편촬요』, "시 23편".

25-27 등이 번역되어 있다.[742] 그리고 『의경문답(義經問答)』은 1893년 올링거(F. Ohlinger, 1845-1919, 茂林吉) 선교사가 발행한 저서인데 362개의 묻는 말에 '보라'는 장절 중에는 시편 몇 구절이 번역되어있다(시편 19:4; 49:8-9; 51:5; 70:14; 92:2-3; 145:17; 89:14). 또한 『위원입교인규됴(爲願入教人規條)』는 1895년 마페트 선교사가 저술하였는데 시편 95편 1-3절과 98편 4-6절이 번역되어 있다.[743]

이미 구약성경이 부분적으로 번역되어 있었다는 또 다른 단서가 발견되었다. 아펜젤러 일기를 보면 이미 1886년 이전부터 한글로 번역된 신구약성서들(The Bibles)이 있었음을 알 수 있다.

> 나는 한국 정부의 관리와 많은 주민이 살고 있는 일본인 거주지에 가게를 열었다. 많은 사람들이 '기독교서적 판매소(Chtistian book seller)'라는 간판을 신기하게 보았다.... 중국어, 일본어, 한국어로 번역된 신구약성서들(The Bibles)은 매일 많이 팔렸고, 그래서 나는 한성 부중에 이미 많은 신구약성서와 전도지가 전파되었다고 믿는다.[744]

구약이 한글로 번역되었다는 또 다른 단서가 있다. 1896년부터 이미

742 Henry G. Apenzeller, 『미이미교회강례』, 21-22. 윤춘병, "초기 한국 기독교 문헌에 기록된 한글판 구약," 125-126.

743 Samuel Austin Moffet, 『위원입교인규됴(爲願入教人規條)』, 30-31. 윤춘병, "초기 한국 기독교 문헌에 기록된 한글판 구약," 132.

744 H. G. Appenzeller *Papers-diaries(1886-1901)*, 13. 리진호, 『한국 성서 백년사 I』, 133.

성경을 공부하기 위한 모임인 사경회가 시작되었다. 사경회는 이미 한글로 번역된 성경을 읽으면서 공부할 수 있는 모임인데 1896-1900년 기간에는 신약성서가 번역이 되어 읽을 수 있었다. 그러면 구약 공부는 하지 못했는가? 아니다. 구약도 읽으면서 공부했을 것이다. 이러한 짐작은 북장로교 선교사 로스(C. Ross)의 다음과 같은 기록을 통해 할 수 있다.

> 여러 사람의 수고로 신약은 이미 수년 전에 번역되었지만 구약이 한글로 번역된 것, 즉 성서 전체가 번역된 것은 불과 작년[1910년]의 일이다. 지금까지는 한문을 읽을 수 있는 학자들만 구약 본문에 접근할 수 있었다는 점을 감안할 때 한국의 일반 평민들이 처음으로 성서 전체를 접할 수 있게 되었다는 점에서 작년은 기념비적인 해라 할 수 있다. 이 점이 사경회에 얼마나 중요한 의미를 갖고 있는지 굳이 설명할 필요가 없다. 지금까지는 한문을 해독할 수 있는 얼마 되지 않은 학자들의 도움으로 [구약 본문을] 이 나라 말로 번역해 [사경회 교재로] 사용할 수 있었다. 그런데 지금은 성서 전체에서 보다 폭넓게 사경회 교안을 마련할 수 있게 되었다. 그래서 이제는 지역 선교부 선교사든, 다른 지역에서 파견 나온 선교사 든, 토착교인이든 누구나 사경회 교사가 될 수 있게 되었다.[745]

745 C. Ross, "A Bible Institute System", *KMF* (Sep. 1911), 253. 이덕주, "성서 중심의 생활신앙 – 1911년『셩경젼셔』출간과 성서회관 건립의 역사신학적 의미,"『한글성경 완역 및 출간 100주년 기념 학술 심포지엄: 한글 성경이 한국 교회와 사회, 국어 문화에 끼친 영향』(서울: 대한성서공회, 2011), 110에서 재인용

위의 글은 1911년의 글이지만 구약 번역이 완성된 1910년 이전에 사경회에서 구약을 어떻게 공부했는지 그 상황을 알려주고 있다. 바로 한문을 알고 있었던 선비들이 구약의 일부분을 번역한 것을 들고 공부했던 것이다. 이들이 읽었을 성경은 필사본일 가능성이 많아 보이며 1900년 이전에도 도처에 이러한 구약 번역본이 있었을 것으로 짐작된다. 1800년 초기부터 이미 중국에는 한문성경이 출판되고 있었다. 따라서 조선의 선비들이 한문성경을 몰래 입수하여 읽을 뿐만 아니라 한글로 번역할 수도 있었을 것이다. 특히 선교의 자유가 주어진 1880년대 후반부터 성경이 부분적으로 한글로 번역되는 일이 얼마든지 일어날 수 있는 것이다.

1. 『구약공부』

『구약공부』는 1893년 2월 존스(G. H. Jones) 선교사가 번역하여 2권으로 발간한 책인데, 내용을 보면 상권에 창세기 1장-여호수아 5장, 그리고 하권에는 여호수아 6장-사무엘상 31장의 일부분을 총 39과로 나누어 공부할 수 있도록 꾸며 놓았다. 상권의 출판연도는 1892년인데 이것은 하권 서문을 보아 알 수 있다; "작년 임진에 성경공부홈을 위하여 구약성경중에 긴혼 장구-롤 쌔야 번역ᄒᆞ여 일권 칙을 간하고". 번역한 부분을 좀 더 자세히 살펴보면 하권의 경우 아래의 본문이 번역되어 있고 질문과 해석이 첨부되어 있다;

여호수아 6:1-21 (구약공부 제27), 여호수아24:1-30 (구약공부 제28), 사사기7:1-23 (구약공부 제29), 룻기1장 (구약공부 제30),

사무엘상 3장 (구약공부제31), 사무엘상7장 (구약공부 제32), 사무엘상8장 (구약공부 제33), 시무엘상 10:17-27 (구약공부 제34), 사무엘상 12장 (구약공부 제35), 사무엘상 16장 (구약공부 제36), 사무엘상 17장 (구약공부 제37), 사무엘상 19장 (구약공부 제38), 사무엘상 31장 (구약공부 제38).

『구약공부』에는 300여개의 인명과 지명 목록을 싣고 있는데 예를 들면 '아론'을 '아룬 亞倫 Aaron' 으로 표기해 놓았다. 그리고 성경 각 권마다 총론을 실어 책을 개괄적으로 설명하고, 공과 마다 제목을 제시하였다. 또한 공부할 성경 본문을 번역하여 싣고 질문을 첨가하여 본문의 핵심적인 내용에 답하도록 하였다. 무엇보다 중요한 것은 '쥬'를 작성하였는데 각 과 마다 적어도 2-3면의 지면을 통해 성경 본문을 해석한 것이다. 질문과 '쥬'를 통해 성경본문을 해석한 점은 한국 구약해석사에 있어서 획기적인 사건이라 할 수 있다. 그리고 번역할 때 쉽게 번역하고 토박이 표현을 사용하여 독자에게 친근하게 다가가려는 의도를 보였다.[746]

이환진은 "존스(조원시)의 『구약공부』(1893)-룻기 번역 분석"이란 논문에서 『구약공부』의 룻기 번역과 해석에 대해 상세히 분석하였다. 특히 그는 『구약공부』가 한문성경 브리지만-컬벗슨역(1864)을 대본으로 하여 번역하였을 것으로 보았다.[747] 그리고 『죠션크리스도인회보』의 번역과 비교하면서 회보의 번역은 한문성경 대표본(1854)을 대본으로 번역한 것으

746 이환진, "존스(조원시)의 『구약공부』(1893) 룻기 번역 분석," 『신학과세계』 제67호 (2010), 75.
747 이환진, "존스(조원시)의 『구약공부』(1893) 룻기 번역 분석," 74.

로 보았다.[748]

예를 들어 『구약공부』 하권 제27과 공부내용은 여호수아 6장인데 27절 가운데 21절까지만 제시하였다. 그 내용의 일부를 보면 다음과 같다;

구약공부 뎨이십칠 (* 구약공부 제이십칠)

야리가망ᄒᆞ심 (* 여리고가 망하심)

요셔아긔뎨륙쟝일졀브터이십일졀ᄭᆞ지 (*여호수아기 제6장 일절부터 이십일절까지)

1 이ᄉᆡᆨ렬의족쇽이야리가ᄅᆞᆯ에운고로그셩이막혀나아오고드러가ᄂᆞᆫ사ᄅᆞᆷ이업더라 2 여호와요셔아ᄃᆞ려닐너ᄀᆞᆯᄋᆞ샤ᄃᆡ보라내가야리가와그왕과밋그쟝슈무리ᄅᆞᆯ다네손에주엇다 3 너의군ᄉᆞ들노그셩을에우고날노ᄒᆞᆫ번식그셩을도라힝ᄒᆞ여엿ᄉᆡ동안에그러케ᄒᆞ여라... (* 1 이스라엘 족속이 여리고를 에운고로 그 성이 막혀 나아오고 들어가는 사람이 없더라. 2 여호와 여호수아에게 일러 가라사대 보라 내가 여리고와 그 왕과 및 그 장수 무리를 다 네 손에 주었다. 3 너의 군사들로 그 성을 에우고 날마다 한 번씩 그 성을 돌아 행하여 엿새 동안에 그렇게 하여라...)

문

이ᄉᆡᆨ렬의지파가모도몃치며그일홈은무엇시뇨 요한ᄆᆞᆨ시록칠쟝오

748 이환진, "존스(조원시)의 『구약공부』(1893) 룻기 번역 분석," 79.

졀브터팔졀ᄭᆞ지 ○ 요셔아ᄂᆞᆫ어ᄂᆞ나라사ᄅᆞᆷ이며뉘아ᄃᆞᆯ이뇨 ○ 여호와라닐캇기ᄂᆞᆫ무ᄉᆞᆷᄯᅳᆺ지며누구시뇨 ○ 요셔아가야리가셩으로무ᄉᆞᆷ예언을ᄒᆞ엿시며그말이엇더케응험ᄒᆞ엿ᄂᆞ뇨 륙장이십륙졀 렬왕긔샹권십륙쟝삼십ᄉᆞ졀(* 이스라엘의 지파가 모두 몇이며 그 이름은 무엇이냐? 요한묵시록 칠장 오절부터 팔절까지 ○ 여호수아는 어느 나라 사람이며 뉘 아들이냐? ○ 여호와라 일컫기는 무슨 뜻이며 누구시냐? ○ 여호수아가 여리고 성으로 무슨 예언을 하였으며 그 말이 어떻게 응하였느뇨 육장 이십육절 열왕기상 십육장 삼십사절)

쥬

이ᄉᆡᆨ렬ᄇᆡᆨ셩이요단강을건너길갈에셔열두표셕을세우다가야리가롤쳣ᄂᆞ니라야리가란ᄯᅳᆺ순월지셩이니위ᄒᆞᄂᆞᆫ보살의표가ᄃᆞᆯ인고로ᄃᆞᆯ의셩이라일홈ᄒᆞ엿고혹의말은소다마와아마립과요단들에있ᄂᆞᆫ셩들이망ᄒᆞᆫ후에 창셰긔구쟝 ᄇᆡᆨ셩이야리가에도읍ᄒᆞ다ᄒᆞ고요셔아ᄯᅢ에ᄂᆞᆫ그셩이ᄆᆡ우크고부요ᄒᆞ고강셩ᄒᆞᆫ셩이오그님금은가남ᄇᆡᆨ셩즁에뎨일권셰만ᄒᆞᆫ왕이니라그러ᄒᆞ되이ᄉᆡᆨ렬ᄇᆡᆨ셩이야리가롤뮈워홈은이ᄉᆡᆨ렬ᄇᆡᆨ셩이들에잇ᄉᆞᆯᄯᅢ에 샹뎨롤ᄇᆡ반ᄒᆞ고미뎐ᄇᆡᆨ셩의셤기ᄂᆞᆫ우샹을위ᄒᆞ다가 샹뎨의노ᄒᆞ심을닙어이만ᄉᆞ쳔사ᄅᆞᆷ이죽은지라그우샹은양이오야리가ᄇᆡᆨ셩에위ᄒᆞᄂᆞᆫ우샹은음이니이들은부부ㅣ라뎌우샹들이지앙을불너니ᄅᆞᄂᆞᆫ고로야리가ᄇᆡᆨ셩을뮈워홈이니라...(* 이스라엘 백성이 요단강을 건너 길갈에서 열두 표석을 세우다가 여리고를 쳤느니라. 여리고란 뜻은 월지성이니 위하는 보살의 표가 달인고로 달의성이라 이름하였고, 혹의 말은 소돔과 고모라와 요단 들에 있는 성들이 망한 후에 창세기 구장 백성이 여리고에 도읍했다 하고 여호수아 때에는 그 성이 매우 크고 부요하고 강성한 성이오 그 임금은 가나안 백성이 들에 있을 때에 상제를 배반하고 미디안 백성의 섬기는 우상을 위하다가 상제의 노하심을 입어 이만 사천 사람이 죽은지라. 그 우상은 양이오 여리고 백성이 위하는 우상은 음이니 이들은 부부ㅣ라 저 우상들이 재앙을 불러 이르는 고로 여리고 백성을 미워함이니라...)

위의 내용은 여호수아 6:1-21 가운데 3절만 제시한 것인데 한문성경을 번역한 것이다. 『구약공부』가 주목을 받을 수밖에 없는 것은 성경을 요약하거나 발췌하지 않고 한문성경을 대본으로 삼아 구약의 일정 부분 전체를 정확히 번역했다는 것이다.

질문은 '문'이란 항목을 두어 제시하였다. 질문 가운데 이스라엘 12지파 명단에 대한 것이 있는데 사실 성경에는 그 리스트가 다양하며 다소 다르게 나타나고 있다. 그 가운데 작은 글씨로 요한계시록 리스트를 제공하고 있다. 아마도 신약이며 간명하게 정리되어 있는 리스트라 쉽게 찾을 수 있을 것이라 짐작한 것같다. 그리고 여호수아가 여리고 성에 대해 예언한 것과 그 예언이 성취된 것을 묻는 질문이 있는데 그 내용은 여호수아 6:26과 열왕기상 16:34로 본문에 제시하지 않은 부분이다. 이처럼 질문은 제시한 본문 안에서만 한정시키지 않고 연관되는 다양한 질문을 하고 있다. 그리고 그 질문에 대답하기 위해서는 성경의 다른 부분을 찾아보아야 답을 할 수 있도록 유도하고 있다.

'쥬'는 '해설'을 의미하는데, 주로 여리고가 어떤 성인지 왜 멸망하게 되었는지에 대해 설명하고 있다. 핵심은 여리고성 사람들이 달 신을 섬기며 우상숭배를 했기 때문에 하나님의 진노를 자초했다는 것이다. 해설 가운데 소돔과 고모라 성의 멸망을 언급하면서 출처가 창세기 9장임을 작은 글씨로 첨부해 두었다. 그런데 이것은 창세기 19장을 잘못 표기한 것으로 보인다.

2.『의경문답』

『의경문답(義經問答)』은 윌리엄 내스트(William Nast)의 저서 *The Jarger Catechism* 을 번역하여 1893년 올링거(Franklin Ohlinger, 1845-1919, 茂林吉) 선교사가 발행한 저서인데 362개의 문답문으로 구성되어 있다.[749] 올링거 목사는 중국 복주(福州)에서 16년간 선교사업을 하고 있었는데 아펜젤러가 초청하여 한국에서 문서선교를 하였다. 올링거 목사는 1887년 12월부터 배재학당에서 교사로 가르쳤고 교회도 개척하였지만 중요한 활동은 1888년에 三文出版社(Trilingual Press)를 설립하여 개신교 문서선교를 활성화 시켰다는 것이다. 이 출판사를 "미이미활판소," "한미화출판소," 혹은 "정동예수교출판소"라고도 불렀다.

그런데『의경문답』서문에 "원문을 한문으로써 번역ᄒᆞ고 ᄯᅩ 언문으로 거듭 번역ᄒᆞ니"[750]라고 기록된 것으로 보아『의경문답』은 한문본을 한글로 중역한 것임을 알 수 있다. 즉 리브하르트(H. Liebhart) 목사가 중국어로 번역한『義經問答喩解(의경문답유해)』를 올링거 목사가 한글로 번역

749 『의경문답』(경성: 그리스도셩서, 1894). 저술 연대는『의경문답』서문에 나타난다; "ᄯᅢᄂᆞᆫ 긔국 오ᄇᆡᆨ이년 계ᄉᆞ에 미국 교ᄉᆞ 무림길은 스ᄉᆞ로 한양 경셩 ᄇᆡ지학당에셔 긔록ᄒᆞ로라."

750 『의경문답』, 의경문답유ᄒᆡ셔.

한 것이다. 목차를 살펴보면 9장으로 구분하였는데 9개의 주제를 중심으로 문답한 내용으로 구성되어 있으며 목차는 아래와 같다;

데일쟝 세위ᄒᆞᆫ몸의 샹뎨와 다못 그 덕셩을 의론ᄒᆞᆫ 것

데이쟝 샹뎨ᄭᅴ셔 텬디를 창조ᄒᆞ시고 보호ᄒᆞ시며 잡아 맛흐심을 의론ᄒᆞᆫ 것

데삼쟝 텬ᄉᆞ와 다못 사ᄅᆞᆷ의 처음 졍형과 아올나 엇더케 죄에 ᄲᅡ진 리력을 의론ᄒᆞᆫ 것

데사쟝 샹뎨의 률법을 의론ᄒᆞᆫ 것

데오쟝 우리 무리 구쥬 예수씨 크리스도씨를 의론ᄒᆞᆫ 것

데륙쟝 셩신을 의론ᄒᆞᆫ 것

데칠쟝 교회와 밋 구하ᄂᆞᆫ 법을 의론ᄒᆞᆫ 것

데팔쟝 구홈을 엇ᄂᆞᆫ 길을 의론ᄒᆞᆫ 것

데구쟝 죽고 다시 살고 심판ᄒᆞ며 밋긴 세샹을 의론ᄒᆞᆫ 것[751]

한글로 번역할 때 인명, 지명, 성경의 책이름 등을 중국음으로 번역하지 않고 한자의 한글 독음을 그대로 기록하였다. 예를 들어 골로새서는 '가랴셔,' 빌립보서는 '비립비,' 히브리서는 '희백래,' 로마서는 '라마,' 베드로서는 '피득,' 고린도후서는 '가림다후서,' 요한계시록은 '묵시록,' 요한일서는 '요한일서'라고 번역하였다.

인명의 경우도 요셉을 '요슬,' 다윗을 '대벽,' 바울을 '보라,' 요한을

751 『의경문답』, 일면.

'요한' 등으로 번역하였고, 지명도 프랑스를 '법국,' 마게도니아를 '마기돈,' 예루살렘을 '야로살링,' 로마국을 '라마국,' 사마리아를 '샬마리아' 등으로 번역하였다. 이렇게 한자의 한글 독음을 그대로 기록함으로 인해서 한글과 한문을 동시에 사용한 사람들에게는 도움이 되었다. 예를 들면 히브리서를 '희백래'라고 적었기 때문에 한문 성경에서 히브리서를 쉽게 찾을 수 있게 되는 것이다. 1893년 당시에는 일부 한글성경이 번역되기도 했지만 중국에서는 한문성경이 이미 전체가 번역되어 조선의 독자들도 입수할 수 있었기 때문이다.

다만 중국어 번역본과는 다른 점은 이들 인명, 지명 등과 같은 고유명사에는 옆줄을 그어 구분시켰다는 점이다. 또한 샹뎨(하나님), 셩부(성부), 예수씨, 크리스도씨(그리스도), 셩신(성신), 쥬(주), 구쥬(구주), 셩경(성경) 등과 같은 거룩한 용어 전에 한 칸을 띄어서 극존칭의 휘(諱)를 표시하였는데 이러한 점은 중국어 번역본에는 없는 것이었다. 이러한 표기방식을 대두법(擡頭法)이라고 하는데 높으신 하나님에 대한 경건한 신앙을 표현한 것이다.

특히 성경에 대해서는 제1장 네 번째 문답부터 계속해서 나타나는데 그 가운데 중요한 부분을 보면 다음과 같다. 아래의 부분은 성경 저자에 대한 질문인데 하나님께 속한 사람이 성령의 감동으로 저술하였다고 답하였다. 그리고 베드로후서 1장 21절을 보라고 권하였다.[752] 풀어서 설명하는 내용 부분에는 구약과 신약이 성령의 감동에 의해서 저술되었으며

752 "예언은 언제든지 사람의 뜻으로 낸 것이 아니요 오직 성령의 감동하심을 받은 사람들이 하나님께 받아 말한 것임이라" (베드로후서 1:21)

구약과 신약이 서로 증거가 된다고 해설하였다.

문 셩경은누가지은바ㅣ뇨 (* 성경은 누가 지은바뇨)

답 이ᄂᆞᆫ 샹뎨씌쇽ᄒᆞᆫ셩인이 셩신을감동ᄒᆞ야말ᄒᆞ엿ᄂᆞ니라 (* 이는 상제께 속한 성인이 성신을 감동하여 말하였느니라)

피득후셔일쟝이십일절에보라 (* 베드로후서 일장 이십일절에 보라)

구 쥬씌셔ᄒᆞᆼ샹구약의말을쓰셧ᄉᆞ니가히구약을위ᄒᆞ야증거ᄅᆞᆯ지음이라ᄒᆞᆯ거시오만일신약의글을 쥬가ᄒᆞᄂᆞᆯ에올으지아니ᄒᆞᆫ젼에임의셩신의강림ᄒᆞ기ᄅᆞᆯ허ᄅᆞᆨᄒᆞ신고로유월졀에문도가다 셩신을감동ᄒᆞ엿ᄉᆞ니가히신약을위ᄒᆞ야증거ᄅᆞᆯ지엇다ᄒᆞ리라 (* 구주께서 항상 구약의 말을 쓰셨으니 가히 구약을 위하야 증거를 지음이라 할것이오, 만일 신약의 글을 주가 하늘에 오르지 아니한 전에 이미 성신의 강림하기를 허락하신고로 유월절에 문도가 다 성신을 감동하였으니 가히 신약을 위하여 증거를 지엇다 하리라)

성경에 관한 문답 가운데는 구약이 39권이라 소개하면서 구약을 세 부분으로 구분하였는데 역사서, 시가서, 예언서 등으로 나누었다; "ᄉᆞ긔와시가와 미리ᄒᆞᆫ말". 그리고 역사서에 챵셰긔, 출ᄋᆡ급긔, 민수긔, 신명긔, 요셔아(여호수아), ᄉᆞᄉᆞ긔, 로득씨(룻기), 살모이상하셔(사무엘상하), 렬왕긔상하셔, 력ᄃᆡ지상하셔, 이ᄉᆞ랄(에스라), 니희미(느헤미야), 이ᄉᆞ텹(에스더) 등을 제시하였다. 특이한 점은 레위기가 빠져있다는 점이다.

그다음 시가서에 요빅긔(욥기), 시편, 좀언, 젼도셔, 아가, ᄋᆡ가를 배정하였고, 예언서에는 이ᄉᆡ아, 야리미(예레미야), 이셔결(에스겔), 단이리(다니엘), 하셔(호세아), 요이(요엘), 아마ᄉᆞ(아모스), 아파뎌(오바댜), 요라(요나), 미가, 라웅(라훔), 합파곡(하박국), 셔번아(스바냐), 합긔(학개), 살가리아(스가랴), 마랍긔(말라기) 등을 들었다.[753]

다음은 제1장 가운데 11번째 문답으로 하나님에 대한 질문인데 아래와 같다.

> 문 우리무리어ᄂᆞ곳으로조차 샹뎨계신줄아ᄂᆞ뇨 (* 우리 무리 어느 곳으로조차 상제 계신 줄 아느뇨)
>
> 답 ᄒᆞ나ᄂᆞᆫ진실ᄒᆞᆫ셩경을보고둘은ᄆᆞᆫ돈물밧은만물을보고ᄯᅩ스ᄉᆞ로량심에무러보와 샹뎨계신줄을ᄋᆞ니라 (* 하나는 진실한 성경을 보고, 둘은 만든 물밧은 만물을 보고 또 스스로 양심에 물어보와 상제 계신 줄을 아니라)

희빅릐일쟝이절과시편십구편일절과라마일쟝이십절이쟝십ᄉᆞ절십오절에보라 (* 히브리서 일장 이절과 시편 십구편 일절과 로마서 일장 이십절, 이장 십사절, 십오절에 보라)

샹뎨끠셔이우리셰샹사ᄅᆞᆷ을세번식으로주샤써ᄒᆞᆼ샹어두운거술면ᄒᆞ게ᄒᆞ시니뎨일권은셩경이니우리무리로ᄒᆞ여곰그ᄯᅳᆺ을ᄇᆞᆰ힘이오뎨이권은이ᄆᆞᆫ돈물밧은만물이니우리무리로ᄒᆞ여곰그공과능을알게홈이

753 『의경문답』, 오면.

니대개뎨이권은가히쥬ᄒᆡ라ᄒᆞ리니써뎨일권의ᄯᅳᆺᄉᆞᆯ푸러ᄇᆞᆰ힘이오ᄯᅩ 뎨삼권ᄎᆡᆨ이잇ᄉᆞ니일ᄒᆞᆷ은ᄀᆞᆯᄋᆞᄃᆡ량심이니그ᄎᆡᆨ은우리무리모ᄃᆞᆫ죄ᄅᆞᆯ긔 록ᄒᆞᆷ이오...[754] (* 상제께서 우리 세상 사람을 세 번씩으로 주사 항상 어두운 것을 면하게 하시니, 제일권은 성경이니 우리 무리로 하여금 그 뜻을 밝힘이오, 제이권은 이 만든 물밧은 만물이니 우리 무리로 하여금 그 공과 능을 알게 하함이니 대개 제이권은 가히 주해라 하리니, 제일권의 뜻을 풀어 밝힘이오 또 제삼권 책이 있으니 일홈은 갈아대 양심이니 그 책은 우리 무리 모든 죄를 기록함이오...)

하나님 계신 줄을 어떻게 아느냐라는 질문에 성경과 피조된 만물과 양심을 보아 하나님 계신 것을 안다고 답변하였다. 그리고 이러한 문답과 관련된 성경 구절을 다음과 같이 제시하면서 성경 구절을 찾아보라고 권하였는데 구약과 신약을 걸쳐 다양하게 제시하였다; 히브리서 1:2; 시편 19:1; 로마서 1:20; 2:14, 15. 그리고 답변을 풀어서 설명한 내용이 이어서 나오는데 길어서 절반만 제시한다.

문 샹뎨ᄭᅴ셔 텬디를 보존ᄒᆞ심에 다시 무ᄉᆞᆷ 리치가 그 안에 잇ᄂᆞ뇨

답 샹뎨 텬디ᄅᆞᆯ 보존ᄒᆞ샤 모든 일노ᄒᆞ여곰 착ᄒᆞ고 악ᄒᆞᆷ은 무론ᄒᆞ고 다 능히 영화ᄅᆞᆯ 그 일ᄒᆞᆷ에 돌녀 보내시고 아올나 샹뎨 ᄉᆞ랑ᄒᆞᄂᆞᆫ 사ᄅᆞᆷ의게 유익케 ᄒᆞ시니라.

754 『의경문답』 뎨일쟝 구. 괄호 안의 글은 현대말로 고쳐 쓴 것이다.

이불소 일쟝 십일졀과 요빅 삼십칠쟝 십이졀 라마 팔쟝 이십팔졀 창셰긔 오십쟝 이십졀에보라.

이 마ᄃᆡᄂᆞᆫ 맛치 요슬을 그 형이 ᄋᆡ급에 ᄑᆞ랏더니 샹뎨의 은혜를 닙어 졍승이 되어 도로혀 그 형을 구ᄒᆞ야 굴머죽게 아니ᄒᆞᆷ과 아올나 벌로와 다 못 이ᄉᆡᆨ렬 ᄅᆡ력과 요빅이 살단의 박츅ᄒᆞᆷ을 닙은 것과 밋 유대 스승을 ᄑᆞ라 도로혀 구셰ᄒᆞᄂᆞᆫ 도를 일움ᄀᆞᆺᄒᆞ니 가히 이 마ᄃᆡ의 리치를 증거 ᄒᆞᆯ 거시나 다만 우리 편안ᄒᆞᆫ 날은 밋기 쉽고 환난의 날은 밋기 어려오니 엇지ᄒᆞᆷ이뇨 ᄆᆡ양 사ᄅᆞᆷ이 잇서 ᄀᆞᆯᄋᆞᄃᆡ 내 집이 참혹히 파ᄌᆡ를 맛나ᄉᆞ니 내게 무엇시 유익ᄒᆞ리오 ᄒᆞ며 또 혹 ᄀᆞᆯᄋᆞᄃᆡ 내 산업을 악ᄒᆞᆫ 사ᄅᆞᆷ이 다 ᄲᆡ셔 갓ᄉᆞ니 내게 무엇시 유익ᄒᆞ리오 ᄒᆞ며 또 혹은 ᄀᆞᆯᄋᆞᄃᆡ 내 아비 죽엇ᄂᆞᆫ 지라 내게 무엇시 유익ᄒᆞ리오 ᄒᆞ며 또 혹 어미된 쟈 ㅣ ᄀᆞᆯᄋᆞᄃᆡ 내 아ᄃᆞᆯ이 죽엇스니 내게 무엇시 유익ᄒᆞ리오 ᄒᆞ나 그러나 이런 사ᄅᆞᆷ은 비유컨ᄃᆡ 어린 아희가 그 아비 지핑이를 집고 물을 건너다가 반이 물에 ᄲᆞ짐을 보고 놀내여 그 아비에게게 닐너 ᄀᆞᆯᄋᆞᄃᆡ 지핑이 임의 반이 부러졋ᄉᆞ니 가히 붓들지 못ᄒᆞ리라 ᄒᆞᆷ ᄀᆞᆺᄒᆞ니 이ᄂᆞᆫ 대게 ᄌᆞ긔 눈이 물의 어린 바ㅣ 됨은 아지 못ᄒᆞᆷ이니라.[755]

질문은 하나님께서 이 세상을 어떻게 섭리하시는지 그 이치가 무엇인지를 묻고 있다. 이에 대한 답을 할 때 성경 본문을 먼저 제시하는데 에베소 1:11; 욥기 37:12; 로마서 8:28; 창세기 50:20 등을 들었다. 그리고

---

755 『의경문답』, 이십팔, 이십구

이 본문을 바탕으로 이야기하는데, 요셉이 형들에 의해 노예로 팔려갔지만 오히려 이집트의 총리대신이 되어 가족들을 구한 이야기, 욥이 오히려 축복을 받은 이야기, 유다가 예수님을 팔았지만 오히려 그로인해 구속의 일이 성취된 이야기 등을 들면서, 사람은 한계가 있어 알지 못하지만 하나님은 아신다고 하였다. 이 말의 뜻은 하나님은 그의 크신 경륜 속에서 오히려 모든 일을 합력하여 선을 이루도록 인도하신다는 뜻이다.

답을 하면서 성경 구절들을 제시할 뿐만 아니라 그 내용까지 요약하여 소개하고 또 활용하고 있는 것을 볼 수 있다. 이처럼 의경문답은 모든 질문에 대해서 성경으로 대답하는 구조로 구성되어 있다. 그리고 문답하는 과정에서 아담과 하와가 선악과를 먹은 사건을 설명할 때 원죄에 대해서도 이야기하였다. 원죄를 '씨친죄'라 하였고 유전하는 것으로 보았다.[756] 그리고 로마서 7:18-19을 제시하면서 이로인해 사람의 본 성품은 더 이상 착한 일을 할 수 없고 악을 행할 수밖에 없다고 하였다.[757]

제4장은 '샹뎨의 률법을 의론훈 것'이라는 제목으로 47-79면에 배치되어 있는데 내용은 십계명을 다양하게 해석하는 것으로 구성되어 있다. 십계명에 관한 문답 가운데 제5계명인 부모공경에 대해 해석할 때 로마서 13:1과 골로새서 3:22을 제시하면서 세상의 통치자를 부모같이 공경하라고 해석하였다. 이러한 해석은 특히 선교 현장에서 통치자들과 마찰이 일어나지 않도록 예방하기 위한 해석일 수도 있다.

---

756 『의경문답』, 사십삼면
757 『의경문답』, 사십사면

문　이 경계의 명ᄒᆞ신바 효ᄂᆞᆫ 부모외에 ᄯᅩ 누가 잇ᄂᆞ뇨

답　므롯 샹뎨ᄭᅴ셔 부ᄅᆞ샤 우리 무리를 다ᄉᆞ리라 ᄒᆞ신 쟈ㅣ ᄯᅩᄒᆞᆫ 그 안에 잇ᄂᆞ니라. 라마 십삼쟝 일졀과 기라셔 삼쟝 이십이 졀에 보라[758]

또 다른 예를 든다면, 십계명 가운데 제9계명 "네 이웃에 대해 거짓 증거하지 말라"라는 구절에 대해 질문하는 부분이 있는데 그 내용은 다음과 같다.

문　뎨구계ᄂᆞᆫ무엇이라ᄒᆞᄂᆞ뇨 (* 제구계는 무엇이라 하느뇨)

답　너ᄂᆞᆫ망녕도이너의니웃ᄉᆞᆯ증거ᄒᆞ지마라ᄒᆞ시니라 (* 나는 망령되이 네 이웃을 증거하지 말라 하시니라)

출ᄋᆡ급이십쟝심륙졀과신명긔오쟝이십졀에보라 (* 출애굽기 이십장 십륙절과 신명기 오장 이십절에 보라)

이계명범ᄒᆞ든살단은창셰긔삼쟝일졀에뵈고파제핍의안ᄒᆡᄂᆞᆫ챵셰긔삼십구쟝삼십졀에뵈고망녕도이증거ᄒᆞ든라박은열왕긔젼셔이십일쟝십졀에뵈고기합셔ᄂᆞᆫ렬왕긔후셔오쟝이십이졀에뵈고합만은아ᄉᆞ렵삼쟝팔졀에뵈고　쥬의묘직히든군ᄉᆞᄂᆞᆫ마태이십팔쟝심삼졀에뵈

758 『의경문답』, 륙십오면

고아나니아의부부는ᄉᆞ도힝젼륙쟝십삼졀에뵈니라[759] (* 이 계명 범했던 사탄은 창세기 삼장 일절에 뵈고, 보디발의 아내는 창세기 삼십구장 삼십절에 뵈고, 망녕되이 증거하던 나봇은 열왕기전서 이십일장 십절에 뵈고, 게하시는 열왕기후서 오장 이십이절에 뵈고, 하만은 에스더 삼장 팔절에 뵈고, 주의 묘 지키던 군사는 마태 이십팔장 십삼절에 뵈고, 아나니아의 부부는 사도행전 육장 십삼절에 뵈니라)

위의 거짓증언 사건들을 요약해보면 다음과 같다;

에덴동산에서 하와를 유혹하던 사탄(뱀) - 창세기 3:1
보디발의 아내가 요셉을 거짓 고발한 사건 – 창세기 39:30[760]
이세벨이 라봇의 포도원을 가로채기 위해 거짓증언자를 세운 사건 – 열왕기상 21:10
게하시가 거짓으로 말해 나아만에게서 선물을 받은 경우 – 열왕기하 5:22
하만이 유대민족을 말살하고자 아하수에로 왕에게 거짓을 고한 것 – 에스더 3:8
주의 무덤을 지키던 군사가 거짓말 한 것 - 마태복음 28:13
아나니아 부부가 거짓말한 것 - 사도행전 6:13

759 『의경문답』, 뎨ᄉᆞ쟝 칠십이
760 보디발의 아내가 거짓으로 고한 것은 창세기 39:17-18인데 착오로 30절이라 한 것 같다.

이처럼 여러 가지 거짓증언 사건을 제시한 것인데 어느 책 몇 장 몇 절에 그 말이 나타나는지 정확히 제시하였다. 그리고 그 사건에 대해서는 상세히 설명하지 않았지만 중요한 내용을 일부 제시하였다. 따라서 내용을 충분히 알기위해서는 성경을 반드시 찾아 보아야 하는 것이다. 옆에 성경이 놓여져 있지 않다면 『의경문답』을 충분히 이해하기 힘들다고 볼 수 있다. 따라서 『의경문답』이 출판될 당시 성경이 부분적으로 한글로 번역되었을 것으로 보인다. 특히 한문성경은 중국에서 이미 신구약 모두 번역되어 있었기 때문에 조선의 독자들도 입수하여 성경을 읽을 수도 있었을 것이다. 그러나 『의경문답』이 한글로 번역되어 한글만 아는 사람들에게 다가가는 책인데 한문성경을 읽으라고 장절을 제시한다는 것은 어불성설이다. 특히 올링거 목사가 집필한 서문(의경문답유히셔)에는 이러한 글이 기록되어 있다: "샹뎨임의 믁시ᄒᆞ신 성경원글의 잇슴이니 츄ㅣᄒᆞ야 차져봄이 가ᄒᆞ리라."[761] 이것은 이미 한글로 성경이 번역되었다는 것을 전제로 한 것처럼 보인다. 아마도 1893년에 이미 구약이 부분적으로 번역되었을 가능성을 열어두어야 할 것 같다.

3.『성경도설』

『성경도설』은 선교사 로드와일러(L. C. Rothweiler)가 사이츠(M. Site)의 *Bible Picture Book* 을 1891년에 번역하여 출판한 것

---

761 『의경문답』 의경문답유히셔

인데 성경을 알기 쉽게 전달하기 위해 이야기 형태로 기술한 책이다. 구약 48개와 신약 38개로 전체 86개의 이야기로 구성되어 있는데 1892년 판부터 그림도 포함한 책이 출판되었다.[762] 천주교 성경번역은 주로 교리서에 포함되어 있으며 복음서 부분에 많은 비중을 두어 번역하였지만 개신교 성경번역은 이처럼 구약의 비중이 높은 편이다.

구약의 오경은 1-25도에 전개되어 있는데 1도는 "뎨일도 아담이바 이뎐동산에 잇다"로 되어 있다. 하나님을 '샹뎨'라 번역하였는데 한문성경 번역의 영향으로 짐작된다. 또한 '하와'를 '이바'로 번역하였다. 그리고 요셉이 꿈을 해석하는 것을 '점치다'라고 번역하였다 - "요셉이바로의꿈징죠룰뎜치다".[763] 창세기가 많은 부분을 차지하고 있고(1-16도), 출애굽기, 민수기, 신명기는 종합하여 이야기로 표현하였다(17-25도). 그러나 레위기는 거의 언급되어 있지 않다.

구약의 예언서는 여호수아 이야기부터 시작되고 있다: "뎨이십륙도 요스아가 빅셩을 인도ᄒᆞ야 예리고 셩을 엇다". 다양한 이야기가 전개되고 있는 전기예언서 부분이 많은 부분을 차지하고(26-28, 31-44도), 상대적으로 후기예언서 부분이(46, 48도) 적은 편이다. 특별히 다윗과 솔로몬, 그리고 엘리야 이야기가 많은 부분을 차지하고 있다.

29-30도에는 룻의 이야기가 나타나고, 45도에는 욥의 이야기가 소개되어 있다: "뎨ᄉᆞ십오도 요벳이세벗의위로룰밧지아니ᄒᆞ다." 욥기의 경우 전체 이야기를 간략하게 요약하였는데 욥기 친구들과 다투었다는 내용

---

762 박정세, "게일(J. Gale)의 『텬로력뎡』과 김준근의 풍속삽도," 『신학논단』 제60집(2010), 63; 윤춘병, "초기 한국 기독교 문헌에 기록된 한글판 구약," 132.

763 제15도

은 있어도 욥이 '회개'했다는 내용은 없다. 이 점이 1900년대 이 후 번역된 한글성서와 다른 점이다. 그리고 욥이 아내를 '악한 계집'이라 책망했다는 내용이 있는데 과도한 표현이라 여겨진다.

47도에는 다니엘 이야기가 소개되어 있으며, 48도에는 요나 이야기가 나오는데, 예언자를 '요나'로 번역했으나 '니느웨' 성은 '니니미'로 번역했다. 성경에는 하나님이 요나에게 마지막 질문을 한 것으로 끝나고 하나님이 실제로 니느웨 성에 형벌을 내리지 않으셨는지에 대해서는 단정적으로 기록되어 있지 않다. 그러나 『성경도설』에서는 요나에게 질문한 것은 생략하고 하나님이 니느웨 성에 재앙을 내리지 아니하셨다고 단정적으로 서술하고 있다.

4. 『위원입교인규됴』

『위원입교인규됴』는 마포삼열(Samuel Austin Moffet, 馬布三悅, 1864-1939)과 최명오의 편저로 볼 수 있는데, 중국 산동(山東) 반도에서 선교사로 활동했던 John L. Nevius(1829-1893)의 *Manual for Enquirer*를 번역하여 편집했을 가능성이 있다.[764] 이 책은 조선예수교서회에서 1895년 위탁 출판하였고 세례를 받은 초신자 교육에 사용되었다.

이 책은 성경을 '우리 영혼을 보호하는 양식'으로 표현하면서 성경의

---

764 용환규, "한국장로교회 초기 신앙교육서에 관한 연구: 『위원입교인규됴』(爲願入敎人規條, 1895)를 중심으로," 『복음과실천신학』 26권 (2012), 241-242.

중요성을 부각시켰다. 구약보다 신약을 먼저 읽을 것을 권하면서 성경을 풀어 해석한 책을 함께 보도록 권유하고 있다. 그리고 매주 신약성경을 중심으로 성경을 공부하기를 권하면서 성경본문을 제시하였다.

십계명을 중심으로 7가지 규범을 제시하였는데

> 둘째, 주일이 곧 안식하는 날이니 하나님께서 작정하신 거룩한 날인즉 사람과 육축이라도 이 날에는 일하지 못할 것이니 비록 생계와 관련된 것이라도 대단히 긴급한 일이 아니면 엿새 동안에 부지런히 일을 하고 이날은 정성으로 지킬 것이라.

다양한 주제를 풀어나가며 가르치는데 성경구절을 제시하면서 가르쳤다. 그리고 내용을 살펴보면, 시편 95편 1-3절과 98편 4-6절도 번역되어 있다.[765]

5. 『인가귀도』

『인가귀도』는 미국 선교사 플랭클린 올링거(Franklin Ohlinger)가 1894년에 한국어로 번역하여 출간한 한국 최초의 기독교 번역 소설이다. 원래 인가귀도는 영국 선교사 존 그리피트(John Griffith)가

765 Samuel Austin Moffet, 『위원입교인규됴(爲願入敎人規條)』, 30-31. 윤춘병, "초기 한국 기독교 문헌에 기록된 한글판 구약," 132; 리진호, 『한국 성서 백년사 I』, 132-133.

중국 선교를 위해 중국어로 집필한 책인데 올링거가 한글로 번역한 것이다.

내용을 보면 탕자의 비유와 비슷한 구조로 진행되고 있음을 알 수 있으며 부분적이나마 성경을 소개한 곳도 있다. 예를 들면 주인공의 형수가 병석에서 신앙고백하는 장면에 성경구절이 나타나는데 아래와 같다.

> 나ᄂᆞᆫ죽으나사나 샹뎨를ᄉᆞ랑ᄒᆞᆷ은ᄭᅳᆫ치못ᄒᆞᆯ줄아ᄂᆞ니쳥컨ᄃᆡ시편이십삼편일졀ᄉᆞ졀과가림다젼셔십오쟝오십오륙졀을보면내지금ᄆᆞᄋᆞᆷ과졍신의즐거은디경을알니다리션싱이칙을닑으니대벽왕이ᄀᆞᆯᄋᆞᄃᆡ쥬ᄂᆞᆫ우리를치ᄂᆞᆫ이니날노ᄒᆞ여곰업ᄂᆞᆫ거시업게ᄒᆞ시고내비록허물노죽어그윽ᄒᆞᆫ골목에가리오나ᄯᅩ해맛날가두리지아니ᄒᆞᆷ은 쥬가ᄒᆞᆼ샹나로더브러ᄒᆞᆷᄭᅴ계시고그지팡이왁ᄃᆡ가지로나를붓들며나를위로ᄒᆞ리라ᄒᆞ고보라ᄂᆞᆫᄀᆞᆯᄋᆞᄃᆡ…… 샹뎨ᄭᅴ샤례ᄒᆞᄂᆞ니우리 쥬예수쓰크리스도쓰쎄셔나의겸을주시다ᄒᆞ니라리션싱이닑기를ᄆᆞᆺ치매ᄭᅮᆯ어긔도ᄒᆞᄃᆡ말마다 샹뎨의큰은혜.주샤그형수로능히이긔치죽ᄂᆞᆫ거ᄉᆞᆯ이긔게ᄒᆞ심을감샤ᄒᆞ니[766] (* 나는 죽으나 사나 하나님을 사랑함은 끊지 못할 줄을 아나니, 청컨대 시편 23편 1절 4절과 고린도전서 5장 55절 56절을 보면 내 지금 마음과 정신의 즐거운 지경을 알 것입니다. 이선생이 책을 읽으니 다윗왕이 가로대 "주는 우리를 치는 이시니 나로 하여금 없는 것이 없게 하시고, 내 비록 허물 때문에 죽어 그윽한 골목에 가겠지만 해

766 『인가귀도』 제16장 72~73면

당할 것을 두려워하지 아니함은 주가 항상 나와 더불어 함께 계시고 그 지팡이와 막대기로 나를 붙들어 주며 나를 위로해 주실 것이다."[767]하였고, 바울은 가로대 "…… 하나님께 감사하나니, 우리 주 예수 그리스도께서 내게 검을 주신다."[768]하니라. 이선생이 읽기를 마치매 꿇어앉아 기도하는데, 말마다 하나님께서 큰 은혜를 주사 형수가 능히 이같이 죽는 것을 이기게 하심을 감사하였다.)

이외에도 『미이미교회강례』는 아펜셀러의 저서로 1890년에 발행되었는데 시편 39편과 90편, 그리고 욥기 4:1, 19: 25-27 등이 번역되어 있다.[769]

6. 『죠션크리스도인회보』

『죠션크리스도인회보』는 아펠젤러(H. G. Appenzeller) 선교사가 1897년 2월 2일 창간하던 주간신문으로 1897년 12월에는 『대한크리스도인회보』로 개명하여 발행하였다. 『죠션크리스도인회보』에는

767 "여호와는 나의 목자시니 내게 부족함이 없으리로다....내가 사망의 음침한 골짜기로 다닐지라도 해를 두려워하지 않을 것은 주께서 나와 함께 하심이라 주의 지팡이와 막대기가 나를 안위하시나이다." (개역개정역 시편 23:1, 4)

768 "(사망아 너의 승리가 어디 있느냐 사망아 네가 쏘는 것이 어디 있느냐? 사망이 쏘는 것은 죄요 죄의 권능은 율법이라.) 우리 주 예수 그리스도로 말미암아 우리에게 승리를 주시는 하나님께 감사하노니" (개역개정역 고린도전서 15:55-57). 고린도전서 15장 57절을 착오로 5장 55-56절로 잘못 번역한 것으로 보인다.

769 Henry G. Apenzeller, 『미이미교회강례』, 21-22. 윤춘병, "초기 한국 기독교 문헌에 기록된 한글판 구약," 125-126.

1897년 2월 2일부터 5월 12일까지 사무엘상과 사무엘하가 번역되어 있고, 1897년 6월 9일부터 7월 14일까지 열왕기상의 일부분이 번역되어 있으며, 1898년 6월 22일부터 1899년 6월 14일까지 창세기의 거의 50%가 번역되어 있고, 그 외 잠언과 시편 및 역대하의 일부가 번역되어 있다.[770] 번역된 부분의 상세한 내용은 아래와 같다;

창세기

1:1-23(1898. 6. 22); 1:24-31(6. 29); 2:8-17(7. 6); 2:18-25(7. 13); 3:1-15(7. 20); 3:16-24(7. 27); 4:3-15(8. 3); 5:21-32(8. 10); 6.11-22(8. 17); 7:1-10(8. 24); 8:6-22(9. 7); 9.8-17(9. 14); 11.1-10(9. 21); 12.1-9(9. 28); 13,1-13(10. 5); 14,13-24(10. 12); 17:1-9(10. 19); 18.1-15(10. 26); 18:20-33(11. 2); 19.12-16(11. 9); 20:1-16(11. 16); 21:1-21(11. 23); 22:-13(11. 30); 23:1-16(12. 17); 25:27-34(12. 21); 26:12-25(12. 28); 27:1-29(1899. 1. 4); 27:30-46(1. 11); 28:10-22(1. 18); 29,1-20(1. 25); 32:9-12(2. 1); 33:1-16(2. 8); 35:1-20(2. 15); 37:1-11(2. 22); 37:12-36(3. 1); 39:1-23(3. 8); 41:9-36(3. 29); 41:37-49(4. 5); 42:1-24(4. 12); 43:1-17(4. 19); 43:18-34(4. 26); 44:14-34(5. 3); 45:1-15(5. 10); 45:23-28; 46:1-6(5. 17); 47:13-26(5. 31); 50:1-14(6. 7); 50:14-26(6. 14)

770 민영진, "『죠션크리스도인회보』에 연재된 구약," 109; 한국감리교사학회 편, 『죠션 크리스도인의 회보』 (서울: 한국교회사문헌연구원, 1990).

사무엘상

10:17-27(1897. 2. 2); 15:17-23(2. 10); 16:1-13(2. 17); 17:38-51(2. 24); 20:32-42(3. 3); 23:13-26(3. 10); 24:1-18, 21-22(3. 24); 31:1-13(3. 31)

사무엘하

2:1-11(1897. 4. 14); 5:1-12(4. 21); 6:1-12(4. 28); 7:4-16(5. 5); 9:1-13(5. 12); 15:1-12(5. 26); 18:24-33(6. 2)

열왕기상

1:18-39(1897. 6. 9); 3:5-15(6. 16); 4:25-34(6. 23); 5:1-12(7. 7); 8:54-63

시편 122:1-9(1897. 12. 22); 32:1-11(1897. 5. 19)
잠언 23:19-35(1897. 6. 23)
역대하 6:1-2, 17-21, 40-42; 7:1-4(1897. 12. 22)
히브리서 10:19-26

그리고 번역과 해설을 아펜젤러가 모두 한 것이 아니라 분담하여 한 것으로 보인다. 이 본문들을 번역하는 과정에서 탁사 최병헌 목사의 역할이 중요했을 것으로 짐작되며, 로드와일러양이 해설을 담당하고 존스 형제가 문제 부분을 담당한 것으로 아래와 같이 보고되어 있다.

> … 주일학교 공과 내용을 두 페이지에 할애하여 출판하는 것 때문에 주일학교 연합회가 자원을 원조하므로 본지가 이론상

으로는 자립하고 있다. 로드와일러 양이 신약성서의 공과를 해설했고, 존스 형제는 문제를 냈다. 믿음의 형제 최씨 와 송씨는 오른손과 같이 나를 돕고 있다. …[771]

그리고 1897년 8월 11일자 『회보』[772] 하단에 감리교회 권사들과 전도인들이 시험에 대비하여 공부할 과목을 제시한 기사가 아래와 같이 게재되어 있다.

> 권ᄉᆞ의 공부ᄒᆞ여 외올거슨 십계와 ᄉᆞ도신경과 시편 일편 이십삼편 오십 일편과 이ᄉᆡ아 오십 삼쟝과 마태복음 오쟝 일졀브터 십 이절ᄭᆞ지와 가림다젼셔 십 삼쟝이오 닑ᄂᆞᆫ거ᄉᆞᆫ 구약에 창셰긔와 출애굽과 신약 ᄉᆞ복음과 ᄉᆞ도힝젼과 텬로력뎡이니라.[773]

이처럼 시편, 이사야, 창세기, 출애굽기, 신약 4복음서, 사도행전, 고린도전서 등의 책이 이미 번역되어 있다는 것을 알 수 있다. 시편이 번역되었다는 사실은 예배순서를 보아도 알 수 있다. 1898년 1월 12일 감리교회 주일 예배 순서와 설명이 『회보』에 게재되었는데 순서 가운데 "구약 몃 귀졀을 닑으옴"이라는 순서가 있고 설명으로 "만일 시편을 닑거든 회

---

771 이 보고서는 1898년 아펜젤러가 「대한 크리스 도인 회보」에 대한 보고서인데 미이미 교회(북감리교회) 연환회(연회)에서 보고한 것이다. 이환진, "성서 번역가 탁사 최병헌의 잠언(23장)과 시편(32편, 122편)과 역대하(6-7장) 번역문 분석 - 〈죠션(대한) 크리스도인 회보〉의 경우," 『성경원문연구』 제17호 (2005), 46-47.

772 이하 『죠션크리스도인회보』를 줄여서 『회보』로 표기한다.

773 민영진, "『죠션크리스도인회보』에 연재된 구약," 116-117.

즁과 홈씌 화답홈이 가홈"이라 되어 있다.[774] 이처럼 예배시간에 시편을 교독하는 관습이 있었던 것으로 보아 1898년에는 이미 시편이 번역되어 있었을 것으로 짐작된다.

또한 부분적으로는 회보의 편집인인 아펜젤러가 번역했을 수도 있지만 최초의 번역이 아니라 이미 단권 성경으로 번역된 책에서 인용된 것일 수도 있다. 왜냐하면 "출애급 이십 오륙칠장을 보라"[775]와 같이 회보에 연재되지 않은 성경을 읽으라고 했으니 어딘가 번역된 성경이 있었을 것으로 짐작된다. 혹시 한문성경을 보라는 말이 아닌가 추측을 할 수는 있는데 한글로 된 성경을 공부하는 독자들에게 갑자기 한문성경을 보라는 것은 무리한 요구라 할 수 있다.[776]

그리고 회보 광고란에 '죵로대동셔샤광고'가 나오는데 신구약 성경을 구매해서 보라는 광고를 보면 이미 신구약이 번역되어 있었을 가능성이 있다. 물론 한문성경을 가리킬 수도 있고 성경의 단권 번역본일 가능성도 있다.

> 우리 셔샤에셔 셩경 신구약과 찬미가 칙과 교회에 유익훈 여러 가지 셔칙과 사문에 긴요훈 칙들을 팔되 갑시 샹당ᄒᆞ오니 학문샹과 사무변에 뜻이 잇눈 군ᄌᆞ들은 만히 사여 보시옵[777]

---

774 민영진, "『죠션크리스도인회보』에 연재된 구약," 116.
775 『회보』 1권, 12호(1897. 4. 28)
776 민영진 "『죠션크리스도인회보』에 연재된 구약," 113-115
777 『회보』 1898년 1월 12일

아펜젤러 일기를 보면 이미 1886년 이전부터 한글로 번역된 신구약 성서들(The Bibles)이 있었음을 알 수 있다.[778] 그리고 『죠션크리스도인회보』에 실린 시편들은 1897년 5월 19일자에 게재된 시편 32장 1-11절과, 1897년 12월 22일자에 게재된 시편 122장 1-9절이다.[779] 이 시편들은 독자적으로 번역된 시편들이었고 1898년에 피터스(A. A. Peters)가 번역한 『시편촬요』에 포함되지 않은 시편들이다.[780] 『시편촬요』는 시편 발췌번역본으로 1898년 유대인 개종자 알렉산더 피터스에 의해 번역된 것으로 총 62편이 번역되어 있다.[781] 유대인인 피터스는 히브리어 성경을 참조하여 원문에 충실한 번역을 하려고 노력하였고 쉬운 한글로 번역하였다.

『죠션크리스도인회보』에 게재된 시편 122편은 1897년 12월 26일에 정동제일교회 헌당예배의 예배문에 교독하기 위해 번역한 본문인데 아래와 같이 교독문의 형태로 되어 있다;

시편일빅이십이

내가 깃버 홈은 뎌들이 날다려 말ᄒ기를

여호와의 뎐에 드러가세

예루살렘아 우리 발이 네 문안헤 섯도다

---

778 H. G. Appenzeller, *Papers-diaries(1886-1901)*, (한국감리교사학회, 1986), 13. 리진호, 『한국 성서 백년사 I』, 133.

779 민영진, "『죠션크리스도인회보』에 연재된 구약," 117.

780 민영진, "〈改譯〉사무엘 上、下의 原譯本 : 죠션크리스도인회보에 실린 사무엘 上、下의 MT 反映程度 및 1,2차 改訂本文과의 比較," 『神學과 世界』 제14호 (1987, 봄), 37.

781 김중은, "구약성서국역사," 24-66; "최초의 구약국역선구자 알렉산더 피터스(A. A. Peters, 彼得)," 29-42.

예루살넴아 네가 셰운거ᄉᆞᆫ 곳 굿고굿이 완젼ᄒᆞᆫ 셩과 ᄀᆞᆺ도다

지파들이 뎌리로 올나가니 곳 여호와의 지파 - 로다

이ᄂᆞᆫ 이스라엘에 증거ᄒᆞ여 여호와의 일홈의게 감샤ᄒᆞ랴 홈이도

다

대개 거긔셔 심판ᄒᆞᄂᆞᆫ 여러 보좌롤 세윗사니

곳 싸윗의 집 보좌로다

예루살렘의게 평안홈이 잇기롤 긔도ᄒᆞ게

너롤 ᄉᆞ랑ᄒᆞᄂᆞᆫ 쟈의게ᄂᆞᆫ 평안홈이 잇도다

네 셩 안에 평안홈이 잇고

너희 대궐 안헤 태평홈이 잇기롤 원ᄒᆞᄂᆞᆫ도다

네 형뎨와 동모롤 위ᄒᆞ야

내가 네 안헤 평안ᄒᆞ라 말 ᄒᆞ겟도다

우리 하ᄂᆞ님 여호와의 집을 위ᄒᆞ야

너 잘 되기롤 내가 힘 쓰겟도다[782]

이처럼 교독문의 형식을 취하였기에 성도들이 함께 읽는 부분은 크고 진하게 인쇄되어 있다. 정동제일교회를 헌당할 때는 시편 122편을 9절까지 모두 교독하였는데 다른 교회 헌당할 때는 6절까지만 선택하여 교독문으로 활용한 적도 있다.[783] '예루살렘'과 '예루살넴'이 다른 것은 아마도 인쇄 착오인 것으로 짐작된다. 주목할 점은 시편 122편에는 '여호와'

782 『회보』 제1권 47호 (1897년 2월 22일)

783 『회보』 (1897년 2월 22일)

로 번역하고 있지만 시편 32편에는 대표본을 따라 '야화화'(耶和華)로 번역했다는 점이다. 따라서 시편 32편같은 성경공부용 본문은 탁사 최병헌이 대표본을 저본으로 번역했지만 예배시 교독문인 시편 122편은 선교사 아펜젤러의 번역일 가능성이 짙다.[784] 그리고 시편 32편도 성경공부용으로 게재되어 있는데 다윗을 더욱 풍부하게 이해할 수 있도록 사무엘서와 연결해서 게재되었다.

1897년 6월 23일자 『죠션크리스도인회보』에는 잠언 23장이 게재되어 있는데 그 내용은 아래와 같다;

> 술취하는 것이 큰 해라
> 十九 너희 젹은 아ᄃᆞᆯ들은 내 말을 듯고 지혜를 엇으며 본 ᄆᆞᄋᆞᆷ
> 을 직혀 도를 좃치며
> 二十방탕ᄒᆞᆫ 쟈를 ᄉᆞ귀지 말며 침면 ᄒᆞᆫ 쟈를 벗 삼지 말라
> 二一슐 먹기를 탐 ᄒᆞᄂᆞᆫ 쟈ᄂᆞᆫ 가난 ᄒᆞ고 자기를 됴화 ᄒᆞᄂᆞᆫ 쟈ᄂᆞᆫ
> ᄯᅥ러진 오슬 닙ᄂᆞ 니라
> 二二부모가 너ᄅᆞᆯ 나핫ᄉᆞ니 비록 늙어도 슌죵 ᄒᆞ고 ᄇᆞ리지 마라
> 二三맛당히 지혜를 직희고 일치 말거시니
> 二四二五ᄌᆞ식을 나허 착ᄒᆞ고 ᄯᅩ 지혜가 잇스면 아비가 깃버ᄒᆞ고
> 어미가 ᄯᅩᄒᆞᆫ 즐거ᄒᆞᄂᆞ니라
> 二六너희 젹은 아ᄃᆞᆯ은 ᄆᆞᄋᆞᆷ을 내게로 돌녀 보내고 눈을 도에다

784 이환진, "성서 번역가 탁사 최병헌의 잠언(23장)과 시편(32편, 122편)과 역대하(6-7장) 번역문 분석 - 〈죠션(대한) 크리스도인 회보〉의 경우," 『성경원문연구』 제17호(2005), 69.

두어라

二七기ᄉᆡᆼ은 깁흔 구렁 ᄀᆞᆺ고 음란ᄒᆞᆫ 부녀ᄂᆞᆫ 함정 ᄀᆞᆺᄒᆞ니

二八쳐쳐에 죵젹을 숨기고 사ᄅᆞᆷ을 유혹 ᄒᆞ여 죄에 ᄲᅡ지게 ᄒᆞᄂᆞ
니라

二九누가 환난을 맛나며 누가 숑ᄉᆞ를 ᄒᆞ며 누가 원망을 ᄆᆡ지며
누가 무고이 몸을 샹 ᄒᆞ며 누가 눈을 븕게 ᄒᆞᄂᆞ뇨

三十오직 밤을 련 ᄒᆞ야 슐을 마시며 농 ᄒᆞᆫ 슐을 죠합 ᄒᆞ야

三一슐이 븕은 빗치 발 ᄒᆞ며 잔 속에 빗치 아ᄅᆞᆷ다오며 법ᄃᆡ로
흘너인 후에 ᄂᆞ려 가면 화창 ᄒᆞᆫ거슬 보지 마라

三二나죵에 너를 해 ᄒᆞ기ᄂᆞᆫ 비암이 무ᄂᆞᆫ 것 ᄀᆞᆺ고 그 독이 독ᄉᆞ
ᄀᆞᆺᄒᆞᆷ이라

三三임의 슐에 침면 ᄒᆞ면 음란 ᄒᆞᆫ 녀인의게 눈을 두고 ᄆᆞ음에 샤
특 ᄒᆞᆷ을 ᄉᆡᆼ각 ᄒᆞᄂᆞ니

三四그 위ᄐᆡᄒᆞᆷ은 바다 속에 자ᄂᆞᆫ 것 ᄀᆞᆺ고 돗ᄃᆡ 우헤셔 누은 것
ᄀᆞᆺᄒᆞ니

三五나ᄅᆞᆯ ᄯᅡ려도 압흐지 안코 내가 마져 샹 ᄒᆞ여도 ᄉᆡᆼ각 ᄒᆞ지
안코 어ᄂᆞᄯᅢ ᄭᆡ겟ᄂᆞ뇨 ᄒᆞ며 내가 ᄯᅩ 다시 슐을 ᄎᆞᆺᄂᆞ니라[785]

위의 번역을 분석해보면 한문성경 대표본 번역을 따른 것을 볼 수 있다. 예를 들어 19절의 '젹은 아돌들'은 원래 '내 아들아'였는데 대표본 번역의 '小子'를 다시 번역한 것이다. 26절의 '길(데레크)'을 대표본 번역을

785 『회보』 제1권 제21호(1897년 6월 23일).

따라 '도(道)'로 번역한 것은 훌륭한 번역이라 볼 수 있다.[786] 31절의 '슯이 붉은 빗치 발 ᄒᆞ며 잔 속에 빗치 아룸다오며'는 한글의 아름다운 표현력을 살린 것으로 대표본에도 없는 독특한 번역이라 할 수 있다.[787]

7. 『시편촬요』

『시편촬요』는 알렉산더 피터스(Alexander Albert Pieters, 彼得, 1872-1958)에 의해 번역 출판된 것으로 개신교 구약번역에 있어서 중요한 번역이다. 시편 가운데 저주시를 제외한 시편 62편을 한글로 번역했지만 불가피하게 어려운 한자어를 사용한 것에 대해 책 말미에 "문자 초집"이라는 난을 마련하여 한자어를 한글로 풀이하여 독자들의 이해를 도왔다. 『시편촬요』는 개인역이었지만 상임성서실행위원회의 허락을 받아 1898년 감리교 삼문출판사에서 2회에 걸쳐 2500부가 출간되었다.

피터스는 러시아에서 태어났고 유대인 가정에서 자라났으며 청년이 되었을 때는 미국으로 이민하려고 하였다. 그러나 경유지인 일본에 잠시 머무는 도중 23살 때인 1895년 일본에서 개신교로 개종하여 세례를 받았다. 피터스는 그 후 미국 성서공회 소속 권서인으로 한국에 입국했는데 1895-1898년 동안 충청도와 전라도를 순회하며 성경을 반포하였다. 예를 들

786 이환진, "성서 번역가 탁사 최병헌의 잠언(23장)과 시편(32편, 122편)과 역대하(6-7장) 번역문 분석 - 〈죠션(대한) 크리스도인 회보〉의 경우," 52.

787 이환진, "성서 번역가 탁사 최병헌의 잠언(23장)과 시편(32편, 122편)과 역대하(6-7장) 번역문 분석 - 〈죠션(대한) 크리스도인 회보〉의 경우," 53.

어 1896년 경우 피터스는 6개월 동안 시골길을 다니면서 2,592권의 복음서, 274권의 신약성경, 그리고 11권의 성경 등을 판매하였다.

피터스는 유대인 가정에서 자라났기 때문에 어릴 때부터 히브리어 시편과 기도문을 암송하였으므로 그의 번역은 비교적 원문의 의미를 잘 살리는 번역이 되었다. 이로 인해 성경의 한글 번역에도 큰 영향을 끼쳤다. 피터스는 1898년 대영성서공회 부총무로 잠시 봉직한 후 미국 맥코믹 신학교에 진학하여 1902년 졸업하고 목사안수를 받았다. 그리고 1904년 미국 북장로회 한국 선교사로 다시 한국에 돌아와 평생 성경번역과 선교에 헌신하였다.

피터스의 『시편촬요』는 150편 중 62편의 시들을 다음과 같이 번역한 것이다; 1-10, 15, 16, 18, 19, 20, 22-25, 27,30, 32, 37, 46, 50, 51, 62, 63, 65, 67, 84, 86, 90, 91, 95, 96, 97, 98, 100, 103, 105, 107, 110,112-116, 119, 121, 124, 126-128, 130, 133, 138, 142, 145, 146, 148, 150. 이 가운데 시편 1편과 23편을 살펴보자. 비교하기 위해 1906년 번역판을 제시할 것이다.

> 『시편촬요』 데일편
>
> 一 악ᄒᆞᆫ 쟈의 ᄭᅴ임으로 힝ᄒᆞ지 아니ᄒᆞ며 죄인의 길에 서지 아니ᄒᆞ며 오만ᄒᆞᆫ 쟈의 자리에 안지아니ᄒᆞ며 二 오직 여호와의 률법을 깃버ᄒᆞ야 그 률법을 밤낫으로 ᄌᆞᆷᄌᆞᆷ히 ᄉᆡᆼ각ᄒᆞᄂᆞᆫ 쟈ᄂᆞᆫ 복이 잇는 자 – 로다 三 이 사ᄅᆞᆷ은 맛치 물 가헤 심어셔 ᄯᅢ에 밋쳐 열ᄆᆡ를 맷고 그 닙사귀가 ᄯᅥ러지지 아니ᄒᆞᄂᆞᆫ 나무 ᄀᆞᆺᄒᆞ며 모든 ᄒᆡᄒᆞᄂᆞᆫ 거시 형통ᄒᆞ리로다 四 악ᄒᆞᆫ 쟈ᄂᆞᆫ 그러치아니ᄒᆞ야 오직 바ᄅᆞᆷ에 몰나가ᄂᆞᆫ 죽정이 ᄀᆞᆺ도다 五 그런고로 악ᄒᆞᆫ쟈들이 심판ᄒᆞᆯ ᄯᅢ에 서지 못ᄒᆞ며 죄인들이 올ᄒᆞᆫ 쟈의 모히ᄂᆞᆫ 곳에 서지 못ᄒᆞ리로다 六 대개 여호와ᄭᅴ셔 올

흔 쟈의 길은 아시되 오직 악흔 쟈의 길은 멸망ᄒᆞ리로다

1906년 번역판 시편 1편

一 복 잇ᄂᆞᆫ쟈는 악흔쟈의 의론대로 힝치아니ᄒᆞ고 죄인의 길에 서지도 아니ᄒᆞ며 오만흔쟈의 자리에 안지도 아니ᄒᆞ고

二 오직 여호와의 률법을 즐거워ᄒᆞ며 그 률법을 쥬야로 믁샹ᄒᆞᄂᆞᆫ도다

三 이 사름은 비컨대 시ᄂᆡ 물 가에 심으 나무가 그 시졀을 좃차 열ᄆᆡ를 ᄆᆡ즈며 그 닙사귀가 ᄆᆞ르지아니홈 곳흐니 므롯 그의 힝ᄒᆞᄂᆞᆫ 일이 다 형통ᄒᆞ리로다

四 악한쟈는 그러치 아니ᄒᆞ니 오직 바람에 ᄂᆞᆯ니ᄂᆞᆫ 겨와 곳도다

五 그런고로 악흔쟈들이 심판홀 ᄯᅢ에 서지못ᄒᆞ며 죄인들이 올흔쟈의 회즁에 서지못ᄒᆞ리로다

六 대개 여호와ᄭᅴ셔 올흔쟈의 길을 아시ᄂᆞ니 오직 악흔쟈의 길이 망ᄒᆞ리로다

『시편촬요』 뎨이십삼편

다빗이 지은 시라

一 여호와ᄂᆞᆫ 나의 목쟈가 되셧스니 내게 부족홈이 업ᄉᆞ리로다

二 여호와가 날노 ᄒᆞ여곰 방초 동산에 눕게 ᄒᆞ시고 쉬울만흔 물 가흐로 나를 잇ᄭᅳ시며 三 내 령혼을 회복ᄒᆞ시고 ᄌᆞ긔 일홈을 위ᄒᆞ샤 나를 올흔 길노 인도ᄒᆞ시도다 四 내가 죽음의 음곡으로 힝홀지라도 악흔 거슬 두려워아니흔 거슨 쥬ᄭᅴ셔 날노 홈ᄭᅴ ᄒᆞ심이어 쥬의 막닥이와 집힝이가 나를 안위ᄒᆞ옵ᄂᆞ이다 五 쥬ᄭᅴ

셔 내 원슈 압헤 날을 위ᄒᆞ샤 상을 배프시고 기름으로 내 머리에 바ᄅᆞ셧스매 나의 잔이 넘치옵ᄂᆞ이다 六 내 평ᄉᆡᆼ에 딩녕이 은춍과 ᄌᆞ비ᄒᆞᆷ이 나를 ᄯᆞ르겟슴이어 내가 여호와의 뎐에 거ᄒᆞ야 영원히 밋ᄎᆞ리로다

1906년 번역판 시편 이십삼편

다윗의 시라

一 여호와씌셔 나의 목쟈시니 내게 부족ᄒᆞᆷ이 업스리로다

二 나로 ᄒᆞ여곰 푸른 풀밧헤 눕게 ᄒᆞ시며 잔잔ᄒᆞᆫ 물 가으로 나를 인도ᄒᆞ시도다

三 나의 령혼을 회복ᄒᆞ시고 ᄌᆞ긔 일홈을 위ᄒᆞ샤 공의의 길노 인도ᄒᆞ시도다

四 ᄯᆞᄒᆞᆫ 내가 비록 ᄉᆞ망의 음침ᄒᆞᆫ 골싹이로 ᄃᆞᆫ닐지라도 해 밧음을 두려워ᄒᆞ지아니ᄒᆞᆷ은 쥬씌셔 나와 ᄒᆞᆷ씌 계심이라 쥬의 막닥이와 쥬의 집ᄒᆡᆼ이가 나를 안위ᄒᆞ시ᄂᆞ이다

五 쥬씌셔 나를 위ᄒᆞ샤 내 원슈 합헤 상을 베프시고 기름으로 내 머리에 부으시니 나의 잔이 넘치ᄒᆞ이다

六 진실노 션ᄒᆞᆷ과 인ᄌᆞᄒᆞ심이 나의 사ᄂᆞᆫ 날ᄭᆞ지 나를 ᄯᆞ르리니 내가 여호와의 뎐에 영원토록 거ᄒᆞ리로다

위에서 1장과 23장을 함께 비교해본 결과 피터스의 번역은 1906년 번역과도 비슷하며 오늘날 우리가 읽고 있는 성경과 거의 유사함을 발견할 수 있다. 이처럼 한글 구약 번역에 있어서 피터스가 끼친 영향은 지대하였다.

8. 『舊約撮要(구약촬요)』

『舊約撮要(구약촬요)』는 1899년에 출판되었으며 창세기 발췌번역(拔萃飜譯)이다. 비록 발췌번역이기는 하지만 창세기의 55% 정도를 번역하여 35개의 단락으로 나누었다. 이 번역은 당시 대영국종고성교회(大英國宗古聖教會)라고 불리던 성공회(聖公會)에서 번역한 것인데 한문 번역을 대본(對本)으로 하여 번역하였다.[788] 한문 본문과 한글 번역본을 모두 게재하였으며, 중간 중간에 작을 글자로 주를 달았는데 말미에는 길게 주를 달았다.

예를 들면 야곱의 경우를 이야기하며 첩을 두지 말라고 권고한 내용을 말미에 두었다. 인명과 지명을 선으로 표시하였으며 절 표시는 없지만 단락 표시는 'O'으로 표기 하였다. 특이한 것은 천주교 번역에서 사용하던 '텬주'라는 용어를 사용한 점이며, 소도마, 이ᄉᆞ악, 에집도 등도 천주교 번역에서 사용하던 용어를 활용한 예라 할 수 있다. 그러나 전체적으로 볼 때 인명과 지명의 경우 요습(要習)과 파로(波老, 바로)와 같이 기본적으로 한자를 한글로 발음할 때의 음가를 주로 사용하였다.

788 민영진, "성공회신학대학에서 발견된 『구약촬요』," 『성서한국』 36:2 (1990), 15-19; 민영진, "최근에 발견된 희귀본 성경 『구약촬요』," 『기독교 사상』 385 (1991), 157-166.

II. 개신교의 신약성경 번역과 해석

1. 로스(John Ross)

개신교의 한글성경 번역은 만주에서 시작되었다. 그 주역은 스코틀랜드 출신의 존 로스(John Ross, 羅約翰, 1842-1915) 였는데 1872년 8월 23일 중국 선교사로 산동 반도 즈푸(芝罘)에 도착하였다. 로스 선교사는 중국 선교 현황을 살핀 후 만주와 한국에 이르는 선교의 꿈을 안고 만주 영구(營口)로 옮겼다. 그런데 혹독한 겨울 추위로 건강이 악화된 아내가 그 이듬해 첫 아들을 낳은 후 세상을 뜨는 슬픔을 겪었다. 로스는 극도의 슬픔을 딛고 만주에서 선교활동을 시작하였으며 선교 초기부터 조선선교와 한글번역 성경에 대한 비전을 가졌다. 그는 처음에 이응찬에게서 한글을 배워 1877년 『한국어 입문』(*Corean Primer*)부터 편찬하였는데 특이하게도 가로쓰기를 하였다. 또한 역사에 관심을 기울여 『한국의 역사』(*A history of Corea*)를 집필하였고 이러한 학문적 성과를 인정받아 글라스고우 대학(University of Glasgow)에서 신학박사학위를 받았다.[789]

로스는 성경을 한글로 번역하기 전에 『예수셩교문답』과 『예수셩교요령』을 집필하여 전도지로 사용하였다. 그런데 이 전도지 안에는 구약과 신약의 내용이 소개되어 있었는데 그 내용의 일부를 보면 다음과 같다;

789 최성일, "로스역본이 한국교회에 끼친 영향," 『장로교회와신학』 10 (2013), 96.

『예수셩교문답』

문: 녯언약칙에무어슬긔록ᄒᆞ엿너뇨

답: 이세게와만물과사람이죄여범한것과홍슈와쏘도를긔록ᄒᆞ니라

『예수셩교요령』

...예수 이왕ᄒᆞ시던말삼이넉넉키명빅ᄒᆞ곳도데자덜이텬하각국말을 능통ᄒᆞ난디라이런고로뎨다덜이각국에단니며도를뎐ᄒᆞ며할ᄒᆞ기를 텬하에예수 이외여는능이죄를샤ᄒᆞ며사람을 구완ᄒᆞ난쟈업너니라 ᄒᆞ여시니...이는다사도힝뎐에잇난거시라

위의 내용을 살펴보면, 『예수셩교문답』에는 구약을 소개하면서 '옛언약 책'이라 하였고 에덴의 범죄사건과 홍수사건, 그리고 구약에 무슨 내용이 기록되어 있는지에 대해 소개하였다. 그리고 『예수셩교요령』에는 '사도행전'이라는 책명을 언급하면서 방언을 하는 등 초대교회 때 일어난 일들을 소개하고 있다.

로스는 한문성경을 한국인이 번역한 후 그리스 성경과 영어 성경을 대조하는 방식으로 번역하였는데 주석도 참고하였다. 이 번역을 주도한 사람은 로스 선교사였지만 동료 선교사 존 맥킨타이어(John Macintyre)와 협력하였고 이응찬(李應贊), 백홍준 (白鴻俊), 서상륜(徐相崙), 이성하(李成夏), 김진기(金鎭基), 이익세(李益世), 최성균(崔成均) 등이 한문성경을 한글로 번역하는 일에 큰 역할을 하였으며 김청송(金青松)은 식자공으로 도왔다. 로스와 함께 번역에 동참한 조선 선비들 가운데 이응찬은 1876년 맥킨타이어 목사로부터 세례를 받아 한국 최초 개신교 교인이 되었다. 그리고 서상륜은 1879년 로스 목사로부터 세례를 받았다. 그러면 구체적으로

로스는 어떠한 번역원칙으로 임했으며 어떠한 번역과정을 밟았는지 그의 편지에서 살펴보자.

> 이 문제(성서간행)와 관련해서 내가 성서를 한글로 번역하는 방법을 소개하겠다. ...조선인 학자 한 사람이 최신 중국어 문리(文理) 성경을 가지고 번역하고 있다. 나는 그가 번역한 것을 그리이스어성서와 영어 개역성서를 가지고 자자구구 대조한다. 이 일을 돕는 또 한 사람 조선인 학자가 있는데... 그 다음 어휘의 통일을 기하기 위해 그리이스어 성구사전을 가지고 그리이스어를 번역함에 가장 적당한 조선어가 무엇인지를 결정해 나갔다. 그러나 축자적 번역보다는 의미와 조선식 관용어귀를 채택하는 경향이 강했다... 이같은 과정이 끝나면 번역원고를 또 한 번 수정하게 되는데 이번에는 처음보다 더 신중하게 그리이스어 성서와 대조하며 읽어 나간다. 이 일을 함에 있어 엘포드(Alford) 편 헬라어성서는 별로 도움이 되지 못했다. 반면 영어 개역성서는 대단히 큰 도움을 주었고 메이어(Meyer)의 주석도 많은 도움을 주었다.[790]

로스가 한글로 성경을 번역하는 과정을 보면, 먼저 (1) '조선인 학자'가 한문성경을 한글로 번역하는 초벌 번역으로 시작한다. (2) 그리이스어

790 United Presbyterian Missionary Record, Jul., 1, 1882, p.244 이덕주, "초기 한글성서 번역에 관한 연구,"『한글성서와 겨레문화』(서울: 기독교문사, 1985), 422-423 재인용.

성서와 영어 성서와 대조한다. (3) 그리스어 성구사전을 활용하여 조선어를 결정한다. (4) 그리스어 성서와 대조하며 읽어나간다. 이러한 과정에서 눈여겨 볼 수 있는 대목은 신약성서의 원전인 그리스어 성서를 주로 활용했다는 사실과 조선인 학자의 번역이 중요했다는 점이다. 그리고 축자적 번역보다는 쉽게 이해할 수 있는 조선어 관용어귀를 많이 활용했다는 점이다. 그래서 로스의 번역이 문어체가 아니라 구어체가 되었다.

로스가 안식년으로 스코틀랜드로 간 기간(1879년 4월 – 1881년 8월)에도 성경번역은 계속되었다. 맥킨타이어가 조선의 선비들과 함께 번역하였는데 이 때 프랑스 신부가 저술한 『한불자전(韓佛字典)』을 구해서 도움을 받았다.[791] 이 사전을 통해 맥킨타이어는 서북지역 사투리가 아닌 서울지역 말을 살펴볼 수 있었는데, 후일 서울지역 말로 성경을 개정하는데 이 사전이 도움이 되었다.

로스 번역의 열매는 1882년 3월 24일 출판한 『예수셩교누가복음젼셔』로 시작되었고 이어서 5월 12일에 『예수셩교요안닉복음젼셔』를 출판하였다. 이 복음서를 들고 김청송은 1882년 봄에 권서인으로서 고향인 집안현에 들어가 복음서를 배포하면서 전도를 하였는데 이러한 전도가 열매를 맺어 1884-1885년에 89명이 세례를 받았다.[792] 또한 1881년에 로스에게 세례를 받은 서상륜은 1882년에 누가복음과 요한복음을 들고 고향인 소래에 가서 서울과 왕래하면서 권서인으로 활동하였다. 이 소래교회는 1887년 7명이 세례를 받았으며 1895년 7월 7일에는 한국 최초의

791 대한성서공회 편, 『대한성서공회사 I. 조직.성장과 수난』, 53.
792 최성일, "로스역본이 한국교회에 끼친 영향," 103.

교회당을 봉헌하는 교회가 되었다.[793]

1883년에는 이미 번역한 누가복음과 사도행전을 함께 묶어 『예수셩교누가복음데쟈힝젹』과 요한복음의 수정본인 『예수셩교요안ᄂᆡ복음』을 출판하였다. 1884년에는 『예수셩교셩셔말코복음』과 『예수셩교셩셔맛ᄃᆡ복음』이 번역 출판되었고, 1885년에는 요한복음과 에베소서를 엮은 『예수셩교셩셔요안ᄂᆡ복음이비쇼셔신』이 출판되었다. 로스의 신약성경 번역은 1887년에 마무리를 지었는데 신약성경 전체를 번역한 『예수셩교젼셔』가 1887년에 만주 심양(瀋陽)의 문광서원에서 출판되었다.

로스는 한글성서 번역에 크게 공헌하였다. 특히 로스가 토착명칭을 찾아냈다는 점이 중요한데, 처음에는 '하느님'으로 번역했지만 1883년부터 '하나님'으로 번역하여 오늘날까지 이르고 있다. 이러한 번역은 선교지의 전통과 문화를 존중하고 귀중히 여기는 그의 선교 방식에서 우러나온 것이라 할 수 있다. 그러나 비판도 받았다. 즉 서북지방 사투리를 채택 하였고 한문투(漢文套)의 단어들이 많이 포함되어 있으며 생소한 신조어가 많다는 것이다. 또한 번역 본문이 우리말 어법에 서툰 모습이 있어서 비판을 받았다. 그런데 후대에 선교사들이 번역한 성경에도 한문투의 단어들이 많이 포함되어 있음을 발견할 수 있다. 이렇게 한문투의 단어들이 많이 활용된 것은 조선에서는 이미 일상생활에서 한문투의 단어들을 많이 사용하고 있었기 때문이며 한문성경의 영향이 많았기 때문이다.

주목할 점은 로스역이 한문중심의 문어체가 아닌 구어체를 사용했으며 한국 고유어를 사용하려고 노력했다는 것이 로스의 장점이라 할 수

---

793 최성일, "로스역본이 한국교회에 끼친 영향," 109.

있다. 그리고 로스도 서북지방 사투리가 지역적인 한계를 안고 있다는 점을 알고 나서 서울말을 채택하는 노력을 기울였는데 1887년에 출판된 『예수셩교젼셔』에는 상당 부분 서울말로 대체하였다.

비록 로스의 번역에 부족한 점이 있었지만 처음으로 시도된 개척적인 번역이라는 점을 감안해야 할 것이다. BFBS(영국성서공회)의 통계에 의하면 1887년까지 배포된 로스역은 67,040권이었으며, 선교사들로부터 비판을 받았던 시기인 1889-1890년에도 11,000권이 발행되었다. 그리고 1892-1893년에도 16,000권이 출판되어 총 94,040권의 성경이 출판되었다.[794] 이처럼 로스역은 한국 개신교 초기 한글로 성경을 읽고 싶어 했던 한국기독교인들에게 가뭄의 단비와 같은 반가운 선물이었다.

1887년 9월 로스가 서울 새문안교회 창립에 참석했을 때, 14명의 세례자 중 13명이 직접 또는 간접적으로 서상륜에 의해 전도를 받았다는 것은 로스의 번역활동과 권서인들의 전도활동이 얼마나 귀중하고 값진 것임을 증명하는 것이다.[795] 참으로 미국에서 온 선교사들은 선교를 시작하기 전에 이미 한글로 된 성경을 읽고 신앙을 고백하는 성도들을 만나게 된 것이다. 천주교와 마찬가지로 개신교의 역사도 선교사로 인해 시작된 것이 아니라 성경을 먼저 수용한 한국인이 성경을 읽고 신앙을 고백하는 일로 시작되었다. 다음은 로스가 번역한 주기도문으로 그 특징을 분석해 볼 것이다.

---

794 최성일, "로스역 신약성서의 특징과 저본에 관한 소고," *Canon&Culture* 제4권 2호 (2010), 126.

795 최성일, "로스역본이 한국교회에 끼친 영향," 110.

1887년 로스가 번역한 '주기도문' 마태복음 6:9-13

우리 하날에 게신 아바님 아바님의 일흠이 셩ᄒᆞ시며
아바님 나라이 님ᄒᆞ시며 아버님 쯧이 ᄯᅡᆼ에 일우기를
하날에 힝ᄒᆞ심갓치 하시며 쓰논바 음식을 날마당 우리를 주시며
사룸의 빗샤함갓치 우리 빗올 샤ᄒᆞ시며 우리로 시험에 드지안케
ᄒᆞ시며 오직 우리를 악에 구완ᄒᆞ여 ᄂᆡ소셔

로스는 그리스어 원문의 뜻을 살림과 동시에 한국인의 존칭 사용의 관습을 반영하여 '너의 나라'와 '너의 뜻'을 '아바님 나라'와 '아버님 뜻'으로 번역하였다. 이렇게 소유격을 생략하지 않고 번역하여 '하나님(나라)'와 '하나님(뜻)'을 강조한 것이 큰 장점이라 할 수 있다. 이수정도 이렇게 소유격을 유지하는 번역을 하였는데 후일 한국선교사들이 번역할 때는 모두 소유격을 제거해 버렸다. 이로 인해 '하나님(나라), 하나님(뜻)'이 강조되지 않은 것은 참으로 안타까운 일이라 할 수 있다.

또한 로스는 헬라어 원문의 뜻을 살려 "사룸의 빗샤함갓치 우리 빗올 샤ᄒᆞ시며"로 번역하였다. 그러나 오늘날 개역개정판의 시초가 되었던 1900년 신약전서에는 "우리 죄를 면ᄒᆞ여 주옵쇼셔 우리도 우리게 죄지은 사룸을 면ᄒᆞ여 주엇ᄉᆞ옵ᄂᆞ니다"로 번역하였다. 그런데 '죄'로 번역된 *οφείλημα*(오페이레마)는 '빚'을 가리키는 단어이며 로마서 4:4에는 이 단어가 노동자가 일해서 받는 '임금'이라는 뜻으로 나타난다. 임금은 고용주가 노동자에게 당연히 주어야 하는 노동자의 몫이다. 만약 노동자에게 임금을 주지 않으면 고용주는 빚을 지게되는 것이다. 즉 삶의 현장에서 정의로운 경제활동을 강조하는 원래의 뜻을 로스는 살린 반면 1900년 이후의 번역은 광범위한 '죄'의 문제로 본래의 뜻을 희석시켜 버렸다. 만일 로스의 번역을

계속 유지했다면 오늘날 한국 기독교인들의 경제윤리, 즉 정의로운 경제 활동이 앙양되지 않았을까하는 아쉬움이 있다.

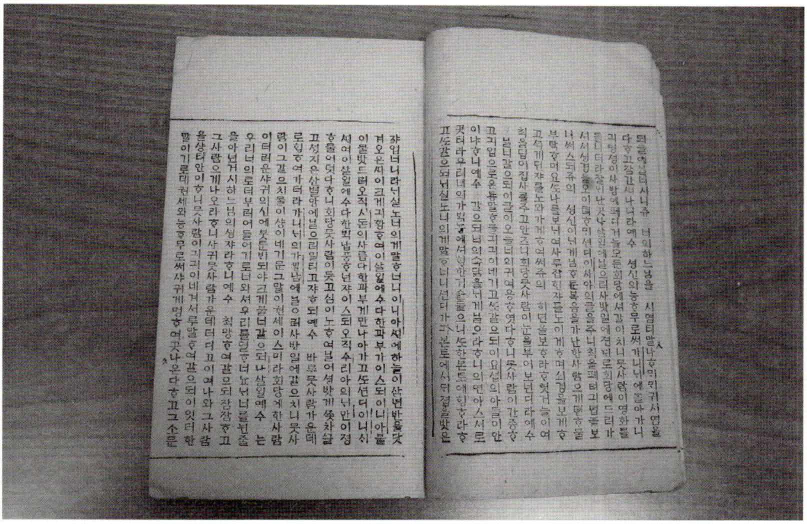

그림 3 『예수셩교누가복음젼셔』[796]

다음은 로스의 1882년 『예수셩교누가복음젼셔』와 1887년 『예수셩교젼셔』 누가복음, 그리고 로스 역을 수정한 아펜젤러의 1890년 『누가복음젼』을 비교하여 그 차이를 살펴볼 것이다.

1882년 『예수셩교누가복음젼셔』 누가복음 4:14-20

796 『예수셩교누가복음젼셔』 https://commons.wikimedia.org/wiki/File:1882_Gospel_of_Luke_translated_in_Korean_language.jpg (2020.9.14. 확인)

예수 셩신의능ᄒᆞ무로써가니ᄂᆡ에돌아가니사방에페디거늘모둔회당에써갈이치니뭇사람이영화를돌니더라잘ᄋᆡ난곳나살일에닐으러사밧일에젼ᄃᆡ로회당에드러가셔서셩경을오리려ᄒᆞᄆᆡ션디이사야의글을주니칙을페텨긔녑풀보니써스되쥬의 셩신이ᄋᆡ게님ᄒᆞ문복으을가난한사람으게뎐ᄒᆞ물부탁ᄒᆞ미요쏘나를보ᄂᆡ여사루잡힌쟈를노이게ᄒᆞ며쇠경을보게ᄒᆞ곳쓱게딘쟈를노와가게ᄒᆞ여서쥬의 희년을보ᄒᆞ라ᄒᆞ엿거늘이여칙을덥어집사를조고안즈니회당뭇사람이눈을부어보넌디라

1887년『예수셩교젼셔』누가복음 4:14-20

(十四) 예수셩령의능간으로가니ᄂᆡ로돌아가니그명셩이사방에페
지더라 (十伍) 회당에셔가라치니뭇사ᄅᆞᆷ이영화ᄒᆞ더니라 (十六) 자
ᄅᆡᄂᆞᆫ곳나살ᄋᆡᆺ에가사밧일에규례ᄅᆞᆯ좃차회당에드러가셔서일르려
ᄒᆞᄆᆡ (十七) 션지이사야의글노써구거날칙ᄋᆞᆯ펴그녑풀보니써스되
쥬의셩령이ᄂᆡ게이ᄉᆞ문마ᄅᆞᆯ기름발나복음ᄋᆞᆯ가ᄂᆞᆫᄒᆞᆫ쟈의게뎐ᄒᆞ며
(十九) 나ᄅᆞᆯ보ᄂᆡ여사루밥편쟈ᄅᆞᆯ노이기ᄅᆞᆯ고ᄒᆞ며소경ᄋᆞᆯ발게ᄒᆞ며샹
ᄒᆞᆫ쟈ᄅᆞᆯ노와가게ᄒᆞ여써쥬의깃분ᄒᆡᄋᆞᆯ뎐ᄒᆞ라ᄒᆞ엿거날 (二十) 이여칙
을덥어집사ᄅᆞᆯ주고안즈니회당뭇사ᄅᆞᆷ이눈을들어보ᄂᆞᆫ지라

1890년『누가복음젼』아펜젤러

十四 예수ㅣ셩령의능간으로가니ᄂᆡ로돌아가니그셩령이사방에펴
지더라 十伍 회당에셔ᄀᆞᄅᆞ치니뭇사ᄅᆞᆷ이영화ᄒᆞ더니라 十六 자
ᄅᆡᄂᆞᆫ곳나살ᄋᆡᆺ에가사밧일에규례ᄅᆞᆯ좃차회당에드러가셔서닑으려
ᄒᆞᄆᆡ 十七 션지이사야의글노써주거날칙ᄋᆞᆯ펴그엽ᄒᆞᆯ보니썻시되

十八 쥬의셩령이내게잇숨은나롤기룸발나복음을간난훈쟈의게젼
후며나롤보내여사로잡힌쟈롤노이기롤고후며소경을붉게후며샹훈
쟈을노와가게후여 十九 써쥬의깃분히롤젼후라후엿거놀 二十 이
에칙을졉어집사롤주고안즈니회당뭇사롬이눈을들어보는지라

형식을 보면 『예수셩교누가복음젼셔』는 본문 102쪽에 인쇄된 글자는 39,984개다.[797] 『예수셩교누가복음젼셔』에는 '예수'와 '쥬' 다음에는 몇 자를 비운 것이 있는데 이것은 존경하는 이름이나 칭호 다음에 비운 것으로 대두(擡頭)라 한다. 또한 절 구분이 없었는데 『예수셩교젼셔』는 절 구분을 하였고 절표시는 작은 글씨로 옆에 붙여놓은 모양새다. 그리고 『예수셩교젼셔』에서 수정한 내용을 살펴보자. 우선 지명이나 책명에 밑줄을 치지 않았다. 그리고 '셩신'을 '셩령'으로 수정하였다. 그러나 전국적으로 성경이 읽혀지기 위해서는 서울지역 말로 번역할 필요가 있었기에 『예수셩교젼셔』에는 서울 말로 변경하였는데 '션디'를 '션지'라 하였고 '쓱게딘쟈'를 '샹훈쟈'로, '보넌디라'를 '보눈지라'로 수정하였다.

그리고 보다 더 정확히 번역한 곳이 있는데 14절에 '사방에페디거늘'을 '그명셩이사방에페지더라'로 수정한 곳이다. 또한 19절에 '희년'을 '깃분히'로 정확히 수정하였고, 18절에는 '기름발나'를 추가하여 정확히 번역하였다. 그리고 의역하여 추가한 단어를 삭제하여 정확하게 번역한 곳이 있는데 16절에 '셩경을오리려후미'를 '일르려후미'로 '셩경'이란 단어를

797 민영진, "로스 역 누가복음서의 서지 사항과 번역의 성격," 『성경원문연구』 no.2 (1998), 127.

삭제하였다.

1890년 아펜젤러가 수정한 것을 보면, 사투리를 수정하고(19절의 '뎐ᄒᆞ라'를 '젼ᄒᆞ라'로, 20절의 '사루밥편쟈'를 '자로잡힌쟈'로, '뎝어'를 '졉어'로) 철자법을 수정한 정도(16절의 '일으려'를 '닒으려'로, 17절의 '녑풀'을 '엽흘'로 18절의 '이ᄉᆞ문'을 '잇ᄉᆞᆷ은'으로)이며 내용을 변경한 곳은 없다. 때로는 철자법이 적절한지 의문이 가는 곳도 있다(18절의 '가ᄂᆞᆫᄒᆞᆫ쟈'를 '간난ᄒᆞᆫ쟈'로, '기름'을 '기ᄅᆞᆷ'으로). 그리고 14절의 '예수ㅣ'와 같이 극존대하는 형식을 사용하였다.

따라서 1890년 『누가복음젼』은 아펜젤러의 번역이라기보다 로스 역을 부분적으로 수정한 것으로 '로스 수정본'이라 명명하는 것이 더 적절할 것이다. 사실 이러한 수정은 서울말을 사용하고 있었던 당시 조선 선비들이 훨씬 더 잘 할 수 있는 작업이었다. 따라서 '아펜젤러 번역'이라는 말은 적절하지 않은 것이다.

그리고 또 다른 부분을 비교해보자

1882년 『예수셩교누가복음젼서』 누가복음 6:1-5

마즘한번사밧일에예수 밀밧틀디ᄂᆡᆫ데데자밀이삭을짜손으로써비비여먹으니바리ᄉᆡ인이닐너갈으되너의엇디사밧일에법안인일을ᄒᆞ너냐예수 ᄃᆡ답ᄒᆞ여갈으되너이다빗과좃던쟈ᄇᆡ곱풀ᄊᆡ여한ᄇᆡ쎄지오이디못ᄒᆞ엿니냐하느님의 뎐에들어가딘설한썩을취ᄒᆞ여먹고쏘그좃던쟈를주워시니다못제사외여는먹디못ᄒᆞ넌법이라ᄒᆞ고쏘갈으되인자도사밧일의쥬인이라ᄒᆞ더라

1887년 『예수셩교젼서』 누가복음 6:1-5

마참사밧일에예수곡셕밧ᄋᆞᆯ지ᄂᆡᄂᆞᆫᄃᆡ데자이삭ᄋᆞᆯ짜비비여먹으니

(二) 바리시인이혹갈오디사밧일에힝ᄒᆞ기가합당치못할바룰엇지
히ᄒᆞᄂᆞ냐 (三) 예수디답ᄒᆞ여갈오샤디너희다빗괴밋좃는쟈비곱플
ᄯᅵ에힝훈바룰오이지못ᄒᆞᄂᆞ냐 (四) 하나님의뎐에어드케들어가진셜
훈ᄯᅥᆨ올취ᄒᆞ여먹고ᄯᅩ좃는쟈룰주어ᄋᆞ니이ᄯᅥᆨ은졔사외에는맛당히먹지
못할거시라ᄒᆞ고 (五) ᄯᅩ갈오샤디인자사밧일의쥬인이라ᄒᆞ더라

로스역이 공헌한 것 중 중요한 것은 신(神)을 '하느님' 혹은 '하나님'으로 번역하였다는 것이다. 이러한 번역은 한국 고유의 종교적 전통과 영성을 나타내는 단어로 번역한 것으로 참으로 다행한 일이 아닐 수 없다. 로스는 1882년 번역본에는 '하느님'이라 했지만 1883년 번역본부터 '하나님'으로 변경하였다. 그리고 한문성경을 따르기보다 그리스어(히브리어)성경의 발음을 따라 번역하려고 노력하였다는 점이다. 즉 안식일을 '사밧일'이라 번역하였고, 한문성경의 야소(耶蘇)를 '예수'라 번역하였다. 또한 '유월절'을 이해하기 쉬운 한국어로 번역하였는데 '넘난절'로 번역하였다. 그리고 『예수셩교젼셔』에는 서북지역사투리를 서울말로 바꾸는 노력을 했는데 '디닉넌데'를 '지닉눈디'로 바꾸었지만 '제자'라는 의미인 '뎨자'는 그대로 유지하였다. 이와같이 『예수셩교젼셔』의 다른 곳에서도 여전히 서북지역 사투리를 유지하는 모습을 볼 수 있다; '들보'를 '붓댱'(눅 6:41), '바구니'를 '광지'(눅 9:17), '비탈'을 '들마기'(눅 8:33), '도끼'를 '독구'(눅 3:9).

이러한 비교를 통해 발견할 수 있는 것은 1887년에 출판된 『예수셩교젼셔』는 기존의 번역을 여러 면에서 수정 보완했다는 것이다. 다소 미흡한 면이 있기는 하지만 서북지역 사투리를 서울말로 변경하였고 그리스어 원문을 바탕으로 보다 더 정확하게 번역하기 위해 노력한 면이 있

다. 그리고 '예수,' '하나님,' '성령' 등 현재까지 한글 성경 번역의 핵심이 되는 어휘들을 처음부터 정확하게 번역했다는 점, 그리고 한국고유의 종교적 전통과 영성을 반영했다는 점은 높이 평가해야 할 것이다. 또한 주기도문에서도 보았듯이 그리스어 원문의 뜻을 살림과 동시에 한국인의 존칭 사용의 관습을 반영하였다는 점은 중요하다.

다음은 로스역 1887년 『예수셩교젼셔』와 1906년 판을 비교해서 어떤 차이가 있는지 살펴볼 것이다.

> 1887년 『예수셩교젼셔』 마태복음 1:1-6
>
> 압라함의자손다빗의후에예수키리쓰토의족보라 二 압라함이이
> 삭을낫코이삭이야곱을낫코야곱이유다의형데롤낫코 三 유다가
> 다말씨롤위ᄒᆞ여바릿과사라롤낫코밧릿은이슬옴을낫코이슬옴이
> 아람을낫코 四 아람이아미나답을낫코아미나답이낫손을낫코낫
> 손이살몬을낫코 五 살몬이라합씨롤위ᄒᆞ여보옷슬낫코보옷시룻
> 을위ᄒᆞ여오벳을낫코오벳은옛시롤낫코 六 옛시는다빗왕을낫코다
> 빗은우랴의쳐롤위ᄒᆞ여솔노몬을낫코

> 1906년역 마태복음 1:1-6
>
> 一 아브라함과 다윗의 ᄌᆞ손 예수 그리스도의 셰계라 二 아브라
> 함이 이삭을 낫코 이삭은 야곱을 낫코 야곱은 유다와 그 형뎨
> 를 낫코 三 유다는 다마의게셔 베레스와 세라를 낫코 베레스
> 는 헤스론을 낫코 헤스론은 람을 낫코 四 람은 아미나답을 낫
> 코 아미나답은 나손을 낫코 나손은 살몬을 낫코 伍 살몬은 라
> 합의게셔 보아스를 낫코 보아스는 룻의게셔 오벳을 낫코 오벳

은 이새를 낫코 六 이새는 다윗 왕을 나흐니라 O 다윗은 우리
야의 안히의게셔 솔노몬을 낫코

1906년 번역 출판된 마태복음은 현재 사용하고 있는 개역개정판의 시초라 할 수 있는 번역이다. 인명을 살펴보면 대부분 현재 사용하고 있는 인명을 그 때도 사용했음을 알 수 있다. 차이나는 부분이 있다면 다말을 다마, 솔로몬을 솔노몬으로 번역했다는 정도다. 그러나 로스의 1887년 판은 인명 번역이 상당히 비슷하지만 부분적으로 다른 면이 있다. 예를 들면 아브라함을 압라함, 다윗을 다빗, 그리스도를 키리쓰토 베레스를 바릿(밧릿), 세라를 이슬옴, 보아스를 보옷스(보옷시), 이새를 옛싀 등으로 번역했다. 이 가운데 그리스도를 키리쓰토로 번역한 것은 오히려 그리스어 원음(Χριστός 크리스토스)에 가깝다.

로스역과 1906년 판을 비교해본다면 큰 차이가 없고 아주 유사하다는 점을 발견할 수 있다. 따라서 로스역이 기여한 바가 크다고 할 수 있다. 더구나 1 절 같은 경우 로스역이 더 우수한 번역이라 할 수 있다. 1절을 그리스어 성경 원문에서 번역한다면 다음과 같다; "아브라함의 자손 다윗의 자손 예수 그리스도의 족보라"(*Βίβλος γενέσεως Ἰησοῦ Χριστοῦ, υἱοῦ Δαυίδ, υἱοῦ Ἀβραάμ.*) 로스역은 "압라함의자손다빗의후에" 부분과 "족보"라 번역하였는데 1906년판은 "아브라함과 다윗의 ᄌ손"과 "셰계"라 번역하였다. 1906년판의 "셰계"는 世界인지 世系인지 구분이 가지 않는다. 따라서 1절의 원문을 정확하게 그리고 혼란을 줄여준 번역은 1906년 번역이 아니라 로스의 번역이다. 그러나 로스역의 "유다의형데롤낫코"(2절)보다 1906년 번역의 "유다와 그 형데를 낫코"가 더 정확한 번역이다.

다음은 사도행전 4장 1-12절에 대해 로스역과 1906년역을 비교한

것이다.

1887년 로스역 『예수셩교젼셔』

뎨자ᄒᆡᆼ젹뎨사쟝

몸뎨자ᄇᆡᆨ셩의게갈아칠ᄯᆡ에졔사과뎐에즁군과밋사두ᄀᆡ인이와 二
그ᄇᆡᆨ셩가라치ᄂᆞᆫ것과예수다시산도뎐ᄒᆞ물심히노ᄒᆞ나 三 잡옶ᄃᆡ가
이무져무니가둡고아젹글기다리니 四 글어나도ᄅᆞᆯ듯던쟈만이밋처
사ᄅᆞᆷ의수가오쳔이더라 五 이튼날에관댱과쟝노와션ᄇᆡ예루살임에
모여 六 졔사ᄋᆞᆫ나와ᄀᆡ아파요안ᄂᆡ와아리산ᄃᆡ와미ᇇ졔사쟝의일가
이잇ᄂᆞᆫᄃᆡ로모여뎌ᄅᆞᆯ가온ᄃᆡ셰우고 七 물으되너희무삼능간와뉘의
일홈으로써이ᄅᆞᆯᄒᆡᆼᄒᆞᄂᆞ뇨ᄒᆞ니 八 파들이셩령이넉넉ᄒᆞ니갈오ᄃᆡᄇᆡᆨ셩
의관쟝와쟝노야 九 우리가오날알ᄂᆞᆫ사ᄅᆞᆷ의게죠흔일울어두무로써
엇지나앗ᄂᆞ냐평론ᄒᆞ면 十 너희다이살일ᄇᆡᆨ셩이다나살잇예수ᄅᆞᆯ십
ᄌᆞ틀에못질ᄒᆞᄆᆡ하나님이죽으무로다시닐게ᄒᆞ물할지라곳그일홈이
이사ᄅᆞᆷ울낫게ᄒᆞ고여긔너희압페 十一 셔ᄉᆞ니ᄃᆡᄀᆡ뎌ᄂᆞᆫ너희셕슈가벌
인돌노집모통이요긴ᄒᆞᆫ돌올일운거시라 十二 달니ᄂᆞᆫ구완ᄒᆞ미업ᄉᆞ
문텬ᄒᆞ인간에준바가이일홈외여ᄂᆞᆫ우리ᄅᆞᆯ맛당히구완ᄒᆞᆯ쟈업사미라
ᄒᆞ니

1906년역

ᄉᆞ도ᄒᆡᆼ젼 ᄉᆞ쟝

一 ᄉᆞ도들이 ᄇᆡᆨ셩의게 말ᄒᆞᆯ ᄯᅢ에 졔ᄉᆞ졔쟝과 셩뎐 맛흔 쟈와 사
두ᄀᆡ교인이 니르러 二 ᄇᆡᆨ셩을 ᄀᆞᄅᆞ침과 예수를 들어 죽은 가온
ᄃᆡ셔 부활ᄒᆞᄂᆞᆫ 도 젼홈을 슬혀ᄒᆞ야 三 잡으매 날이 임의 져문고

로 가두어 붉ᄂᆞᆫ 날을 기ᄃᆞ리나 四 말솜을 듯ᄂᆞᆫ 사ᄅᆞᆷ 즁에 밋ᄂᆞᆫ
쟈가 만흐니 사나희 수가 거의 오쳔이나 되더라 O 五 붉ᄂᆞᆫ 날
에 유ᄉᆞ와 쟝로와 셔긔관들이 예루살넴에 모혓ᄂᆞᆫᄃᆡ 六 대졔ᄉᆞ쟝
안나스와 가야바와 요한과 알넥산더와 대졔ᄉᆞ쟝의 족쇽이 다
참예ᄒᆞ야 七 ᄉᆞ도들을 가온ᄃᆡ 셰우고 무르ᄃᆡ 너희가 무ᄉᆞᆷ 권셰
와 뉘 일홈으로 이 일을 힝ᄒᆞ엿ᄂᆞ냐 八 베드로가 셩신이 츙만ᄒᆞ
야 ᄀᆞᆯᄋᆞᄃᆡ ᄇᆡᆨ셩의 유ᄉᆞ와 쟝로들아 九 만일 오ᄂᆞᆯ 병인의게 힝ᄒᆞᆫ
착ᄒᆞᆫ 일을 인ᄒᆞ야 우리의게 뭇기를 엇지 낫게 ᄒᆞ엿ᄂᆞ냐ᄒᆞ면 十
너희와 모든 이스라엘 ᄇᆡᆨ셩들의게 알게 ᄒᆞ리니 나사렛 예수 그
리스도의 일홈으로 이 사ᄅᆞᆷ이 나아셔 너희 압헤 완젼히 셧ᄂᆞᆫ지
라 이 예수는 너희가 십ᄌᆞ가에 못박은쟈인ᄃᆡ 하ᄂᆞ님이 죽은 가
온ᄃᆡ셔 살니셧스니 十一 곳 너희 쟝인들의 ᄇᆞ린 돌인ᄃᆡ 임의 집
모퉁이에 머리 돌이 되엿ᄂᆞ니라 十二 텬하 인간에 다른 일홈을
밧아 가지고 우리가 구원을 엇지못ᄒᆞ리니 이밧긔 다른 이로 말
ᄆᆡ암아 구원을 엇을수 업ᄂᆞ니라 ᄒᆞ더라 O

번역 전체를 읽어보면 로스역은 평안도 사투리를 많이 사용하고 있고 띄어쓰기를 하지 않아 읽기에 어려움이 있다. 그리고 로스역은 절 구분에 있어서 명확하지 않고 잘못 구분한 곳이 있다. 즉 6절의 "더룰가온ᄃᆡ셔우고"는 7절로 배치해야하고 10절과 11절 구분에도 오류가 있다. 그리고 1906년역은 1-4절과 5-12절을 각기 단락 묶음으로 구분하여 O 표시를 하였다. 이러한 전통은 개역개정까지 이어져 오고 있다.

그러나 로스역의 우수한 면도 있다. 즉 5절의 경우 로스역은 "이튼 날"로 정확히 번역했으나 1906년역은 "붉ᄂᆞᆫ 날"이라 의역하였다. 그리고

로스역은 "성령"이라 번역한데 비해 1906년역은 "셩신"이라 번역하였다. 오늘날 한글성경은 "성령"이라 번역하고 있으니 로스역이 더 적합한 번역이라 할 수 있다. 또한 로스역의 "하나님"과 1906년역의 "하ᄂᆞ님"은 같은 명칭이지만 로스역이 아래아 자를 사용하지 않는 것을 보면 오히려 1906년이 고어체로 돌아간 것으로 보인다.

또 다르게 비교해볼 것은 로스역과 미국 선교사들의 번역을 비교하는 것이다. 로스 역과 아펜젤러 역과 게일 역을 비교해 보자.

1887년 로스 역 성경전셔 마태복음 5:1-5

예수그사람을보고산에올나안즈니데자나아오거날 예수입을열어
가라쳐갈오시ᄃᆡ마음궁빈한쟈복이무텬국이뎌의나라이되고슬퍼
ᄒᆞᄂᆞᆫ쟈복이문그안위가잇고온순한쟈복이문셰상을엇고

1892년 아펜젤러 역 마태복음젼 5:1-5

一 뭇사름을보시고산에올나가안지시니뎨ᄌᆞ들이그압희나오매
二 입을열어ᄀᆞᄅᆞ쳐ᄀᆞᆯ아샤ᄃᆡ
三 ᄆᆞ음으로가난ᄒᆞᆫ이ᄂᆞᆫᄒᆞᄂᆞᆯ나라가뎌의나라히니복이며
四 셜워ᄒᆞᄂᆞᆫ이ᄂᆞᆫ쟝ᄎᆞᆺ위로홈을밧을거시니복이며
五 공슌ᄒᆞᆫ이ᄂᆞᆫ쟝ᄎᆞᆺᄯᅡ흘엇을거시니복이며[798]

아펜젤러는 대두법을 쓰지않고 각 절마다 별행으로 잡아 기록하는

798 대한성서공회 편, 『대한성서공회사 I. 조직.성장과 수난』, 232

방식을 취했다. 그러나 주어가 생략되어 있어 이해하기 힘들다. 다만 한자어투가 한글로 풀이된 점은 장점이다. '궁빈한쟈'가 '가난ᄒᆞᆫ이'로, '텬국'을 'ᄒᆞᄂᆞᆯ나라'로 번역하였다. 그런데 '슬퍼ᄒᆞᄂᆞᆫ쟈'를 '셜워ᄒᆞᄂᆞᆫ이'로 오히려 어려운 단어로 바꾸기도 하였다. 중요한 것은 아펜젤러의 번역이 로스나 이수정역을 따르지 않고 독자적으로 번역을 한 첫 번째 책이라는 점이다. 따라서 아펜젤러 역 마태복음젼은 국내 번역의 방향을 결정해준 책이 되었다.

> 1892년 게일역, ᄉᆞ도힝젼뎨일쟝
>
> 一 테아비라여내가예수 세상을구ᄒᆞᄂᆞᆫ뜻이니우리쥬의일홈이라
> 의처음브터힝ᄒᆞ신바와ᄀᆞ르치심과
>
> 二 셩신 밋ᄂᆞᆫ사ᄅᆞᆷᄆᆞᄋᆞᆷ가온ᄃᆡ잇ᄂᆞᆫ이 으로ᄲᅡ신ᄉᆞ도 예수친히부리
> 시던열두뎨ᄌᆞ라 를명ᄒᆞ신후올나가신일ᄭᆞ지젼편지에ᄀᆞᆺ촌지라
>
> 三 해밧으신후에만이뎡령ᄒᆞᆫ빙거로ᄉᆞ도의게다시사심을낫하내시
> 니무릇ᄉᆞ십일에뎌무리의게친히보이샤샹뎨님나라도를의론ᄒᆞ시니
> 라

게일은 '예수,' '셩신,' 'ᄉᆞ도' 등 생소한 특정 명사를 작은 글자로 설명해주었다. 그리고 '하나님'을 '샹뎨님'으로, '성령'을 '셩신'으로, 그리고 '제자'를 'ᄉᆞ도'라 번역하였다.

마지막으로 로스가 왜 서북지역 사투리를 사용했는지 그리고 왜 구어체를 고집했는지에 대해 좀 더 살펴보자. 로스는 서북지역 조선 번역자들과 함께 번역했기 때문에 처음부터 서북지역 사투리를 사용하여 한글로 번역하였다. 예를 들면 "쉽겠느냐"를 "쉽갓나냐"(막 2:9), "못 하겠

으니"를 "못하갔으니"(막 3:20), "산비탈"을 "산컨들마기"(막 5:13),"장터"를 "댱니"(막 6:56), "속임질"을 "쇠우리질"(막 7:22) 등으로 번역하였다. 또한 로스는 가능한한 구어체로 번역하여 일반 백성들이 쉽게 이해할 수 있도록 번역하려고 하였다. 마가복음 1:24-26 부분을 보면 구어체를 확인할 수 있다. 예수님을 만난 귀신이 먼저 예수님께 와서 하는 말로 시작된다.

> 二十四 나살잇예수야우리너로더부러어드러기네와셔우리를망ᄒᆞᄂᆞ뇨ᄂᆡ가너를ᄂᆡᆫ줄을아는거시하나님의셩ᄒᆞᄂᆞᆫ쟈라ᄒᆞ니 二十五 예수최망ᄒᆞ여갈오샤ᄃᆡ입닷고나오라ᄒᆞᄆᆡ 二十六 더러운귀신이그사ᄅᆞᆷ을지랄케ᄒᆞ며큰소ᄅᆡ를불우제기고나오니(막 1:24-26)

위의 번역문에 보면 "어드러기네와셔," "입닷고나오라," "지랄케ᄒᆞ며큰소ᄅᆡ를불우제기고" 등은 일상생활 용어인 서북지역 사투리의 진면목을 볼 수 있다.

2. 이수정

이수정(李樹廷, 1842-1886)은 벼슬이 도승지에 이를 정도로 엘리트 선비였으며, 권력자였던 민영익(閔泳翊)과도 깊은 교분을 맺고 있었다. 특히 임오군란 때 명성황후를 피신시킨 공이 있어 1882년 수신사 박영효(朴泳孝)의 수행원 자격으로 일본에 갈 수 있었다. 이수정의 관심은 근대적인 농법·법률·우편제도 등을 배우는 것이었지만 일본에서 발견한 것은 성경이었다. 계기가 된 것은 기독교인 농학박사였던 츠다센

(律田仙, 1837-1908)과의 만남이었다. 츠다센의 집에서 벽에 걸려 있던 산상수훈(山上垂訓) 족자에 감명을 받았고 그가 준 성경을 연구하는 과정에서 개신교로 개종하게 되었으며 성경을 번역하는 귀중한 일도 수행하게 되었다.[799]

이수정은 1883년 4월 29일 동경 노월정교회(露月町教會)에서 세례를 받았다. 그리고 5월 13일에는 제3회 일본 전국기독교도 대친목회에서 '신앙고백서'를 발표하였다. 필자는 이 '신앙고백서'를 읽고 큰 충격을 받았다. 초신자인데도 불구하고 신앙의 핵심을 정확하게 밝혔다는 점이다. 아래는 그가 발표한 고백문의 핵심을 번역한 것인데 "신인상감지리(神人相感之理)"에 관한 부분이다.[800]

> 제가 신약성서 요한복음 제 십 사장을 살펴보니 예수님께서 "내가 아버지 안에 있고 아버지가 내 안에 있으며, 너희가 내 안에 있고 내가 너희 안에 있다"고 말씀하셨습니다. 그 요지는 명쾌하나 그 (깊은) 의미는 매우 오묘하여 (이에 대하여 주님께서) 설교 하신 요지는 믿음을 이루는 관건이 되는 것이므로 배우는 자가 반드시 깊이 연구해야 하는 것입니다. 그래서 예수님께서도 이 가르침에 대하여 자세히 반복하여 말씀하셨습니다. (그래

799 이수정의 행적과 활동에 관한 문헌은 다음과 같다: 이광린, "이수정의 인물과 그 활동," 『사학연구』 no.20 (1968), 217-233; 오윤태, 『한국기독교사: 개신교 전래사, 4(선구자 이수정 편)』 (서울: 혜선문화사, 1983); 대한성서공회 편, "이수정역의 번역·출판과 반포(1883-1886)," 『대한성서공회사 I. 조직.성장과 수난』, 120-176.

800 이수정의 신앙고백이 순한문으로 게재된 문헌: 『七一雜報』 8권 21호, 1883년 5월 25일; 『六合雜誌』 34호, 1883년 5월 30일. 번역은 배요한, "이수정의 신앙고백문에 대한 유교철학적 분석," 『장신논단』 38 (2010), 488.

> 서) 여러 선생님들께서는 (이 구절에 대해서) 당연히 이해하지 못하는 것이 없을 줄 알지만, 저도 이 내용에 대해서 열심히 연구하였고 (이에) 예수께서 힘써 깨 우쳐 주신 바를 더욱 깨달을 수가 있어서 그 내용을 다만 제시해 보고자 합니다.
>
> 무릇 "아버지께서 내 안에 계시고 내가 아버지 안에 있으며, 내가 너희 안에 있고 너희가 내 안에 있다"고 하신 것은 하나님과 인간이 서로가 감응하는 이치가 있음을 말씀하신 것이니 이는 믿음이 있으면 반드시 그러한 단계를 이룰 수 있음을 확실히 드러내는 것입니다. 예수님께서 비유를 가지고 설명하시기를 "내 아버지는 포도원 농부요 나는 포도나무이며 너희는 가지라"하셨으니 그 이치는 곧바로 이해가 쉬운 것이기에 번거롭게 깊이 천착할 필요가 없는 것이니 지금 제가 다시 무슨 말로 설명하겠습니까? (그러나 굳이 말씀드리자면) 예수님 당시의 사도들은 친히 그 지극한 가르침을 받아 전승하였으니 (이해에) 아무런 부족함이 없었겠으나, 그러나 오늘에 이르러서는 성세(聖世, 예수님 당시)에서 이미 멀어져서, 배우는 자들이 그 의미를 철저히 알지 못하여 큰 믿음을 가지지 못할까 하는 염려를 하게 됩니다.

일반적으로 기독교의 핵심이 십자가 사건이며 죄에서 구원받는 것이라 생각하고 하나님의 은혜를 강조한다. 물론 이 교리도 중요하지만 이수정은 조선의 선비로서 이 교리보다 하나님이 우리 가운데 계신다는 사상에 더 감동을 받았다. 왜냐하면 조선 주자학이 강조하는 천인무간(天人無間) 사상, 즉 '하늘과 내가 서로 간격이 없다'는 사상과 동학(東學)에서 강조하는 시천주(侍天主) 사상이 요한복음 14장과 일맥상통하기 때문이다. 물론 이수정도 신앙고백문 가운데 불교를 비판하며 하나님의 은혜를 강조했지만 그보다 하나님이 우리 가운데 계신다는 사상을 크게 강조했다는 점은 주목할 만하다. 이 사상은 결국 '성화(聖化)'를 강조하게 되며 기독교인의 성숙을 도모할 수 있게 된다.

이수정은 유학자의 눈으로 요한복음을 해석하여 한국인으로서 어떻게 신앙생활을 할 수 있을지 그 길을 제시하였다. 오늘날 한국 기독교가 은혜의 신학을 너무 강조한 나머지 그리스도의 분량까지 자라야 하는 성숙을 소홀히 한 점이 있다. 만약 이수정이 고백한 이러한 신앙을 계속 강조하고 발전시켰다면 한국의 기독교가 윤리적으로 더욱 성숙한 모습을 보일 수 있지 않았겠나하는 아쉬움이 있다.

이수정이 기독교에 관심을 두게 되면서 1883년 6월 30일에 "天主教朝鮮入事實"이란 글을 발표한 적이 있다. 고백문을 발표한 동일한 잡지인 『六合雜誌』에 게재된 것인데 천주교가 조선에 들어온 이후부터 대원군 시대까지의 역사를 서술한 글이다.[801] 이처럼 이수정은 이미 천주교에 대해 상세히 알고 있었는데, 그가 천주교인인지는 알 수 없지만 그의 숙부가 천주교인으로 순교당한 사실로 미루어 볼 때 가족과 친척들로부터 이미 천주교에 대해 듣고 있었을 것으로 보인다. 따라서 천주교가 이수정에게 어떤 영향을 주었는지는 알 수 없지만 그의 기독교에 대한 관심 저변에는 천주교가 있었을 것으로 짐작된다.

---

801 『六合雜誌』 二十伍號, 明治十六年(1883년) 六月三十日, pp. 347-350. 이덕주, "초기 한글성서 번역에 관한 연구," 475 재인용.

이수정이 성경번역에 관심을 가지게 된 배경에는 당시 일본주재 미국 성서공회 총무였던 루미스(H. Loomis)의 권유가 있었다. 그리고 또 다른 자극은 로스의 번역에 문제가 있었기 때문이다. 로스의 번역에 대한 이수정의 평가는 다음과 같은 루미스의 편지에서 발견할 수 있다;

> 로스(Ross) 목사에 의해 이루어진 작품을 보여주었을 때 그[이수정]는 대단히 실망하면서 그것이 전혀 가치가 없다고 단호하게 말했다. 무엇보다 로스는 유능한 조력자가 없었으며, 따라서 한국어를 이해하는 교정자 없이 출판한 관계로 인쇄상의 많은 오류가 있었던 것이다. 그래서 한국의 선교현장은 완전히 개방된 것처럼 보이므로 녹스 목사가 적절한 번역작업을 도와주기로 제안했던 것이다.[802]

이수정이 로스의 번역을 보고 실망한 것은 어렵지 않게 짐작할 수 있다. 왜냐하면 로스의 번역이 평안도 사투리로 번역되었기에 전국적으로 읽혀지기에는 어려움이 있었다는 점, 그리고 딱딱한 문체와 불분명한 표현과 철자의 오류 등의 문제가 있었기 때문이다. 이수정이 성경번역에 관심을 가지고 처음으로 착수한 방식은 현토본 성경이었다. 이 방식은 한문성경에 구결(口訣)을 달아 조선의 선비들이 읽기 쉽게 한 것이다. 아래는 이수정판 현토한한신약성경(懸吐韓漢新約聖經)인데 마가복음 12장 29

802 H. Loomis' letter to Dr. Gilman, May 30, 1883. "The First Koream Pretestant in Japan," KMF, Jul.m 1937, pp.139-141. 대한성서공회 편, "이수정역의 번역 출판과 반포(1883-1886)," 161에서 재인용.

절을 예로 들어 보면서 언해(諺解)성경과 현대 번역과도 비교해 본다.[803]

현토성서 『馬可傳福音書』(막 12:29)

耶蘇丶答之曰諸誡之首𠂆云以色列乎余聽哉ソ亽主卩卽我儕之神丶ヒ乃一主耳亽

『馬可傳諺解(마가전언해)』(막 12:29)

耶蘇(예수쓰)ㅣ答(답)ᄒᆞ야ᄀᆞ로ᄉᆞ되모ᄃᆞᆫ誡(계)의웃듬의ᄒᆞ엿스되以色列(이스라엘)아드르라主(쥬)는卽(즉)우리들의神(신)이라ᄒᆞᆫ主(쥬)ㅣ시니

『개역개정』(막 12:29)

예수께서 대답하시되 첫째는 이것이니 이스라엘아 들으라 주 곧 우리 하나님은 유일한 주시라

이수정의 현토한 신약성경의 인쇄는 1883년 11월 24일에 시작해서 1884년 8월까지 계속되었다. 인쇄된 현토한한 신약은 『新約聖書馬太傳(신약성서마태전)』을 필두로 해서 『新約聖書馬可傳(신약성서마가전)』, 『新約聖書路加傳(신약성서로가전)』, 『新約聖書約翰傳(신약성서약한전)』, 『新約聖書使徒行傳(신약성서사도행전)』 등이다. 이수정이 왜 복음서와 사도행전을 번역한 『懸吐韓漢新約全書(현토한한신약전서)』를 먼저 간행하였을까? 이수

803 오미영, 『한일 초기번역성서의 어학적 연구』, 553, 616.

정은 조선의 지도자인 선비들이 먼저 기독교정신으로 변화되어야 조선에 희망이 있다고 생각하였다. 그런데 그들이 신뢰하고 있는 것은 한글이 아니라 한문이었기에 한문성경을 이해할 수 있도록 구결을 달아 제공하려했던 것이다. 이 계획은 큰 성공을 거두었다.

그다음 이수정은 한글로 성경을 번역하였는데 '언해'하는 방식으로 번역하였다. 이 방식은 결국 국한문혼용체로 성경을 번역하는 것인데 이러한 방식을 택한 이유는 당시 조선의 지식인들이 민중 계몽을 위한 문체로 국한문 혼용체를 선호했기 때문이다. 이 번역 방식은, 좀 더 구체적으로 말하면 국한문혼용체에서 한글전용문체로 이행하는 과도기적 표기라 볼 수 있다.[804] 중요한 것은 한문을 활용하되 전부 한글로 번역했다는 사실이며 한글만 아는 민중들도 읽을 수 있도록 했다는 점이다. 여기서 우리는 이수정이 지도자들인 지식인과 민중을 모두 고려하여 성경을 효율적으로 알리려 했다는 점을 발견할 수 있는 것이다.

그러나 한문에 좀 더 무게 중심을 둔 번역이기에 한글로만 번역할 때보다 한문체 용어들이 자주 나타나는 면이 있다. 예를 들면 '하나님의 거룩한 자'를 '神(신)에 聖(셩)혼者'로 번역하였다(막 1:24). 이때 '者'는 너무나 잘 알고 있다고 생각해서 굳이 한글로 번역하지 않았다. 한문 중심의 번역이 자주 나타나는데 그 중 심한 경우가 다음과 같은 마가복음 4장 1절의 경우다

804 박희숙, "현토신약성경마가전의 구결과 그 언해에 대해,"『青荷成耆兆先 生華甲記念論文集』(신원출판사, 1993), 1150-1178.

耶蘇(예수쓰)ㅣ다시海濱(ᄒᆡ빈)의셔教誨(교회)ᄒᆞ실ᄉᆡ群衆(군즁)이잇셔集(집)ᄒᆞ야就(취)ᄒᆞ니彼(피)ᄇᆡ의올나海(ᄒᆡ)의浮(부)ᄒᆞ야坐(좌)ᄒᆞ고衆(즁)은海(ᄒᆡ)를沿(연)ᄒᆞ야岸(안)에立(입)ᄒᆞ니 (*『개역개정』 - 예수께서 다시 바닷가에서 가르치시니 큰 무리가 모여들거늘 예수께서 바다에 떠 있는 배에 올라 앉으시고 온 무리는 바닷가 육지에 있더라)

그리고 때로는 한글로 먼저 본문에 번역하고 한자를 옆에 적는 경우도 있다. 예를 들면 '문둥(癩)病人'이라 쓴 것이다(막 1:40).

성경번역을 통한 문서선교의 장점은 어디든 누구에게나 성경이 읽혀질 수 있다는 것이다. 따라서 여러 사람들에게 읽혀질 수 있는 한글전용의 번역도 중요하지만 지도층에게 다가갈 수 있는 현토본 성경과 국한문혼용체 번역성경은 선교전략적인 면에서 탁월하다 할 수 있다. 그리고 염두에 둘 것은 한문이 중국만의 전유물이 아니라는 점이다. 한문은 동이족의 산물이며 한국에서는 삼국시대부터 이두형태로 한국화해서 널리 활용했던 문자라는 점을 기억해야 한다. 그리고 한문은 중국, 일본, 한국 등에서 서로 교류할 수 있는 매개체가 될 수 있는 문자로 그 유용성이 현대에도 높다고 할 수 있다. 따라서 한글전용도 중요하지만 한문을 활용할 수 있는 능력도 배양하여 국제적인 소통과 선교에 활용할 필요가 있다.

다음은 『신약마가전복음셔언ᄒᆡ』의 용어 번역에 관한 것이다. 마가복음 1장 1절을 보면 다음과 같다; "神(신)의子(ᄌᆞ)耶穌(예슈쓰)基督(크리슈도스)의福音(복음)이니 그쳐음이라". 이 번역의 특징은 '예슈쓰'와 '크리슈도스' 등 헬라어 독음을 사용하였다는 점이다. 그리고 '하나님'을 '신(神)'으로 번역하였고(막 1:1), '성령'을 聖神(성신), '하나님의 나라'를 '神國(신국)'으로(막 1:15) 번역하였다. 또한 히브리어와 헬라어 독음을 사용하여 '安

息日(안식일)'을 '사벳트일'(막 1:21)로, '洗禮(세례)'를 '밥테슈마'로 번역하였다(막 1:8).

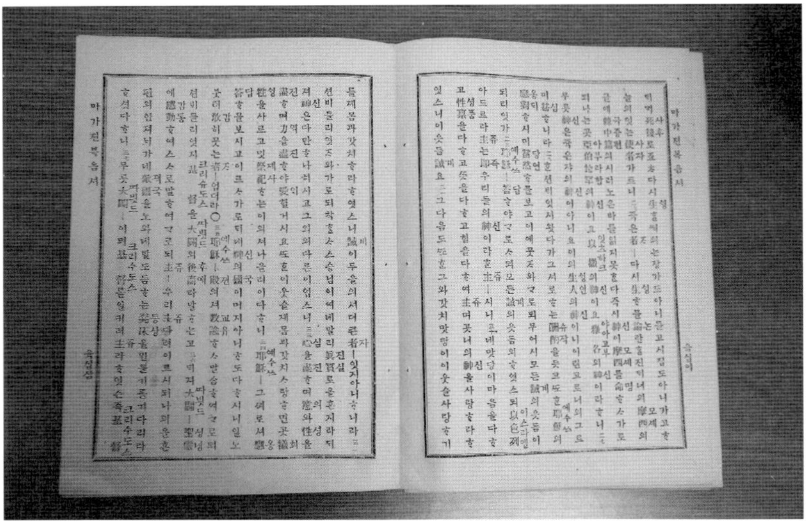

그림 4 『신약마가젼복음셔언히』[805]

이수정은 1885년 2월 국한문혼용체인 『신약마가젼복음셔언히』를 요코하마에서 번역 출판하였는데 한국 개신교 선교사인 아펜젤러가 한국에 들어올 때 가지고 온 성경이다. 이 번역 방식은 정확히 말하면 국한문혼용체에서 한글전용문체로 이행하는 과도기적 표기라 볼 수 있다. 이수정의 언해 번역본은 1887년까지 약 2년간 한국에서 배포되었다. 그런데

805 『신약마가젼복음셔언히』 https://commons.wikimedia.org/wiki/File:1885_Gospel_of_Mark_translated_in_Korean_language.jpg (2020.9.14. 확인)

선교사들은 이수정역과 로스역을 발전시키기보다 자신들의 독자적인 번역을 시작했으며 그 결과 오늘날 한국 기독교인들이 읽고 있는 성경으로 발전되었다. 물론 선교사들의 공헌이 지대하였지만 이수정과 로스의 독특한 번역전통의 맥을 충분히 살리지 못한 면은 큰 아쉬움으로 남아있다.

그리고 이수정은 미국교회가 한국에 선교사를 파견하는데 큰 역할을 하였다. 이수정은 1883년 12월 13일 한국 선교를 호소하는 편지를 미국에 보냈는데 이 편지가 미국에서 발간되던 선교잡지 *Bible Society Record* 1884년 2월호에 게재되었다.[806] 놀라운 것은 언더우드가 이 글을 읽고 감명을 받아 한국 선교사로 자원하게 되었다는 사실이다.[807] 이에 더하여 이수정은 일본에 잠시 머물렀던 언더우드와 아펜젤러에게 한국어를 가르치기도 하였다.

일본에서 성경번역에 전념하던 이수정은 1886년 조선 정부의 소환령에 따라 조선으로 귀국하였다. 그러나 조선으로 귀국한 후 얼마 되지 않아 사망하였다. 사망 원인은 처형당했는지 혹은 병사였는지 알 수는 없지만 1889년 11월 이전에 사망한 것으로 짐작되는데 참으로 안타까운 일이었다.

이수정은 미국에 선교를 호소할 뿐만 아니라 한글로 주기도문을 번

---

806 "Rijutei to the Christians of America, Greeting," The Bible Society Record(Feb. 1884), 20-21. Rijutei는 이수정 이름을 가리킨다. 박용규, "최근 이수정 관련 사료 발굴과 교회사적 의의,"『역사신학논총』 제32집(2018), 12에서 재인용.

807 Horace G. Underwood (New Durham, NJ), "Letter to the Board of Foreign Missions of the Presbyterian Church," (July 10th, 1884). 박용규, "최근 이수정 관련 사료 발굴과 교회사적 의의," 12에서 재인용.

역하여 기고하기도 하였다. 아래는 이수정이 번역한 주기도문인데 1900년에 번역한 주기도문과 비교하여 살펴보기로 한다;

1885년 이수정이 번역한 '주기도문'

우리 아버니 하늘의 계옵시니 원컨딗 네성허옵다. 이름나며 네 나라이 임허여 이르러 네 뜻시 시러금 이뤄되 싸히셔 하늘의 잇슴갓치 허시고 우리 쓰는 바 양식을 오날 나를 쥬시며 우리 모든 짐을 벗겨쥬시되 닉가 누게 진 수람을 벗겨쥬듯 허시고 더욱 나 를 쇠와 혹허는데로 인도허시지 마옵시며 이의 나를 악헌데 건져 누여 쥬쇼셔 딗져 나라와 권과 영홰 다네게로 도라가되 이 의딗딗로 밋츠옵쇼셔 아멘[808]

1900년 선교사들이 번역하여 출판한 신약전서

하놀에 계신 우리 아버지여 일홈의 거룩 ᄒᆞ심이 나라 나옵시며 나라히 림ᄒᆞ옵시며 뜻이 홀에셔처럼 싸헤셔도 일우여지이다 오놀날 우리의게 일용홀 량식주옵시고 우리 죄를 면ᄒᆞ여 주옵쇼셔 우리도 우리게 죄지은 사름을 면ᄒᆞ여 주엇ᄉᆞ옵ᄂᆞ니다 우리를 시험에 들지 말게 ᄒᆞ옵시고 다만 악에셔 구ᄒᆞ옵쇼셔 대개 나라와 권세와 영광이 아바지끠 영원이 잇ᄉᆞ옵ᄂᆞ니다 아멘

808 세로로 쓰여진 한글 필기체 주기도문이 사진으로 게재되었다. Editor, "The Lord's Prayer in Corean," The Bible Society Record (May 1885): 71. 크리스챤연합신문 http://www.cupnews.kr/news/view.php?no=5250. 2020.7.25.일 확인

오늘날 개역개정판의 시초가 되었던 1900년 신약전서와 비교해볼 때 큰 차이점은 "나라가 임하옵시며 뜻이"라는 부분에서 이수정은 소유격을 분명히 번역했다는 점이다; "네 나라이 임허여 이르러 네 뜻시". 그래서 그리스어 성경 원문처럼 '하나님의 나라... 하나님의 뜻'이라는 점을 명확히 강조하였다. 이 구절이 중요한 것은 십자가를 지기 전날 밤 겟세마네 동산에서 기도하실 때 예수님이 평소에 가르쳤던 이 구절로 기도를 드리고 다음날 십자가를 지셨던 것이다. 한글 성경에는 좀 다르게 번역되어 있지만 그리스어 성경 원문에는 동일한 구절로 아래와 같이 기록되어 있다;

(그리스어 신약성경) *γενηθήτω τὸ θέλημά σου* (마 6:10; 26:42)

(주기도문) "(당신의) 뜻이 이루어지이다 (마 6:10)"

(겟세마네 기도) "아버지의 원대로 되기를 원하나이다" (마 26:42)

그런데 1900년 번역은 소유격을 번역하지 않아 주기도문에서 '하나님의 나라, 하나님의 뜻'이 강조되지 않았고 이러한 번역이 오늘에 이르게 되었다. 만일 이수정의 번역처럼 헬라어 원문을 정확히 번역했다면 오늘날 한국 기독교가 이 땅에 세워질 '하나님 나라'를 좀 더 강조하지 않았을까 하는 아쉬움을 금할 수 없다.

3. 『의경문답』

1893년 번역 출간된 『의경문답』은 성경이 대부분 한글로 번역된 것을 전제로 해서 저술하였다고 볼 수 있다. 『의경문답』은 신약을 27권이라 소개하면서 'ᄉᆞ긔와젼도와아올나믁시ᄒᆞᆫ권'(역사서와 전도서와 묵시록) 등으로 나누었다. 역사서 부분에는 4복음서(마태, 마가, 로가, 요한, ᄉᆞ도힝젼)와 사도행전을 배정하였고, 묵시록은 요한계시록을 가리킨다. 그리고 나머지 모든 책을 전도서로 배정하였는데 다음과 같다; 라마사ᄅᆞᆷ의계부친글, 가림다에붓친젼후셔, 가랍태사ᄅᆞᆷ의게붓친글, 이불소사ᄅᆞᆷ의게붓친글, 비력비사ᄅᆞᆷ의게붓친글, 가라셔사ᄅᆞᆷ의게붓친글, 텹살타니가사ᄅᆞᆷ의게붓친글젼후셔, 졔마태의게붓친젼후셔, 졔다의게붓친글, 비리문의게붓친글, 희빅ᄅᆡ사ᄅᆞᆷ의게붓친글, 아각셔, 피득젼후셔, 요한일셔이셔삼셔, 유대셔.[809]

그러나 내용에 들어가면 간략하게 다음과 같이 표기하였는데 괄호 안의 명칭은 독자의 이해를 돕기 위해 추가한 것이다; 라마(로마서), 가림다젼후셔(고린도전후서), 가랍래(갈라디아서), 비력비(빌립보서), 가라셔(골로새서), 텹살타니가젼후셔(데살로니가전후서), 졔마태젼후셔(디모데전후서) 졔다(디도서), 비리문(빌레몬서) 희빅ᄅᆡ(히브리서), 아각셔(야고보서), 피득젼후셔(베드로전후서), 요할일셔이셔삼셔(요한일이삼서), 유대셔(유다서). 주목할 점은 원래 구약이 히브리어(희빅ᄅᆡ)로 기록되었고 신약이 헬라어(희리니)로 기록되었다는 점을 밝힌 것이다.

문답 가운데 성경을 인용한 곳을 볼 수 있다. 다음은 성찬예식을 세우는 예수님의 말씀을 찾아볼 수 있는 문답이다.

문 구쥬ᄭᅴ셔무ᄉᆞᆷ말ᄉᆞᆷ으로써늣게먹음을셜립ᄒᆞ셧ᄂᆞ뇨

809 『의경문답』 륙면 - 칠면.

답 우리 쥬예수씨씌셔풀님을당ᄒᆞ시든밤에쩍을츄ㅣᄒᆞ야츅슈ᄒᆞ시고 때여모든문도롤논화주시고골ᄋᆞ샤ᄃᆡ취ᄒᆞ야먹으라이논나의몸이니너희롤위ᄒᆞ야ᄇᆞ리논쟈ㅣ라네이롤위ᄒᆞ야나롤싱각ᄒᆞ라ᄒᆞ시고먹은후에쏘잔을취ᄒᆞ샤츅슈ᄒᆞ시고문도롤주샤골ᄋᆞ샤ᄃᆡ네맛당이두루이잔을마시라이논신약의피니너희와밋모든사롬을위ᄒᆞ야흘이논쟈ㅣ라죄를가히샤홈을엇으리니네때롤ᄯᆞ라이롤마시던곳나롤긔륵ᄒᆞ리라ᄒᆞ시니이논우리 쥬의늣게먹음을셜립ᄒᆞ신말솜이니라[810]

(* 우리 주 예수께서 팔림을 당하시던 밤에 떡을 취하여 축사하시고 떼어 모든 문도에게 나누어 주시고 가라사대 취하여 먹으라 이는 나의 몸이니 너희를 위하여 버리는 것이라. 내 이를 위하여 나를 생각하라 하시고 먹은 후에 또 잔을 취하여 축사하시고 문도에게 주사 가라사대 너희 마땅히 두루 이 잔을 마시라. 이는 새로운 약속의 피니 너희와 및 모든 사람을 위하여 흘리는 것이라 죄를 가히 사함을 엇으리니 네 때를 따라 이를 마시던 곳 나를 기억하리라 하시니 이는 우리 주의 성찬예식을 설립하신 말씀이라.)[811]

가림다젼셔십일장이십삼졀노이십오졀ᄭᆞ지와마태이십륙쟝이십칠팔졀ᄭᆞ지에보라[812]

810 『의경문답』 데칠장 백이십일-백이십이.
811 위의 내용을 현대말로 고쳐 쓴 것이다.
812 『의경문답』 데칠장 백이십이.

위의 답변 내용은 성찬식을 세운 성경내용을 요약한 것이라 할 수 있는데, 제시한 고린도전서 11:23-25과 마태복음 26:27-28에 기록된 성경말씀과 유사하다.[813]

4. 『성경도설』

『성경도설』에서 신약 복음서는 49도(데ᄉᆞ십구도 텬ᄉᆞ가 목쟈의게구셰쥬강ᄉᆡᆼᄒᆞᆷ을보이다)에서 72도(데칠십이도 예수하ᄂᆞᆯ에 오ᄅᆞ다)에 걸쳐 있는데 가장 많은 부분이 할애되었다. 그리고 예수를 '예수'라 번역한 것이 중요하다. 또한 복음서 내용은 전부 한글로 번역되었으며 가능한 한 한자를 줄이고 한글로 그 의미를 풀어 번역하였다. 예를 들어 유월절을 'ᄉᆞᆺ넘ᄂᆞᆫ절'이라 한글로 번역하였다.[814] 그리고 십자가를 '십ᄌᆞ틀'이라 번역하였다. 그러나 부분적으로는 군데군데 한자어를 사용하였는데, 예를 들어 '비둘기'는 '합됴' 즉 '합조'라 번역하였다. 그런데 때로는 '비둙

---

813 고린도전서 11:23-25
23 내가 너희에게 전한 것은 주께 받은 것이니 곧 주 예수께서 잡히시던 밤에 떡을 가지사
24 축사하시고 떼어 이르시되 이것은 너희를 위하는 내 몸이니 이것을 행하여 나를 기념하라 하시고
25 식후에 또한 그와 같이 잔을 가지시고 이르시되 이 잔은 내 피로 세운 새 언약이니 이것을 행하여 마실 때마다 나를 기념하라 하셨으니
(마태복음 26:27-28)
27 또 잔을 가지사 감사 기도 하시고 그들에게 주시며 이르시되 너희가 다 이것을 마시라
28 이것은 죄 사함을 얻게 하려고 많은 사람을 위하여 흘리는 바 나의 피 곧 언약의 피니라

814 『성경도설』 제65도.

이'라고 번역하여 통일성 있는 번역을 하지 못한 부분도 있다.[815] 그리고 어머니를 '어맘'으로, 아버지는 '아밤'으로 표기하였다. 그런데 62도에는 아버지를 '아바니'라고 번역하여 번역에 있어서 통일성을 기하지 못하였다.[816]

세례요한은 선지자 '요한'으로 번역하였고 그의 아버지 사가랴를 '살가리아'로 번역하였다. 그리고 솔로몬을 '소르문'이라 번역하였다. 이처럼 인명은 한자어를 차용한 것이 많았다.

신약 복음서 이후는 불과 8장뿐이다(73-80도). 제 80도는 "뎨팔십도 보로미리대큰바다셤에잇서신긔혼힝젹 베프다"로 시작된다. 이 부분은 주로 사도들이 전도한 내용을 소개하였는데 베드로와 바울의 이야기로 채워져 있다. 회개하기 전의 사울을 '소로'로 그리고 그 후에 바울은 '보로'로 번역하였는데 한자어 이름을 사용하였다. 이처럼 인명은 한문성경의 인명을 그대로 차용한 것이 많았다.

5.『照萬民光죠만민광』

『照萬民光죠만민광』은 영국성공회에서 1894년 트롤로프(M. N. Trollope) 신부가 편찬하여 발간한 발췌성경이자 전도문서인데 신약성경 중 384절을 발췌하여 번역하고 편집하였다. 내용은 예수의 일

815 『성경도설』 제55도.
816 『성경도설』 제62도.

생(一生)을 간추린 것으로 복음서를 위주로 하고 서신도 일부 포함하였다. 구체적으로 차례를 보면 아래와 같이 머리말과 말편이 있고 그 안에 11편의 글이 있다.

序 셔

聖母領報 셩모 보흠을 밧으시는 거시라

耶蘇誕生 예수ㅣ탄싱ᄒᆞ신 거시라

三王來朝 삼왕이 와 됴회ᄒᆞᆫ 거시라

耶蘇領洗 예수ㅣ셰롤 밧으신 거시라

耶蘇見試於魔鬼 예수ㅣ 시험을 마귀끠 보신 거시라

耶蘇連日所行 예수ㅣ 날마다 힝하신 거시라

耶蘇受難 예수 고난을 밧으신 거시라

耶蘇復活 예수ㅣ 부활ᄒᆞ신 거시라

耶蘇升天 예수ㅣ승텬ᄒᆞ신 거시라

聖神降臨 셩신이 강림ᄒᆞ신 거시라

宗徒行蹟 종도의 힝젹이라

末篇 말편이라[817]

형식은 순 한글본과 국한문 병용본의 두 종류가 간행되었는데 이는 지식층과 일반 서민들 모두 읽을 수 있도록 배려한 것이다. 국한문의 경

817 한국학중앙연구원의 장서각디지털아카이브 http://yoksa.aks.ac.kr/jsp/aa/ImageView.jsp?aa10up=kh2_je_a_vsu_30693_000&aa10no=kh2_je_a_vsu_30693_001 (2020. 7. 25 확인)

우 한문을 먼저 적고 그 뒤에 한글 번역문을 붙이는 형식이다. 그리고 지명은 물결, 인명은 직선으로 옆에 줄을 그었으며, 중요한 단어나 문장 뒤에는 주석을 달아 설명하였다.

아래의 내용은 “제2편 耶蘇誕生 예수ㅣ탄ᄉᆡᆼᄒᆞ신 거시라”의 한 부분이다. 앞에 한문 본문이 있고 그 뒤에 한글 본문이 있는데 여기서는 내용을 비교하기 위해 한글 본문만 실었다. 내용을 보면 결혼하기도 전에 마리아가 임신한 것을 알고 고민하던 요셉에게 천사가 찾아와 이는 성령으로 임신한 것이라 전하고 그 이름을 예수와 임마누엘이라 하라고 한 대목이다. 마태복음 1장 19-23절을 거의 정확히 번역한 것임을 알 수 있다. 이에 덧붙여 ‘주의 사자’와 ‘선지자’에 대해 작은 글씨로 설명까지 하면서 성경 내용을 쉽게 이해할 수 있도록 하였다. 따라서 성공회에서는 적어도 예수의 생애에 관해서는 신약성경을 대신하여 『照萬民光죠만민광』을 신도들에게 제공한 것으로 볼 수 있다.

『照萬民光죠만민광』 마태복음 1:19-23

그남편요셥은의로온사ᄅᆞᆷ이라현져히욕되게코쟈아니ᄒᆞ고ᄉᆞᄉᆞ로이
ᄇᆞ리고쟈ᄒᆞ더니ᄉᆡᆼ각할ᄉᆞ이에쥬의ᄉᆞ쟈 ㅣ 텬신이라 꿈에뵈여ᄀᆞᆯᄋᆞ
샤ᄃᆡ다위의후예요셥아네안ᄒᆡ마리아ᄅᆞᆯ취ᄒᆞ야써도라오고의심치말
나대개잉ᄐᆡᄒᆞ신바쟈ᄂᆞᆫ 셩신을감동ᄒᆞ심이라뎌ㅣ반ᄃᆞ시아ᄃᆞᆯ을나흐
리니가히일홈ᄒᆞ야ᄀᆞᆯᄋᆞᄃᆡ 예수ㅣ 라ᄒᆞ라써쟝ᄎᆞᆺ그ᄇᆡᆨ셩을죄악가온대
셔구완ᄒᆞ시리라이러케된거슨 쥬ㅣ 션지쟈 션지쟈ᄂᆞᆫ미리아ᄂᆞᆫ쟈 ㅣ
니 녯젹에셩신을감동ᄒᆞ야쥬의뜻ᄉᆞᆯ미리알고샤ᄅᆞᆷ의게젼ᄒᆞ시ᄂᆞᆫ셩인
이니라 의게부탁ᄒᆞ야말ᄉᆞᆷᄒᆞ신바ᄅᆞᆯ응ᄒᆞ엿시니ᄀᆞᆯᄋᆞ샤ᄃᆡ동뎡녀ㅣ 잉
ᄐᆡᄒᆞ야아ᄃᆞᆯ을나흐매사ᄅᆞᆷ이그일홈을이마뉴엘이라닐ᄏᆞᄅᆞᆯ거시니번

역ᄒᆞ면 곳 텬쥬 ㅣ우리와 ᄒᆞᆷ 씌ᄒᆞ심이니라[818]

개역개정 마태복음 1:19-23

19 그의 남편 요셉은 의로운 사람이라 그를 드러내지 아니하
고 가만히 끊고자 하여

20 이 일을 생각할 때에 주의 사자가 현몽하여 이르되 다윗의
자손 요셉아 네 아내 마리아 데려오기를 무서워하지 말라
그에게 잉태된 자는 성령으로 된 것이라

21 아들을 낳으리니 이름을 예수라 하라 이는 그가 자기 백
성을 그들의 죄에서 구원할 자이심이라 하니라

22 이 모든 일이 된 것은 주께서 선지자로 하신 말씀을 이루
려 하심이니 이르시되

23 보라 처녀가 잉태하여 아들을 낳을 것이요 그의 이름은 임
마누엘이라 하리라 하셨으니 이를 번역한즉 하나님이 우
리와 함께 계시다 함이라

---

818 한국학중앙연구원의 장서각디지털아카이브 『照萬民光죠만민광』 27면 http://yoksa.aks.ac.kr/jsp/aa/ImageView.jsp?aa10up=kh2_je_a_vsu_30693_000&aa10no=kh2_je_a_vsu_30693_001 (2020. 8. 5 확인)

6. 1900년 『신약젼셔』와 사경회

1) 1900년 『신약젼셔』와 개인역

개신교 신약성경 번역은 로스와 이수정이 시작하였지만 1885년부터 입국한 개신교 선교사들은 기존의 한글 성경 번역이 충분하지 않다고 판단하여 '한글성서번역위원회'(The Committee for Translating the Bible into the Korean Language)를 1887년 2월 7일에 구성하였다. 구성원을 보면 회장은 언더우드, 총무는 아펜젤러, 위원은 의료선교사 윌리엄 스크랜튼(William B. Scranton)과 장로교 의료선교사 존 헤론(John W. Heron)이 되었다. 이 위원회는 1887 년 4월 11일에 상임성서 위원회(The Permanent Bible Committee in Korea)로 명칭이 변경되었으며 로스역본을 개정하여 사용하기로 하였다.[819]

그런데 미국에서 파송된 선교사들은 로스역보다 이수정역을 더 선호하는 경향이 있었다. 개신교 선교사들이 국내에서 번역한 첫 번역은 언더우드와 아펜젤러가 시도한 것으로 1887년 이수정역본을 수정하여 『마가의젼혼복음셔언히』를 출판한 것이다. 이 때는 선교사들이 입국한지 겨우 2년 정도였기에 한국인들의 많은 도움을 받아서 번역하였는데 서상륜과 백홍준이 함께 번역하였다.

여기서 주목할 것은 이처럼 개신교 선교사들을 도운 한국 선비들 가운데 로스와 함께 번역에 동참한 선비들이 많았고 로스의 성경을 읽고

---

819 박형신, "'로스 역본'(Ross Version) 논쟁에 관한 연구," 『장신논단』 49권 2호 (2004), 93.

신자가 된 선비들도 있었다는 사실이다. 서상륜과 백홍준뿐만 아니라 펜윅(Malcolm C. Fenwick) 선교사의 번역을 도운 서경조도 있었으며 게일(James S. Gale) 선교사의 번역을 도운 이창직도 있다. 또한 최병헌은 스크랜튼(William B. Scranton) 선교사의 성경번역을 도왔다. 다음은 『대한그리스도인회보』에 게재된 당시 번역 상황이다;

> "성경을 번역홈" 『대한그리스도인회보』 4권 43호 (1899. 10. 25)
>
> 구세쥬의 교를 젼ᄒᆞᄂᆞᆫᄃᆡ 셩경번역이 급ᄒᆞᆫ지라 그런고로 장로교회와 미이미교회에서 의론ᄒᆞ고 다ᄉᆞᆺ 사ᄅᆞᆷ을 퇴뎡ᄒᆞ야 셩경번역의 ᄉᆞ무를 맛겻ᄂᆞᆫᄃᆡ 장로회 목ᄉᆞ 원두우씨와 쎄일씨와 리목ᄉᆞ이오 미이미회 목ᄉᆞ 시란돈씨와 아편셜라씨라 이 다ᄉᆞᆺ분이 비단 본국글을 잘 알 ᄲᅮᆫ 아니라 대한 방언도 잘 아ᄂᆞᆫ고로 이 ᄉᆞ무를 맛ᄒᆞᆫ지라 그러나 시란돈씨 목ᄉᆞᄂᆞᆫ 지금 대한에 업ᄂᆞᆫ고로 네분이 날마다 모히여 이왕에 번역ᄒᆞᆫ 신약셩경을 다시 교정ᄒᆞᆯᄉᆡ 루가복음 ᄭᆞ지 맛치고 ᄯᅩ 요한복음을 시작ᄒᆞ엿시며 외국 목ᄉᆞ들만 이 일을 보ᄂᆞᆫ 것이 아니라 대한 형뎨중에 셰사ᄅᆞᆷ이 함ᄭᅴ 안져 말ᄉᆞᆷ의 미흡ᄒᆞᆫ 구졀을 의론ᄒᆞ야 작뎡ᄒᆞ니 ᄉᆡᆼ각건ᄃᆡ 이후에 ᄉᆡ로 출판ᄒᆞᄂᆞᆫ 셩경은 본말ᄯᅳᆺ도 구비ᄒᆞ고 대한말도 슌슌ᄒᆞ야 알아보고 공부ᄒᆞ기 편리ᄒᆞᆯ 듯 ᄒᆞ더라

번역자회의 모습을 전하고 있는 기사인데 5명의 선교사들이 주축을 이루고 있고 세 명의 한국인 번역자도 참여하고 있음을 알려주고 있다. 1900년에 신약이 전부 번역되어 출판되었으니 이 때는 주로 이미 번역한 성경을 교정하는데 치중하고 있었다. 최현배도 성경번역에 참여한 조선

선비들의 면면을 아래와 같이 소개하고 있다;

> 이(1900) 신약전서의 뒤치기에 종사한 공로자는 서양선교사 언더우드, 아뺀셀러, 레이놀스, 드롤룝, 게일, 스그란돈 여럿이와 조선사람 신도 崔炳憲, 趙閒奎, 鄭東鳴, 李昌稙, 金明濬, 洪埈들이다.[820]

개신교 선교사들의 번역 위원회는 로스역본을 수정하여 1890년에 『누가복음전』을 출판하였다. 로스역을 개정한 또 다른 번역은 아펜젤러와 스트랜튼이 개정번역한 로마서인 『보라달로마인셔(保羅達羅馬人書)』인데 1890년에 출판하였다. '보라'는 '바울'을 가리키며 '바울이 전한 로마서'라는 뜻이다. 그리고 펜윅과 서경조가 로스역을 개정번역한 국한문 병용본 『約翰福音傳 요한복음젼』을 다음과 같은 형식으로 1891년에 출판하였다.

> 約翰福音 第一章
>
> 元始有道 都興上帝共在 道卽上帝
>
> 처음에도가잇ᄉᆞ되도가ᄒᆞᄂᆞ님과홈ᄭᅴᄒᆞ니도는곳하ᄂᆞ님이라

그러나 1890년 5월부터 로스역본을 개정하는 노력을 포기하고 선교사들이 독자적인 번역을 하기 시작하였다.[821] 로스역을 충분히 활용할 수

820 최현배, "기독교와 한글," 『신학논단』 제7집 (1962), 60.
821 박형신, "'로스 역본'(Ross Version) 논쟁에 관한 연구," 111.

있었음에도 모두 포기하고 새로운 번역을 하려했던 결정은 로스역의 부족함 때문에 비롯된 것이라 보기 어렵다. 아마도 미국에서 온 선교사들이 성서번역권을 가지려는 경쟁의식이 보다 더 큰 영향 요인이 되었을 것이라 짐작된다.[822] 이러한 결정으로 인해 위원회역은 로스역본과 이수정역본과의 차별화를 이루어야 했기 때문에 로스역본과 이수정역본의 장점이 부분적으로는 계승되지 못한 안타까운 결과를 낳고 말았다.

새로 번역된 성경은 권서를 통해서도 반포되었지만 서점을 통해서도 보급되었다. 1890년 제물포에 성경보급소(Bible depot)가 문을 열었는데 올린저가 개설하였다.[823] 그리고 영국성서공회(BFBS)는 1893년 서울에 성경보급소를 설치하였다. 이 성경보급소는 1894년 대동서시(大東書市)라는 이름으로 지속되었는데 아펜젤러와 최병헌이 운영하였다.[824]

번역활동을 체계화한 상임성서실행위원회는 1895년에 마태복음, 마가복음, 요한복음, 사도행전을 각각 1500부씩 출판하였다. 그리고 1896년에는 누가복음이 번역 출판되었다. 선교사들에 의해 신약성서가 모두 번역되어 1900년 5월 6일 정동교회에서 『신약젼셔』 완역본 출판을 기념하는 예배를 드렸다. 이 『신약젼셔』는 엄밀한 의미에서 '미완성' 번역본으로 개인역본과 번역자회역본, 그리고 위원회 시험역본이 혼재된 것이었다. 『신약젼셔』가 나오기 전까지 거의 모든 책들이 아래와 같이 먼저 낱권으로 출판되어 나왔었다.[825]

---

822 최성일, "로스역 신약성서의 특징과 저본에 관한 소고," 123.
823 대한성서공회 편, 『대한성서공회사 I. 조직.성장과 수난』, 463.
824 대한성서공회 편, 『대한성서공회사 I. 조직.성장과 수난』, 247-253.
825 나채운, 『우리말 성경연구』 (서울: 기독교교문사, 1990), 47-48; 정길남, "국역 성경 자료의 현황," 『국어사연구』 24호 (2017), 10-11; 이덕주, "성서 중심의 생활신앙 -

1890년: (로스역을 수정 출판) 『누가복음젼』 (아펜젤러) 『보라달로마인셔 (保羅達羅馬人書)』 (아페젤러, 스크랜튼),

1891년: (로스역을 수정한 국한문 병용본) 『約翰福音傳 요한복음젼』 (펜윅, 서경조)

1892년: 『마태복음젼』 (아펜젤러), 『ᄉᆞ도힝젼』 (게일, 이창직), 『예수셩교셩셔 맛ᄃᆡ복음』 (로스)

1893년: 『약한의긔록ᄒᆞᆫᄃᆡ로복음』 (펜윅)

1895년: 『마태복음』 (아펜젤러), 『요한복음』 (게일), 『누가복음(언더우드)

『마가복음』 (아펜젤러), 『신약젼셔』 (사복음서와 사도행전을 합본)

1896년: 『요한복음』 (언더우드), 『누가복음』 (언더우드),

1897년: 『바울이 갈나대인의게 ᄒᆞᆫ 편지』 (게일) 『야곱의공번된편지』 (스크랜튼), 『베드로젼셔』(스크랜튼), 『베드로후셔』 (스크랜튼)

1898년: 『마태복음』 (아펜젤러), 『마가복음』 (아펜젤러), 『누가복음』 (언더우드), 『사도힝젼』, 『로마인셔』(스크랜튼), 『고린도젼셔』,(게일) 아펜젤러 『고린도후셔』 (게일), 아펜젤러 『필닙보인셔』(언더우드), 『데살노니가인젼후셔』(레널즈), 에베소인셔 (게일) 『듸모데젼셔(언더우드), 듸모데후셔 (언더우드), 골로싀인셔(언드우드) 듸도셔(언더우드), 빌네몬』(언더우드), 히브리인셔(스크랜튼), 『요한일이삼.유다셔』(언더우드)

1911년 『셩경젼셔』 출간과 성서회관 건립의 역사신학적 의미," 78.

1899년: 『에베소인셔』

1900년: 『요한믁시』, 『신약젼셔』 (성서번역자회)

1893년 10월부터 새로운 성서번역자회가 조직되었는데 위원들은, 언더우드, 게일, 아펜젤러, 스크랜튼, 트롤로프(M. N. Trollope) 등이며 1895년부터 레이놀즈(W. D. Reynolds)도 참여하였다. 이 위원회는 성서 번역 기본 원칙과 방법을 다음과 같이 재정비 하였다.

> 1) 번역위원이 한국인 조수의 도움을 받아 완성한 '개인역' 원고에 2) 다른 번역자들의 의견을 반영하여 '수정역본'을 만든 후 3) 그것을 번역자 전체회의에 올려 토론과 표결을 거쳐 '번역자회 역본'을 만들고 4) 그것을 전달받은 성서실행위원회에서 검토한 후 인쇄에 붙임으로 위원회 '시험역본'을 마련하고 5) 이 시험역본을 3년 동안 사용하면서 발견된 오류와 독자 반응을 참조하여 최종 교정을 거쳐 '공인역본'을 인쇄하고 실행위원회로부터 개역이 필요하다고 인정될 때까지 계속 발행하기로 하였다.[826]

위의 과정 중에 가장 중요한 과정은 첫 번째 단계이며 이 단계의 핵심적인 역할은 '한국인 조수의 도움'이다. 물론 외국 선교사들의 한국어

---

826 W. D. Reynolds, "Bibble Translation in Korean," *KRP*(Nov. 1896), 471-473; W. D. Reynolds, "Translation of the Scriptures into Korean," 179; H. O. T. Burkwall, "Historical Sketch," 17. 이덕주, "성서 중심의 생활신앙 – 1911년 『셩경젼셔』 출간과 성서회관 건립의 역사신학적 의미," 78에서 재인용.

능력이 향상되기는 했지만 초벌 번역은 한국인 번역자의 몫일 수밖에 없었다. 그리고 이러한 과정이 있었기에 한문성경이 많이 반영되었던 것이다. 이렇게 번역된 한글 성경은 선교사들에 의해서도 보급되었지만 서점과 권서와 전도부인들에 의해 급속히 반포되었다.

로스와 이수정의 번역 이후 1900년까지 번역에 어떤 변화가 일어났는가? 요한복음 1장의 경우를 들어보면 다음과 같이 비교해 볼 수 있다. 1887년 로스가 신약성경 전체를 번역한 『예수셩교젼셔』와 1893년 펜윅(M. C. Fenwick)이 번역한 『약한의긔록ᄒᆞᆫᄃᆡ로복음』과 1900년의 성서번역자회가 출판한 『신약젼셔』를 비교해 보자.

1887년 로스 역 『예수셩교젼셔』 요한복음 1:1-6

처음에도가이ᄉᆞ되도가하나님과함씌ᄒᆞ니도ᄂᆞᆫ곳하나님이라 二 이
도가처음에하나님과홈씌ᄒᆞᄆᆡ 三 만물이말무암아다지여ᄉᆞ니지은
바ᄂᆞᆫ한나토말무지ᄋᆞᆫ코지으미업ᄂᆞ니라 四 도에ᄉᆡᆼ명이이ᄉᆞ니이ᄉᆡᆼ
명이사ᄅᆞᆷ의빗치되여 五 빗치어두온ᄃᆡ빗치우되어두온ᄃᆡᄂᆞᆫ아지못
ᄒᆞ더라 六 ᄒᆞᆫ사ᄅᆞᆷ이이ᄉᆞ니하나님이보ᄂᆡᆫ바일홈은요안ᄂᆡ라

1893년 펜윅 역 『약한의긔록ᄒᆞᆫᄃᆡ로복음』 요한복음 1:1-6

一 원ᄅᆡ도가예수씨라잇스되도가샹뎨님과가치계시니도가곳샹뎨
님이시라 二 이도가원ᄅᆡ샹뎨님과ᄀᆞᆺ치계시고 三 만물이도로써되
야시니무엇시던지짓지안이ᄒᆞ신거시업ᄂᆞᆫ니라 四 ᄉᆡᆼ명이도쇽에잇
고ᄉᆡᆼ명은사ᄅᆞᆷ의빗치시니 五 빗치어둔ᄃᆡ빗치오ᄃᆡ어둔ᄃᆡᄂᆞᆫ아지못
ᄒᆞᄂᆞᆫ니라 六 샹뎨님이보ᄂᆡ신사ᄅᆞᆷ잇스니일홈은약한이라

1900년 성서번역자회 『신약젼셔』 요한의 긔록 훈대로 쓴 거시
라 1:1-6
一 태초에 말솜이 (혹은도라) 잇ᄉᆞ니 말솜이 텬쥬와 ᄀᆞᆺ치 계시매
말솜은 곳 텬쥬 ㅣ 시라 二 이 말솜이 태초에 텬쥬와 ᄀᆞᆺ치 계서
셔 三 말솜으로 써 만물이 지은 거시니 지은 물건은 말솜 업시
지은 거시 업ᄂᆞ니라 四 싱명이 말솜에 잇ᄉᆞ니 싱명은 사ᄅᆞᆷ의 빗
치라 五 빗치 어두은ᄃᆡ 빗최되 어두운 거시 ᄭᆡ닷지 못ᄒᆞ더라 六
텬쥬의 보내신 사ᄅᆞᆷ이 잇ᄉᆞ니 일홈은 요한이라

로스는 『예수셩교젼셔』에서 '하나님'으로 번역했지만 1893년 펜윅은 '샹뎨님'이라 번역했고, 1900년 『신약젼셔』에는 '텬쥬'라 번역했다. 그런데 최종적으로 1911년에는 '하나님'으로 번역하게 되어 오늘날까지 이르고 있다. 그리고 로스역과 『약한의긔록훈ᄃᆡ로복음』에는 '도'라 번역했는데, 『신약젼셔』에는 '말솜'이라 번역했기에 '(혹은도라)' 라는 해설을 첨부하였다. 로스역은 좀 다르지만 『신약젼셔』는 펜윅이 번역한 『약한의긔록훈ᄃᆡ로복음』을 거의 수용하였고 띄어쓰기를 하였으며 철자법과 용어만 수정하였다.

참고로 펜윅은 1890년 입국하였는데 선교부와 상관없이 단독으로 성경을 번역하고 선교활동을 펼쳤다. 황해도 소래에서 서경조를 어학선생으로 하여 한국말을 익혔다. 한문성경과 영어성경을 가지고 먼저 성경의 한글 이름을 배우면서 한국말 익히기를 시작하였는데 '하나님'을 '샹뎨님'으로 번역하였다. 이는 서경조가 한문성경을 번역하면서 '샹뎨님'으로 초벌 번역을 하였기 때문에 일어난 현상으로 보인다.

2) 사경회

성경말씀을 사랑하는 한국의 성도들은 개인적으로 성경을 읽을 뿐만 아니라 일찍부터 성경을 공부하는 모임인 사경회를 통해 성경 해석을 듣게 되었고 이러한 모임 속에서 성경의 의미를 찾아 나서는 열정을 쏟아 부었다. 사경회는 1896년부터 시작되었을 것으로 추정되며, 1897년부터 사경회에 대한 기록이 나타나는데 1898년 평양과 부산에서 사경회가 열렸다. 아래는 1899년 1월 겨울에 평양에 개최된 사경회에 대한 것이다.

> 우리 교회에 유익ᄒᆞᆫ 것은 셩경을 공부ᄒᆞᆷ이라. 이럼으로 지ᄂᆞᆫᄒᆡ 음력 十二월 二十일 위시ᄒᆞ여 샤경회를 셜시ᄒᆞ엿ᄂᆞᆫᄃᆡ 각쳐 교우들과 본교회 형뎨ᄌᆞᄆᆡ 즁 공부를 힘쓰ᄂᆞᆫ 사ᄅᆞᆷ ᄉᆞ십여인이 목ᄉᆞᄃᆡᆨ에 모히여 졔졔히 깃분 ᄆᆞᄋᆞᆷ으로 하ᄂᆞ님ᄭᅴ 긔도ᄒᆞ고 아ᄎᆞᆷ 아ᄒᆞᆸ시로 열ᄒᆞᆫ시ᄭᆞ지ᄂᆞᆫ 로마인셔를 공부ᄒᆞ고 오후 두시로 네시ᄭᆞ지ᄂᆞᆫ 요한 一二三셔와 디도셔와 아각셔를 공부ᄒᆞ여 ᄒᆞᆫ ᄃᆞᆯ 동안에 하ᄂᆞ 님의 묵우ᄒᆞ신 은혜와 목ᄉᆞ의 셩실히 ᄀᆞᄅᆞ침으로 형뎨와 ᄌᆞᄆᆡ들 이 ᄆᆞᄋᆞᆷ 눈을 열어 지식의 유익ᄒᆞᆷ을 엇고 각각 밋ᄂᆞᆫ ᄆᆞᄋᆞᆷ이 더욱 굿건케 ᄒᆞ엿ᄉᆞ오니 감ᄉᆞᄒᆞᄋᆞᆸᄂᆡ다.[827]

사경회가 열린 장소는 선교사 사택(목ᄉᆞᄃᆡᆨ)이었으며 40여명이 모여 아침에는 로마서, 그리고 오후에는 요한1,2,3서와 디도서와 야고보서(아각서)를 공부하였다고 한다. 신약의 서신서를 공부한 것을 보면 이미 복음

---

827 오석형, "평양교우 편지," 『대한크리스도인회보』 (1899. 3. 22).

서를 공부한 사람들의 모임인 것으로 짐작된다. 특히 농한기에 모여 한 달 동안 계속 공부하였다고 하니 그 열정이 대단함을 알 수 있다. 그리고 중요한 것은 이러한 사경회에 참석한 이들이 고향에 돌아가 소규모 사경회를 개최하였다는 사실이다.[828] 이러한 사경회의 열정이 한국 교회의 기초를 이룬 것이며 1907년 대부흥운동의 기폭제가 되었다.

한글 성경 번역으로 일어난 또 다른 중요한 결과는 성경을 한국어로 외울 수 있게 된 것이다. 한국은 오래 전부터 경학을 공부할 때 책을 외우는 것을 기본으로 하였다. 이러한 공부 관습이 성경 공부에도 적용되어 초기 한국 성도들은 일상적으로 성경을 외우게 되었다. 대중적으로 누구나 쉽게 성경을 외우기 위해서는 한국어로 외워야 하는데 이것은 한글로 성경이 번역 되어야 가능한 일이다. 다음은 1911년『성경전셔』가 완역 출판되었을 때『예수교회보』에 실린 사설 중 일부분이다.

> …셋재ᄂᆞᆫ 구약 말ᄉᆞᆷ을 사ᄅᆞᆷ마다 외일 수 잇게 된 거시니 이거시 교회에 ᄀᆞ장 요긴ᄒᆞᆫ 일이라. 전일에 한문 보ᄂᆞᆫ 형뎨가 한문 구약으로 볼 ᄯᅢ에ᄂᆞᆫ 그 대강ᄒᆞᆫ ᄠᅳᆺ만 긔억ᄒᆞᆯ ᄲᅮᆫ이오 외이ᄂᆞᆫ 일에 ᄃᆡᄒᆞ여ᄂᆞᆫ 별노히 샹관치 아니ᄒᆞ엿거니와 지금은 일반 교우가 ᄒᆞᆫ ᄆᆞᄋᆞᆷ으로 ᄒᆞᆫ 셩경을 외우게 되엿도다. 대뎌 셩경말ᄉᆞᆷ은 검과 ᄀᆞᆺᄒᆞᆫ즉 그 ᄠᅳᆺ을 알기만ᄒᆞᄂᆞᆫ 쟈가 검 잘 ᄡᅳᄂᆞᆫ 쟈가 아니오 그 말ᄉᆞᆷ을

828 H. G. Underwood, "Korea's Crisis Hour," *KMF* (Sep. 1908), 131. 이덕주, "성서 중심의 생활신앙 – 1911년『셩경젼셔』출간과 성서회관 건립의 역사신학적 의미," 109 재인용.

잘 외는 쟈가 검 잘 쓰는 쟈라 ᄒᆞ리로다.[829]

그림 5 지역 사경회 모임[830]

성경 외우기가 일상이 된 또 다른 예를 보면, 1908년 미감리회 선교사 데밍(C. S. Deming)의 다음과 같은 증언을 통해 1900년 이전의 상황을 짐작할 수 있다.

> 한국인들은 뛰어난 기억력을 가지고 있다. 복음서 공부와 관련하여 다음 세 사람에 대한 사경회 보고가 내 관심을 끌었다. 개

829 "샤셜," 예수교회보 (1911. 4. 11). 이덕주, "성서 중심의 생활신앙 – 1911년 『셩경젼셔』 출간과 성서회관 건립의 역사신학적 의미," 89 재인용.

830 https://commons.wikimedia.org/wiki/File:District_bible_class,_Korea,_(s.d.)_(Taylor_box45num49).jpg (2020. 10. 18 확인)

성에 맹인 한 사람이 있는데 그의 아들이 그의 눈이 되어 복음서 전체를 외우게 되었다. 그는 복음서 전체를 순서대로 외울 수 있을 뿐 아니라 아무 장, 아무 절이나 물으면 정확하게 기억해 낼 수 있다. 또 한 사람은 속장인데 그는 말씀 공부에 전념하여 누가복음과 사도행전을 외울 수 있게 되었다. 세 번째 사람은 매서인인데 성서에 통달하여 어느 구절을 읽든 그 장과 절까지 정확히 집어 낼 수 있다.[831]

또 다른 예는 1900년에 일어난 사건인데, 성경을 외울 뿐만 아니라 성경을 문자적으로 해석하며 그대로 실천 했다는 것이다.

양력 ᄉᆞ월분에 강화 홍의 교우 죵슌일씨가 ᄌᆞ긔 죄ᄅᆞᆯ 하ᄂᆞ님ᄭᅴ셔 용셔ᄒᆞ여 주심을 ᄭᆡ닷고 무한 감샤ᄒᆞ며 ᄯᅩ 셩경 말ᄉᆞᆷ을 ᄉᆡᆼ각ᄒᆞ고 스ᄉᆞ로 ᄀᆞᆯ아ᄃᆡ 하ᄂᆞ님ᄭᅴ셔 나의 쳔만량 빗ᄉᆞᆯ 탕감ᄒᆞ여 주셧시니 나도 ᄂᆞᆷ이 내게 빗진 사ᄅᆞᆷ들을 모도 쳥ᄒᆞ여 노코 셩경 말ᄉᆞᆷ으로 연셜ᄒᆞ야 젼도ᄒᆞᆫ 후에 빗쥰 문셔ᄅᆞᆯ 그 사ᄅᆞᆷ들 압헤셔 즉시 불을 노흐니 탕감ᄒᆞ여 줌을 닙은 쟈들이 크게 감복ᄒᆞ야 영화ᄅᆞᆯ 하ᄂᆞ님ᄭᅴ 찬송ᄒᆞ고 서로 공론ᄒᆞ되 셰샹 사ᄅᆞᆷ이 ᄇᆡᆨ디 업ᄂᆞᆫ 빗도 잇다 ᄒᆞ야 긔인취물ᄒᆞᄂᆞᆫ 쟈 잇거ᄂᆞᆯ 예수교ᄅᆞᆯ 밋ᄂᆞᆫ 사ᄅᆞᆷ은

831 C. S. Deming, "The Korean Christian", *KMF* (Jun. 1906), 153. 이덕주, "성서 중심의 생활신앙 – 1911년 『셩경젼셔』 출간과 성서회관 건립의 역사신학적 의미," 112 재인용.

ᄌᆞ긔 돈ᄭᆞ지 ᄇᆞ려 놈의게 젹션ᄒᆞ니 츰 거륵ᄒᆞᆫ 일이라 ᄒᆞᆫ다더라.[832]

성경말씀대로 빚을 탕감해 주었다는 강화의 종순일씨 이야기다. 이외에도 마태복음 18장을 읽다가 감동하여 노비를 해방시켜 딸로 삼은 김씨 부인의 일화도 있다.[833] 이처럼 한국의 초기 기독교인들은 성경을 사랑하며 외우고 생활 속에서 실천하는 사람들이었다. 이러한 실천을 통해 선교의 문이 열렸는데 이러한 열매는 작은 겨자씨 같은 역할을 한 한글 성경 번역의 결과라 할 수 있다.

832 "강화신식," 『대한그리스도인회보』 (1900. 6. 6). 이덕주, "성서 중심의 생활신앙 – 1911년 『성경전셔』 출간과 성서회관 건립의 역사신학적 의미," 115 재인용.

833 김우제, "우리나라에 드문 일," 『신학월보』 (1903. 7). 이덕주, "성서 중심의 생활신앙 – 1911년 『성경전셔』 출간과 성서회관 건립의 역사신학적 의미," 116 재인용.

결론

한국 성경 번역과 해석의 발자취를 살피면서 이제 종착역에 다다랐다. 1900년까지 범위를 한정하였는데, 한국 기독교인들이 성경을 번역하고 읽고 필사하고 외우고 해석하면서 큰 힘을 얻었던 이면에는 적어도 300여년의 숨은 성경의 번역과 해석의 역사가 있었음을 확인할 수 있었다. 그리고 그 이전에도 삼국시대부터 16세기의 조선시대까지 '성경 수용의 여명기'가 있음을 추적하였다. 특히 주목할 것은 한국의 경우 천주교와 개신교 공히 선교사들이 들어와서 기독교를 전해주기 이전에 한국인 스스로 성경이나 성경이 포함된 교리서들을 입수하여 읽고 기독교인으로서 신앙고백을 하며 신앙공동체를 형성했다는 점이다.

'성경 수용의 여명기'에는 동방기독교인 경교와 에리케운(也里可溫)이 한국에 수용되었을 가능성에 대해서 추적 연구하였다. 당나라 시대의 경교와 몽골제국 시대의 에리케운이 동아시아의 기독교로 그 기세가 왕성했었는데 이 시기에 성경이 부분적으로 번역되었다. 중국과 인접해 있는 고구려, 백제, 신라, 고려, 발해 등에서 그 영향을 받았을 가능성을 탐색하는 가운데 고려 시대에는 동방기독교가 전파되었다는 직접적인 증거를 발견할 수 있었다.

특히 고려사에서 발견할 수 있었던 것은 동방기독교인들이 고려에 왔다는 사실이다. 몽골제국의 관리로 고려에 파견된 기독교인 활리길사

(闊里吉思, Giwargis)가 기독교정신에 입각해서 고려의 노비제도를 개혁한 것이다. 이외에도 고려에 온 기독교인으로 휘정원사(徽政院使) 실렬문(失烈門, Solomon)과 충렬왕의 왕비 쿠틀룩켈미시(忽都魯揭里迷失, 장목왕후), 발해 지역에서 온 동번(東蕃)의 사라(沙羅, Silas) 장군 등을 들 수 있다. 또한 만주지역은 11세기부터 이미 동방기독교가 전파되었고 고려와 왕래가 잦은 지역이면서 고려인들도 많이 살고 있었던 지역이기에, 만주에서 그리고 만주를 통해서 고려인들이 기독교의 영향을 받았을 가능성이 높다.

조선시대에는 일본을 통해 기독교가 알려졌는데 일본의 천주교는 예수회 선교사들에 의해 1549년부터 시작되었다. 그리고 일본은 1592년(임진왜란), 1598년(정유재란) 두 차례에 걸쳐 조선을 침략하였는데 일본 군인들 가운데 천주교인들이 있었고 예수회 신부가 조선에 입국했다. 이 때 구두로 성경이 조선에 전달되었지만 문서로도 전달되었을 가능성이 있다. 또한 일본에 잡혀간 조선의 전쟁 포로 가운데 적지 않은 사람들이 천주교로 개종하고 이들 가운데 수많은 순교자까지 배출된 역사가 있었다. 이들은 일본에서 교리서와 성경을 읽었고 조선인 교회도 세웠다. 따라서 이때 한글성경이 부분적으로 번역되었을 것으로 짐작된다. 그리고 포로귀환으로 조선으로 돌아온 사람들 가운데 천주교인들이 있었을 가능성이 있다. 왜냐하면 귀환 천주교인 가운데 1605년에 대마도에서 교리서를 필사해갔다는 기록이 있기 때문이다.

비록 직접적인 기독교 전래와 성경 번역의 역사는 이루어지지 않았지만 이상 살펴본 다양한 영향들이 마치 지하수처럼 한국의 정신 세계와 종교적 영성의 저변을 형성하였을 것으로 짐작된다. 지면 관계상 다루지는 않았지만 실크로드 상에서 기독교와 불교가 교류한 사실, 그리고 유대인들이 히브리어 토라를 들고 중국에 거주하고 있었던 사실 등도 염두에 둘 필요가 있다.

본격적인 성경 번역과 해석의 역사는 17-19세기에 이루어졌다. 시대를 17-18세기와 19세기로 나누었는데 19세기에는 천주교와 개신교 모두를 살펴보았다. 이 시대를 추적하기 전에 먼저 살펴본 것은 한문성경에 관한 것이다. 1894년까지 한국의 공식적인 글이 한문이었다는 점에 대해서 연구하여 한문성경의 역할에 대해 밝혔는데 거의 1900년까지를 '한문성경기(漢文聖經期)'라 명명하였다. 한글보다 한문을 신뢰하는 조선 지식인의 태도에서도 볼 수 있듯이 그들에게는 한문성경을 굳이 한글로 번역할 필요가 없었던 것이다. 조선에서는 이미 한문성경기 동안 성경을 읽고 해석해온 것이다.

한문은 중국의 전유물이 아니라 고조선 시대부터 한국인의 문자였으며 한국적인 수용 과정을 거쳐왔다. 이러한 현상은 이미 5세기 초 광개토대왕비에도 나타난 것을 확인할 수 있다. 또한 한문성경에 구결을 달고 독음으로 암송하여 기도를 드리는 가운데 해석활동이 있었던 것이다.

먼저 16세기 말부터 18세기에 이르는 기간 동안 조선에 수용된 서학서 가운데, 적어도 1762년 이전에 조선에 들어온 『聖經直解』는 1790년대의 역관인 최창현(崔昌顯)에 의해 한글로 번역되었다. 이때 『聖經廣益』과 더불어 번역되었는데 번역본의 이름은 『셩경직히광익』이었다. 그러나 후대에는 『셩경직히』라는 이름으로 출판되었다. 『셩경직히광익』의 내용을 보면 성경 본문과 주해, 그리고 묵상자료 등으로 구성되어 있는 초기 해설성경임을 알 수 있으며, 4복음서의 30.68%가 번역되어 있음을 확인할 수 있다.

주목할 점은 『셩경직히광익』을 활용한 성경 읽기와 해석이 제도화 되었다는 것이다. 천주교 초기 공동체에서는 매 주일 『셩경직히광익』을 읽고 지도자가 해석을 하였다. 초기 공동체에서 가장 학식과 덕이 뛰어난 회장을 선출하였는데, 회장은 주일과 첨례날을 맞이하여 『셩경직히광익』에서 해당일의 성경을 준비하여 읽고, 신자들에게 풀이해 주었다. 달레(Claude-Charles Dallet)도 "그날 복음의 해석을 듣습니다"라고 기술하면서 이러한 읽기와 해석 관습을 전해주고 있다.

또한 일찍이 허균(許筠, 1569-1618)에 의해 한국에 들여온 『七克(칠극)』에는 성경구절이 145회 287절이 인용되었고, 『천주강생언행기략』은 1782년 이전에 이미 연행사(燕行使)를 통해 들여왔다. 또한 『聖詠續解(성영속해)』에는 시편 번역과 주석이 실려있다. 그리고 『天主實錄(천주실록)』, 『天主教十誡直詮(천주성교십계직전)』, 『琦人十規(기인십규)』 등에는 십계명이 실려 있다.

주목할 만한 것은 서양의학 이론을 소개한 책 『主制群徵(주제군징)』과, 천문지리적인 정보를 제공하는 책 『職方外紀(직방외기)』와, 기계들과 그 원리가 되는 역학적 지식을 도해한 책 『奇器圖說(기기도설)』에도 성경 내용이 포함되어 있다는 사실이다. 그리고 심지어 실학자 안정복(安鼎福, 1712-1791)의 『天學問答』같이 천주교를 비판하기 위한 글과 서적에서도 성경내용이 포함되어 있는 경우가 있다. 한걸음 더 나아가 눈여겨 볼 점은 조선의 선비들이 기독교와 성경을 접하고 나서 격렬하게 토론했던 쟁점들 가운데는 오늘날 한국적 성경해석과 새로운 한국 신학을 창출하는 과정에 다시 한 번 살펴볼 만한 것들이 있다는 점이다.

그리고 한국인의 저술 그리고 서학서 속에 포함된 성경을 읽고 한글로 십계명가와 천주공경가 등 가사체로 성경 내용을 창의적으로 작성한 사실이 중요하다. 특히 서학서를 통해 자발적으로 수용한 성경 내용을 소화하여 창의적으로 새로운 신앙서적을 저술한 정약종의 『주교요지』를 연구하였다. 이 문헌은 한국적인 자료와 경험을 많이 활용하여 한국인들이 쉽게 성경의 내용을 이해할 수 있도록 작성되었다.

조선 기독교인들의 성경읽기 관습을 보면 개인적인 읽기도 있었지만 모여서 함께 '합송'하는 관습이 있었다. 이러한 관습은 한 사람이 낭독하면 모두가 귀로 듣는 관습보다 더 능동적인 관습이다. 그리고 이러한 관습이 정착되었다는 것은 모두가 성경책을 들고 있었다는 것을 전제한 것이다. 성경이 서적으로 널리 전파되어 있었다는 사실을 확인할 수 있는 기록이기도 하다. 또 다른 중요한 면은 합송을 할 경우 박자와 가락이 나타날 수밖에 없다는 점이다. 이러한 관습 속에 한국 찬송가의 기원도 찾아볼 수 있었다.

이 모든 관습은 한글로 성경이 번역되었기 때문에 일어날 수 있는 것들이다. 그리고 성경 번역은 한글 발전에도 지대한 영향을 미쳤다. 한글은 어린이들도 쉽게 익힐 수 있는 글이었으며, 한글 성경 번역은 종교와 관련된 근대적 학문 어휘를 수용할 수 있게 만들어 기여한 면도 있다. 이처럼 일상 언어로 번역된 결과로 인해 암송관습과 합송 관습, 그리고 한글과 관련된 성경읽기와 해석의 역사가 있었다.

제3부에는 19세기 성경 번역과 해석에 대해 연구하였는데 천주교와 개신교를 구분하여 연구하였다. 19세기는 유럽 제국주의가 밀물처럼 동양으로 밀려오던 시대였으며, 개신교 선교는 이러한 흐름에 편승하여 19세기 초반부터 중국에서 본격적으로 선교를 할 수 있었고 조선의 문도 두드리고 있었다. 중국에서는 신구약성서가 한문으로 번역되어 간행되었고 선교사들은 조선 주위를 맴돌며 한문성경을 전하려고 시도하였다.

또한 19세기는 민란의 시대이기도 하였다. 중국이나 조선에서 유교와 불교에서 희망을 찾지 못한 백성들은 기독교에서 희망을 찾으려고 하였으며 이러한 이유로 인해 성경은 읽혀졌고 전파되었다. 그런데 조선에서 19세기는 박해의 시대이기도 하였다. 신유박해(1801년), 기해박해(1839년), 병인박해(1866년) 등으로 천주교는 처음부터 박해를 이겨내는 신앙으로 무장할 수밖에 없었다. 이러한 박해 가운데 신앙의 힘을 불어넣을 수 있었던 것은 성경을 포함한 교리서들을 읽고 외우는 것이었다. 이 시기의 특징 가운데 중요한 것은 필사뿐만 아니라 목판인쇄와 활판인쇄를 활용하여 출판하였다는 점이다. 번역뿐만 아니라 번역된 성경이 인쇄물을 통해 광범위하게 전파된 시대이기도 하였다.

천주교의 성경 번역과 해석과 관련하여 이 시기에 연구할 중요한 문헌들 가운데 구약성경은 『고경』과 『셩교감략』, 그리고 『텬쥬셩교례규(天主聖教禮規)』 등이다. 특히 주목할 만한 것은 시편 가운데 8편(129[130], 50[51], 112[113], 118[119], 23[24], 148, 149, 150편)이나 한글로 번역되었다는 점이다.

천주교의 신약성경으로는 1892-1897년에 『셩경직히』가 인쇄되어 출간되었으며 『셩교감략』도 1883년 한글로 인쇄되어 널리 반포되었다. 『셩교감략』에는 구약과 신약뿐만 아니라 외경도 포함되어 있고 경교비문의 한글 번역본도 들어있다.

특히 천주교 성경 번역이 개신교 번역에 어느 정도 영향을 미쳤는지에 대해서도 연구하였다. 그래서 인명과 지명을 비교하였는데, 비교한 번역본들은 천주교의 책들인 『고경』과 『셩교감략』, 그리고 개신교 책들인 『구약공부』와 『죠션크리스도인회보』와 1906-1911년 번역된 『구약』 등이다. 이 비교를 통해서 확인할 수 있었던 것은 천주교 성경 번역에서 번역한 용어와 개신교 성경번역의 용어가 동일하거나 유사한 경우가 많은 것을 발견할 수 있었다.

또한 아펜젤러와 언드우드 같은 개신교 선교사들이 한글로 성경을 번역했을 때 조한규와 송덕조같은 천주교인들이 참여하였고 천주교인들이 통역과 하녀로 선교사들을 도왔다. 이러한 천주교인들의 활동을 통해 자연스럽게 천주교 한글 번역 전통과 결과들이 개신교 한글성경번역에 영향을 미쳤음을 확인할 수 있었다. 특히 천주교의 『한불자전』은 개신교 한글 번역에 직접적인 도움을 주었는데 로스의 번역 때부터 도움을 주었다. 그리고 천주교의 한글 성경 번역의 전통이 개신교에 영향을 주었다는 것은 국내 선교사들 중심의 한글 성경이 어원을 밝혀서 적는 문어(文語) 전통, 즉 천주교의 전통을 택했다는 점에서도 찾아 볼 수 있다. 그리고 천주교와 개신교의 한글 성경 번역이 한글의 발전과 한글 사용 확대에 크게 기여하였다는 점을 주목할 수 밖에 없다.

19세기 말 개신교의 구약성경 번역은 신약보다 늦게 번역되었지만 문답으로 구성된 성경공부 책이라든가 단편적인 번역을 통해 1893년경부터 구약이 소개되었다. 1893년에 출간된 『구약공부』는 내용을 보면 상권에 창세기 1장-여호수아 5장, 그리고 하권에는 여호수아 6장-사무엘상 31장의 일부분을 총 39과로 나누어 공부할 수 있도록 꾸며 놓았다.

1897년 창간한 『대한크리스도인회보』에는 창세기, 사무엘상, 사무엘하, 열왕기상이 상당 부분 번역되어 있고 시편, 잠언, 역대하 등이 번역되어 있다. 그리고 성경 어떤 책을 보라 혹은 성경을 구매해서 보라는 광고가 있는 것을 보면 이미 신구약이 부분적으로 한글로 번역되어 있었을 가능성이 있다. 그리고 1898년에 출판된 『시편촬요』의 경우는 시편 가운데 62편이나 번역되었기에 상세히 분석하였는데, 이미 천주교 번역 성경 부분에서 『텬쥬셩교례규(天主聖敎禮規)』의 시편 기도문과 비교하여 분석한 바 있다.

19세기 말 개신교의 신약성경 번역은 만주에서 시작되었다. 만주 지역은 조선의 박해에서 벗어난 지역이며, 자유롭게 성경을, 특히 한문성경을 읽을 수 있는 지역이기에 천주교와 개신교 공히 일찍부터 조선 선교의 전초기지로 활용되었다. 개신교 한글 번역의 주역은 스코틀랜드 출신의 존 로스 선교사였으며 1882년 『예수셩교누가복음젼셔』로 시작하여 『예수셩교요안닉복음젼셔』를 번역 출판하였다. 결국 신약성경 전체를 번역하여 1887년에 『예수셩교젼셔』를 번역 출판하였으며 1893년까지 총 94,040권의 성경이 번역 출판되었다. 이처럼 로스역은 한국 개신교 초기 한글로 성경을 읽고 싶어 했던 한국기독교인들에게 가뭄의 단비와 같은 반가운 선물이었다.

이 번역을 주도한 사람은 로스 선교사였지만 동료 선교사 존 맥킨타이어(John Macintyre)가 협력하였고 이응찬(李應贊), 백홍준(白鴻俊), 서상륜(徐相崙), 이성하(李成夏), 김진기(金鎭基), 이익세(李益世), 최성균(崔成均) 등이 한문성경을 한글로 번역하는 일에 큰 역할을 하였으며 김청송(金青松)은 식자공으로, 그리고 1882년부터 권서인으로 활동하였다.

그리고 로스는 한문중심의 문어체가 아닌 구어체를 사용했으며 한국 고유어를 사용하려고 노력했다. 그 결과 '하느님,' '하나님,' '예수,' '성령' 등으로 번역하여 개신교 한글 성경 번역의 기초를 만들 수 있었다. 그리고 한국인의 존칭 사용의 관습을 반영하였다는 점도 중요하다.

로스는 한문성경을 따르기보다 신약성경의 원전인 그리스어 성경을 바탕으로 번역하려고 노력하였으며, 그 결과 주기도문의 경우 "아바님 나라이 님ᄒᆞ시며 아버님 뜻이 ᄯᅡᆼ에 일우기를"로 정확하게 번역하여 '하나님 나라'를 강조하였고 "사ᄅᆞᆷ의 빗샤함갓치 우리 빗올 샤ᄒᆞ시며"로 정확히 번역하여 삶의 현장에서 정의로운 경제활동을 강조하는 원래의 뜻을 살려내었다. 또한 안식일을 '사밧일'이라 번역하였고, 한문성경의 야소(耶蘇)를 '예수'라 번역하였다. 그리고 '유월절'을 이해하기 쉬운 한국어로 번역하였는데 '넘난 절'로 번역하였다.

로스는 조선선교를 계획하면서 먼저 조선인에게 한문성경과 전도지를 나누어 주었으며 그로 인해 1876년 이응찬이, 그리고 1879년 서상륜이 세례를 받는 놀라운 일이 일어났다. 그러나 로스는 한문이 아닌 한글로 성경을 번역하면 조선 사람들이 쉽게 읽을 수 있다는 사실을 파악하여 일찍부터 한글 공부에 열중하였다. 그래서 먼저 1877년 한국어 문법책인 『Corean Primer』부터 완성하였다. 또한 조선 천주교에서 이룩한 한글에 관한 업적도 참고하였는데 천주교에서 만든 『한불자전(韓佛字典)』을 유용하게 활용하였다.

로스가 번역한 1882년 『예수셩교누가복음젼셔』와 1887년 『예수셩교젼셔』 누가복음, 그리고 로스 역을 수정한 아펜젤러의 1890년 『누가복음젼』을 비교한 결과 1890년 『누가복음젼』은 아펜젤러의 번역이라기보다 로스 역을 부분적으로 수정한 것으로 '로스 수정본'이라 명명하는 것이 더 적절할 정도였다. 그리고 『예수셩교누가복음젼셔』와 『예수셩교젼셔』를 비교해 볼 때, 전국적으로 성경이 읽혀지기 위해서는 서울지역 말로 번역할 필요가 있었기에 『예수셩교젼셔』에는 서울 말로 변경시키려는 노력이 있었음을 알 수 있었고 보다 더 정확하게 번역한 부분을 확인할 수 있었다.

이수정(李樹廷)은 벼슬이 도승지에 이를 정도로 엘리트 선비였다. 이수정은 1883년 일본에서 세례를 받았으며 일본 전국기독교도 대친목회에서 '신앙고백서'를 발표하였다. 주목할 만한 것은 성경의 핵심이 "신인상감지리(神人相感之理)"라고 고백한 것인데, 조선 주자학이 강조하는 천인

무간(天人無間) 사상, 즉 '하늘과 내가 서로 간격이 없다'는 사상과 요한복음 14-15장과 일맥상통하다는 면을 강조하였다. 만약 이수정이 고백한 이러한 신앙을 계속 강조하고 발전시켰다면 한국의 기독교가 윤리적으로 더욱 성숙한 모습을 보일 수 있지 않았겠나하는 아쉬움이 있다.

엘리트 선비였던 이수정은 1883년 일본에서 성경을 번역할 때 한글번역보다 한문성경에 구결(口訣)을 달아 조선의 선비들이 읽기 쉽게 한 신약성경부터 출판하였다. 복음서와 사도행전 등을 합하여 1884년 『현토한한신약전서』(懸吐漢韓新約全書)를 출간하였는데 이 성경은 조선에서 큰 인기를 얻어 많이 판매되었다. 그다음 한글로 성경을 번역하였는데 '언해'하는 방식으로 번역하였다.

1885년 국한문혼용체인 『신약마가젼복음셔언히』를 이수정이 번역 출판하였는데 한국 개신교 선교사인 언더우드와 아펜젤러가 한국에 들어올 때 가지고 온 성경이다. 이 또한 선비들과 일반 백성 모두 함께 읽을 수 있는 성경을 제공하려는 것이었으며 이 언해 성경도 조선에 많이 배포되었다. 그리고 이수정은 주기도문 번역에서 "나라가 임하옵시며 뜻이"라는 부분에서 로스와 마찬가지로 소유격을 분명히 번역했다는 점이다; "네 나라이 임허여 이르러 네 뜻시". 다만 로스처럼 존칭을 사용하지 않은 점은 아쉬운 점이다.

그리고 1891년에 번역하여 출판한 『성경도설』에서 신약 복음서는 49-72도에 걸쳐 있는데 복음서 내용은 전부 한글로 번역되었으며 가능한 한 한자어를 줄이고 한글로 그 의미를 풀어 번역하였다. 예를 들어 유월절을 '숫넘는절'이라 한글로 번역하였다. 그리고 십자가를 '십ᄌᆞ틀'이라 번역하였다.

『照萬民光죠만민광』은 영국성공회에서 1894년 트롤로프(M. N.

Trollope) 신부가 편찬하여 발간한 발췌성경이자 전도문서인데 신약성경 중 384절을 발췌하여 번역하고 편집하였다. 형식은 순 한글본과 국한문 병용본의 두 종류가 간행되었는데 이는 지식층과 일반 서민들 모두 읽을 수 있도록 배려한 것이다.

그리고 1900년 『신약젼셔』가 완역되어 출판하기 까지의 발자취를 더듬어 보았다. 선교사들은 '한글성서번역위원회'를 1887년 2월 7일에 구성하였고 선교사들을 도운 한국 선비들이 있었는데 서상륜과 백홍준, 서경조와 이창직, 그리고 최병헌 등이 도왔다. 이들 선비들 가운데는 로스와 함께 번역에 동참했던 선비들도 있었고 천주교인들도 있었다. 천주교 성경 번역의 영향이 개신교 선교사들의 성경번역까지 미치고 있음을 확인할 수 있었다.

선교사들은 개개인이 신약 번역을 시도하여 다양한 열매를 거두었는데 1900년에는 선교사들에 의해 신약성서가 모두 번역되었다. 그러나 이 『신약젼셔』는 엄밀한 의미에서 '미완성' 번역본으로 개인역본과 번역자회 역본, 그리고 위원회 시험역본이 혼재된 것이었다.

마지막으로 사경회에 대해 살펴보았다. 성경말씀을 사랑하는 한국의 성도들은 개인적으로 성경을 읽을 뿐만 아니라 일찍부터 성경을 공부하는 모임인 사경회를 통해 성경 해석을 듣게 되었고 이러한 모임 속에서 성경의 의미를 찾아 나서는 열정을 쏟아 부었다. 사경회는 1896년부터 시작되었을 것으로 추정되며, 중요한 것은 이러한 사경회에 참석한 이들이 고향이 돌아가 소규모 사경회를 개최하였다는 사실이다. 이러한 사경회의 열정이 한국 교회의 기초를 이룬 것이며 1907년 대부흥운동의 기폭제가 되었다.

한글 성경 번역으로 일어난 또 다른 중요한 결과는 성경을 한국어로 외울 수 있게 된 것이다. 또한 성경을 외울 뿐만 아니라 성경을 문자적으로 해석하며 그대로 실천 했다는 것이다. 성경말씀대로 빚을 탕감해 주었다는 강화의 종순일씨의 경우도 있었고 노비문서를 불태운 경우도 있었다.

이처럼 1900년까지 300여 년간 이어져온 성경번역과 해석은 한국 기독교의 초석이 되었고 기둥이 되었다. 21세기를 걸어가는 한국 기독교는 이러한 소중한 전통을 다듬어 새로운 시대를 선도해야할 임무가 있다. 보다 더 정확하고 읽기 쉬운 한글 성경 번역의 과제도 있지만 성경을 한국인이 한국적으로 새롭게 해석해서 한국신학을 창출해야 하는 과제도 남아 있다.

참고 문헌

참고문헌

『高麗墓誌銘集成』

『高麗史』

『高麗史節要』

『국조보감』

『訥庵記略』

『備邊司謄錄』(國史編纂委員會 影印本)

『東國教友上教皇書』(筆寫本)

『邪學懲義』

『三國史記』

『聖教鑑略』

『셩경직히 I』

『셩경직히 II』

『셩경직히 III』

『셩경직히 IV』

『셩경직히광익 I』

『셩경직히광익 II』

『셩경직히광익 III』

『셩경직히광익 IV』

『셩교촬리』

『承政院日記』(國史編纂委員會 影印本)

『新唐書』

『元史』

『의경문답』

『인가귀도』

『日省錄』(서울大 出版部 影印本)

『朝鮮王朝實錄』(宣祖-純祖)

『推案及鞫案』(影印本)

『훈민정음언해본』

賈立言 編, 『漢文聖經譯本小史』 廣學會, 1934.

강병수, "성호 이익과 하빈 신후담의 서학담론- 뇌양에 대한 인식을 중심으로," 『한국실학연구』 제6호(2003), 29-62.

강세구, 『순암 안정복의 학문과 사상 연구』 혜안, 1996.

강영애, "가톨릭 상장례 노래인 연도(위령기도)의 변모양상," 『우리신학』 6(2008), 79-102.

_____, 『한국 천주교 상장례노래 煉禱』 서울: 민속원, 2007.

고병간, "역대 정동행성의 연구," 『동아외교섭사의 연구』 서울대학교출판부, 1970, 184-292.

권순형, "원 공주 출신 왕비의 정치권력 연구-충렬왕비 제국대장공주를 중심으로," 『史學硏究』 제77호(2005), 33-63.

김경수 편, 『1912년에 발간된 한문성경』 서울: 이화문화출판사, 2010.

김광수, 『동방기독교사』 서울: 기독교문사, 1971.

김귀성, "J, Aleni 저 한역서구교육자료가 아시아 교육에 미친 영향 – 『서학범』, 『직방외기』를 중심으로," 『한국교육사학』 제21집 (1999), 231-364.
김동소, "滿文 Esther書 硏究," 『韓國傳統文化硏究』 제13집 (1999), 1-55.
_____, 『만주어 마태오복음 연구-루이드 푸와로 신부의 만주어 성경연구(1)』 서울: 지식과교양, 2011.
_____, 『만주어 에스텔기』 서울: 지식과 교양, 2013.
_____, "최초 중국어, 만주어 성서 역성자 하청태 신부," 『알타이학보』 13호 (2003), 15-39.
김상근, "네스토리안 기독교는 왜 중국에서 사라졌는가? - 소수 신앙공동체의 종교적 생명력에 대한 연구," 『조직신학』 43집 (2006), 727-763.
_____, "명말(明末) 예수회 선교사 마테오 리치에 대한 새로운 평가," 『선교신학』 Vol.12 (2006), 1-21.
_____, "실크로드 그리스도교를 찾아서 – 근대 이전의 고대 아시아 선교 역사 연구를 위한 로드맵," 『선교신학』 제27집 (2011), 33-70.
김상래, "요나의 기도(욘 1:17-2:10)에 묘사된 요나의 성격 이해," 『구약논단』 53집 (2014), 223-255.
김성수, "문맥으로 시편 25-33편 읽기," 『구약논단』 48집 (2013), 68-98.
김승혜, 『동아시아 종교 전통과 그리스도교의 만남』 영성생활, 1999.
_____, "『七克』에 대한 연구-그리스도교와 신유학의 초기접촉에서 형성된 수양론," 『교회사 연구』 제9집 (1994, 10), 177-190.
김시덕, "윤행임 『석재고』를 통해 보는, 조선시대의 일본 임진왜란 담론 수용 양상," 『일본학보』 86 (2011), 249-258.
김시준 역주, 『天主教 傳教 迫害史(闢衛編)』 서울: 삼경당, 1984.
김영식, "17세기 중국의 기계와 역학에 대한 관념: 왕징(王徵)의 『기기도설(奇

器圖說)』을 중심으로," 『한국과학사학회지』 Vol.28 No.1 (2006), 1-27.

김영욱, "한자, 한문의 한국적 수용 - 초기 이두와 석독구결 자료들을 중심으로," 『구결연구』 13 (2004), 65-97.

金玉姬, 『韓國天主敎思想史 I -曠菴 李檗의 西學思想硏究-』 서울: 圖書出版 殉敎의 脈, 1990.

김은희, "선교사가 본 중국어와 만주어의 특징 고찰: 耶蘇會士中國書簡集의 기록을 중심으로," 『중국학연구회 학술발표회』 Vol.2013 No.11 (2013), 115-122.

김정우, "우리말 초기 『시편』 번역본들(『시편촬요』[1898], 『셩경젼셔』[1911])과 『개역』(1938)의 대본 문제와 번역 특징 및 그 수용 과정에 대한 기초 연구," 『성경원문연구』 제28호 (2011), 7-34.

김중은, "구약 국역사에서 알렉산더 피터스(彼得)의 위치와 의의," 『구약논단』 27집 (2008), 159-182.

_____, "구약성서 국역사," 『신학사상』 22집 (1978), 434-476.

_____, "최초의 구약국역선구자 알렉산더 피터스(A. A. Peters, 彼得)," 『교회와신학』 13 (1981), 29-42.

_____, "한국어성경 번역의 역사," 『기독교사상』 410호 (1993, 2), 23-33.

김현라, "고려 충렬왕비 齊國大長公主의 위상과 역할," 『지역과 역사』 23호 (2008), 80-86.

김형철, "개화기의 천주교, 개신교 관련 자료," 『국어사연구』 13 (2001), 61-109.

김혜원, "麗元王室通婚의 成立과 特徵-元公主出身王妃의 家系를 중심으로," 『이대사원』 제24,25합집 (1989), 163-212.

김호동, 『동방기독교와 동서문명』 서울: 까치, 2002.

_____, 『몽골제국과 고려』 서울대학교출판부, 2007.

_____, "몽원제국기(蒙元帝國期) 한 색목인(色目人) 관리의 초상 - 이사 켈레메치('Isa Kelemechi, 1227-1308)의 생애와 활동," 『中央아시아硏究』 11권(2006), 75-114.

김회권, "이사야 61장 1-11절에 나타난 선교신학: 시온과 열방의 관계에 대한 주석적 고찰," 『선교와 신학』, Vol.13 (2004), 141-170.

김희보, "춘원 문학과 성서," 그리스도교와겨레문화연구회 편, 『한글성서와 겨레문화』 서울: 기독교문사, 1985.

나채운, 『우리말 성경연구』 서울: 기독교문사, 1990.

남의현, "元末明初 朝鮮, 明의 요동쟁탈전과 국경분쟁 고찰," 『朝鮮關係史硏究』 42집 (2012), 81-114.

노용필, 『한국천주교회사의 연구』 한국사학, 2008.

대한성서공회 편, 『대한성서공회사 I. 조직.성장과 수난』 서울: 대한성서공회, 1993.

동국대학교경주캠퍼스박물관편, 『동국대학교 경주캠퍼스박물관도록』 시티파트너, 2012.

동아문화연구소 편, 『임진란사 국외 자료 - 천주교 관계 보고서 중에서』 서울대학교문리과대학 동아연구소, 1971.

똘스또꿀라꼬프, I, A,, 정석배 역, "발해와 이웃들의 문화, 정치적 접촉," 『고구려발해연구』 25 (2006), 278-285.

리진호, 『한국 성서 백년사 I』 서울: 대한기독교서회, 1996.

문희석, 『한국교회 구약성서해석사: 1900-1977』 서울: 대한기독교출판사, 1978.

문희석 편, 『구약성서해석학』 서울: 대한기독교서회, 1975.

민아오스딩 감쥰, 『텬쥬셩교례규』 京城, 1887.

민영진, "〈改譯〉사무엘 上、下의 原譯本 : 죠션크리스도인회보에 실린 사무엘 上、下의 MT 反映程度 및 1,2차 改訂本文과의 比較," 『神學과 世界』 제14호 (1987, 봄), 5-42.

_____, "로스 역 누가복음서의 서지 사항과 번역의 성격," 『성경원문연구』 no.2 (1998), 120-167.

_____, "성공회신학대학에서 발견된 『구약촬요』," 『성서한국』 36:2 (1990), 15-19.

_____, "『죠션크리스도인회보』에 연재된 구약," 『기독교사상』 30. no.12 (1986년 12월호), 108-118.

_____, "최근에 발견된 희귀본 성경 『구약촬요』," 『기독교 사상』 385 (1991), 157-166.

바타르, 에르데니, "원 고려 지배세력 관계의 성격 연구," 강원대학교 박사학위논문, 2006.

박성주, "東學의 창도와 기존 宗教와의 관계," 『동학연구』 28집 (2010), 19-46.

박용규, "최근 이수정 관련 사료 발굴과 교회사적 의의," 『역사신학논총』 Vol.32 (2018), 11-34.

_____, "한국 최초 성경전래의 역사적 고찰," 『신학지남』 277호 (2003, 12), 75-129.

박정세, "게일(J. Gale)의 『텬로력뎡』과 김준근의 풍속삽도," 『신학논단』 제60집 (2010), 63-91.

박지원, 『燕岩集』 경성: 대동인쇄소, 1932,

박진호, "문자생활사의 관점에서 본 구결," 『25회 한말연구학회 학회발표집』, 한말연구학회, 2007, 20-31.

박창환, "한글성서 번역사,"『교회와신학』 제4집 (1971), 146-168.

박철, "16세기 한국 천주교회사 사료 연구,"『역사문화연구』 Vol.7 (1997), 409-442.

박형신, "'로스 역본'(Ross Version) 논쟁에 관한 연구,"『장신논단』 49권 2호 (2004), 85-114.

박희숙, "현토신약성경마가전의 구결과 그 언해에 대해,"『靑荷成耆兆先 生華甲記念論文集』 서울: 신원출판사, 1993.

방상근, "연령회,"『교회와 역사』 제308호 (2001), 9-28.

배요한, "이수정의 신앙고백문에 대한 유교철학적 분석,"『장신논단』 38 (2010), 481-504.

배현숙, "17.8세기에 전래된 천주교서적,"『교회사연구』 3집 (1981, 8), 3-45.

______, "朝鮮에 傳來된 天主教 書籍,"『韓國教會史論文集 I』 서울: 韓國教會史研究所, 1984.

배희숙, "구약에 나타난 디아스포라 선교,"『선교와 신학』 16 (2005.12), 13-35.

백두현, "한글을 중심으로 본 조선시대 사람들의 문자생활,"『서강인문논총』 22집 (2007), 157-203.

서원모, "아시아교회사의 첫 장으로서 시리아교회-역사서술의 쟁점,"『장신논단』 46 (2014), 89-116.

서원모, 곽문석, "17세기 초 예수회 선교사의 복음서 한문 번역 연구 -『天主降生言行紀略』과『天主降生聖經直解』와『天主降生出像經解』를 중심으로,"『장신논단』 Vol.49 No.2 (2017), 115-157.

서종태, 한건 편,『천주교신자재판기록 (상)』 서울: 국학자료원, 2004.

徐宗澤 編著,『明清間耶蘇會士譯不提要』 世紀出版集團上海書店出版社, 2010.

성서와함께 편집부, "1. 성서와의 만남(1784-1881),"『성서와함께』 129호

(1986. 12), 31-36.

성주진, "오경의 선교 - 선교의 언약신학적 이해," 『선교와 신학』 Vol.1 (1998), 25-43.

소순태, 『신약 4복음서들을 하나로 묶은 복음성경(福音聖經)인 화합 복음서의 한 종류 "천주강생언행기략" 1635년 등의 이벽 성조의 "성교요지" 근거 문헌들의 발굴과 사료분석 연구 보고서/비망록(備忘錄)』 하상출판사, 2017.

송강호, 『중국어 성경과 번역의 역사: 중국성경연구』 서울: 모리슨, 2007.

송기호, 『발해를 다시 본다』 주류성, 1999.

시마무라 타카시, 안중환 역, "몽골 성서 번역의 역사," 『성경원문연구』 제19호 (2006), 200-214.

신채호, 박기봉 역, 『朝鮮上古史』 서울: 비봉출판사, 2006.

아세아문화사 편, 『天學初函』 (영인판) 서울: 아세아문화사, 1976.

안재은, "초기 한국기독교의 선교와 전도," 『개혁주의교회성장』 제1호 (2006), 1-34.

안정복, 『順庵先生文集』 제2권 上星湖先生別紙 丁丑 a_229_368c (한국고전종합 DB)

_____, "天學考," 『順菴先生文集』 (영인본), 성균관대학교대동문화연구원, 1970, 권17.

_____, "天學問答," 『順菴先生文集』 (영인본), 성균관대학교대동문화연구원, 1970, 권17.

艾儒略, 『艾儒略 漢文著述全集: The Collection of Jules Aleni's Chinese Works』 ed. 葉農, 2 vols, 桂林: 广西师范大学出版社, 2011.

양태진, "17세기 이후 한국,중국의 국경분쟁," 『北韓』 No.152 (1984), 76-86.

여인석, “『주제군징(主制群徵)』에 나타난 서양의학 이론과 중국과 조선에서의 수용 양상,” 『의사학』 제21권 제2호 (2012), 251-278.

오미영, “한국의 현토한문성서와 일본의 훈점한문성서에 관한 비교 연구,” 『일어일문학연구』 51 (2004), 77-96.

_____, 『한일 초기번역성서의 어학적 연구』 서울: 제이앤씨, 2011.

오석형, “평양교우 편지,” 『대한크리스도인회보』 (1899. 3. 22).

嗚淳邦, “천주교(天主教) 예수회선교사 프랑스와 자비에르 당트르콜의 성인전기소설(聖人傳記小說) 《훈위신편(訓慰神編)》 연구(研究),” 中國語文學誌, Vol.64 (2018), 121-161.

오윤태, 『한국기독교사: 개신교 전래사, 4(선구자 이수정 편)』 서울: 혜선문화사, 1983.

_____, 『한국기독교사, 경교사편』 서울: 선교문화사, 1973.

呂治昊, “元代 아스人(Asud)의 擡頭와 政治的 役割,” 『동양사학연구』 120(2012, 9), 181-222.

용환규, “『셩교촬리』(1890)를 통해 본 초기 한국 장로교회의 신앙 이해,” 『역사신학논총』 22 (2011), 29-54.

_____, “한국장로교회 초기 신앙교육서에 관한 연구: 『위원입교인규됴』(爲願入教人規條, 1895)를 중심으로,” 『복음과실천신학』 26권 (2012), 234-264.

원재연, “伍洲 李圭景의 對外觀과 天主教 朝鮮傳來史 인식 - 〈西洋通中國辨證說〉과 〈斥邪教辨證說〉을 중심으로,” 『교회사연구』 제17집 (2001-12), 121-157.

유승상, “예수회 중국 활동의 선구적 성과인 『천주성교실록』에 대한 초보적 연구,” 『신학과 철학』 18호 (2011), 45-75.

유홍렬, 『한국천주교회사』 서울: 가톨릭출판사, 1962.

윤내현 "발표논문: 고대 한겨레의 활동영역- 북방대륙과 관련하여," 『한국민속학보』 (1994), 225-250.

윤민구, 『한국 천주교회의 기원』 국학자료원, 2002.

윤은숙, "14세기 말 만주의 역사상 – 옷치긴 왕가와 만주," 『농업사연구』 11 (2012), 47-69.

_____, "옷치긴家 타가차르의 활동과 쿠빌라이의 카안위 쟁탈전," 『몽골학』 22호 (2007), 223-263.

_____, "쿠빌라이칸의 중앙집권화에 대한 동도제왕들의 대응- '나얀 반란'을 중심으로," 『중앙아시아연구』 제8호 (2003), 29-50.

윤춘병, "초기 한국 기독교 문헌에 기록된 한글판 구약," 『기독교사상』 340호 (1987.4), 125-137.

이강한, "정동행성 활리길사의 고려제도 개변시도," 『한국사연구』 139 (2007), 83-128.

이광린, "이수정의 인물과 그 활동," 『사학연구』 no.20 (1968), 217-234.

이광수, "耶穌教의 朝鮮에 준 恩惠," 『青春』 9 (1917, 7), 13-18.

李圭景, 『伍洲衍文長箋散稿』 (東國文化社 影印本).

이기문, "우리나라 문자사의 흐름," 『구결연구』 14집 (2005), 233-251.

이덕주, "성서 중심의 생활신앙 – 1911년 『셩경젼셔』 출간과 성서회관 건립의 역사신학적 의미," 『한글성경 완역 및 출간 100주년 기념 학술 심포지엄: 한글 성경이 한국 교회와 사회, 국어 문화에 끼친 영향』 서울: 대한성서공회, 2011, 64-129.

_____, "초기 한글성서 번역에 관한 연구," 그리스도교와겨레문화연구회 편, 『한글성서와 겨레문화』 서울: 기독교문사, 1985.

이만열, "1880년대 서간도 한인촌 기독교 공동체에 관한 연구," 『숭실사학』 제6집 (1990), 209-235.

_____, "勸書에 관한 연구," 『동방학지』 65집 (1990), 77-173.

_____, "로스역 성경 간행과 한국 초대교회," 『존 로스 선교사 한글성경 출간 130주년 기념강연집』 (한국기독교역사연구소와 양화진문화원, 2012), 1-14.

_____, 『한국 기독교 수용사 연구』 서울: 두레시대, 1998.

_____, 『한국기독교문화운동사』 서울: 대한기독교출판사, 1992.

_____, "한국기독교의 '성경기독교적' 성격," 『한국기독교역사연구소 소식』 3(1993, 3), 3-6.

_____, "한국의 기독교 수용과 그 특징," 『亞細亞研究』 Vol.44 No.2 (2001), 3-22.

이민식, "17세기 조선에 도착한 네덜란드인 하멜," 『한국사상과 문화』 44집 (2008), 217-232.

이석재, 『중국 천주교회와 조선 천주교회의 연계활동에 관한 연구』 학술정보[주], 2006.

이성배, 『유교와 그리스도교』 왜관: 분도출판사, 2001.

이수광, 『芝峯類說』 (목판본), 卷 30, 1613.

이숙 "게일에게 한국어를 가르치고 공동 번역자로 활동한 이창직," 『기독교사상』 729호 (2019. 9), 133-147.

이시다 미키노스케, 이동철, 박은희 역, 『장안의 봄』 서울: 이산, 2004.

이영헌, 『한국기독교사』 서울: 컨콜디아사, 1983.

이영호, "황해도 동학농민군과 기독교 선교사의 접촉과 소통," 『한국기독교와 역사』 34호 (2011), 5-38.

李鎔結, "한국 천주교회의 성서 운동," 최석우 신부 수품 50주년 기념사업위원회 편, 최석우 신부 수품 50주년 기념 논총 제2집 『한국 천주교회사의 성찰』 (한국교회사연구소, 2000), 373-416.

이은규, "원의 일본정벌 고찰-고려와 원의 국제관계를 중심으로," 『호서사학』 1 (1972), 85-97.

이응호, "성서연구 : 한국 성경 번역사 6," 『교회와 한국문제』 Vol. 7(1990), 50-54.

이장식, 『아시아고대기독교사:1-16세기』 서울: 기독교문사, 1990.

이장우 외, 『한국천주교회사 I』 한국교회사연구소, 2009.

이현호, "경교는 실패한 선교 모델인가?" 『복음과 실천』 43집 (2009), 295-323.

이혜구, "伎樂, 雜戱," 『한국사』 국사편찬위원회, 1981.

이호철, 이영구, "조선시대의 인구규모추계(人口規模推計)(II): 17, 8세기 인구증가율 추계(推計)를 중심으로," 『經營史學』 Vol. 3(1988), 137-185.

이환진, "19세기와 20세기의 중국어성서," 왕대일 편, 『말씀의 뜻 밝혀주시오: 주석과 성서번역』 서울: 대한기독교서회, 2000, 413-499.

_____, "『셩경젼셔』(1911년)의 번역 대본 고찰- 시편(85:10-13)과 잠언(1:1-7)과 욥기(1:20-2:6)를 중심으로," 『성경원문연구』 제27호 (2010.10), 31-55.

_____, "성서 번역가 탁사 최병헌의 잠언(23장)과 시편(32편, 122편)과 역대하(6-7장) 번역문 분석 - 〈죠션(대한) 크리스도인 회보〉의 경우," 『성경원문연구』 제17호 (2005), 45-71.

_____, "존스(조원시)의 『구약공부』(1893) 룻기 번역 분석," 『신학과세계』 제

67호 (2010), 7-93.

임영택, "大秦景教流行中國碑 新譯,"『중국문화연구』 Vol. 31 (2016), 429-453.

임형택, "19世紀 西學에 對한 經學의 對應: 丁若鏞과 沈大允의 경우,"『동양학국제학술회의론문집』 Vol.5 (1995), 397-418.

장동익,『고려후기외교사연구』 서울: 일조각, 1994.

張奉箴, "利瑪竇來華前驅,"『神學論集』 56期 (1983), 157-166.

_____, "利瑪竇的前驅羅明堅,"『神學論集』 07期 (1971), 123-140.

장춘식, "개신교 선교초기의 한국인 성서 번역자 조한규,"『대학과 선교』 Vol.4 (2002), 312-326.

전덕재, "한국 고대 서역문화의 수용에 대한 고찰 - 백희, 가무의 수용을 중심으로,"『역사와 경계』 58 (2006), 4-15.

정길남, "국역 성경 자료의 현황,"『국어사연구』 24호 (2017), 7-39.

정수일, "고구려와 서역관계시고,"『고구려연구』 14 (2002), 218-240.

_____,『문명교류사 연구』 서울: 사계절, 2002.

_____, "영주 분처상(分處像)의 비밀," 한겨레 2005,01,03.

鄭安德 編,『萬物眞原』 明末淸初耶蘇會思想文獻彙編 第八册, 北京大學宗教研究所, 2000.

_____,『眞道自證』 明末淸初耶蘇會思想文獻彙編 第二十册, 北京大學宗教研究所, 2000.

_____,『天主實錄』 明末淸初耶蘇會思想文獻彙編 第一册, 北京大學宗教研究所, 2000.

정약종,『주교요지』 성황석두루가서원, 1986.

정중호, "17-18세기 한국 선교와 지혜문학:『칠극』,『기인십편』,『셩경직히』를 중심으로,"『선교와 신학』 39집 (2016), 297-326.

_____, "18세기 이전 중국과 한국의 십계명 번역과 해석의 역사," 『구약논단』 50집 (2013), 319-347.

_____, "18세기 이전 창세기 해석의 역사," 『구약논단』 20 (2014), 12-40.

_____, "19세기 구약성경 번역과 해석의 역사 - 『고경』(『고셩경』)과 『셩교감략』을 중심으로," 『神學思想』 168 (2015), 7-41.

_____, "19세기 이전 시편 번역과 해석의 역사," 『구약논단』 56집 (2015), 65-90.

_____, "고려시대 기독교," 『신학사상』 160호 (2013), 109-139.

_____, "한문성경기(漢文聖經期)와 성경 해석," 『신학사상』 165 (2014), 91-126.

정하미, "예수회 순찰사 발리냐노의 역할과 일본의 기독교 금교령," 『비교일본학』 15집(2005), 173-200.

정하상, 윤민구 역, 『상재상서』 서울: 성,황석두루가서원, 1999.

조광, "역사적 관점에서 본 한국문화와 천주교," 『신학전망』 171 (2010), 2-32.

_____, "조선교구설정의 민족사적 의미," 『교회사연구』 4집 (1983), 83-130.

_____, 『조선후기 사회와 천주교』 경인문화사, 2010.

_____, "조선후기 서학서의 수용과 보급," 『민족문화연구』 44 (2006), 199-236.

_____, 『朝鮮後期 天主教史 硏究』 고려대학교 민족문화연구소, 1988.

_____, "초기 천주교회의 신도 분포," 그리스도교와 겨레문화연구회 편, 『한글성서와 겨레문화: 천주교와 개신교의 만남』 기독교문사, 1985, 639-666.

_____, "하느님 중심의 새로운 윤리관: 칠극(七克)," 『경향잡지』 85권 5호

(1993. 5), 76-81.

조석연, "고구려 호(胡) 문화 기원," 『한국음악연구』 42집 (2007), 293-312.

조선총독부, 『국경지방시찰복명서』 1915.

조철수, "십계명 5 - 10계명과 『슈루파크의 가르침』," 『구약논단』 4집 (1998), 41-69.

조한건, "『셩경직해광익』 研究," 서강대학교 박사학위논문, 2012.

조화선, "'셩경직히'의 연구," 『최석우신부회갑기념 한국교회사논총 3집』 서울: 한국교회사연구소, 1982, 247-277.

佐伯好郎, 『景教の 研究』 東京: 東方文化學院東京研究所刊, 1935.

主教湯亞立山准, 『天主降生言行紀略』 京都: 始胎大堂藏板, 天主降生 一千七 百九十六年.

주은경, "한국 천주교 연도와 상장례 문화," 동아대학교 박사학위논문, 2009.

_____, "한국 천주교 장례예식서를 통해 본 장례문화와 연도(煉禱)의 노래 문화," 『한국음악사』 제 40집 (2008), 589-622.

주채혁, 『元朝官人層硏究-정복왕조기 중국사회신분구성의 한 분석』 서울: 정음사, 1986.

_____, "쿠빌라이칸의 중앙집권화에 대한 카단종왕군의 항전과 고려 영원산성 토벌전," 『강원인문논총』 8 (2000), 267-287.

지배선, "中國唐代의 基督教 -景教를 중심으로," 『인문과학』 Vol. 68(1992), 223-259.

천사무엘, 『구약 외경의 이해』 천안: 한국신학연구소, 1996.

천사무엘, "구약 지혜 전승과 신약성서," 『구약논단』 통권 제18집 (2005), 128-144.

최기복, "교황청의 선교정책과 동양제례의 영욕," 『가톨릭사상』 4집 (1991),

139-187.

최무열, “신명기의 사회적 약자 보호를 위한 제도적 장치와 그 선교적 적용에 관한 연구,” 『선교와 신학』 Vol.36 (2015), 237-277.

최상한, 『불국사에서 만난 예수』 돌베개, 2012.

최석우 신부 수품 50주년 기념 사업위원회편, 『한국천주교회사의 성찰』 서울: 한국교회사연구소, 2000.

최석우, “성경 한글번역에 있어 한국 천주교회의 선구적 역할,” 『가톨릭청년』 15권 5호(1961), 62-70.

_____, “이승훈 관계 서한 자료,” 『교회사연구』 8집 이승훈 베드로 특집호 (1992), 159-244.

_____, 『한국교회사의 탐구』 서울: 한국교회사연구소, 1982.

최성일, “로스역 신약성서의 특징과 저본에 관한 소고,” Canon&Culture 제4권 2호 (2010), 99-132.

_____, “로스역본이 한국교회에 끼친 영향,” 『장로교회와신학』 10 (2013), 92-112.

최성일 편역, 『존 로스의 중국선교방법론』 서울: 한신대학교출판부, 2003.

崔允煥, “天主聖教功課의 原本,” 『論文集』 弟2輯 (1976), 35-74.

최하영, “중앙아시아에 있어서 네스토리안 교회의 선교활동에 관한 연구 (A.D. 431-A.D.1500),” 『역사신학논총』 10집 (2005), 210-239.

최현배, “기독교와 한글,” 『신학논단』 제7집 (1962), 51-76.

하경택, “아브라함과 선교: 구약성서에 나타난 선교의 모델 연구,” 『선교와 신학』 Vol.29 (2012), 161-193.

하성래, “정약전의 십계명가(十誡命歌)와 이벽의 천주공경가(天主恭敬歌)(I),” 『神學展望』 No.21 (1973), 156-170.

_____, "天主歌辭研究," 명지대학교 석사논문, 1975.

_____, 『천주가사연구』 서울: 성,황석두루가서원, 1985.

_____, "한국 천주교회의 한글 번역 활동," 최석우 신부 수품 50주년 기념사업위원회 편, 『최석우 신부 수품 50주년 기념 논총 제2집 한국 천주교회사의 성찰』 한국교회사연구소, 2000, 469-530.

한국감리교사학회 편, 『죠션 크리스도인의 회보』 서울: 한국교회사문헌연구원, 1990.

한국교회사연구소 편, 『고신셩경문답 고셩경 고경』 한국교회사연구자료 제20집, 한국교회사연구소, 1986.

_____, 『셩교감략』 한국교회사연구자료 제20집, 한국교회사연구소, 1986.

_____, 『한국천주교회사 1』 한국교회사연구소, 2009.

_____, 『한국천주교회사 2』 한국교회사연구소, 2010.

한국교회사문헌연구원 편, 『시편』, 『韓國聖經大全集』 15, 한국교회사문헌연구원, 2002. [영인본]

한국기독교사연구회, 『한국기독교의 역사 I』 서울: 기독교문사, 1989.

한미경, "中國語 聖書飜譯에 관한 歷史的 考察," 『書誌學硏究』 13집 (1997), 169-197.

홍선표 외, 『17.18세기 조선의 외국서적 수용과 독서문화』 서울: 혜안, 2006.

廣剛, "李樹廷譯 『마가젼』의 底本과 飜譯文의 性格," 『국어사연구』 제4호 (2004, 6), 173-233.

황사영, 김영수 역, 『황사영백서』 서울: 성.황석두루가서원, 1998.

_____, 김영수 역, 『황사영백서』 한국천주교회고전총서5, 서울: 성요셉출판사, 1998.

황정욱, 『예루살렘에서 長安까지』 한신대학교출판부, 2005.

Aleni, Giulio, 천기철 역, 『직방외기: 17세기 예수회 신부들이 그려낸 세계』, 일조각, 2005.

Apenzeller, Henry G., 『미이미교회강례』 서울: 삼문출판사, 1890.

Dableuy, M. N. A., 『텬쥬셩교례규(天主聖教禮規)』 연세대학교 학술정보원 소장본, 1887.

Dallet, Claude-Charles, 최석우, 안응렬 역주, 『韓國 天主教會史 上』 서울: 한국교회사연구소, 1980.

Dallet, Claude-Charles, 최석우, 안응렬 역주, 『韓國 天主教會史 中』 서울: 한국교회사연구소, 1980.

Dallet, Claude-Charles, 최석우, 안응렬 역주, 『韓國天主教會史 下』 서울: 한국교회사연구소, 1981.

de Medina, Juan, G. Ruiz, 박철 역, 『한국천주교전래의 기원』 서강대학교출판사, 1989.

de Pantoja, Diego, 박완식, 김진소 공역, 『칠극: 일곱 자기 승리의 길』 전주: 전주대학교출판부, 1996.

_____, 박유리 역, 『칠극(七克)』 일조각, 1998.

Foster, John, *Church of the T'ang Dynasty*, Society for Promoting Christian Knowledge, 1939.

Henthorn, W. E., *Korea: The Mongol Invasions*, Leiden: E. J. Brill, 1963.

Klein, Wassilios, *Das nestorianishche Christentum an den Handelswegen durch Kyrgyztan bis zum 14. Jahrhundert*, Silk Road Studies; 3. Rurnhout: Brepols, 2000.

Li Tang, *A Study of History of Nestorian Christianity in China and its Literature in Chinese*, Frankfurt am Main, 2002.

Liu Jingjing, "The last remaining Jesuits in China," *Macau Ricci Institute, Symposium 2014: Jesuit Survival and Restoration 1773 – 1814*: 200th Anniversary Perspectives from Boston and Macau, 2014.

Moffet, Samuel Austin, 『위원입교인규됴(爲願入教人規條)』 연세대학교 학술정보원 소장본, 1895.

Pelliot, Paul, *Notes on Marco Polo*, Vol.2, Paris: Impr. Nationale, 1959.

Peters, A. A., 『시편촬요』 장로회신학도서관 소장본, 1898.

Polo, Marco, 김호동 역, 『마르코 폴로의 동방견문록』 서울: 사계절, 2000.

Ricci, Matteo, 송영배 역, 『천주실의』 서울대학교 출판문화원, 2010.

______, 송영배 역주, 『교우론(交友論) 스물다섯 마디 잠언(二十伍言) 기인십편(畸人十篇)』 서울대학교출판부, 2000.

Ross, John, *History of Corea*, 西洋語資料叢書編纂委員會 編, 경인문화사, 2000.

Sambiasi, F. 김철범, 신창석 역, 『영언여작』 서울: 일조각, 2007.

Sambiasi, Franciscus, 박완식 역, 『영언여작』 전주대학교출판부, 1999.

Shaff, P., *History of the Christian Church III*, Grand Rapid, W.m B. Eerdmans, 1953.

Toepel, A., "Christians in Korea at the end of the 13th century," in Dietmar W. Winkler, LiTang (Eds.). *Hidden Treasures and Intercultural Encounters: Studies on East Syriac Christianity in China and Central Asia*, Wien: Lit, 2009, 279-289.

Underwood, H. G., *Call of Korea*, New York: Fleming H. Revell Company, 1908.

van Ruysbroeck, William, *The Mission of Friar William of Rubruck: His journey to the court of the Great Khan Möngke 1253-1255*, Indianapolis/Cambridge: Hackett Publishing Company, Inc., 1990.

Verbiest, Ferdinand, 노용필 역, 『교요서론(教要序論)』 한국사학, 2013.

von Mende, Erling, "Problems in Translating the Bible into Manchu: Observations on Louis Poirot's Old Testament," In Batalden, Stephen, Cann, Kathleen, Dean, John (eds.) Sowing the Word: *The Cultural Impact of the British and Foreign Bible Society 1804-2004*, Sheffield: Sheffield Phoenix Press, 2004.

Wang, Tai Il, "Retrospect and Prospect of Old Testament Studies in Korea," 『구약논단』 37집 (2010), 12-26.

Yoshirō Saeki, *The Nestorian documents and relics in China*, Tokyo Institute, 1951.

권치문(權致文)

http://encykorea.aks.ac.kr/Contents/Index?contents_id=E0007115 (2020. 8. 20 확인)

"사도세자 뒤주 갇히기 나흘 전 쓴 친필" 한국일보 2009. 3. 24.

http://news.hankooki.com/lpage/culture/200903/h2009032402410684330.htm (2018. 9. 9. 확인)

석현장, 페이스북 (2016년 9월 3일),

https://www.facebook.com/groups/1602383616680699/permalink/1741667092752350/ (2017. 8. 9 확인)

『신약마가젼복음셔언히』

https://commons.wikimedia.org/wiki/File:1885_Gospel_of_Mark_translated_in_Korean_language.jpg#/media/File:1885_Gospel_of_Mark_translated_in_Korean_language.jpg (2020. 9. 14 확인)

"알타이 어족의 언어학적 특성" http://preview.britannica.co.kr/bol/topic.asp?article_id=b14a3917b005 (2015. 8. 12 확인)

陽瑪諾 譯 (1636?明刻本) 聖經直解. https://www.scribd.com/document/ 75372081/%E9%99%BD%E7%91%AA%E8%AB%BE-%E8%AD%AF-1636-%E6%98%8E%E5%88%BB%E6%9C%AC-%E8%81%96%E7%B6%93%E7%9B%B4%E8%A7%A3-%E5%8D%B71-5-%E5%85%B115%E5%8D%B7 (2018. 9. 29 확인)

『예수셩교누가복음젼셔』

https://commons.wikimedia.org/wiki/File:1882_Gospel_of_Luke_translated_in_Korean_language.jpg#/media/File:1882_Gospel_of_Luke_translated_in_Korean_language.jpg (2020. 9. 14 확인)

이수정의 주기도문 "The Lord's Prayer in Corean," The Bible Society Record (May 1885): 71. 크리스찬연합신문 http://www.cupnews.kr/news/view.php?no=5250. (2020. 7. 25 확인)

"한국 최초 십자가 소유자는 서산대사,,, 황금 십자가의 비밀," 불교신문 2016년 11월 8일 http://www.ibulgyo.com/news/articleView.html?idxno=152749 (2017. 8. 9 확인)

조만민광 http://yoksa.aks.ac.kr/jsp/aa/ImageView.jsp?aa10up=kh2_je_a_vsu_30693_000&aa10no=kh2_je_a_vsu_30693_001 (2020. 7. 25 확인)

저자 소개

저자 소개

정중호

저자는 계명대학교 구약학 명예교수이며 대한예수교 장로회 목사이다. 연구 활동으로는 한국성서학회 회장, 하나님말씀연구소 소장으로 활동하고 있으며 한국구약학회 회장, 구약논단의 편집위원장, 아시아기독교연구소 소장 등을 역임하였다.

장로회 신학대학원과 미국 컬럼비아(Columbia) 신학대학원에서 수학하였으며 에모리(Emory) 대학원에서 박사학위(Ph.D)를 취득했다. 그리고 프린스턴(Princeton) 신학대학원과 버클리에 있는 연합신학대학원(GTU)에서 연구하였으며, 계명대학교에서 교목실장, 연합신학대학원장, 대학교회 담임목사를 역임하였다.

이스라엘 역사와 성경해석 방법론을 연구하면서 토라와 예언서를 중심으로 성경해석을 계속하고 있다. 그동안 저술한 저서는 40여 권에 이르고 발표한 논문은 90여 편에 이른다. 최근에는 새로운 시대를 위한 성경신학 탐색에 열중하고 있으며 한국적 성경해석에 초점을 맞추어 연구를 하고 있다.